PREGO!

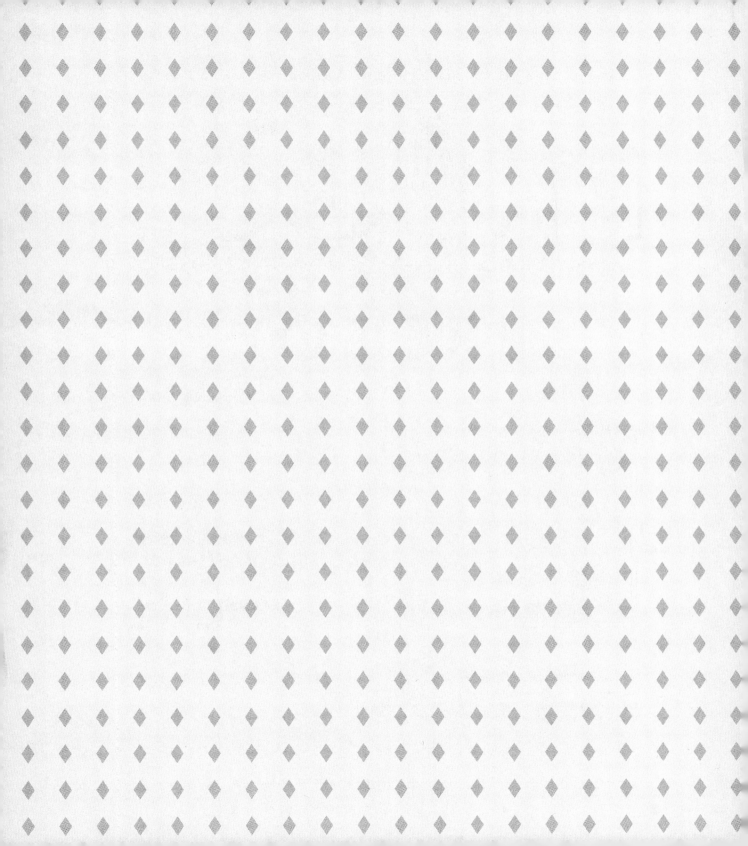

PREGO!

AN INVITATION TO ITALIAN · THIRD EDITION

Graziana Lazzarino
University of Colorado, Boulder

Contributing Authors

Antonella Pease
University of Texas, Austin

Giovanna Bellesia
Smith College

McGraw-Hill Publishing Company
New York   St. Louis   San Francisco   Auckland   Bogotá   Caracas
Lisbon   London   Madrid   Mexico   Milan   Montreal   New Delhi
Paris   San Juan   Singapore   Sydney   Tokyo   Toronto

This is an ⵄ book

Prego!
An Invitation to Italian

6 7 8 9 0   VNH VNH   9 5 4 3

Student Edition ISBN 0-07-557426-8
Instructor's Edition ISBN 0-07-540865-1

Editing supervisor: Cathy de Heer
Copyeditor: Karen Judd
Text and cover designer: Linda Marcetti
Illustrator: Stephanie O'Shaughnessy
Photo researchers: Lindsay Kefauver, Judy Mason
Proofreaders: Elizabeth McDevitt, Fiorella Ljunggren, Laura Gambini
Production supervisor: Tanya Nigh
Production staff: Janet Wood, Lorna Lo
Color separator/compositor: Black Dot/Typo-Graphics
Printer and binder: Von Hoffmann Press, Inc.

Library of Congress Cataloging-in-Publication Data

Lazzarino, Graziana.
    Prego!: An Invitation to Italian / Graziana Lazzarino;
    contributing authors, Antonella Pease, Giovanna Bellesia. — 3rd ed.
    p. cm.
    English and Italian.
    ISBN 0-07-557426-8 (student ed.). — ISBN 0-07-540865-1 (teacher ed.)
    1. Italian language—Textbooks for foreign speakers—English.
I. Pease, Antonella. II. Bellesia, Giovanna. III. Title.
PC1128.L35   1990   458.2'421—dc20   89-27375   CIP

CONTENTS

PRIMO RIPASSO GENERALE   *106*

CAPITOLO **5**

PRENDIAMO UN CAFFÈ? _____ *107*

CAPITOLO **6**

PRONTO IN TAVOLA! _____ *131*

CAPITOLO 7

CAPITOLO 8

SECONDO RIPASSO GENERALE   *199*

CAPITOLO **16**

IL MONDO DELLA POLITICA ——————— *342*

QUARTO RIPASSO GENERALE   *364*

CAPITOLO **17**

IL MONDO DEL LAVORO ——————— *366*

CAPITOLO 18

I GIOVANI D'OGGI _____ *389*

CAPITOLO 19

LINGUA E LETTERATURA _____ *410*

CAPITOLO **20**

ITALIANI E AMERICANI —————————— *433*

PREFACE

With the enthusiastic support and thoughtful input of Italian instructors across the country, *Prego! An Invitation to Italian* is now in its third edition. First published in 1980, *Prego!* was part of the important changes taking place at that time in the foreign language teaching profession. Its culturally thematic approach, imaginative tone, authentic contexts, and well-balanced emphasis on the four skills, combined with clear presentations of basic grammar, created an exciting new introductory Italian text. The second edition of *Prego!*, shaped to meet the profession's continuing emphasis on communication skills, exceeded the success of the first. Now, the third edition, revised in consultation with professors across the country, continues to offer a contemporary program for teaching Italian language and culture. Numerous exercises and interactive activities, increased focus on vocabulary acquisition, and continuing emphasis on clear, straightforward grammar presentations provide a flexible framework that can be adapted to any classroom situation and accommodate many different goals and methodologies.

Organization of the Third Edition

The main text is composed of a preliminary chapter, twenty regular chapters, and five review sections.

The preliminary chapter offers a functional introduction to Italian language and culture: it gives students the basic tools they need to express themselves on a variety of daily topics before they reach the grammar presentations in the regular chapters. The major sections of the preliminary chapter—*Alfabeto e suoni, Come si dice... in italiano?, L'anno, Numeri da uno a cento, Parole simili,* and *Vocabolario per la classe*—introduce students to basic sounds, words, and phrases that can be used immediately in classroom interaction. A summarizing vocabulary list, *Parole da ricordare,* includes all of the active vocabulary and useful expressions from the preliminary chapter.

Chapters 1 through 20 are organized as follows:

◆ **Opening page.** An up-to-date color photo and caption introduce the cultural theme of the chapter. A brief outline presents the chapter's grammar and cultural content.

♦ **Vocabolario preliminare.** New to this edition, this section introduces and practices the thematic vocabulary that students will use for self-expression in activities and situations throughout the chapter. The *Dialogo-lampo* that begins this section is a very brief and often humorous dialogue, accompanied by a visual, that sets the context for the vocabulary and exercises that follow.

♦ **Grammatica.** Three to five grammar points are presented in this section, each introduced in context by a minidialogue or cartoon and accompanied by numerous exercises and activities that progress from controlled to open-ended.

♦ **Dialogo.** The main dialogue of the chapter presents real-life situations related to the chapter's cultural theme through a continuing cast of characters. It introduces students to the people, customs, and institutions of contemporary Italy.

♦ **Piccolo ripasso.** Review exercises combine and reinforce the structures and vocabulary of the chapter.

♦ **Lettura culturale.** The cultural reading integrates the chapter's theme with new information. A new *Prima di leggere* section precedes the reading in five of the chapters and gives students guidance and specific strategies for becoming more efficient readers.

♦ **Parole da ricordare.** This chapter vocabulary list includes all important words and expressions considered active.

Each chapter is followed by an optional section, called *Intermezzo*, in which the new *Lingua viva* feature presents authentic materials from Italy integrated with a variety of communicative activities. The authentic materials include product advertisements, classified ads, a menu, wedding announcements, a train schedule, course registration forms, and so on. The material in this section encourages creative language use within an interesting cultural context.

In addition to the individual chapter review sections (*Piccolo ripasso*), *Ripasso generale* sections appear after every four chapters. They integrate and recycle the major vocabulary and structures of the preceding chapters through a variety of exercises and activities.

Changes in the Third Edition

The third edition of *Prego!* features streamlined grammar presentations, a stronger focus on vocabulary acquisition, more contextualization in exercises and activities, more activities promoting classroom interaction, more authentic materials, enhanced cultural information, and a stronger emphasis on skill development.

◆ The general sequence of material has not been dramatically altered in the third edition. The twenty-one regular chapters of the second edition have been reduced to twenty chapters to improve the fit of the text in both semester and quarter programs and to reduce somewhat the amount of material in the text. The grammar presentations have been streamlined by the elimination of unnecessary detail in order to focus on the material essential to first-year students and to allow more time for interaction in the classroom. A number of the minidialogues and cartoons that introduce grammar points are new to this edition; additionally, all of the illustrations that accompany the minidialogues have been completely redrawn, in color, to give the text a more contemporary flavor.

◆ Vocabulary acquisition has been given increased importance, a change that ties in to the stronger focus on meaning and content in the third edition. The *Vocabolario preliminare*, a new section, begins each chapter by presenting vocabulary tied in to the chapter theme. Students practice these new words and expressions in the exercises of this section and continue to encounter and use them in the exercises and activities that appear throughout the chapter. This early presentation and recycling of vocabulary helps students to become comfortable with new words and expressions and encourages their active use.

Although the addition of the *Vocabolario preliminare* section has increased the amount of vocabulary in each chapter, vocabulary control has been maintained. New active vocabulary is introduced in the *Vocabolario preliminare*, in the minidialogues that introduce grammar points, occasionally in example sentences, in verb charts that present new verbs and their forms, and occasionally in the main *Dialogo*. In all cases, whenever students meet an active word for the first time, they also find its English equivalent. Active vocabulary items for each chapter have been chosen according to their frequency in the text and for their relation to the chapter theme. A word may appear in several chapters before becoming active. All active vocabulary for a chapter is summarized in the *Parole da ricordare* section at the chapter's end. The chapter in which a word becomes active is indicated in the Italian–English and English–Italian vocabulary at the back of the text.

◆ More contextualized exercises and activities appear throughout the third edition. Additionally, there is an important new focus on partner/pair and small-group work, a change that will provide students with opportunities for more active and creative use of the language in the classroom. These new interactive activities relate to students' daily lives and interests and elicit their responses to particular situations. A new communicative feature of the third edition, *Variazioni sul tema*, appears regularly in each chapter after the main *Dialogo*. Here, students react to a variation of the dialogue's content by creating their own original exchanges with a partner. Based on authentic materials from Italy, the

exercises and activities in the new *Lingua viva* feature of the *Intermezzo* section help to make students more comfortable with natural language and enhance their understanding of contemporary Italian culture.

◆ Italian culture is highlighted throughout each chapter of *Prego!* In addition to the authentic materials from magazines, newspapers, and other current sources that now appear in the *Intermezzo*, contemporary culture is the focus of the *Lettura culturale*. All but two of the readings have been completely rewritten for the third edition; the new readings are livelier and more relevant to students. Follow-up questions focus on cross-cultural differences and similarities between Italy and the United States. Additionally, the *Lettura culturale* section has been moved from the *Intermezzo* to the main part of each chapter to integrate it better with the chapter; if time is a concern, however, the readings can still be considered optional. New color photographs appear throughout the third edition of *Prego!*; they supply visual interest and cultural information, introduce the theme of each chapter, and enhance the content of the *Lettura culturale, Dialogo,* and *Intermezzo* sections.

◆ The third edition gives increased attention to skill development, particularly reading skills. Five of the *Lettura culturale* sections (in Chapters 1, 2, 3, 10, and 11) begin with a new pre-reading section, *Prima di leggere*, which helps students become better, more efficient readers. Strategies such as skimming and scanning, guessing words from context, recognizing cognates, and anticipating content are presented, practiced, and immediately applied to the cultural reading to give students focused skill-building practice.

It is hoped that the many instructors who liked the first and second editions of *Prego!* will find that the third edition has retained the features they found appealing and, at the same time, has become a more functional and manageable text that makes the teaching and learning of Italian an even more enjoyable experience.

Supplementary Materials

The third edition of *Prego!* may be used together with any of the following components:

◆ The *Workbook*, by Giulia Centineo of the University of California, Santa Cruz, provides additional practice with vocabulary and structures through a variety of written exercises. Many of the *Workbook* exercises have been revised or completely rewritten to add context and to correspond to the changes in the main text. New authentic materials now appear in each chapter.

◆ The *Laboratory Manual* and the *Tape Program,* by Graziana Lazzarino and Giovanna Bellesia of Smith College, continue to provide useful listening and speaking practice outside the classroom. Material includes pronunciation practice, vocabulary and grammar exercises, dictations, and listening comprehension sections that stimulate authentic interaction. A *Tapescript* is available for instructors.

◆ The *Instructor's Edition* of the text, with annotations by Albert Sbragia of the University of Washington, Seattle, is a supplement new to the third edition. It contains a wide variety of on-page annotations, including suggestions for presenting the grammar material, variations and expansions on the student text material, additional exercises and activities, follow-up questions for the minidialogues that introduce many of the grammar points, and comprehension questions for the *Lettura culturale* sections.

◆ The *Instructor's Manual,* by Graziana Lazzarino and Wendy Walsh of the College of Marin, contains information on planning a course syllabus, chapter-by-chapter teaching notes, sample tests, sample oral interviews devised in accordance with the ACTFL proficiency guidelines, answers to text translation exercises, and discussions about interaction in the classroom, the use of authentic materials, and using *Prego!* in the proficiency-oriented classroom.

◆ The *Instructor's Resource Kit,* by Marion Lignana Rosenberg, is a supplement new to the third edition. It is coordinated with the chapters of the student text and offers optional exercises and activities, transparency masters of some of the visuals in the text, and additional realia.

◆ The *McGraw-Hill Electronic Language Tutor* (*MHELT*), a computer program by John Underwood of Western Washington University and Richard Bassein of Mills College, is new to the third edition and includes all of the single-response exercises from the student text. It is available for IBM and Apple computers.

◆ A set of forty color *Slides* of Italy, accompanied by commentary and questions, is also new to the third edition and is available to each adopting institution.

Acknowledgments

The publishers would again like to thank the instructors who participated in the various surveys and reviews that proved invaluable in the development of the first and second editions of *Prego!* In addition, the publishers would like to acknowledge the many valuable suggestions of the following instructors, whose input was enormously useful in the development of the third

edition. (The appearance of their names does not necessarily constitute an endorsement of the text or its methodology.)

Karen Abbondanza de la Motte, University of North Carolina, Chapel Hill

Elena F. Arminio, College of St. Elizabeth

Joy Bulluck, University of North Carolina, Asheville

Lillian Bulwa, Northeastern University

Luigi Burzio, Harvard University

Anna Caflisch, Rice University

Kirby Chadwick, Scottsdale Community College

Bettye Chambers, Georgetown University

Mary Ann Coffland, George Washington University

Giovanna Pironti Cook, Kansas State University

Donald E. Corbin, James Madison University

Victoria Corradini, Fashion Institute of Technology

Howard W. Crowell, Northern Essex Community College

Patricia M. Curtin, Onondaga Community College

Yves F. Dalvet, University of Southern Maine

Giuseppe Di Scipio, City University of New York, Hunter College

Barbara Marti Dooley, University of Notre Dame

Ann Doyle-Andersen, Stephen F. Austin State University

Robert A. Duca, University of Pittsburgh, Johnstown

Giuseppe Faustini, Skidmore College

Thomas P. Feeny, North Carolina State University

Maria Esposito Frank, Boston College

Lena C. Gabriel, University of North Carolina, Charlotte

Eugenio L. Giusti, New York University

Gabriel Gozzoli, Long Island City High School

Alessandra Graves, Curtis Institute of Music, Philadelphia

Steven Grossvogel, The University of Georgia

William V. Gugli, University of Massachusetts, Amherst

Franco Guidone, Diablo Valley College

Margherita Harwell, University of Illinois, Chicago

Richard B. Hilary, Florida State University

Lucille B. Howton, Texas Christian University

Annamaria Kelly, University of Arizona

Miles MacGran, University of Alabama

Franco Manca, University of Nevada, Reno

Susan J. Mancini, St. Francis de Sales High School

Silvestra Mariniello, University of Minnesota, Minneapolis

Alessandro Massaro, Bunker Hill Community College

John C. McLucas, Towson State University

Annamaria Moneti, Syracuse University

Irene Musillo-Mitchell, Community College of Vermont

Anthony Nicastro, North Adams State College and Williams College
Chris Nissen, University of California, Berkeley
Cinzia D. Noble, Brigham Young University
Ada C. Nourse, Santa Rosa Junior College
Gaetano Pastore, Villanova University
Paola de Pellegrin, Harvard University
Rosa Pellegrini, Bowdoin College
Robin Pickering-Iazzi, University of Wisconsin, Milwaukee
Giovanni Puppo, Carnegie-Mellon University
Vito Recchia, W. E. Grady High School
Linda Ricciardi, University of Maryland, College Park
Leslie B. Richardson, The University of the South

Maria Romagnoli, Harvard University
Itala T. Rutter, Wheaton College
Munir Sarkis, Daytona Beach Community College
Tommaso Sbarra, Community College, Allegheny Campus
Maria T. Scorsone, Eastern Kentucky University
David Sices, Dartmouth College
Stefano Tani, Emory University
Josephine Tarsia, Marymount College
Consuelo del Valle-Teichert, Pensacola Junior College
Maria Rosaria Vitti-Alexander, University of Michigan
Bernice Weiss, Long Beach City College
Anna Maria Wieser, St. Joseph College
Tibor Wlassics, University of Virginia

The authors would like to give special mention to the contributions of Catherine Feucht and Mara Mauri Jacobsen, both of the University of California, Berkeley, who read every page of the third edition manuscript for linguistic and cultural accuracy and offered thoughtful suggestions that were important in shaping the final material.

Many other individuals deserve thanks and recognition for their excellent work and support. Marion Lignana Rosenberg edited the complete manuscript and was a constant source of creative ideas. Giulia Centineo of the University of California, Santa Cruz, had numerous useful suggestions at various stages of the shaping of the text. Paola Caro was indispensable in the final stages of the development of the project.

Special thanks are due Linda Marcetti for the striking design of the book's interior and cover, and Stephanie O'Shaughnessy for her lively and colorful artwork. Most of the beautiful color photographs that appear throughout the text were taken by Nicola Pisani expressly for the third edition of *Prego!*

We would like to extend warm thanks to the highly skilled production staff at McGraw-Hill. The expert production team of Cathy de Heer, Tanya Nigh, Karen Judd, Jamie Sue Brooks, and Phyllis Snyder carefully guided *Prego!* through the various complex stages of production and design.

We would also like to express our appreciation to Lesley Walsh, who miraculously keeps everything running smoothly in a very busy office, and to Edith Brady and the marketing staff and salespeople for their continuing support of the book.

Finally, very special thanks are due the editorial staff of McGraw-Hill—Leslie Berriman, Elizabeth Lantz, Thalia Dorwick, and Eirik Børve—for their steadfast support and insightful editorial guidance.

CAPITOLO PRELIMINARE

In breve

A. Alfabeto e suoni
B. Come si dice... in italiano?
C. L'anno
D. Numeri da uno a cento
E. Parole simili
F. Vocabolario per la classe

Milano: « due chiacchiere » in un cortile dell'Università degli Studi

A. ALFABETO E SUONI *Alphabet and sounds*

Like the other Romance languages (such as French, Spanish, Portuguese, and Rumanian), Italian derives from Latin, the language of the ancient Romans that was spoken all over the Roman Empire.

Today Italian is spoken in Italy by 57 million Italians, in southern Switzerland (mainly in the canton of Ticino), and in those parts of the world (particularly the United States, South America, and Australia) where many Italians have immigrated.

Italian is a phonetic language, which means that it is spoken the way it is written. Italian and English share the Latin alphabet, but the sounds represented by the letters often differ considerably in the two languages.

The Italian alphabet has 21 letters, but it recognizes an extended set of 5 additional letters that occur in words of foreign origin. Here is the complete alphabet, with a key to Italian pronunciation.

a (a)	**g** (gi)	**n** (enne)	**s** (esse)		**j** (i lunga)
b (bi)	**h** (acca)	**o** (o)	**t** (ti)		**k** (cappa)
c (ci)	**i** (i)	**p** (pi)	**u** (u)		**w** (doppia vu)
d (di)	**l** (elle)	**q** (cu)	**v** (vu)		**x** (ics)
e (e)	**m** (emme)	**r** (erre)	**z** (zeta)		**y** (ipsilon)
f (effe)					

Every letter is pronounced in Italian except **h.**

You will learn the sounds of Italian and acquire good pronunciation by listening closely to and imitating your instructor.

Vocali (*Vowels*)

Italian vowels are represented by the five letters **a, e, i, o,** and **u.** While **a, i,** and **u** are pronounced basically the same way throughout Italy, the pronunciation of **e** and **o,** when stressed, may be open (**bello, cosa**) or closed (**sete, come**), according to the region.

Italian vowels are always articulated in a sharp, clear fashion, regardless of stress; they are never slurred or pronounced weakly.

a	(*father*)	patata	banana	sala	casa
e	(*late*)	sete	e	sera	verde (*closed* **e**)
	(*quest*)	setta	è	bello	testa (*open* **e**)
i	(*marine*)	pizza	Africa	vino	birra
o	(*cozy*)	nome	dove	volere	ora (*closed* **o**)
	(*cost*)	posta	corda	porta	cosa (*open* **o**)
u	(*rude*)	rude	luna	uno	cubo

Listen as your instructor says the following words, written identically in English and Italian, and notice the differences in pronunciation.

marina	Riviera	piano
gusto	trombone	opera
saliva	malaria	gala
camera	Coca-Cola	Elvira
formula	aroma	alibi
replica	propaganda	coma

Consonanti (*Consonants*)

Most Italian consonants do not differ greatly from English, but there are some exceptions and a few special combinations.

1. Before **a, o,** or **u,** the consonants **c** and **g** have a hard sound. **C** is pronounced like the sound in *cat,* and **g** is pronounced like the sound in *go.*

casa	colore	curioso
gatto	gonna	gusto

2. Before **e** or **i,** the consonants **c** and **g** have a soft sound. **C** is pronounced like the sound in *church,* and **g** is pronounced like the sound in *gem.*

piacere	cinema
gelato	giorno

3. The combinations **ch** and **gh** have a hard sound, again as in the sounds of the English words *cat* and *go.*

Michele	Chianti
lunghe	laghi

4. Before a final **i** and before **i** + *vowel,* the combination **gl** is pronounced like *ll* in *million.*

   gli   glielo   figli   foglio

5. The **gn** combination is pronounced like the *ny* in *canyon.*

signore	ignorante	sogno

Consonanti doppie (*Double Consonants*)

All Italian consonants except **q** have a corresponding double consonant, whose pronunciation is similar to, yet distinct from, that of the single consonant. Failure to make this distinction will result in miscommunication.

Contrast the pronunciation of the following words.

sete sette	papa pappa	dona donna

Listen as your instructor contrasts the English and Italian pronunciation of these words.

ballerina	spaghetti	confetti	villa
antenna	zucchini	Anna	Amaretto
mamma	piccolo	motto	

Accento tonico (*Stress*)

Most Italian words are pronounced with the stress on the next-to-the-last syllable.

minestrone (mi ne str*o* ne)   **vedere** (ve d*e* re)   **domanda** (do m*a*n da)

Some words are stressed on the last syllable; these words always have a written accent on the final vowel of that syllable.

virtù (vir t*u*)   **però** (pe r*o*)   **così** (co s*i*)

Some words are stressed on a different syllable, but this is rarely indicated in writing. As an aid to the student, this text indicates irregular stress by a dot below the stressed vowel in vocabulary lists and verb charts.

cạmera (c*a* me ra)   **crẹdere** (cr*e* de re)   **pịccolo** (p*i*c co lo)

A written accent is also used on a few words consisting of one syllable. In many cases the accent distinguishes words that are spelled and pronounced alike but have different meanings. Compare **si** (*oneself*) with **sì** (*yes*), and **la** (*the*) with **là** (*there*).

Although there are two written accents—(`) and (´)—in Italian, most people use only one—(`)—as in this text.

—Ciao e buona fortuna!

B. COME SI DICE... IN ITALIANO? *How Do You Say . . . in Italian?*

Greeting people

ciao	*hi, hello, bye*
buon giorno	*good morning, good afternoon (morning until noon or later, according to the region)*
buona sera	*good afternoon, good evening (late afternoon, evening, and night)*
buona notte	*good night*
arrivederci	*good-bye*
arrivederLa	*good-bye (extremely formal)*
a presto	*see you soon*

Communicating further

ecco...	*here is . . . , here are . . . ,*	per favore,	
	there is . . . , there are . . . (to	per piacere	*please*
	point out people or things)	piacere	*pleased to meet you*
scusi	*excuse me*	sono...	*I am . . .*
grazie	*thank you, thanks*	mi chiamo...	*my name is . . .*
prego	*you're welcome*	sono di...	*I am from . . .*

Ciao o buon giorno?

Italians, in general, tend to be more formal than Americans in their social
exchanges. They are formal with everyone except family, close friends,
classmates, and young children. The language reflects the different degrees of
formality or informality that exist in the relationships between people.
Compare the following two dialogues.

Laura meets Roberto on campus.

LAURA: Ciao, Roberto, come stai?
ROBERTO: Bene, grazie, e tu?
LAURA: Non c'è male,
Abbastanza bene, } grazie.
Così così,
ROBERTO: Ciao, Laura!
LAURA: Arrivederci!

Mrs. Martini sees her neighbor, Mr. Rossi,
at the bank.

SIG.RA MARTINI: Buon giorno, signor Rossi,
come sta?
SIG. ROSSI: Bene, grazie, e Lei?
SIG.RA MARTINI: Non c'è male,
Abbastanza bene, } grazie.
Così così,
SIG. ROSSI: ArrivederLa (Arrivederci),
signora!
SIG.RA MARTINI: ArrivederLa! (Arrivederci!)

LAURA: Hi, Roberto, how are you? ROBERTO: Fine, thanks, and you? LAURA: Not bad
(Pretty good, So-so), thanks. ROBERTO: Bye, Laura! LAURA: Good-bye!
MRS. MARTINI: Good afternoon, Mr. Rossi, how are you? MR. ROSSI: Fine, thanks, and
you? MRS. MARTINI: Not bad (Pretty well, So-so), thanks. MR. ROSSI: Good-bye, Mrs.
Martini. MRS. MARTINI: Good-bye!

Titoli (*Titles*)

Women are almost always greeted as **signora** or **signorina** in Italy: **Buon giorno, signora!** (for a married or older woman), **Buon giorno, signorina!** (for an unmarried or young woman). The last name may be added if known. The title **signore** is not used to greet men, however. Only people in service positions—waiters, clerks, and so on—would say **Buon giorno, signore!** If you know a man's last name, however, it is acceptable—and common—to use **signore** (short form = **signor**) before the name: **Buon giorno, signor Rossi!**

Instructors are addressed as **professore** (*masc.*), shortened to **professor** before a name, and **professoressa** (*fem.*). Female instructors are often addressed simply as **signora** or **signorina.**

C. L'ANNO   *The Year*

Le stagioni (*Seasons*)

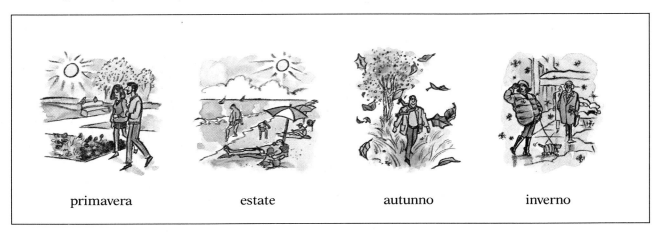

| primavera | estate | autunno | inverno |

The names of seasons are not capitalized in Italian.

I mesi (*Months*)

gennaio	febbraio	marzo
aprile	maggio	giugno
luglio	agosto	settembre
ottobre	novembre	dicembre

Che mese è? (In che mese siamo?) —È settembre. (Siamo in settembre.)

What month is it? (What month are we in?) —It's September.

The names of months are not capitalized in Italian.

I giorni della settimana (*Days of the Week*)

L	lunedì
M	martedì
M	mercoledì
G	giovedì
V	venerdì
S	sabato
D	domenica

	SETTEMBRE					
L	M	M	G	V	S	D
				1	2	3
4	5	6	⑦	8	9	10
11	12	13	14	15	16	17
18	19	20	21	22	23	24
25	26	27	28	29	30	

che giorno è...	*what day is . . .*
oggi	*today*
domani	*tomorrow*
Che giorno è oggi?	*What day is it today?*
Oggi è giovedì.	*Today is Thursday.*
Domani è venerdì.	*Tomorrow is Friday.*

The days of the week are not capitalized in Italian. The week begins with Monday.

Il tempo (*The Weather*)

Che tempo fa?	*What's the weather like?*
Fa bello.	*It's nice (weather).*
Fa brutto.	*It's bad (weather).*
Fa caldo.	*It's hot.*
Fa freddo.	*It's cold.*
Fa fresco.	*It's cool.*

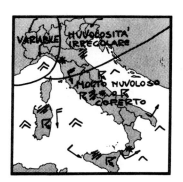

ESERCIZI

A.   Presentazioni (*Introductions*). Introduce yourself to the student next to you. Tell him/her which city you come from.

ESEMPI: Sono Marco. Sono di Atlanta.

Sono Daniela. Sono di Boston.

Now introduce the student on your right to the student on your left.

ESEMPIO: Ecco Daniela. È di Boston.

B.   Per strada (*On the street*). As Marco is walking in town, he meets several people. Play the role of Marco, greeting people formally or informally, as appropriate.

ESEMPI: Marisa, a classmate → Ciao, Marisa!

Carlo Barsanti, a professor, late afternoon →
Buona sera, professore!

1. Two of Marco's closest friends   2. Miss Bennett, Marco's English teacher
3. Professor Smith, Marco's psychology instructor   4. Mrs. Bianchi, a friend of the family, 4 P.M.

C.   Situazioni. What would you say in the following situations?

ESEMPIO: It is morning. You meet one of your instructors. How do you greet her? →
Buon giorno, professoressa.

1. You meet Inge, a German classmate. How do you greet her?
2. You need to know what day it is today. What do you ask?
3. A gentleman drops a ticket. You pick it up and give it to him. He thanks you. How do you respond?
4. You want to get someone's attention. What do you say?
5. You're going to bed. What do you say to your roommate?
6. You walk into a **pasticceria** (*pastry shop*). What do you say to the baker?

D.   Che confusione! Your roommate is in a fog today and you find yourself correcting everything he/she says. Working with a partner, ask and answer questions about **oggi** and **domani.**

ESEMPI: A: È giovedì oggi?
B: No, è venerdì.

A: È sabato domani?
B: No, è domenica.

E.   Dialoghi (*Dialogues*). The following people meet in the street and stop to chat. Create short dialogues for each encounter.

ESEMPIO: Alberto, an Italian student, meets his cousin Silvia. They've both had the flu. →

ALBERTO: Ciao, Silvia, come stai?
SILVIA: Così così. E tu?
ALBERTO: Abbastanza bene oggi!

1. Mr. Tozzi meets Mrs. Ratto; they are barely acquainted.   2. Clara meets Antonella; they went to high school together.   3. A student passes his/her professor on campus.

D. NUMERI DA UNO A CENTO
Numbers from One to One Hundred

As you learn the numbers from one to ten, notice how an Italian would write them. Pay particular attention to the figures 1, 4, and 7.

0	zero						
1	uno	11	undici	21	ventuno	31	trentuno
2	due	12	dodici	22	ventidue	32	trentadue
3	tre	13	tredici	23	ventitrè	33	trentatrè
4	quattro	14	quattordici	24	ventiquattro	40	quaranta
5	cinque	15	quindici	25	venticinque	50	cinquanta
6	sei	16	sedici	26	ventisei	60	sessanta
7	sette	17	diciassette	27	ventisette	70	settanta
8	otto	18	diciotto	28	ventotto	80	ottanta
9	nove	19	diciannove	29	ventinove	90	novanta
10	dieci	20	venti	30	trenta	100	cento

When **-tre** is the last digit of a larger number, it takes an accent: **ventitrè, trentatrè,** and so on.

The numbers **venti, trenta,** and so on drop the final vowel before adding **-uno** or **-otto: ventuno, ventotto.**

—Uno, due, tre... uno, due, tre, ...pronto, pronto... prova microfono...

ESERCIZI

A. Due, quattro, sei... Count by 2's from 2 to 40. Count by 3's from 3 to 33. Count by 5's from 5 to 50. Count backward from 10 to 0.

B. La lotteria (*The lottery*). The following numbers were picked by the lottery in the last few weeks. Read them out loud.

1. 39 37 35 26 2 23
2. 30 20 7 14 19 12
3. 1 3 9 24 25 16
4. 25 36 30 15 33 1

C. Numeri di telefono (*Telephone numbers*). You need to phone the following people. Ask the operator to connect you with the numbers below. (Note: In Italian many phone numbers have six digits and are said in groups of two digits.)

ESEMPIO: Centineo 21-46-67 → ventuno quarantasei sessantasette

1. Cagliero 23-97-08
2. Nappi 36-25-81
3. Ravera 45-94-46
4. Ferrero 61-11-50
5. Magri 01-14-76
6. Segni 14-58-31

E. PAROLE SIMILI *Cognates*

Learning Italian is made easier by the fact that many Italian words look like English words and have similar meanings. These words are called *cognates* or **parole simili.** There are only minor differences in spelling between English and Italian cognates.

stazione *station*	museo *museum*
intelligente *intelligent*	geloso *jealous*
possibile *possible*	professore *professor*

Once you learn several frequently occurring patterns, you will be able to recognize and remember new words. For example,

-zione → -*tion*	inflazione *inflation*
-tà → -*ty*	università *university*
-oso → -*ous*	famoso *famous*

ATTENZIONE! There are also words that look alike in the two languages but that have different meanings. These are called *false cognates* or **falsi amici.**

parente = *relative* (not *parent*)
libreria = *bookstore* (not *library*)

ESERCIZI

A. Equivalenti inglesi. Identify the following cognates by giving their English equivalents.

condizione	città	desideroso
conversazione	identità	geloso
descrizione	pubblicità	nervoso
informazione	realtà	numeroso
preparazione	università	virtuoso

B. Formazione di parole simili. What patterns of cognate formation can you discover in these groups of Italian words? Can you give their English equivalents?

continente	digressione	incredibile
frequente	discussione	possibile
intelligente	espressione	probabile
presidente	professione	terribile
studente	trasmissione	visibile

differenza	comunismo	colore
essenza	fascismo	dottore
pazienza	ottimismo	favore
presenza	realismo	motore
violenza	socialismo	odore

C.   Come si dice in italiano? Give the Italian word for each of the following words. Guess if you are not sure!

sensation	religious	urgent
depression	celebration	actor (*ct* = **tt**)
pessimism	nervous	eloquent
invention	curiosity	indifference
numerous	experience (*x* = **s**)	prosperity
impossible		

F. VOCABOLARIO PER LA CLASSE

Per il professore

Ascoltate.	Listen.
Leggete.	Read.
Ripetete.	Repeat.
Rispondete.	Answer.
Scrivete.	Write.
Aprite i libri.	Open your books.
Chiudete i libri.	Close your books.
Fate l'esercizio.	Do the exercise.
Capite?	Do you understand?
Ancora una volta!	Once more!
Attenzione!	Careful! Pay attention!
Giusto!	Correct!
Molto bene! Benissimo!	Very good!
Sbagliato!	Wrong!
Tutti insieme!	All together!
Va bene.	OK.

Per lo studente

Capisco.	I understand.
Non capisco.	I don't understand.
Come?	What? How?
Come si dice... ?	How do you say . . . ?
Come si pronuncia... ?	How do you pronounce . . . ?
Come si scrive... ?	How do you write . . . ?
Cosa vuol dire... ?	What does . . . mean?
Ripeta, per favore.	Please repeat.

PAROLE DA RICORDARE

ESPRESSIONI VERBALI
(*Verbal Expressions*)

sono I am
è is
mi chiamo... my name is . . .
sono di... I'm from . . .

TITOLI (*Titles*)

professore professor (*m.*)
professoressa professor (*f.*)
signora Mrs.
signore Mr.
signorina Miss

L'ANNO (*The Year*)

giorni days
settimana week
  lunedì Monday
  martedì Tuesday
  mercoledì Wednesday
  giovedì Thursday
  venerdì Friday
  sabato Saturday
  domenica Sunday
mesi months
  gennaio January
  febbraio February
  marzo March
  aprile April
  maggio May
  giugno June
  luglio July
  agosto August
  settembre September
  ottobre October
  novembre November
  dicembre December
oggi today
domani tomorrow

LE STAGIONI (*The Seasons*)

primavera spring
estate summer
autunno fall
inverno winter

IL TEMPO (*The Weather*)

Che tempo fa? What's the
  weather like?
  Fa bello. It's nice.
  Fa brutto. It's bad.
  Fa caldo. It's hot.
  Fa freddo. It's cold.
  Fa fresco. It's cool.

PRONOMI (*Pronouns*)

tu you (*fam.*)
Lei you (*form.*)

ALTRE PAROLE ED ESPRESSIONI

buon giorno good morning,
  good afternoon
buona sera good evening
buona notte good night
ciao hi, hello, bye
arrivederci good-bye (*inform.*)
arrivederLa good-bye (*form.*)
a presto see you soon

ecco here is . . . , here are . . . ,
  there is . . . , there are . . .

Come stai? How are you?
  (*fam.*)
Come sta? How are you? (*form.*)
non c'è male not bad
abbastanza bene pretty good
così così so-so
bene well

grazie thank you, thanks
per favore, per piacere please
piacere pleased to meet you
prego you're welcome
scusi excuse me

sì yes
no no

VOCABOLARIO SPECIALE
PER LA CLASSE

Ascoltate. Listen.
Leggete. Read.
Ripetete. Repeat.
Rispondete. Answer.
Scrivete. Write.
Capisco. I understand.
Non capisco. I do not
  understand.
Capite? Do you understand?
Come? What? How?

Aprite i libri. Open your books.
Chiudete i libri. Close your
  books.
Fate l'esercizio. Do the exercise.
Leggete ad alta voce. Read out
  loud.

Ancora una volta! Once more!
Attenzione! Careful! Pay
  attention!
Giusto! Correct!
Molto bene! Benissimo! Very
  good!
Sbagliato! Wrong!
Tutti insieme! All together!
Va bene. OK.

Come si dice... ? How do you
  say . . . ?
Come si pronuncia... ? How do
  you pronounce . . . ?
Come si scrive... ? How do you
  write . . . ?
Cosa vuol dire... ? What does . . .
  mean?
Ripeta, per favore. Please
  repeat.

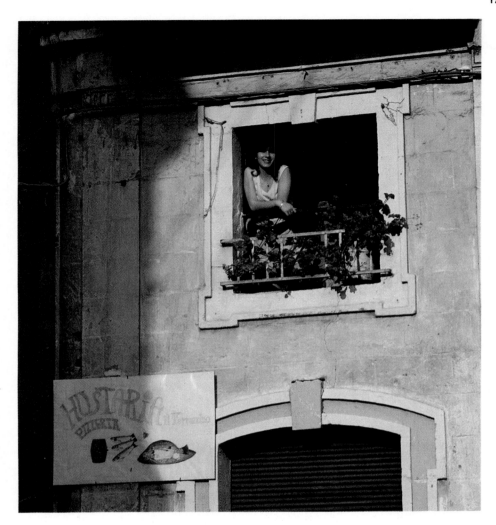

« Ciao! A presto! »

ARRIVO IN ITALIA

In breve

Grammatica
A. Nomi: genere e numero
B. Articolo indeterminativo e **buono**
C. Pronomi soggetto e presente di **avere**
D. Espressioni idiomatiche con **avere**

Lettura culturale
L'Italia

Turisti e pendolari alla stazione di Roma

VOCABOLARIO PRELIMINARE

Dialogo-lampo

A: Scusi, c'è una banca in Via Roma?

B: No, non c'è una banca in Via Roma: c'è una banca in Via Cairoli.

Una città italiana (*An Italian City*)

LUOGHI (*Places*)

un aeroporto airport
un albergo hotel
una banca bank
un bar (**un caffè**) bar, café, coffee shop
una chiesa church
un cinema movie theater
un museo museum
un negozio shop, store

un ospedale hospital
una piazza square
un ristorante restaurant
una scuola school
uno stadio stadium
una stazione station
un supermercato supermarket
un'università university
una via street
uno zoo zoo

MEZZI DI TRASPORTO
(*Means of Transportation*)

un aeroplano airplane
un autobus bus
un'automobile, una macchina car
una bicicletta bicycle
una motocicletta motorcycle
un treno train

ESERCIZI

A.   Associazioni. Which words from the preceding list do you associate with the following words? More than one answer may be possible.

1. professori e studenti 2. dollari e lire 3. sport 4. animali 5. film
6. dottori 7. cattolico 8. spaghetti e lasagne 9. Fiat, Ferrari e Alfa
Romeo 10. espresso e cappuccino 11. DC-10 12. Trek e Campagnolo

B. Dov'è (*Where is it*)? Look at the map and find out where a particular
building or business is located. Work in pairs.

> ESEMPIO: un ristorante / Via Gozzi →
> —C'è un ristorante in Via Gozzi?
> —Sì, c'è un ristorante in Via Gozzi. (No, non c'è un ristorante
> in Via Gozzi; c'è un ristorante in Via Porta Nuova.)

1. una stazione / Viale Gramsci
2. un museo / Via Roma
3. un ospedale / Via delle Fontane
4. una banca / Via Gozzi
5. un'università / Viale Gramsci
6. uno stadio / Via Gozzi
7. un cinema / Piazza Dante Alighieri
8. un albergo / Via dei Mille

C. Qui vicino... Make five statements indicating whether or not some of
the buildings or businesses listed in the **Vocabolario preliminare** are
located nearby (**qui vicino**)—that is, near your university.

> ESEMPIO: C'è una banca qui vicino.
> Non c'è un aeroporto qui vicino.

GRAMMATICA

A. Nomi: genere e numero

In una stazione italiana

VENDITORE: Panini, banane, gelati, vino, caffè, aranciata,
birra...
TURISTA AMERICANA: Due panini e una birra, per favore!
VENDITORE: Ecco, signorina! Diecimila lire.
TURISTA AMERICANA: Ecco dieci dollari. Va bene?

1. Most Italian nouns (**i nomi**) end in a vowel. Nouns that end in a
consonant are of foreign origin. All nouns in Italian have a gender (**il
genere**); that is, they are either masculine or feminine, even those
referring not to people but to things, qualities, or ideas.

   a. Generally, nouns ending in **-o** are masculine, nouns ending in **-a** are
   feminine.

   MASCULINE: amico, treno, dollaro, panino
   FEMININE: amica, bicicletta, lira, studentessa

   b. Nouns ending in **-e** may be masculine or feminine. The gender of
   these nouns must be memorized.

   MASCULINE: studente, ristorante, caffè
   FEMININE: automobile, notte, attenzione

   c. Nouns ending in a consonant are usually masculine.

   bar, autobus, film, sport

   d. Abbreviated nouns retain the gender of the words from which they
   derive.

   foto *f.* (*from* fotografia)
   cinema *m.* (*from* cinematografo)
   moto *f.* (*from* motocicletta)
   auto *f.* (*from* automobile)
   bici *f.* (*from* bicicletta)

In an Italian railroad station   VENDOR: Sandwiches, bananas, ice cream, wine, coffee,
orange soda, beer!   AMERICAN TOURIST: Two sandwiches and a beer, please!   VENDOR: Here
you are, miss. Ten thousand lire.   AMERICAN TOURIST: Here's ten dollars. Is that OK?

2. Italian nouns change their vowel endings to indicate a change in number.

SINGOLARE		PLURALE	
Nouns ending in: **-o**	*change to:* **-i**	amico *friend* (*m.*) → amici *friends*	
-a	**-e**	studentessa *student* (*f.*) → studentesse *students*	
-ca	**-che**	amica *friend* (*f.*) → amiche *friends*	
-e	**-i**	studente *student* (*m.*) → studenti *students*	

Nouns ending with an accented vowel or a consonant do not change in the plural, nor do abbreviated words.

caffè → due caffè   foto → due foto
film → due film

ESERCIZI

A. Give the plural of the following nouns.

1. treno
2. stazione
3. tè (*tea*)
4. banana
5. lira
6. professore
7. professoressa
8. nome (*name*)
9. amica

B. Working with a partner, imagine that you are in a coffee shop (**caffè**). The waiter underestimates your appetite and offers you one of each of the following items, but you want two! Be polite and add **per piacere** or **per favore** to your request.

ESEMPIO: un espresso →
           —Un espresso, signore/a?
           —No, due espressi, per favore!

1. un gelato
2. un'aranciata
3. un caffè
4. una pizza
5. un panino
6. un cappuccino
7. uno scotch
8. una birra
9. un bicchiere di vino (*glass of wine*)
10. un bicchiere di latte (*milk*)

C. As you travel with a friend, call his/her attention to three of each of these items.

ESEMPIO: treno → Ecco tre treni!

1. aeroplano
2. automobile
3. autobus
4. ristorante
5. bar
6. banca
7. dollaro
8. piazza
9. motocicletta
10. cinema

B. Articolo indeterminativo e **buono**

—Sì, sì... un momento...

1. The Italian indefinite article (**l'articolo indeterminativo**) corresponds to English *a/an* and is used with singular nouns. It also corresponds to the number *one*.

SINGOLARE	
Maschile	*Femminile*
uno zio (*uncle*) **un** cugino (*cousin, m.*) **un** amico	**una** zia (*aunt*) **una** cugina (*cousin, f.*) **un'**amica

Uno is used for masculine words beginning with **z** or **s** + *consonant;* **un** is used for all other masculine words.

Una is used for feminine words beginning with a consonant; **un'** is used for feminine words beginning with a vowel.

un treno e una bicicletta
un aeroplano e un'automobile
uno stadio e una stazione

2. **Buono** follows the pattern of the indefinite article. It has four forms in the singular.

SINGOLARE*	
Maschile	*Femminile*
buono zio **buon** cugino **buon** amico	**buona** zia **buona** cugina **buon'**amica

---

*You will learn the plural forms of **buono** in **Capitolo 2.**

Buono is used for masculine words beginning with **z** or **s** + *consonant;* **buon** is used for all other masculine words.

   Buona is used for feminine words beginning with a consonant; **buon'** is used for feminine words beginning with a vowel.

>   un buon vino e una buona birra
>   un buon espresso e una buon'aranciata
>   un buon lavoro (*job*) e un buono stipendio (*salary*)

ATTENZIONE! Compare these pairs of examples.

>   **uno** scotch *but* **un** buono scotch
>   **un'**aranciata *but* **una** buon'aranciata

In each pair, the article changes when followed by a form of **buono**, which begins with a consonant. The form of the article is determined by the word that immediately follows it, just as in English: *an apple*, but *a red apple*.

ESERCIZI

A.   You are at an Italian **caffè**. Call the waiter (**cameriere**) and order each of the following items.

>   ESEMPIO: pizza → Cameriere, una pizza!

1. Coca-Cola
2. caffè (*m.*)
3. scotch
4. birra
5. aranciata
6. bicchiere (*m.*) di latte
7. cappuccino
8. cioccolata (*hot chocolate*)

B.   Imagine that you are an instructor pointing out parts of speech to your students.

>   ESEMPIO: verbo → Ecco un verbo!

1. articolo
2. aggettivo
3. avverbio
4. nome (*m.*)
5. pronome (*m.*)
6. preposizione (*f.*)

C.   **Una patata, due patate.** Repeat the pattern in the example with each of the following nouns.

>   ESEMPIO: studente → uno studente, due studenti

1. treno
2. aeroplano
3. automobile
4. macchina
5. bicicletta
6. scooter
7. autobus
8. motocicletta

D. Supply the correct form of **buono.**

1. una _____ idea
2. un _____ ospedale
3. un _____ cameriere
4. una _____ banca
5. un _____ vino
6. un _____ stipendio

E. Complimenti. You are the guest of an Italian **signora.** Express your appreciation for everything she serves.

ESEMPIO: vino → Che buon vino, signora!

1. caffè
2. panino
3. aranciata
4. pizza
5. cioccolata
6. gelato
7. cappuccino
8. aperitivo

C. Pronomi soggetto e presente di **avere**

LUIGINO: E Lei, signora, ha parenti in America?
SIGNORA PARODI: No, Luigino, non ho parenti, solo amici. E tu, hai qualcuno?
LUIGINO: Sì, ho uno zio in California e una zia e molti cugini in Florida.

1. The subject pronouns (**i pronomi soggetto**) are as follows:

SINGOLARE		PLURALE	
io	*I*	noi	*we*
tu	*you (familiar)*	voi	*you (familiar)*
Lei	*you (formal)*	Loro	*you (formal)*
lui	*he*	loro	*they (people), m. or f.*
lei	*she*		

a. **Io** (*I*) is not capitalized unless it begins a sentence.

b. There are usually no corresponding forms for *it* and *they* to refer to animals or things; the verb form alone is used.

c. There are four ways of saying *you* in Italian: **tu, voi, Lei,** and **Loro. Tu** (for one person) and **voi** (for two or more people) are the familiar forms, used only with family members, children, and close friends.

Tu, mamma.   Voi, ragazzi (*children*).

LUIGINO: Mrs. Parodi, do you have any relatives in America?   MRS. PARODI: No, Luigino, I don't have any relatives, only friends. Do you have anyone?   LUIGINO: Yes, I have an uncle in California and an aunt and a lot of cousins in Florida.

Lei (for one person, male or female) and its plural **Loro** are used in more formal situations to address strangers, acquaintances, older people, or people in authority. **Lei** and **Loro** are often written with a capital **L** to distinguish them from **lei** (*she*) and **loro** (*they*).

Lei, professore, e anche Lei, signorina.	*You, professor, and also you, miss.*
Non Loro, signore e signori.	*Not you, ladies and gentlemen.*

Loro is used to address two or more people in very formal situations. It is often replaced by the more casual **voi**.

2. The present tense (**il presente**) of **avere** (*to have*) is as follows:

SINGOLARE			PLURALE		
(io)	ho	*I have*	(noi)	abbiamo	*we have*
(tu)	hai	*you have (fam.)*	(voi)	avete	*you have (fam.)*
(Lei)	ha	*you have (form.)*	(Loro)	hanno	*you have (form.)*
(lui) (lei) }	ha	*he has* / *she has*	(loro) }	hanno	*they have*

Avere is an irregular verb (**un verbo irregolare**); it does not follow a predictable pattern of conjugation.

The following rules apply to **avere** and to all Italian verbs.

a. In English, subject pronouns are always used with verb forms: *I have, you go, he is,* and so on. In Italian, the verb form itself identifies the subject. For this reason, subject pronouns are usually not expressed.

Ho una Ferrari; ha due porte.	*I have a Ferrari; it has two doors.*
Hai buon gusto!	*You have good taste!*
Abbiamo parenti in Italia.	*We have relatives in Italy.*

Subject pronouns *are* used, however, to emphasize the subject (**I** *have a job;* that is, **I'm** *the one who has a job*) or to contrast one subject with another (**I** *have this,* **you** *have that*).

Io ho un lavoro.	*I **do** have a job.*
Lui ha una Fiat; lei ha un'Alfa Romeo.	***He** has a Fiat;* ***she** has an Alfa Romeo.*

b. **Lei** takes the third person singular verb form; **Loro** takes the third person plural form.

Lei, signora, ha una buona macchina.	*You have a good car, ma'am.*
Loro, signori, hanno amici qui.	*You have friends here, gentlemen.*

c. To make a verb negative (*I have* → *I don't have*), place the word **non** (*not*) directly before it.

Mario non ha soldi.   *Mario doesn't have money.*
Non hanno birra, hanno vino.   *They don't have beer, they have*
                                        wine.

d. To make a verb interrogative (*I have* → *do I have?*), add a question
   mark to the end of the sentence in writing. In speaking, the pitch of
   the voice rises at the end of the sentence.

Avete un buon lavoro.   *You have a good job.*

Avete un buon lavoro?   *Do you have a good job?*

If a subject (noun or pronoun) is expressed in the interrogative, it can

◆ stay at the beginning of the sentence, before the verb
◆ go to the end of the sentence
◆ less frequently go immediately after the verb

Mario ha uno zio?   *Does Mario have an uncle?*
Ha uno zio Mario?
Ha Mario uno zio?

ESERCIZI

A. Which subject pronouns would you use to speak *about* the following?

ESEMPIO: your uncle → lui

1. your cousin Cecilia   5. your instructors
2. your friends   6. you and your brother
3. the waiter   7. your aunts
4. yourself   8. your uncles

B. Several people have asked you how you are: **Come sta?** or **Come stai?**
Answer, then ask how they are, using the appropriate equivalent for *you.*

ESEMPIO: your Aunt Teresa → Bene, grazie, e tu?

1. your cousin Anna   5. your instructor, Mr. Puccini
2. your friends   6. Mr. and Mrs. Cabot
3. the waiter   7. your father
4. your instructor, Mrs. Rossini 8. your mother

C. Avere o non avere... Complete with the correct form of **avere.**

1. Voi _____^{1} un appartamento, ma io _____^{2} solo una stanza (*room*). Loro
   _____^{3} due macchine, ma io _____^{4} solo una moto. Tu e Paolo non _____^{5}
   lezioni domani, ma io _____^{6} cinque lezioni! Lui _____^{7} un buono
   stipendio, ed* io non _____^{8} soldi. Che sfortuna (*What bad luck*)!

---

*When used before a word beginning with a vowel, **e** often becomes **ed.**

2. Tu ____¹ un cane (*dog*) intelligente, ma noi ____² un cane stupido! Tu ____³ una buona moto, ma Carla ____⁴ solo una bicicletta. Tu ____⁵ molti soldi (*lots of money*); Cinzia e Daniele non ____⁶ nemmeno (*even*) un lavoro! Come sei fortunato (*How lucky you are*)!

D. Paragoni (*Comparisons*). Petty jealousies and insecurities are getting you down today. Tell what's bothering you, filling in the blanks with the correct subject pronoun.

____¹ non ho una buona bicicletta, ma ____² avete un'ottima (*excellent*) bici. ____³ non abbiamo una lira, ma ____⁴ hanno molti soldi. ____⁵ non ho parenti, ma ____⁶ ha molti parenti. ____⁷ abbiamo un cane, ma ____⁸ hai un gatto (*cat*).

E. You don't seem to have anything your partner asks you about. Tell him or her what you do have, using a different noun.

> ESEMPIO: birra →
> —Hai birra?
> —No, non ho birra; ho latte.

1. panini
2. caffè
3. un'amica in Florida
4. un appartamento
5. un gatto
6. una moto
7. una Ferrari
8. parenti in Italia

Now repeat the exercise in groups of four. Be original in your answers!

> ESEMPIO: birra →
> —Avete birra?
> —No, non abbiamo birra. Abbiamo una foto di Madonna!

D. Espressioni idiomatiche* con **avere**

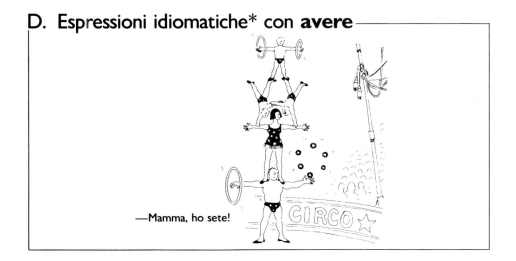

—Mamma, ho sete!

---

*An idiom is an expression peculiar to a language. When examined word by word, an idiom may not appear to make sense to speakers of another language. For example, in English, *to rain cats and dogs* means *to rain hard, to pour*, and not what it says literally.

1. Many useful idiomatic expressions (**espressioni idiomatiche**) that indicate people's feelings or physical sensations are formed with **avere** + *noun*. The equivalent English expressions are generally formed with *to be + adjective*.

NOMI		ESPRESSIONI	
caldo	*heat*	avere caldo	*to be warm (hot); to feel warm (hot)*
freddo	*cold*	avere freddo	*to be cold; to feel cold*
fame (*f.*)	*hunger*	avere fame	*to be hungry*
sete (*f.*)	*thirst*	avere sete	*to be thirsty*
sonno	*sleep*	avere sonno	*to be sleepy*
fretta	*hurry, haste*	avere fretta	*to be in a hurry*
paura	*fear*	avere paura	*to be afraid*
bisogno	*need*	avere bisogno di	*to need, have need of*
voglia	*desire*	avere voglia di	*to want, to feel like*

Luigino non ha sonno, ha fame!
Avete bisogno di aiuto? —No, abbiamo bisogno di soldi!
Ho caldo. Ho voglia di un gelato.

Luigino isn't sleepy, he's hungry!
Do you need help? —No, we need money!
I'm hot. I feel like having ice cream.

2. The verb **avere** is also used to indicate age.

avere + *number* + **anni**	*to be . . . years old*

Quanti anni hai? —Ho diciotto anni.
E Daniela, quanti anni ha? —Lei ha vent'anni.

How old are you? (How many years do you have?) —I'm eighteen.
And Daniela, how old is she? —She's twenty.

ATTENZIONE: **vent'anni** *twenty years;* **ventun anni** *twenty-one years.*

ESERCIZI

A. Complete the following sentences with the appropriate word.

1. Brrr! Non avete _____ ?
2. Chi (*Who*) ha _____ di Virginia Woolf?
3. Non hanno tempo (*time*), hanno _____ !
4. Due aranciate, per favore! Abbiamo _____ .
5. Mario ha _____ : ecco una pizza!

6. Hai diciotto o diciannove _____ ?
7. Avete _____ di un gelato o di una cioccolata?

B. Give the age of each family member, using a complete sentence.

Giuseppe		Isabella
50		46

Carlo	Marta	Maurizio
25	21	17

Now ask several classmates how old they are.

C. Ask a classmate / classmates / your instructor:

1. are you sleepy?
2. do you feel cold?
3. are you in a hurry?
4. are you afraid?
5. are you warm?

6. are you hungry?
7. do you need a beer?
8. do you feel like a cappuccino or a cup of coffee?

DIALOGO

In Piazza San Marco a Firenze.° Personaggi:° Marcella Pepe, una ragazza di   *Florence / Characters*
Firenze; Vittoria Piattelli, una buon'amica di Marcella.

MARCELLA: Ciao, Vittoria, come va?
 VITTORIA: Abbastanza bene, e tu?
MARCELLA: Bene, grazie.
 VITTORIA: Novità°?   *Anything new*
MARCELLA: Sì: domani arriva° Beppino.   *is coming*
 VITTORIA: Beppino? E chi è Beppino?
MARCELLA: Un cugino texano.°   *from Texas*
 VITTORIA: Arriva a cavallo°?   *a... on a horse*
MARCELLA: Spiritosa°! Arriva in treno con un amico di New York: Pietro,   *Don't be funny*
          Pietro Nicolosi.
 VITTORIA: Quanti anni ha questo° cow-boy?   *this*
MARCELLA: Beppino non è un cow-boy, è uno studente e ha vent'anni.
 VITTORIA: Hai una foto?
MARCELLA: Sì, ecco!
 VITTORIA: Non c'è male! Ma non pare° americano, pare napoletano...   *non... he doesn't seem*
          A domani,° allora.   *A... See you tomorrow*
MARCELLA: A domani. Ciao, Vittoria!
 VITTORIA: Ciao, Marcella!

« Partiamo alle quattro dalla Stazione Centrale di Milano! »

▢ VARIAZIONI SUL TEMA

Working with a partner, create a **dialogo** of your own. You meet, greet each other, perhaps grab something to eat or drink, and discuss the arrival of a friend or relative. Try to be original while using some of the constructions and expressions from above: **Chi arriva** (*Who's arriving*)? **Quando** (*When*)? **Come arriva—a cavallo, in treno, in bicicletta, in aereo** (*How's he/she getting here—by horse, train, bicycle, plane*)? Aim for about a dozen short lines.

PICCOLO RIPASSO

A. Ask a classmate whether he/she has one or two of the following items. The classmate will answer.

ESEMPIO: bicicletta →
—Tu hai una bicicletta o due biciclette?
—Ho una bicicletta. (Ho due biciclette.) *o* Non ho biciclette.

1. cugino	3. lezione	5. foto	7. amico
2. lavoro	4. nome	6. zio	8. dollaro

B.   Working with a partner, answer each question by stating that you have only one of the things mentioned, but that it is a good one!

> ESEMPIO: amici →
> —Hai amici?
> —Ho solo un amico, ma è un buon amico!

1. amiche	5. hobby
2. zii	6. profumi (*perfumes*)
3. gatti	7. cugini
4. ricette (*recipes*)	8. macchine (*cars*)

C.   Qual è la domanda? Ask the questions that produced the following answers. Follow the models.

> ESEMPI: Sì, ho un dollaro. → Hai un dollaro?
> Sì, abbiamo sonno. → Avete sonno?

1. Sì, ho sete.	5. Sì, ho molti studenti.
2. Sì, ho vent'anni.	6. Sì, abbiamo fretta.
3. Sì, abbiamo una professoressa.	7. Sì, ho bisogno di soldi.
4. Sì, abbiamo un buon dottore.	8. Sì, ho voglia di un cappuccino.

D.   Situazioni. You've just arrived in Italy, and you and your host family are getting to know each other. With a partner, create conversations for these situations.

1. Ask Paolo how old he is and then tell him your age. Tell him that you don't have any money and that you need a job. Paolo has a job, but it isn't a good job. Ask Paolo if he has a dog. Tell Paolo that you have a dog that is eleven years old.
2. There is a guest, Mr. Fido. Ask if he is thirsty, and offer him an orange soda. Exclaim that the coffee you were served is quite good. Say that you and Paolo are in a hurry, and that you have a class. Tell Mr. Fido good-bye, and tell everyone else you'll see them soon.

E.   List four things you have or do not have. You may want to use a word from the following list.

> allergie
> complessi
> preoccupazioni (*worries*)
> pregiudizi
> segreti (*secrets*)
> buon gusto (*good taste*)
> buona salute (*good health*)
> un cognome (*last name*) italiano
> un buono stipendio

LETTURA CULTURALE

Prima di leggere

The cultural readings in *Prego!* have several purposes: they are designed to strengthen your Italian reading skills, give you an understanding of Italian culture, and dispel some common stereotypes about Italy and Italians. You should approach these readings in several stages.

- First, go through the reading quickly once or twice, just to grasp the general meaning. (You don't need to understand every word or expression right away!)
- Once you've gotten the gist, do a more thorough reading. This time, work through the more difficult sentences, making use of marginal glosses and relying on cognates and on the context to help you understand.
- When you're comfortable with the details of the text, do a quick final reading, focusing on the meaning and progression of the whole (and not on particulars).

Paesaggio toscano: architettura medioevale sullo sfondo delle colline

Antiche case di pescatori a Porto Venere, in Liguria

In the **Capitolo preliminare,** you learned about frequently occurring patterns in Italian that can help you recognize cognates. The cultural readings in *Prego!* contain a fair number of "new" words, but many of them are cognates. Can you guess the meaning of these words, taken from the reading that follows?

> nord, sud, penisola, isola, regione, provincia, centro, centrale, capitale, importante, città, terreno montuoso, principale, separano, economicamente, culturalmente, industrializzato, ricco, agricolo

Use the general context and your knowledge of a subject to figure out the meaning of new words. Can you guess the meaning of the highlighted word in these sentences, based on the context?

> L'Italia **confina** con l'Austria.
> La California **confina** con il Messico.

Using these strategies will make your reading in Italian easier and more productive. Try using them now with the reading that follows. **Buon lavoro!**

L'ITALIA

L'Italia è una penisola a forma di stivale.° Confina con la Francia, la Svizzera, l'Austria e la Jugoslavia ed è circondata dal° Mar Mediterraneo. È divisa in venti regioni e novantaquattro province. Due regioni, la Sicilia e la Sardegna, sono° isole.° La capitale è Roma, nell'Italia centrale. Altre città importanti sono Milano, Torino e Genova nel nord,° Firenze nel centro e Napoli nel sud.°

    L'Italia ha un terreno molto montuoso: le due catene° montuose principali sono le Alpi e gli Appennini. Le Alpi al nord separano l'Italia dal resto dell'Europa; gli Appennini percorrono° la penisola dal nord al sud.

    L'Italia settentrionale° e l'Italia meridionale° sono molto diverse economicamente e culturalmente. L'Italia settentrionale è più° ricca° e industrializzata; l'Italia meridionale è più povera° e principalmente agricola.

boot
circondata... surrounded by

are / islands

north / south
chains

run through

northern / southern
more / rich
poor

PRATICA

A. Vero o falso? Se non è vero, date la risposta corretta (*If it is not true, give the correct answer*).

1. La Francia confina con l'Italia. 2. L'Italia non ha isole. 3. Le Alpi sono nell'Italia meridionale. 4. Milano è la capitale dell'Italia. 5. L'Italia è divisa in novantaquattro regioni.

B. Rispondete con una o due parole. Usate la lista.

Parole utili: un'isola, l'Italia meridionale, Napoli e Roma, Torino e Genova, una penisola, in Africa, in Europa, l'Italia settentrionale, montuoso, l'Italia centrale

1. Che tipo di terreno ha l'Italia? 2. Che cos'è la Sardegna? 3. Quale parte dell'Italia è principalmente agricola? 4. In quale continente è l'Italia? 5. Quali città importanti sono nell'Italia settentrionale?

C. Completate le frasi.

1. L'Italia ha _____ regioni.
2. Il nord è la parte _____ .
3. Napoli è nell'Italia _____ .
4. Le province sono _____ .
5. La capitale dell'Italia è nell'Italia _____ .

PAROLE DA RICORDARE

VERBI

avere to have
  avere... anni to be . . . years old
  avere bisogno di to need,
    have need of
  avere caldo to be warm, hot
  avere fame to be hungry
  avere freddo to be cold
  avere fretta to be in a hurry
  avere paura to be afraid
  avere sete to be thirsty
  avere sonno to be sleepy
  avere voglia di to feel like

NOMI

aeroplano, aereo airplane
aeroporto airport
albergo hotel
amica (*pl.* **amiche**) friend (*f.*)
amico (*pl.* **amici**) friend (*m.*)
appartamento apartment
aranciata orangeade, orange
  soda
autobus (*m.*) bus
automobile, auto (*f.*)
  automobile, car
banca bank
bar (*m.*) bar; café, coffee shop
bicchiere (*m.*) (drinking) glass
bicicletta, bici bicycle, bike
birra beer
caffè (*m.*) coffee; café, coffee
  shop
cameriere (*m.*) waiter
cane (*m.*) dog
chiesa church
cinema (*m., inv.*)* movie
  theater

cioccolata (hot) chocolate
città city
cognome (*m.*) last name
cugina, cugino cousin
dollaro dollar
fotografia, foto photograph
gatto cat
gelato ice cream
latte (*m.*) milk
lavoro job
lezione (*f.*) lesson; class
lira lira (*Italian currency*)
macchina car
motocicletta, moto motorcycle
museo museum
negozio shop, store
nome (*m.*) name; noun
ospedale (*m.*) hospital
panino sandwich; hard roll
parola word
parente (*m./f.*) relative
piazza square
ricetta recipe
ristorante (*m.*) restaurant
scuola school
soldi (*m. pl.*) money
stadio stadium
stazione (*f.*) station
stipendio salary
studente (*m.*) student
studentessa (*f.*) student
supermercato supermarket
tè (*m.*) tea
treno train
  in treno by train
università university
via street
viale (*m.*) avenue

vino wine
zia aunt
zio (*pl.* **zii**) uncle

PRONOMI

io I
noi we
lei she
lui he
voi you (*pl. fam.*)
Loro you (*pl. form.*)

AGGETTIVI

buono good

ALTRE PAROLE ED ESPRESSIONI

a at; in; to
a domani see you tomorrow
allora then
chi? who?
come va? how is it going?
con with
di of
dove where
  dov'è... ? where is . . . ?
  dove sono... ? where are . . . ?
e, ed (*before vowels*) and
in in
ma but
non not
o or
quando when
qui vicino nearby, close by
solo only
va bene? is that OK?

* *inv.* = invariable = does not change form

Lingua viva

A. *I* **come Italia,** *A* **come amore...** When spelling out words (proper names in particular) over the telephone, Italians rarely use the names of letters (**a, bi, ci, di**) or of people (*M* as in *Mary*, *V* as in *Victor*) as in English. Instead, they use the names of Italian cities. In the few cases where the name of no Italian city begins with a certain letter, the name of a foreign city or a common word is used.

H	hotel	**Q**	quaderno (*notebook*)	**Y**	York
J	jolly*	**W**	Washington	**Z**	Zara
K	Kaiser†	**X**	ics‡		

ESEMPIO: Hemingway →
              <u>H</u>otel, <u>E</u>mpoli, <u>M</u>ilano, <u>I</u>mola, <u>N</u>apoli, <u>G</u>enova, <u>W</u>ashington,
              <u>A</u>ncona, <u>Y</u>ork

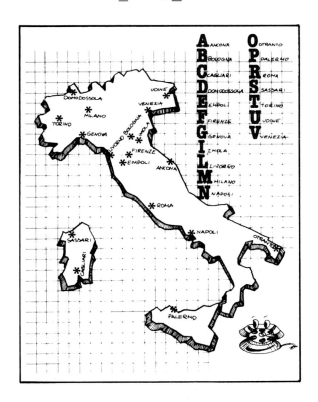

---

* The word **jolly** is used in Italian to designate the trump card in some card games. It is also the name of a well-known chain of hotels.
† **Kaiser** is the German word for *emperor*.
‡ **Ics** is the Italian name of the Greek letter X.

Familiarize yourself with the words used to spell on the telephone. Then spell out your own name or an alias in Italian, as if you were speaking on the telephone. Your classmates will try to write the name on the board as you spell it out.

B. Buon viaggio! You say **Buon viaggio** (*Have a nice trip*)! to people who are going on a trip. When you are in Italy, you will hear **Buona giornata** (*Have a nice day*)! These are just two of the many expressions with the word **buono** that are used in Italian for special occasions.

—Buon anno!

Buon appetito!	*Enjoy your meal!*
Buon compleanno!	*Happy birthday!*
Buon divertimento!	*Have fun!*
Buona domenica!	*Have a nice Sunday!*
Buona fortuna!	*Good luck!*
Buona giornata!	*Have a good day!*
Buon lavoro!	*Enjoy your work!*
Buon viaggio!	*Have a nice trip!*
Buon week-end!	*Have a nice weekend!*
Buon anno!	*Happy New Year!*
Buon Natale!	*Merry Christmas!*
Buona Pasqua!	*Happy Easter!*

To many of these expressions you reply: **Grazie, altrettanto** (*Thanks, the same to you*)! or simply **Altrettanto** (*Likewise*)!

What would you say in the following situations?

1. You and your family are about to start eating.
2. It's January 1.
3. Your friends are about to board a plane.
4. Your roommate is going to a party.
5. Your cousin is turning twenty today.
6. Tomorrow is Sunday.

C. Bisogni. You've just landed at the Malpensa Airport in Milan. What do you think you need the most? Choose three things from the list below; then compare your choices with those of your classmates.

Parole utili: Ho bisogno di... un ufficio cambio (*currency exchange*), lire, informazioni, un dizionario, una grammatica italiana, un buon letto (*bed*), un buon caffè, una macchina, un tassì (*taxi*), un gabinetto (*restroom*)

D. Al supermercato (*At the supermarket*). Even though you have only recently arrived in Italy, you already know enough Italian to ask for a number of products at the **supermercato.** Following the model, ask the salesperson (another student) whether the market stocks the following items. He/She will answer yes for some items and no for others.

ESEMPIO: Avete pasta Fioravanti? →
　　　　　　Sì, abbiamo pasta Fioravanti. (No, non abbiamo pasta
　　　　　　Fioravanti.)

birra Peroni　　　　　　　　　　　caramelle (*candy*) Perugina
parmigiano Reggiano　　　　　　　prosciutto (*ham*) San Daniele
olio (*olive oil*) Bertolli　　　　　　caffè Motta
aranciate San Pellegrino　　　　　　pomodori (*tomatoes*) Barletta

« Se parto da Genova, metto la macchina nel parcheggio. »

L'ITALIANO TIPICO

In breve

Grammatica
A. Aggettivi
B. Presente di **essere**
C. **C'è** e **com'è**
D. Articolo determinativo
E. **Bello** e **quello**

Lettura culturale
Italiani « tipici »

Ci sono italiani bruni, ci sono italiani biondi...

VOCABOLARIO PRELIMINARE

Dialogo-lampo

A: Com'è l'americano ideale?
B: È alto, bruno e bello.
A: E l'italiano ideale?
B: È alto, biondo, con gli occhi azzuri!

Un aggettivo per tutti (*An Adjective for Everyone*)

allegro cheerful
alto tall
antipatico unpleasant,
    disagreeable
basso short
bello beautiful; handsome
biondo blond
bruno dark
brutto ugly, plain
cattivo bad, naughty
giovane young
grande big

grasso fat
intelligente intelligent
magro thin
piccolo small
simpatico nice
stupido stupid
triste sad
vecchio old

AGGETTIVI DI NAZIONALITÀ*

americano American
canadese Canadian

cinese Chinese
coreano Korean
francese French
giapponese Japanese
inglese English
irlandese Irish
italiano Italian
messicano Mexican
polacco Polish
russo Russian
spagnolo Spanish
tedesco German

ESERCIZI

A. Ideali. What qualities and physical characteristics do you desire in your **amico ideale?** Pick at least four adjectives from the preceding list. Start your statement with **Il mio amico ideale è...**

Now complete the following statements.

Il mio professore ideale è...
Il mio attore (*actor*) ideale è...

B. Descrizioni. Focus on the male half of the world! How would you describe the following men?

---

* Adjectives of nationality are not capitalized in Italian.

1. Frankenstein è...
2. Robert De Niro è...
3. Il Papa (*Pope*) è...
4. Julio Iglesias è...
5. Einstein è...
6. Dudley Moore è...
7. Mel Gibson è...
8. Paul Bunyan è...

C.   Com'è (*What's he like*)? How would you describe your father, your favorite uncle, the president?

1. Mio padre è...
2. Il mio zio preferito è...
3. Il presidente degli Stati Uniti è...

GRAMMATICA

A. Aggettivi

MARISA: È una ragazza carina Giovanna?
FRANCA: Sì, è molto carina: è alta e snella ed è anche molto intelligente e simpatica.
MARISA: E Mario com'è?
FRANCA: È un ragazzo piuttosto brutto, ma intelligente e simpatico.

1. In English, adjectives have only one form: *tall, intelligent.* In Italian they have either four forms or two forms, depending on their masculine singular ending.

   a. Adjectives whose masculine singular form ends in **-o** have four endings.

	SINGOLARE	PLURALE
Maschile	**-o** alt**o**	**-i** alt**i**
Femminile	**-a** alt**a**	**-e** alt**e**

MARISA: Is Giovanna a pretty girl?   FRANCA: Yes, she's very pretty: she's tall and slender and is also very intelligent and nice.   MARISA: What is Mario like?   FRANCA: He's a rather plain boy, but intelligent and likable.

As with feminine nouns, feminine adjectives ending in **-ca** have the plural ending **-che.**

> simpatica, simpatiche   tedesca, tedesche

b. Adjectives whose masculine singular form ends in **-e** have two endings.

	SINGOLARE	PLURALE
Maschile e Femminile	**-e** intelligent**e**	**-i** intelligent**i**

2. Adjectives agree in gender and number with the nouns they modify. ATTENZIONE! This does not mean that the endings always have the same form. Consider these examples.

> Gino è bell**o** e intelligent**e**.   *Gino is handsome and intelligent.*
> Queste ragazze sono bell**e** e   *These young women are good-*
>   intelligent**i**.   *looking and intelligent.*

3. Most adjectives follow the noun they modify.

> una ragazza carina   *a pretty girl*
> due lezioni facili   *two easy lessons*

Demonstrative adjectives, such as **questo/a/i/e** (*this, these*), and adjectives indicating quantity, such as **quanto/a/i/e** (*how much, how many*) or **molto/a/i/e** (*much, a lot of, many*), always precede the noun.

> Quanti bicchieri abbiamo?   *How many glasses do we have?*
> Ho molto vino e molta birra.   *I have a lot of wine and beer.*

In addition, the following commonly used adjectives often precede the nouns they modify.*

> bello   piccolo
> brutto   altro *other*
> buono   bravo *good, able*
> cattivo   stesso *same*
> grande   vecchio

> Hanno una bella casa.   *They have a beautiful house.*
> Mario è un bravo professore.   *Mario is a good teacher.*
> È un piccolo ristorante.   *It's a small restaurant.*

---

*This rule on position is not ironclad. These adjectives can also follow the noun when emphasis is desired.

Una pizza grande o una pizza piccola?

4. When modified by such adverbs as **molto** (*very*) and **piuttosto** (*rather*), *all* adjectives follow the noun.

Hanno una casa molto bella.	*They have a very beautiful home.*
È un professore molto bravo.	*He's a very good teacher.*
Ecco due lezioni piuttosto facili.	*Here are two rather easy lessons.*

ATTENZIONE! Adverbs are invariable in form: they do not make gender and number agreements as adjectives do.

Hanno molte (*adj.*) case.	*They have many houses.*
Questa casa è molto (*adv.*) simpatica.	*This house is very pleasant.*

5. The adjective **buono** has the regular forms **buono** and **buona** in the singular when it follows the noun it modifies or the verb **essere**. It is always regular in the plural: **buoni** and **buone**.

Questo ristorante non è buono.	*This restaurant isn't good.*
Sono due buoni esercizi.	*They're two good exercises.*

—È un vino molto, molto vecchio...

ESERCIZI

A. Create new sentences by substituting the words in parentheses for the italicized words. Make all necessary changes.

1. Abbiamo *un professore* giapponese. (una professoressa / due amici / due amiche / un'automobile)
2. Non ho molto *caffè*. (birra / amici / lezioni / ricette / dollari)
3. Ecco *una ragazza* elegante! (un signore / due signore / due signori / un appartamento)

B. You are a tour guide leading a group of inquisitive travelers. Following the example, point out famous landmarks in response to their questions. Work with a partner. Use **C'è** (*Is there*) in the question.

—Io non sono vegetariano, e tu?

> ESEMPIO: museo →
> —C'è un museo in questa via?
> —Sì, ecco un museo famoso!

1. ristorante	4. bar	7. cinema
2. chiesa	5. stazione	8. piazza
3. stadio	6. università	

Now point out two famous landmarks, using the list above. Use **Ci sono** (*Are there*) in your questions.

> ESEMPIO: museo →
> —Ci sono musei in questa città?
> —Sì, ecco due musei famosi!

C. Il contrario. You and your friend Carlo do not see eye to eye today. Give the opposite of everything Carlo says.

ESEMPIO: Che brutta stazione! → Che bella stazione!

1. Che buon odore!
2. Che cane intelligente!
3. Che bella bicicletta!
4. Che ragazzi allegri!
5. Che signorina alta!
6. Che chiese grandi!
7. Che italiana bionda!
8. Che bambini (*children*) buoni!

D. Due amici. Describe Patrizia and Giorgio to the class. Complete the following passages by supplying the correct endings to the incomplete words.

1. Patrizia è una ragazza molt_____^{1} simpatic_____.^{2} È alt_____^{3} e snell_____^{4} ed è sempre allegr_____.^{5} Ha molt_____^{6} amiche: amiche italian_____,^{7} american_____,^{8} frances_____,^{9} ingles_____,^{10} tedesc_____.^{11}
2. Giorgio ha un lavoro molt_____^{1} buon_____:^{2} è manager in un negozio di vini e liquori molt_____^{3} grand_____.^{4} Ha un appartamento molt_____^{5} bell_____^{6} e una Ferrari molt_____^{7} bell_____.^{8} Quant_____^{9} amici ha? Molt_____!^{10}

E. Wrong nationality! You have your media idols confused today. Working in pairs, ask your classmate each question. He/She will answer in the negative and then offer the correct information.

ESEMPIO: —Clint Eastwood è tedesco?
          —No, non è tedesco; è americano.

1. Barbara Walters è canadese?
2. Monsieur Clousseau è cinese?
3. Luciano Pavarotti è spagnolo?
4. Fergie e Diana sono tedesche?
5. Bush e Quayle sono coreani?
6. Ricardo Montalban è italiano?
7. Wayne Gretzky è francese?
8. Il signor Gorbaciov è polacco?

F. Ma che dici (*What are you talking about*)! Work with a partner, who will make an assertion about the following people or things. Contradict him/her!

ESEMPIO: questo esercizio →
          —Questo esercizio è molto interessante.
          —Ma che dici! È un esercizio terribile!

Altri aggettivi: terribile, orribile, magnifico, stupendo, fantastico, straordinario, originale...

1. la professoressa (il professore) d'italiano
2. il libro d'italiano
3. l'università
4. la grammatica italiana
5. Madonna
6. il gelato
7. la mensa (*cafeteria*)
8. il presidente americano

B. Presente di **essere**

	SINGOLARE			PLURALE	
(io)	sono	*I am*	(noi)	siamo	*we are*
(tu)	sei	*you are* (fam.)	(voi)	siete	*you are* (fam.)
(Lei)	è	*you are* (form.)	(Loro)	sono	*you are* (form.)
(lui)		*he is*	(loro)		
(lei) }	è	*she is*	(—) }	sono*	*they are*
(—)		*it is*			

1. Like the verb **avere, essere** is irregular in the present tense. Note that the form **sono** is used with both **io** and **loro**.

Sono un ragazzo italiano.	*I am an Italian boy.*
Non sono antipatici.	*They are not disagreeable.*
È un esercizio facile.	*It's an easy exercise.*
Noi siamo pronti; voi siete pronti?	*We are ready; are you ready?*

2. **Essere** is used with **di** + *name of a city* to indicate city of origin (the city someone is from). To indicate country of origin, an adjective of nationality is generally used: *He is from France = He is French =* **È francese.**

Io sono di Chicago; tu di dove sei?	*I'm from Chicago; where are you from?*

   In **Capitolo 5** you will learn how to indicate your state of origin.

   ---

   * The pronoun **loro** is used for people only, not for things.

Essere + **di** + *proper name* is used to indicate possession. No apostrophe *s* is used in Italian to indicate possession: *It is Anna's* = *It is of Anna* = **È di Anna.**

Questa chitarra è di Beppino; non è di Vittoria.	*This guitar is Beppino's; it's not Vittoria's.*

To find out who the owner of something is, ask: **Di chi è** + *singular* or **Di chi sono** + *plural.*

Di chi è questo cane? Di chi sono questi cani?	*Whose dog is this? Whose dogs are these?*

ESERCIZI

A. Replace the subject with each subject in parentheses and change the verb form accordingly.

1. Marcella e Vittoria sono in Italia. (noi / io / voi / tu / Massimo)
2. Beppino non è di Firenze. (loro / Annamaria e io / tu e Stefano / Lei / Loro)

B. Restate each sentence in the plural. Be sure to change both verb and adjective!

ESEMPIO: Sono americano. → Siamo americani.

1. Sono italiano.
2. È canadese.
3. Sei messicano.
4. Sono spagnola.
5. È francese.
6. Sei tedesca.
7. Sono inglese.
8. Sei americana.

C. Working in pairs, ask who owns the following objects and answer by indicating to whom they belong.

ESEMPI: questa macchina (Antonio) →
—Di chi è questa macchina?
—È di Antonio.

queste foto (Luisa) →
—Di chi sono queste foto?
—Sono di Luisa.

1. questo cane (Patrizia)
2. questo gelato (Luciano)
3. questi bicchieri (Anna)
4. questi panini (Luigi)
5. queste ricette (Giulia)
6. questa bicicletta (Marco)

D. In Italian, interview a classmate to find out where he/she is from. Report what you find out to the class. Include a brief description of your classmate, using the adjectives in the **Vocabolario preliminare** at the beginning of the chapter.

ESEMPIO: Ragazzi, ecco Giovanni. È canadese; è di Montreal. Giovanni
è biondo, snello e molto intelligente.

Now introduce yourself, telling where you are from and what you are like.

ESEMPIO: Io sono Jim; sono di Detroit; sono intelligente e simpatico.

C. C'è e com'è

—C'è un telegramma per il direttore: chi è di loro due?

1. **C'è** (from **ci è**) and **ci sono** correspond to the English *there is* and *there
   are*. They state the existence or presence of something or someone.

C'è tempo; non c'è fretta.	*There's time; there is no hurry.*
Ci sono molti italiani a New York.	*There are many Italians in New York.*

   Don't confuse **c'è** and **ci sono** with **ecco** (*here is, here are; there is, there
   are*), which is used when you point at or draw attention to something or
   someone (singular or plural).

Ecco una parola difficile!	*Here is a difficult word!*
C'è una parola difficile in questa frase.	*There's a difficult word in this sentence.*
Ecco due statue famose!	*Look at (those) two famous statues!*
Ci sono due statue famose in questa piazza.	*There are two famous statues in this square.*

   C'è and **ci sono** also express the idea of *being in* or *being here/there*.

Scusi, c'è Maria? —No, non c'è.	*Excuse me, is Maria in? —No, she isn't.*
Ci sei sabato? —Sì, ci sono.	*Are you here Saturday? —Yes, I am.*

2. **Come** is used with all persons of **essere** in questions to find out what
   people or things are like.

Come sei?   *What are you like?*
Com'è il museo d'arte moderna?   *What is the museum of modern art like?*

In addition, **come** + **essere** is used in exclamations.

Come sei biondo!   *How blond you are!*
Com'è dolce questo caffè!   *How sweet this coffee is!*
Come sono buoni questi panini!   *How good these sandwiches are!*

Notice the word order: **come** + *verb* + *adjective*. The subject, if expressed, is at the end of the exclamation.

Com'è grande questo museo!   *How big this museum is!*

Exclamations of this kind are used much more frequently in Italian than in English.

Com'è bella questa casa!   *This is really a nice house!*
       My, what a lovely house!

ESERCIZI

A. Answer each question using the information given in parentheses.

ESEMPIO: C'è un aeroporto? (tre) → Sì, ci sono tre aeroporti.

1. C'è una stazione? (due)
2. C'è una chiesa? (molte)
3. C'è un supermercato? (molti)
4. Ci sono banche? (una)
5. Ci sono ospedali? (uno)
6. C'è una piazza? (cinque)
7. C'è un'università? (tre)
8. Ci sono cinema? (due)

B. How many of the buildings mentioned in Exercise A are located in your hometown?

ESEMPIO: C'è un cinema, ci sono tre banche, non ci sono ospedali.

C. Laura has a matter-of-fact manner, whereas you tend to be a little more exuberant. With your partner taking the part of Laura, repeat each of Laura's statements as an exclamation.

ESEMPIO: casa (piccolo) →
—Questa casa è piccola.
—Sì, com'è piccola questa casa!

1. fotografie (brutto)
2. museo (grande)
3. bicchieri (bello)
4. caffè (buono)
5. panini (delizioso)
6. gatto (grasso)
7. bambina (biondo)
8. ragazze (snello)

D. Use an exclamation with **come** to express your personal opinion about these people or things.

1. questa professoressa/   3. questi esercizi
   questo professore   4. questa lezione
2. questa classe   5. questi studenti

E. You are talking to the various people listed below. Create a full exclamation, using the corresponding adjective. Begin each exclamation with **come**.

> ESEMPI: un ragazzo / alto → Come sei alto!
> due amici / intelligente → Come siete intelligenti!

1. un'amica / carino   5. due bambini / triste
2. un amico / snob   6. un cugino / bello
3. due signore / antipatico   7. un dottore / bravo
4. due signori / allegro   8. una signora / intelligente

D. Articolo determinativo

Marcella mostra a Vittoria una vecchia fotografia di famiglia.

MARCELLA: Ecco la nonna e il nonno, la zia Luisa e lo zio Massimo, papà e la mamma molti anni fa... Buffi, no?
VITTORIA: E i due in prima fila chi sono?
MARCELLA: Sono gli zii di Chicago.

In English the definite article has only one form: *the*. In Italian **l'articolo determinativo** has different forms according to the gender, number, and first letter of the noun or adjective it precedes.

	SINGOLARE	PLURALE	
Maschile	**lo** studente **lo** zio **il** bambino **l'**amico	**gli** studenti **gli** zii i bambini **gli** amici	before **s** + *consonant* or **z** before other consonants before vowels
Femminile	**la** studentessa **la** zia **la** bambina **l'**amica	**le** studentesse **le** zie **le** bambine **le** amiche	before all consonants before vowels

---

Marcella is showing Vittoria an old family photograph.   MARCELLA: Here are Grandma and Grandpa, Aunt Luisa and Uncle Massimo, Dad and Mom many years ago . . . Funny, aren't they?   VITTORIA: Who are the two in the front row?   MARCELLA: They are my aunt and uncle from Chicago.

1. Here are some rules for using definite articles.

   ◆ **Lo** (*pl.* **gli**) is used before masculine nouns beginning with **s** + *consonant* or **z.**
   ◆ **Il** (*pl.* **i**) is used before masculine nouns beginning with all other consonants.
   ◆ **L'** (*pl.* **gli**) is used before masculine nouns beginning with a vowel.
   ◆ **La** (*pl.* **le**) is used before feminine nouns beginning with any consonant.
   ◆ **L'** (*pl.* **le**) is used before feminine nouns beginning with a vowel.

2. The article agrees in gender and number with the noun it modifies and is repeated before each noun.

la Coca-Cola e **l'**aranciata	*the Coke and orangeade*
gli italiani e **i** giapponesi	*the Italians and the Japanese*
le zie e **gli** zii	*the aunts and uncles*

3. The first letter of the word immediately following the article determines the article's form. Compare the following.

il giorno	*the day*
l'altro giorno	*the other day*
lo zio	*the uncle*
il vecchio zio	*the old uncle*
i ragazzi	*the boys*
gli stessi ragazzi	*the same boys*
l'amica	*the girlfriend*
la nuova amica	*the new girlfriend*

4. In Italian, the definite article must always be used before the name of a language, except when the verbs **parlare** (*to speak*) or **studiare** (*to study*) *directly* precede the name of the language; in those cases, the use of the article is optional.

Studio l'italiano.	*I study Italian.*
Parlo italiano.	*I speak Italian.*
Parlo bene l'italiano.	*I speak Italian well.*

5. The definite article is used before the days of the week to indicate a repeated, habitual activity. Compare the following.

Domenica studio.	*I'm studying on Sunday.*
Marco non studia mai la domenica.	*Marco never studies on Sundays.*

ESERCIZI

A. Replace the noun in the example with each noun in parentheses, and change the article accordingly.

1. Ecco la stazione! (stadio / ristorante / ristoranti / automobili / albergo / cameriere / camerieri)
2. Avete i bicchieri? (vino / panini / banane / birra / zucchini / spaghetti / aranciate / gelati)

B. Complete the exercises, using the correct form of the definite article.

1. Ecco _____¹ famiglia (*family*) di Piero. _____² uomini (*men*) sono tutti (*all*) alti e bruni, ma _____³ donne (*women*) sono bionde e piuttosto basse! Buffo, no? _____⁴ zii e _____⁵ zie di Piero sono molti e anche _____⁶ cugini. _____⁷ bambini di Piero hanno sette e nove anni, ma _____⁸ bambina è ancora molto piccola. _____⁹ parenti di Piero sono tutti simpatici. (E anche _____¹⁰ cane Fido!)
2. _____¹ italiano è _____² lingua preferita in questa classe! Ma ci sono altre belle lingue: _____³ spagnolo, _____⁴ francese, _____⁵ inglese, _____⁶ giapponese e molte altre. Anche se (*Even though*) _____⁷ grammatica italiana non è difficile, _____⁸ nuovi studenti hanno molto da imparare (*to learn*): _____⁹ verbi, _____¹⁰ aggettivi, _____¹¹ articolo determinativo... Siamo fortunati, però: _____¹² studenti di questa classe sono bravi e studiosi, vero?

C. You are a native of a small town. With your partner taking the part of a big-city visitor, answer each question by stating that there is only one (**l'unico/a**) of the things he/she is looking for.

> ESEMPIO: ristorante →
> —Dove sono i ristoranti?
> —Ecco il ristorante; è l'unico.

1. ospedale	4. museo	7. chiesa
2. supermercato	5. cinema	8. stadio
3. banca	6. bar	

D. Come va? Ask a classmate how the following things are going. He/She will give a short reply. Use **come va** if the subject is singular or **come vanno** if the subject is plural.

> ESEMPIO: affari (*m. pl., business*) →
> —E allora, come vanno gli affari?
> —Bene, grazie! (Male, non c'è male, benissimo...)

1. lavoro	3. università	5. salute
2. vita (*life*)	4. lezioni	6. studi (*studies*)

E. You are fixing dinner for a friend. Tell him/her when each dish is ready.

ESEMPIO: Carlo, gli spaghetti sono pronti!

Possibilità: ravioli, pizza, bistecche (*steaks*), insalata (*salad*), patate (*potatoes*), broccoli, dolce (*m., dessert*), caffè

E. **Bello** e **quello**

—Bello qui, vero? Così tranquillo...

1. The adjectives **bello** (*beautiful, handsome, nice, fine*) and **quello** (*that*) have shortened forms when they precede the nouns they modify. Note that the shortened forms are similar to those of the definite article.

	SINGOLARE	PLURALE	
Maschile	bello/quello bel/quel bell'/quell'	begli/quegli bei/quei begli/quegli	before **s** + *consonant* or **z** before other consonants before vowels
Femminile	bella/quella bell'/quell'	belle/quelle belle/quelle	before all consonants before vowels

Chi è quel bell'uomo?   *Who's that handsome man?*
Che bei capelli e che begli occhi!   *What beautiful hair and eyes!*
Quell'americana è di Boston.   *That American woman is from Boston.*

Quelle case sono vecchie.   *Those houses are old.*

2. **Bello** retains its full form when it follows the noun it modifies or the verb **essere**.

<table>
<tr><td>Un ragazzo bello non è sempre simpatico.</td><td>*A handsome boy is not always a likable boy.*</td></tr>
<tr><td>Quel ragazzo è bello.</td><td>*That boy is handsome.*</td></tr>
</table>

ESERCIZI

A.   Give the correct form of **quello**.

ESEMPIO: Quei ragazzi sono tedeschi.

1. _____ foto è vecchia.
2. _____ automobile è una Volvo.
3. Come sono bravi _____ avvocati (*lawyers*)!
4. È irlandese _____ studente?
5. Sono facili _____ ricette?
6. _____ bambini hanno i capelli biondi.
7. _____ ospedale è grande.
8. Com'è bello _____ negozio!

B.   Claudia is very impressed by Italy and Italians, but you are even more impressed. Expand on Claudia's exclamations by adding the appropriate form of **bello**.

ESEMPIO: Che macchina! → Che bella macchina!

1. Che ristorante!
2. Che negozi!
3. Che albergo!
4. Che automobile!
5. Che biciclette!
6. Che chiesa!
7. Che zoo!
8. Che occhi e che capelli!

C.   Pay compliments to a classmate, using the appropriate form of **bello**. Here are some words you may need to use.

Parole utili: capelli, felpa (*sweatsuit*), giacca (*jacket*), golf (*sweater*), gonna (*skirt*), maglietta (*T-shirt*), occhi, orologio, pantaloni (*m. pl., pants*), scarpe (*shoes*), stivali (*boots*), vestito (*dress*)

ESEMPIO: Laura, che bella maglietta e che bei pantaloni!

DIALOGO

Stazione di Santa Maria Novella a Firenze: arriva Beppino. Alla stazione ci sono Marcella, Vittoria, la signora Pepe (madre di Marcella), il signor Pepe (padre di Marcella), Beppino. Marcella è una ragazza di diciotto anni, alta e snella. Vittoria ha diciannove anni ed è piccola, magra, vivace. La mamma di Marcella è una signora ancora° giovane e molto elegante. Il padre di Marcella è un uomo alto e robusto. Beppino è bruno, alto e magro. Pare proprio° un napoletano!

still

Pare... *He really looks like*

SIGNOR PEPE: Beppino, Beppino! Siamo qui°... Come stai? *over here*

BEPPINO: Bene! Ciao, zio! Ciao, zia! E Marcella? (Guarda° Vittoria.) *He looks at*
Sei tu Marcella?

VITTORIA: Ma no, io non sono Marcella, sono Vittoria, l'amica di
Marcella.

MARCELLA: Marcella sono io. Ciao, Beppino, come stai? E Pietro? Pietro
non c'è?

BEPPINO: No, Pietro è a Roma; arriva lunedì.

SIGNORA PEPE: Caro ragazzo! Come sei bello! Come stai? Sei stanco? Hai
fame?

BEPPINO: No, zia, non sono stanco e non ho fame; però° ho sete. *however*

SIGNOR PEPE: C'è un bar qui vicino... Una Coca-Cola o una birra?

BEPPINO: Una birra, grazie!

Stazione di Santa Maria Novella
a Firenze

■ VARIAZIONI SUL TEMA

Uno scambio di persone (*A case of mistaken identity*). Working with a
partner, create an original **dialogo** around the following situation: you've
just arrived at Malpensa Airport in Milan to find that you are awaited by a
rather confused friend of your Italian host family—someone who has the
facts about you all wrong! You try with some difficulty to set him or her
straight. Aim for about six lines.

PICCOLO RIPASSO

A.   You are pointing out people and things to a new classmate. Give the correct indefinite article in the first blank and the correct definite article in the second blank.

ESEMPIO: Ecco una bicicletta; è la bicicletta di Roberto.

1. Ecco _____ donna simpatica e intelligente; è _____ madre di Vincenzo.
2. Ecco _____ automobile; è _____ automobile di Laura.
3. Ecco _____ studente; è _____ studente canadese.
4. Ecco _____ signore; è _____ zio di Adriano.
5. Ecco _____ ragazza; è _____ altra cugina di Giulia.
6. Ecco _____ bicchiere; è _____ stesso tipo che (*that*) abbiamo noi.
7. Ecco _____ scooter; è _____ scooter di Susanna.
8. Ecco _____ studentessa; è _____ ragazza (*girlfriend*) di Claudio.

B.   Gianpaolo seems to be seeing double today. Working with a partner, tell him that you see only one of the people or things he mentions. Use **Vedi** (*Do you see*) and **Vedo solo** (*I see only*)... in your questions and answers.

ESEMPIO: le belle biciclette →
—Vedi quelle belle biciclette?
—Vedo solo una bella bicicletta!

1. i bei bambini
2. i professori eleganti
3. le belle foto
4. le ragazze cinesi
5. gli uomini magri
6. le signore irlandesi
7. i cani intelligenti
8. le automobili giapponesi

C.   **Avere o essere?** Working with a partner, ask questions using either **avere** or **essere,** according to the example.

ESEMPIO: voi / un cane (un gatto) →
—Voi avete un cane?
—No, non abbiamo un cane; abbiamo un gatto.

1. lui / caffè (tè)
2. voi / di Milano (di Bologna)
3. Lei / vent'anni (ventun anni)
4. tu / fame (sete)
5. Paola / bionda (bruna)
6. quei bambini / un insegnante (*teacher*) messicano (un insegnante coreano)

D.   Express in Italian.

Mr. Fortuna says (**dice**): "How lucky (**fortunato**) I am! I'm in good health (= *I have good health* [**salute,** *f.*]), I have a beautiful family, a good job, and

a good salary. I'm very likable and I have a lot of friends." Mr. Sfortuna says: "I am not lucky! I have a job but it isn't a good job, I don't have a family, I don't have many friends, I'm not handsome, I'm not likable . . ."

E.   Un ricevimento (*reception*). You are at a reception for a group of Italian exchange students on campus, and you need to communicate the following ideas in Italian. How would you express them?

1. Find out who owns the glasses and comment on how beautiful they are.
2. Ask one of the students how he/she is and how school is going.
3. Indicate how many churches and museums there are in this city, but add that they are not famous.
4. State that there aren't many Italian students at (**in**) this university.
5. Point out Francesco's cousin, Anna. State that she's a very young girl, but also very intelligent.
6. Find out where one of the new students is from and tell him/her how nice he/she is.

F.   Describe one member of your class to the other students, and have them guess who it is.

LETTURA CULTURALE

Prima di leggere

Remember that there is more than one way to approach a text, depending on your reasons for reading it. As you already know, your goal in these first **letture culturali** is not to understand every word or to master every grammatical construction. You're simply trying to get a feel for the language and to grasp the main points of the passage.

One technique that can be very useful is anticipating content—that is, trying to predict the content of a text. This reading is entitled "Italiani 'tipici.'" Pause for a moment and think. What might this passage be about? You can surely expect to find some information about the cultural and physical characteristics of Italians, and possibly information about stereotypes regarding Italians. Before you read the passage, make a quick list of the types of information you might expect to find in it. Once you have finished reading the passage, compare your list with the information you read. Were you generally on target?

Approaching a text with some general thoughts about its content will make your reading more productive and efficient.

ITALIANI «TIPICI»

«Mike pare americano...»
«Nick pare italiano...»
Com'è l'americano tipico? E l'italiano tipico?

Per molti italiani l'americano tipico è alto, biondo, sportivo, un po' timido.° Per molti americani l'italiano tipico è basso, bruno, simpatico, allegro.

In realtà non è possibile parlare di° americani o italiani tipici. Anche un paese° piccolo come l'Italia ha una varietà incredibile di tipi: italiani biondi, italiani bruni, italiani alti, italiani bassi...

Come° ci sono differenze tra° un italiano e l'altro, ci sono anche differenze enormi tra un luogo° e l'altro: economiche, sociali, di ambiente,° di tradizione, di costume, di lingua.

Molti secoli° di divisione in tanti° piccoli stati o città separate e la mescolanza° di popoli e razze° diverse spiegano,° in parte, queste differenze.

un... a little shy

parlare... to talk about
country

Just as / between
place
environment
centuries / so many
intermingling / races / explain

« Ehi! L'italiano tipico sono io! »

« Ma no! L'italiano tipico non
esiste. »

PRATICA

A. Completate le seguenti frasi.

1. In realtà _____ è possibile parlare di americani o _____ tipici.
2. In Italia c'è una _____ incredibile di tipi.
3. Ci sono italiani _____, italiani _____, italiani _____, italiani _____ ...
4. Ci _____ anche differenze _____ tra un luogo e l'altro.
5. L'italiano _____ esiste? No!

B. Use the words and expressions you have studied in this chapter to indicate the positive and negative characteristics of these groups according to the most common stereotypes.

I gruppi: gli italiani, gli americani, gli australiani, i californiani, i newyorkesi, i giovani, i vecchi, gli uomini, le donne... e altri?

C. What is the typical student at this university like? List two or three adjectives or expressions for each category.

Caratteristiche fisiche
Caratteristiche psicologiche
Le nazionalità più (*most*) numerose
Le città d'origine (*hometowns*) più comuni

PAROLE DA RICORDARE

VERBI

essere to be

NOMI

il bambino, la bambina child;
    little boy, little girl
i capelli (*m. pl.*) hair
la donna woman
la famiglia family
la madre, la mamma mother,
    mom
la mensa cafeteria
il nonno, la nonna grandfather,
    grandmother
l'occhio eye
l'orologio watch, clock
il padre, il papà father, dad
il ragazzo, la ragazza boy, girl;
    young man, young woman;
    boyfriend, girlfriend
il tempo time
l'uomo (*pl.* **gli uomini**) man

AGGETTIVI

allegro cheerful
alto tall, high
altro other
americano American
antipatico (*m. pl.* **antipatici**)
    unpleasant, disagreeable

basso short (*in height*)
bello beautiful; handsome
biondo blond
bravo good, able
bruno dark
brutto ugly
buffo funny
canadese Canadian
carino pretty, cute
caro expensive; dear
cattivo bad; naughty
cinese Chinese
coreano Korean
difficile difficult
elegante elegant
facile easy
famoso famous
francese French
giapponese Japanese
giovane young
grande big, great, large
grasso fat
inglese English
intelligente intelligent
irlandese Irish
italiano Italian
magro thin
messicano Mexican
molto much, many, a lot of
nuovo new

piccolo small, little
polacco (*m. pl.* **polacchi**) Polish
quanto how much, how many
questo this, these
russo Russian
simpatico (*m. pl.* **simpatici**)
    nice, likable
snello slender
spagnolo Spanish
stanco (*m. pl.* **stanchi**) tired
stesso same
stupido stupid
tedesco (*m. pl.* **tedeschi**)
    German
triste sad
vecchio old

ALTRE PAROLE ED ESPRESSIONI

anche also, too
come how
  com'è, come sono? what's
    he/she/it like? what are they
    like?
che...! what . . . !
di dove sei (è)? where are you
    from?
molto (*inv.*) very, a lot
piuttosto (*inv.*) rather
tutti everyone

Lingua viva

Carta d'identità. In the United States, to prove our identity, we usually show our driver's license (**la patente**). In Italy, a special document called **la carta d'identità** is used. This identity card contains the following information: last name, first name, date of birth, place of birth, citizenship, current residence (name of city), street address, marital status, profession, height, hair color, eye color, and any particular physical traits.

Ecco la carta d'identità di Giovanna Bellesia, una professoressa italiana.

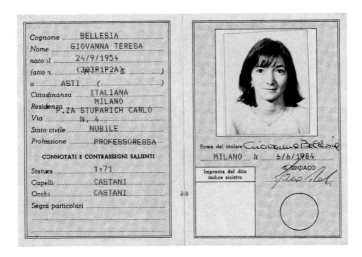

You may need the following vocabulary for the exercises:

capelli: biondi *blond*
       neri *black, dark*
       rossi *red*
       grigi *gray*
       castani *brown*
       bianchi *white*

occhi: neri
      azzurri *blue*
      grigi
      castani
      verdi *green*

stato civile: celibe *single (man)*
           nubile *single (woman)*
           sposato *married*
           separato *separated*
           divorziato *divorced*
           vedovo *being a widower, widowed*

A. Chi è Lei?

Cognome:	____	Residenza:	____	Capelli:	____
Nome:	____	Via:	____	Occhi:	____
Nato/a il:	____	Stato civile:	____	Segni	
A:	____	Professione:	____	particolari:	____
Cittadinanza:	____	Statura:	____		

B. Rispondete con frasi complete.

1. Giovanna è una signora o una signorina?
2. È americana?
3. È bionda?
4. In quale città abita (*does she live*)?
5. Quanto è alta?
6. È una studentessa?

C. Descrivete il giovane nel ritratto di Caravaggio e la donna nel ritratto di Modigliani.

Ragazzo morso da un ramarro (1589–1596) di Michelangelo da Caravaggio (Londra, collezione privata; foto: Nimatallah/Art Resource, New York)

La Fanciulla bruna (1917) di Amedeo Modigliani (Milano, collezione privata; foto: Scala/Art Resource, New York)

D. Autoritratto (*Self-portrait*). Describe yourself. Additional useful vocabulary is listed below. Write a short paragraph.

Espressioni:

Io sono...
Ho i capelli... e gli occhi...
Sono molto...
Sono piuttosto...
Non sono abbastanza...
La mia caratteristica principale è...
Il mio difetto (*fault*) principale è...

Aggettivi: aggressivo; allegro; ambizioso; curioso; disordinato (*messy*); gentile (*kind*); insicuro; onesto; orgoglioso (*proud*); sincero; timido

Nomi: l'aggressività; l'allegria; l'ambizione; la curiosità; il disordine; la gentilezza; l'insicurezza; l'onestà; l'orgoglio; la sincerità; la timidezza

Now your instructor will mix up all the **autoritratti** and pass them out at random to the class. Each student will read aloud the description received, and the class will guess whose portrait it is.

STUDIARE IN ITALIA

In breve

Grammatica
A. Presente dei verbi in **-are**
B. **Andare**, **dare**, **fare** e **stare**
C. L'ora
D. Aggettivi possessivi

Lettura culturale
L'istruzione in Italia

Sono le otto: è ora di andare a scuola.

VOCABOLARIO PRELIMINARE

Dialogo-lampo

A: Stefano, tu sei bravo in matematica?
B: Sì, abbastanza, ma la mia materia preferita è la storia dell'arte!

Materie di studio
(*Subjects of Study*)

la biologia biology
la chimica chemistry
l'economia economics
la fisica physics
l'informatica computer science
la letteratura literature

le lingue languages
  il cinese
  il francese
  il giapponese
  l'inglese
  l'italiano
  il russo
  lo spagnolo
  il tedesco

la matematica mathematics
la musica music
la psicologia psychology
le scienze naturali natural sciences
le scienze politiche political science
la storia history
la storia dell'arte art history

ESERCIZI

A. Un libro per quale corso? Identify the courses in which these textbooks are used.

> ESEMPIO: *La flora e la fauna del Nordamerica* →
> È un libro per il corso di scienze naturali.

1. *Freud e Jung*
2. *Algebra elementare*
3. *Atomi e molecole*
4. *L'opera: origini ed evoluzione*
5. *Romeo e Giulietta*
6. *Architettura e scultura romana*
7. *Democrazia in azione*
8. *Il linguaggio BASIC*

B. Io studio (*I'm studying*)... Fill your classmates in on your academic interests by completing these sentences.

1. Io studio _____, ma non studio _____.
2. Devo studiare (*I must study*) _____.
3. Sono bravo/a in _____, ma non sono bravo/a in _____.
4. La mia materia preferita è _____.

C.   Facile o difficile? Working with a partner or in a small group, share your opinion about the subjects listed in the **Vocabolario preliminare.**

ESEMPIO: Secondo me (*In my opinion*), il francese è facile.

Parole utili: facile, difficile, interessante, noioso (*boring*), indispensabile, utile, inutile (*useless*)

GRAMMATICA

A. Presente dei verbi in **-are**

LUCIANO: Noi siamo una famiglia d'insegnanti e di studenti: la mamma insegna matematica in una scuola media, papà è professore di francese, Gigi e Daniela frequentano le elementari ed io frequento l'università (studio medicina). Tutti studiamo e lavoriamo molto. Soltanto il gatto non studia e non lavora. Beato lui!

1. The infinitives of all regular verbs in Italian end in **-are, -ere,** or **-ire** and are referred to as first, second, or third conjugation verbs, respectively. In English the infinitive (**l'infinito**) consists of *to + verb.*

    lavor**are** (*to work*)   ved**ere** (*to see*)   dorm**ire** (*to sleep*)

2. Verbs with infinitives ending in **-are** are called first conjugation, or **-are**, verbs. The present tense of a regular **-are** verb is formed by dropping the infinitive ending **-are** and adding the appropriate endings to the resulting stem. There is a different ending for each person.

LUCIANO: We are a family of teachers and students. Mother teaches math in a junior high school, Dad is a French instructor, Gigi and Daniela go to elementary school, and I go to the university (I study medicine). We all study and work a lot. Only the cat doesn't study or work. Lucky him!

lavorare (*to work*) INFINITIVE STEM: **lavor-**	
Singolare	*Plurale*

lavor**o**   *I work, am working*
 lavor**i**   *you (fam.) work, are working*
 lavor**a**   *you (form.) work, are working*
       he
 lavor**a**   *she* } *works, is working*
       it
	lavor**iamo** *we work, are working*
	 lavor**ate** *you (fam.) work, are working*
	 lavor**ano** *you (form.) work, are working*
	
	 lavor**ano** *they work, are working*

Note that in the third person plural the stress falls on the same syllable as in the third person singular form.

3. The present tense in Italian corresponds to three English present tense forms.

Studio la lezione.
> *I study the lesson.*
> *I am studying the lesson.*
> *I do study the lesson.*

4. Other **-are** verbs that are conjugated like **lavorare** are

abitare *to live*
arrivare *to arrive*
ballare *to dance*
cantare *to sing*
comprare *to buy*
frequentare *to attend*
guidare *to drive*

imparare *to learn*
insegnare *to teach*
parlare *to speak, talk*
ricordare *to remember*
suonare *to play* (*a musical instrument*)

Senza parole

5. Verbs whose stem ends in **i-**, such as **cominciare, mangiare,** and **studiare,** drop the **i** of the stem before adding the **-i** ending of the second person singular and the **-iamo** ending of the first person plural.

cominciare (*to begin*)	**mangiare** (*to eat*)	**studiare** (*to study*)
comincio	mangio	studio
cominc**i**	mang**i**	stud**i**
comincia	mangia	studia
cominc**iamo**	mang**iamo**	stud**iamo**
cominciate	mangiate	studiate
cominciano	mangiano	studiano

6. Verbs whose stem ends in **c-** or **g-**, such as **dimenticare** and **spiegare,** insert an **h** between the stem and the endings **-i** and **-iamo** to preserve the hard **c** and **g** sounds of the stem.

dimenticare (*to forget*)	**spiegare** (*to explain*)
dimentico	spiego
dimentichi	spieghi
dimentica	spiega
dimentichiamo	spieghiamo
dimenticate	spiegate
dimenticano	spiegano

7. Common adverbs of time, such as **spesso** (*often*) and **sempre** (*always, all the time*), are usually placed immediately after the verb.

Parliamo sempre l'italiano in   *We always speak Italian in class.*
    classe.

Never is expressed by placing **non** in front of the verb and **mai** after it.

Luigi **non** guida **mai.**   *Luigi never drives.*

8. *Yes/no* questions are those that can be answered by a simple *yes* or *no* (*Are you a student?* → *Yes* [*I am*].). Word order in this type of question is identical to that of affirmative sentences except that the subject, if expressed, can be placed at the end of the sentence. There is a difference in the intonation, however. The pitch of the voice goes up at the end of a question.

Parlano russo.   *They speak Russian.*

Parlano russo?   *Do they speak Russian?*

ESERCIZI

A. Replace the subject with each subject in parentheses and change the verb form accordingly.

1. Marco frequenta l'Università di Roma. (io / la cugina di Roberto / voi / tu)
2. Io studio medicina. (noi / loro / Lisa / tu)
3. Tu insegni lingue? (loro / voi / Lei, signora / Loro)
4. Voi non abitate in questa città. (noi / io / tu / loro)

B. Preparativi per una festa (*Preparations for a party*). Fill in the blanks with the correct verb endings.

1. Io compr_____¹ i dolci (*desserts*). Cinzia e Francesca compr_____² il vino e la birra. Paolo e Franco, voi due suon_____³ la chitarra? Benissimo! Stasera noi tutti ball_____,⁴ e Michele cant_____,⁵ d'accordo (*OK*)?
2. Franco, ricord_____¹ Maria, la cugina di Francesca? È una ragazza molto intelligente: studi_____² informatica e matematica. Paolo, stud_____³

anche tu informatica? Bene! Chi guid_____⁴ stasera (*tonight*)? Quando arriv_____⁵ gli amici di Franco?

C.   E perchè no? Your partner tells you things he/she doesn't do. React by asking why (**perchè**). Your partner should justify the answer!

> ESEMPIO: parlare adagio (*slowly*) →
> —Non parlo adagio.
> —Perchè non parli adagio?
> —Non parlo adagio perchè ho fretta.

Possibilità: cantare in italiano, comprare gelati, guidare la domenica, mangiare a casa, studiare una lingua straniera (*foreign*), ballare il tango, lavorare il lunedì, spiegare questa parola

D.   You are talking about some friends who do everything well. Show your admiration with an exclamation beginning with **come.**

> ESEMPIO: ballare → Come ballano bene!

1. cantare
2. suonare
3. guidare
4. parlare
5. spiegare
6. insegnare

Now imagine that you are talking directly to your friends and pay them a compliment. What will you say?

> ESEMPIO: Come ballate bene!

E.   Express in Italian.

1. I sing all the time. I sing when I dance, when I work, and when I drive. —Do you sing when you study?
2. Why do you eat all the time? Are you hungry or are you nervous (**nervoso**)?
3. Professor Betti isn't in today; he teaches only on Tuesdays and Thursdays.
4. Is it difficult to learn a foreign language? —Yes, it is difficult, but it is also very important (**importante**). Many Italians learn two or three foreign languages.

F.   Conversazione.

1. Chiedete a (*Ask*) un compagno (una compagna) se studia molto o poco. Chiedete dove studia, a casa o in biblioteca (*at the library*), e quando: la mattina, nel pomeriggio, la sera o la notte?*
2. Una domanda per la professoressa (il professore): quante lingue parla? Secondo (*According to*) gli studenti, la professoressa (il professore) parla sempre italiano in classe? È sempre allegra/o? Spiega bene?

---

* **La mattina, nel pomeriggio, la sera, la notte:** *in the morning, in the afternoon, in the evening, at night.*

B. **Andare, dare, fare** e **stare**

CRISTINA: Patrizia, tu e Cesare andate a casa di Marcella stasera
per la festa in onore di Beppino?
PATRIZIA: Purtroppo no: io ho un brutto raffreddore e così sto a
casa e vado a letto presto; Cesare lavora...
CRISTINA: Ah sì? E che cosa fa?
PATRIZIA: Dà lezioni di karatè e fa un sacco di soldi!

Many important Italian verbs are irregular: they do not follow the regular
pattern of conjugation (infinitive stem + endings). They may have a
different stem or different endings. You have already learned two irregular
Italian verbs: **avere** and **essere.** There are only four irregular verbs in the
first conjugation:

andare (*to go*), **dare** (*to give*), **fare** (*to do; to make*), **stare** (*to stay*)

1. **Dare** and **stare** are conjugated as follows:

dare (*to give*)	**stare** (*to stay*)
do	sto
dai	stai
dà	sta
diamo	stiamo
date	state
danno	stanno

The verb **stare** is used in many idiomatic expressions. It has different English
equivalents according to the adjective or adverb that accompanies it.

stare attento/a/i/e *to pay attention*
stare bene/male *to be well / not well*
stare zitto/a/i/e *to keep quiet*

Ciao, zio, come stai?	*Hi, Uncle, how are you?*
Sto bene, grazie.	*I'm fine, thanks.*
Molti studenti non stanno attenti.	*Many students don't pay attention.*

CRISTINA: Patrizia, are you and Cesare going to Marcella's tonight for the party they're
having for Beppino? PATRIZIA: Unfortunately we aren't. I have a bad cold and so I'm
staying home and going to bed early; Cesare is working . . . CRISTINA: Is he? What does
he do? PATRIZIA: He gives karate lessons and makes a lot of money!

2. **Andare** and **fare** are conjugated as follows:

andare (*to go*)	fare (*to do; to make*)
vado	faccio
vai	fai
va	fa
andiamo	facciamo
andate	fate
vanno	fanno

If **andare** is followed by another verb (*to go dancing, to go eat*), the sequence **andare** + **a** + *infinitive* is used. **Andare** is conjugated, but the second verb is used in the infinitive. Note that it is necessary to use **a** even if the infinitive is separated from the form of **andare**.

| Quando andiamo a ballare? | *When are we going dancing?* |
| Chi va in Italia a studiare? | *Who's going to Italy to study?* |

A means of transportation, if indicated with **andare**, is preceded by **in**.

andare in aeroplano	*to fly*
andare in automobile (in macchina)	*to drive, to go by car*
andare in bicicletta	*to ride a bicycle*
andare in treno	*to go by train*

but

| andare a piedi | *to walk* |

As a general rule, when **andare** is followed by the name of a country, the preposition **in** is used; when it is followed by the name of a city, **a** is used.

| Vado in Italia, a Roma. | *I'm going to Italy, to Rome.* |

—Ecco, adesso fai come faccio io...

Fare expresses the basic idea of doing or making, as in **fare gli esercizi** and **fare il letto,** but it is also used in many idioms and weather expressions.

fare una domanda	*to ask a question*
fare una fotografia	*to take a picture*
Che tempo fa?	*How's the weather?*
Fa bello (brutto).	*It's nice (bad) weather.*
Fa caldo (freddo).	*It's hot (cold).*

ESERCIZI

A.   Replace the subject with each subject in parentheses, and change the verb form accordingly.

1. Marcella dà una festa. (loro / tu / voi / io)
2. Stiamo a casa stasera. (il dottor Brighenti / voi / tu / Laura e Roberto)
3. Vanno a letto presto. (Lei, professore / io / noi / voi)
4. Il bambino fa molti errori. (tu / voi / noi / questi studenti)

B.   Supply the correct form of **andare.**

1. Io _____ in Italia, ma loro _____ in Francia.
2. Noi due _____ a Roma, non a Venezia.
3. Chi _____ a Bologna?
4. Tu e Michele non _____ a scuola domani.
5. Lei non _____ mai in aereo.

C.   **Buon viaggio!** A classmate tells you what city he/she is going to visit. Express your enthusiasm about the choice of country, following the example.

I paesi: Canadà, Francia, Germania, India, Inghilterra (*England*), Irlanda, Italia, Spagna (*Spain*)

> ESEMPIO: Roma →
> —Vado a Roma.
> —Oh, vai in Italia! Fortunato/a!

1.	Toronto	5.	Parigi
2.	Madrid	6.	Dublino
3.	Calcutta	7.	Londra
4.	Berlino	8.	Firenze

D.   With a partner, act out encounters in which you greet the following people (with **ciao, buon giorno, buona sera** . . .) and ask *How are you?* Your classmate responds. Don't accept the same answer twice!

1. _____ , zio, _____ ?
2. _____ , professore, _____ ?
3. _____ , professori, _____ ?

4. _____ , signora, _____ ?
5. _____ , ragazzi, _____ ?
6. _____ , mamma, _____ ?

E.   Conversazione. Answer each question with a complete sentence.

1. Che tempo fa oggi?   2. Lei sta a casa quando fa bello? Guida volentieri (*gladly*) quando fa brutto?   4. Sta a letto volentieri quando fa freddo? Mangia meno (*less*) quando fa caldo?   5. Lei fa molte domande in classe? Sta sempre attento/a quando il professore spiega?   6. Come va a casa la sera?   7. Lei ha una macchina fotografica? Fa molte foto?   8. Va a ballare il sabato?

F.   È curioso/a? You are curious to know when your classmates engage in certain activities. Using **andare a** + *infinitive*, ask the appropriate questions. Your classmates will respond.

Attività: fare la spesa (*to buy groceries*), mangiare la pizza, lavorare, ballare, suonare la chitarra (*guitar*)...

ESEMPIO: —Quando andate a fare la spesa?
            —Andiamo a fare la spesa sabato.

C. L'ora

Sono le sette e un quarto (e quindici). Susanna fa colazione.

Sono le otto meno cinque. Arriva all'università.

Sono le nove. È a lezione di chimica.

È mezzogiorno. (Sono le dodici.) Mangia un panino con gli amici.

È l'una. Studia in biblioteca.

Sono le quattro e tre quarti (e quaranta-cinque). (Sono le cinque meno un quarto [meno quindici].) Va a nuotare in piscina.

Sono le sette e mezzo (e trenta). Guarda la TV.

È mezzanotte. Studia di nuovo.

È l'una. Va a letto.

1. *What time is it?* is expressed in Italian by **Che ora è?** or **Che ore sono?** The answer is **È** + **mezzogiorno** (*noon*), **mezzanotte** (*midnight*), **l'una** (*one o'clock*), or **Sono le** + *number of the hour* for all other times.
2. Fractions of an hour are expressed by **e** + *minutes elapsed*. From the half hour to the next hour, time can also be expressed by giving the next hour **meno** (*minus*) the number of minutes before the coming hour.

Un quarto (*A quarter*) and **mezzo** (*a half*) often replace **quindici** and **trenta. Un quarto d'ora** and **mezz'ora** mean *a quarter of an hour* and *half an hour.*

3. To indicate A.M., add **di mattina** to the hour; to indicate P.M., add **del pomeriggio** (12 P.M. to 5 P.M.), **di sera** (5 P.M. to midnight), or **di notte** (midnight to early morning) to the hour.

ESERCIZI

A. Express the following times in Italian.

1. 7:21 A.M.
2. 9:10 A.M.
3. 4:24 P.M.
4. 8:30 P.M.
5. 3:45 A.M.
6. 9:00 P.M.
7. 1:15 P.M.
8. 1:15 A.M.

B. George's watch is always ten minutes slow. Every time he states the time, you have to correct him.

ESEMPIO: Sono le otto. → No, sono le otto e dieci.

1. Sono le quattro e un quarto.
2. È mezzogiorno e mezzo.
3. È l'una.
4. Sono le sei e cinque.
5. Sono le dieci meno un quarto.
6. È mezzanotte e dieci.

C. Dov'è Michele? You have to find your friend Michele. Unfortunately he's not in his room, but you find his schedule. Using the day and time, can you and a classmate locate him? (Note that Italian uses a comma instead of a colon to separate the hours from the minutes.)

	LUNEDÌ	MARTEDÌ	MERCOLEDÌ	GIOVEDÌ	VENERDÌ
9,00	Chimica		Chimica		Chimica
10,00		Storia moderna		Storia moderna	
11,00	Italiano	Italiano	Italiano	Italiano	Italiano
1,00	Letteratura americana		Letteratura americana		Letteratura americana
2,00		Psicologia		Psicologia	

ESEMPIO: lunedì / 9,00 →
　　　　　　È lunedì, sono le nove. Michele è a lezione di chimica.

1. venerdì / 1,30
2. mercoledì / 9,15
3. lunedì / 1,20
4. martedì / 10,45
5. giovedì / 11,05
6. martedì / 2,50

D. Dove sei? Ask a classmate where he/she usually is at these times.

ESEMPIO: 10:00 A.M. →
　　　　　　—Sono le dieci di mattina. Dove sei?
　　　　　　—Se sono le dieci, sono a lezione d'italiano!

Luoghi: a casa, a scuola, in biblioteca, a lezione di..., alla (*at the*) mensa con gli amici, a letto, in palestra (*at the gym*)...

1. 3:00 A.M.	3. 12:00 P.M.	5. 9:00 A.M.
2. 7:00 P.M.	4. 5:00 P.M.	6. 2:00 P.M.

D. Aggettivi possessivi

GIANNI: Chi è il tuo professore preferito?

ROBERTO: Be', veramente ho due professori preferiti: il professore di biologia e la professoressa d'italiano.

GIANNI: Perchè?

ROBERTO: Il professore di biologia è molto famoso: i suoi libri sono usati nelle università americane. La professoressa d'italiano è molto brava; apprezzo la sua pazienza e il suo senso dell'umorismo.

1. As you know, one way to indicate possession in Italian is to use the preposition **di: il professore di Roberto.** Another way to show possession is to use the possessive adjectives (**gli aggettivi possessivi**). They correspond to English *my, your, his, her, its, our,* and *their*.

	SINGOLARE		PLURALE	
	Maschile	*Femminile*	*Maschile*	*Femminile*
my	il mio	la mia	i miei	le mie
your (tu)	il tuo	la tua	i tuoi	le tue
your (Lei)	il Suo	la Sua	i Suoi	le Sue
his, her, its	il suo	la sua	i suoi	le sue
our	il nostro	la nostra	i nostri	le nostre
your (voi)	il vostro	la vostra	i vostri	le vostre
your (Loro)	il Loro	la Loro	i Loro	le Loro
their	il loro	la loro	i loro	le loro

2. In contrast to English usage, Italian possessive adjectives are preceded by definite articles and agree in gender and number with the noun

---

GIANNI: Who is your favorite professor?   ROBERTO: Well, I really have two favorite professors: the biology professor and the Italian professor.   GIANNI: Why?   ROBERTO: The biology professor is very famous: his books are used in American colleges. The Italian professor is very good; I appreciate her patience and sense of humor.

possessed, *not* with the possessor. If the noun is masculine, the possessive adjective is masculine; if the noun is feminine, the possessive adjective is feminine.

Dov'è il mio libro?	*Where is my book?*
Dov'è la mia matita?	*Where is my pencil?*
Dove sono i miei libri?	*Where are my books?*
Dove sono le mie matite?	*Where are my pencils?*

The agreement with the nouns possessed and not the possessor is particularly important in the third person singular. Italian forms do not distinguish between *his* (belonging to him) and *her* (belonging to her). What matters is the gender of the noun.

la casa di Roberto → la sua casa*	*Robert's house → his house*
la casa di Laura → la sua casa*	*Laura's house → her house*
l'appartamento di Roberto → il suo appartamento	*Robert's apartment → his apartment*

3. The English phrases *of mine* and *of yours* (*a friend of mine, two friends of yours*) are expressed in Italian by placing the possessive adjective before the noun, without the definite article. There is no Italian equivalent for *of* in these constructions.

un mio amico	*a friend of mine*
questo mio amico	*this friend of mine*
due tuoi amici	*two friends of yours*

ESERCIZI

A. Create new sentences with the words in parentheses.

1. Ecco il nostro amico! (professore / professoressa / amici / amiche)
2. Ricorda il suo cognome? (nome / scuola / parole / albergo / domanda / esami)
3. Parlano con i loro amici. (bambini / bambine / dottore / dottoressa)
4. Dov'è la vostra università? (chiesa / aeroporto / stazione / zoo)

B. You're having trouble remembering where various things are today. Working with a partner, ask where the following items are. Use the given information in your response.

> ESEMPIO: io / moto (in Via Verdi) →
> —Dov'è la mia moto?
> —La tua moto è in Via Verdi.

---

*To make the distinction between *his* and *her* clear, one would say **la casa di lui** or **la casa di lei.**

1. voi / ristorante (in Via del Sole)
2. tu / foto (*pl.*) (in un album)
3. loro / macchina (qui vicino)
4. tu / amico italiano (a Napoli)
5. lui / banca (in Via Perugia)

C. Opinioni. Comment on each of the following, according to your own personal opinion.

> ESEMPIO: i Suoi corsi →
> I miei corsi sono interessanti ma molto difficili.

1. i Suoi professori
2. la Sua università
3. i Suoi esami
4. la Sua città
5. i Suoi amici
6. il Suo ristorante preferito

D. Intervista. Use the following words and phrases to interview other students about things they have or about people they know.

> ESEMPIO: corsi / interessanti →
> Sono interessanti i tuoi corsi?

1. professori / simpatici
2. esami / difficili
3. università / grande
4. lavoro / noioso (*boring*)
5. compagni (compagne) di camera (*roommates*) / intelligenti
6. parenti / alti

DIALOGO

I signori° Pepe danno una festa in onore di Beppino. È un sabato sera; in casa Pepe ci sono molte persone: i parenti, gli amici di famiglia e molti ragazzi e ragazze, amici di Marcella. In sala da pranzo° c'è una tavola° con molti dolci, panini, vini e liquori. Personaggi: Beppino, Marcella, i signori Verdi, Vittoria, Paolo, Mario
°*Mr. and Mrs.*
°sala... *dining room / table*

MARCELLA: Cari signori Verdi, come stanno? Ecco Beppino, il cugino americano!

SIG.RA VERDI: (Esamina Beppino da capo a piedi°) Ah, Lei arriva dal Texas, non è vero? E a Firenze cosa fa? Studia, lavora?
°da... *from head to toe*

BEPPINO: Per ora° faccio fotografie, ma ho intenzione di studiare architettura o di andare all'Accademia di Belle Arti.
°Per... *Right now*

SIG. VERDI: (Un vecchietto° timido e gentile) Ma bravo! Alla facoltà di architettura c'è un mio vecchio amico, il professor Gallo: insegna *industrial design*...
°*little old man*

Amici a una festa in una pizzeria a Cremona

(Arrivano Vittoria, Paolo e Mario. Paolo e Mario frequentano il Conservatorio di Musica; Vittoria e Marcella studiano lettere.)

VITTORIA:	Ora metto un disco° e balliamo: va bene, Beppino?	Ora... *Now I'll put on a record*
BEPPINO:	Benone°! Ora balliamo e poi° mangiamo. Ci sono tante cose° buone!	*Great / then / things*
MARCELLA:	Un momento, Vittoria! Paolo e Mario hanno la chitarra e cantano bene...	
VITTORIA:	Suoni la chitarra anche tu, Beppino?	
BEPPINO:	Sì, suono e canto anch'io: *country music...*	
MARCELLA:	State zitti, per favore... Signore e signori, attenzione: concerto di musica folk con Paolo Rossi e Mario Casini, famosi cantautori° toscani e Beppino il texano...	*singer-songwriters*

◾ VARIAZIONI SUL TEMA _____

Play **Il gioco delle coppie** (*The Dating Game*) with your classmates! Pick three or four men to be interviewed by all the women in the class, and three or four women to be interviewed by all the men. Participants can "play" themselves or assume a different (comic!) persona. Possible questions: **Di dove sei? Che cosa studi? Com'è la tua macchina? il tuo appartamento? Qual è il tuo ristorante preferito? Com'è il tuo uomo (la tua donna) ideale?**

Parole utili: il presentatore (la presentatrice) (*the host*)

Buon divertimento!

PICCOLO RIPASSO

A. Fill in the blanks with the correct verb forms.

1. A: Com'____ (**essere**) brava la professoressa Lignana! ____ (**spiegare**) tutto (*everything*) molto bene e ____ (**dare**) molti esempi. E i tuoi professori, come ____ (**essere**)?
   B: Non bravi come lei (*her*)! Loro ____ (**dare**) molti compiti (*homework*) e non ____ (**essere**) mai in ufficio quando noi ____ (**avere**) bisogno di aiuto (*help*).
2. A: Ciao, Paola! Come ____ (**stare**)?
   B: Ciao, Daniele! Oggi ____ (**stare**) poco bene.
   A: Allora, perchè non ____ (**tornare**) a casa e ____ (**andare**) a letto?
   B: Ora ____ (**comprare**) un po' di succo d'arancia (*orange juice*) e poi ____ (**andare**) a casa.
3. A: Giorgio, cosa ____ (**fare**) tu e Michele alla festa di Giulia stasera?
   B: Noi ____ (**cantare**) e ____ (**suonare**) la chitarra. E tu dove ____ (**andare**)?
   A: Purtroppo, stasera ____ (**stare**) a casa e ____ (**fare**) gli esercizi d'informatica.
   B: Come ____ (**andare**) il corso d'informatica?
   A: Abbastanza bene. Noi ____ (**imparare**) il BASIC e ____ (**avere**) un sacco di (*tons of*) compiti, ma ____ (**essere**) molto interessanti.

B. **Dimmi** (*Tell me*) **perchè.** Complete each sentence by choosing the appropriate reason from column B.

A		B
Faccio domande		ho sete.
Vado a letto		lavoro molto.
Vado a mangiare		ho sonno.
Ordino (*I order*) un'aranciata	perchè	sono curioso/a.
Sto a casa		ho un brutto raffreddore.
Non mangio carne		ho fame.
Sono stanco		sono vegetariano/a.

C. Maria has only one of everything you have multiples of (pets, relatives, jobs, and so on). Working with a partner who plays the role of Maria, create exchanges, using the words below.

ESEMPIO: gatti / essere / magro (grasso) →
—I miei gatti sono magri. E il tuo gatto, com'è?
—Il mio gatto è grasso.

1. zii / arrivare / oggi (domani)
2. lezioni / essere / difficile (facile)
3. esami / cominciare / a settembre (ottobre)

4. sorelle (*sisters*) / andare / in Francia (in Italia)
5. cani / mangiare / carne (*f., meat*) (pasta)
6. corsi / andare / male (così così)

D. Express in Italian.

1. A: It's twelve-thirty; it's time (**ora di**) to go eat. Where are we going?
   B: Home.
2. A: How are the children?
   B: Pretty well, thanks.
   A: Do they go to school?
   B: Yes, they attend the elementary school.
3. What do you do when you have a nasty cold? Do you stay in bed? —No, I never stay in bed!
4. I have a hobby (**passatempo, hobby**): bicycle riding (to ride a bike). I have a good American bicycle, a Trek. I ride a bike all the time, when the weather is good and when the weather is bad! I never walk and I never go by car.
5. A: How many classes do you have today?
   B: Two: French and history.
   A: Who teaches history?
   B: Professor Manaresi.
   A: Is history your favorite subject?
   B: Yes!
6. Professor Bianchi gives Italian lessons. She has a lot of students because she is a good teacher. She explains well and has a lot of patience (**pazienza**). Her students are very good.

E. Intervista. Interview another student by asking the following questions or questions of your own; then present the information to the class.

   ESEMPIO: Robert studia informatica, lavora in una banca e quando ha tempo va a ballare.

1. Quante materie studi questo trimestre/semestre?   2. Hai un lavoro? Dove lavori?   3. La tua famiglia è di origine italiana?   4. Parli inglese a casa o un'altra lingua?   5. Hai amici italiani?   6. La tua ragazza (il tuo ragazzo) abita in questa città?   7. Vai a molte feste?   8. Quando vai a una festa, balli?

LETTURA CULTURALE

Prima di leggere

The title of the following reading, **L'istruzione in Italia,** serves as an introduction to its theme. Anticipation and prediction, discussed in **Capitolo 2,** can be very useful when you approach a reading. Skimming and scanning are other techniques you can use.

To skim is to read quickly for the main points. By skimming a passage you can get the gist of the information presented. Scanning is the technique of looking through a text for specific words and expressions. Once you have identified even a small number of key words, additional details of the text are clarified and begin to fall into place.

Start by skimming the following text once or twice. Try to determine the main topics of the reading. Then go back and read the entire passage. Taking just a few moments to gather basic information before you actually start to read a text will greatly increase the ease and productivity of your reading.

Note that this reading contains a number of examples of the **preposizione articolata,** a form you will not learn until **Capitolo 5.** This should not pose any obstacle to your understanding, however. Look at the following examples of this form from the reading. Can you guess their meaning from context?

> Le donne sono circa il 50% **del** totale **degli** studenti universitari.
>
> Le prime università sono nate (*were born*) **nel** 1100 a Bologna ed a Salerno.

Buona lettura!

L'ISTRUZIONE IN ITALIA

In Italia l'istruzione è obbligatoria per otto anni. I bambini cominciano la scuola elementare (le Elementari) a sei anni e la scuola media (le Medie) a undici anni. Gli studenti vanno a scuola sei giorni alla settimana, ma solo di mattina per circa cinque ore. Ora, però, in molte scuole le lezioni continuano anche nel pomeriggio. In questo caso gli studenti vanno a scuola solo cinque giorni alla settimana come in America.

Chi desidera continuare gli studi dopo le Medie va ad una scuola secondaria superiore. Ci sono diversi tipi di scuole secondarie, come il Liceo Classico, che è un corso di studi umanistici; il Liceo Scientifico, che dà enfasi alle materie scientifiche; e l'Istituto Tecnico, che prepara gli studenti nei campi° della tecnica e dell'amministrazione. A queste scuole secondarie gli studenti vanno sei giorni alla settimana, ma solo di mattina.

Dopo qualsiasi° scuola secondaria di cinque anni gli studenti hanno la possibilità° di frequentare qualsiasi facoltà universitaria. Le università in Italia sono quasi sempre° statali,° non hanno il numero chiuso° e costano poco. Le donne sono circa il 50% del totale degli studenti universitari.

fields

any
opportunity
quasi... *almost always / public*
numero... *limited enrollment*

Molte città italiane importanti hanno università con antiche tradizioni. Le prime università sono nate° nel 1100 a Bologna ed a Salerno.

Quasi tutte le facoltà durano° quattro anni, alcune° cinque anni: Medicina, Architettura, Ingegneria. Le facoltà più numerose sono Economia e Commercio, Giurisprudenza,° Medicina e Lettere e Filosofia. Gli studenti che danno tutti gli esami e presentano la tesi ricevono° la Laurea° e acquistano° il titolo di «dottore».

Da qualche anno° gli studenti più dotati,° dopo un difficile esame, hanno la possibilità di continuare gli studi per ottenere° il «Dottorato di ricerca», che equivale al Ph.D. americano.

In Italia le università non hanno un «campus» come in America. Quasi tutti gli studenti abitano a casa con i genitori o condividono° un appartamento con altri studenti. I rapporti con i professori sono molto più formali: di solito° gli studenti vedono° i professori solo a lezione e durante gli esami. Le lezioni vanno° da novembre a maggio e spesso l'unico esame è un esame orale alla fine° del corso.

sono... were born

last / some

law

receive / degree / gain

Da... For a few years now / gifted
obtain

share

di... usually / see
Le... Classes continue
alla... at the end

«Andiamo. È tardi.»

PRATICA

A. Vero o falso?

1. A otto anni i bambini italiani cominciano le Medie.   2. Gli studenti delle scuole secondarie in Italia vanno a lezione anche il sabato.   3. In Italia poche (*few*) donne frequentano l'università.   4. Dopo il Liceo Scientifico gli studenti non hanno la possibilità di studiare Lettere e Filosofia.   5. Per diventare architetto uno studente frequenta l'università per cinque anni.

B.   Complete the sentences with words and expressions chosen from the list below.

Parole ed espressioni: Architettura e Ingegneria, artistiche, c'è, Elementari, Giurisprudenza e Medicina, Medie, non c'è, non vanno, umanistiche, vanno

1. A undici anni i bambini italiani cominciano le...
2. Per il Dottorato di ricerca... il numero chiuso.
3. Al Liceo Classico ci sono molte materie...
4. Gli studenti italiani... spesso a parlare con i loro professori universitari dopo le lezioni.
5. Le facoltà più frequentate in Italia sono...

C.   Differences between the United States and Italy. Answer the following questions and compare your responses with those of your classmates.

	ITALIA		STATI UNITI	
1. Tutti vanno a scuola per almeno otto anni.	sì	no	sì	no
2. Molti studenti vanno a scuola il sabato.	sì	no	sì	no
3. Il liceo dura quattro anni.	sì	no	sì	no
4. C'è solo un tipo di liceo.	sì	no	sì	no
5. Ci sono moltissime università private.	sì	no	sì	no
6. È facile entrare all'università.	sì	no	sì	no
7. Le università costano molto.	sì	no	sì	no
8. Le università hanno un «campus».	sì	no	sì	no
9. Gli studenti ricevono il titolo di «dottore» dopo i primi quattro anni di università.	sì	no	sì	no
10. Gli esami sono quasi sempre orali.	sì	no	sì	no

—È vero: tutte le strade portano a Roma!

PAROLE DA RICORDARE

VERBI

abitare to live
andare to go
  andare a + *inf.* to go (*to do something*)
  andare a piedi to walk
  andare in aeroplano to fly
  andare in automobile to drive, go by car
  andare in bicicletta to ride a bicycle
  andare in treno to go by train
arrivare to arrive
ballare to dance
cantare to sing
cominciare to begin, start
comprare to buy
dare to give
dimenticare to forget
fare to do; to make
  fare una domanda to ask a question
  fare una fotografia to take a picture
frequentare to attend (*a school*)
guidare to drive
imparare to learn
insegnare to teach
lavorare to work
mangiare to eat
parlare to speak, talk
ricordare to remember
spiegare to explain
stare to stay
  stare attento to pay attention
  stare bene/male to be well / not well
  stare zitto to keep quiet
studiare to study
suonare to play (*a musical instrument*)

NOMI

la biologia biology
la carne meat
la casa house, home
la chimica chemistry
la chitarra guitar
il compito assignment, homework
il cinese Chinese language
il corso course (*of study*)
il dolce dessert
la domanda question
l'economia economy
l'errore (*m.*) mistake
l'esame (*m.*) examination
l'esercizio exercise
la festa party
la fisica physics
il francese French language
il giapponese Japanese language
l'informatica computer science
l'inglese English language
l'insegnante (*m./f.*) teacher
l'italiano Italian language
la letteratura literature
le lettere liberal arts
il letto bed
il libro book
la lingua language
la matematica mathematics
la materia subject
la matita pencil
la mattina morning; in the morning
la musica music
la notte night; at night
il pomeriggio afternoon
  nel pomeriggio in the afternoon
la psicologia psychology

il raffreddore cold
il russo Russian language
la scienza science
  le scienze naturali natural sciences
  le scienze politiche political science
la sera evening; in the evening
lo spagnolo Spanish language
la storia history
  la storia dell'arte art history
lo studio study
il tedesco German language

AGGETTIVI

bravo (in) good (at)
elementare elementary
preferito favorite
pronto ready
quale? which?
straniero foreign
tutto/a/i/e + *art.* all, every

ALTRE PAROLE ED ESPRESSIONI

a casa home, at home
  a casa di at/to someone's house
che cosa? cosa? what?
che ora è? che ore sono? what time is it?
meno less
non... mai never
ora now
perchè because; why
poi then
presto early
purtroppo unfortunately
sempre always, all the time
spesso often
stasera tonight, this evening
volentieri gladly, willingly

Lingua viva

Even though you may not understand every word or construction in the **programma dei corsi** (*course guide*) that follows, you already know enough Italian to skim it and extract a good deal of information. Before you look over the brochure, read the questions that follow it as a guide to your reading.

PROGRAMMA DEI CORSI
1 - 31 Agosto 1988

1.
Corsi di lingua italiana

a. Elementare (dalle ore 8,45 alle ore 12,30):
fonetica, ortografia, nozioni fondamentali di morfologia e sintassi, lessico;
esercitazioni pratiche di dizione e conversazione (con l'ausilio di mezzi audiovisivi).

b. Medio (dalle ore 8,45 alle ore 12,00):
sintassi, lessico, fraseologia;
esercizi di conversazione;
esercizi di lettura e analisi grammaticale;
esercizi di composizione.

c. Superiore (dalle ore 9,30 alle ore 12,45):
analisi del discorso;
lessici settoriali (politico, pubblicitario, ecc.);
analisi semantica e stilistica (testi letterari, giornali, riviste);
esercizi di composizione.

Gli iscritti avranno a disposizione[a] un moderno laboratorio linguistico.

[a]Gli... *Students will have at their disposal*

2.
Corsi di cultura
(seminari, conferenze, conversazioni)
pomeriggio:

a. L'Italia nel 900
La poesia e la narrativa del 900; il teatro del 900; i movimenti artistici del 900; la musica contemporanea; la filosofia contemporanea; il cinema italiano; la società italiana del 900; problemi di storia contemporanea; problemi di linguistica e sociolinguistica italiana.

b. Il Rinascimento[b] ad Urbino
Il principe, la corte, la citta, lo spazio e l'architettura, la festa e il teatro, la pittura, la letteratura, la musica.

[b]*Renaissance*

A. Vero o falso? Se è falso, spiegate perchè.

1. È mezzogiorno e un quarto. Il professore nel corso superiore fa ancora lezione.   2. La mattina gli studenti studiano il Rinascimento ad Urbino.
3. Ci sono cinque corsi di lingua.   4. Per il corso medio ci sono quattro ore di lezione ogni giorno.   5. Il corso elementare comincia dopo le otto.   6. C'è un laboratorio per gli studenti.

B.   Completate il modulo (*Fill out the form*).

Al Sig. Rettore della Università degli Studi di Urbino:

Il sottoscritto (La sottoscritta) domanda di essere iscritto/a a

☐   Corso superiore
☐   Corso medio
☐   Corso elementare

(segnare[a] il corso che interessa)   [a]*mark*

che si terrà dal 1 al 31 Agosto 1988

Cognome

Nome

Luogo[b] e data di nascita[c] (età minima 18 anni)   [b]*Place* / [c]*birth*

Nazionalità

Maschio ☐   Femmina ☐

Titolo di studio

Professione

Firma[d]   [d]*Signature*

Indirizzo[e] preciso   [e]*Address*

C.   Lezioni di inglese. You are studying in Italy. To earn some spending money, you decide to give English lessons. You want to put an ad in the local paper. Look at these ads to get ideas about what to say.

Studentessa madrelingua inglese dà lezioni conversazione. Prezzi modici. Telefonare 21-46-67

Studente americano dà lezioni di inglese tutti i livelli. Casella Postale 600

Professore Lettere in pensione (*retired*) insegna italiano, latino, inglese, matematica. Lunga esperienza. Telefonare 45-14-33

Laureata in Lingue dà ripetizioni tutte le materie a adulti e bambini. Rossi, Corso Paganini 39, Genova

Per quanti anni si frequenta la facoltà di Lettere e Filosofia? e quella di Architettura?

CURIOSITÀ

Esami e voti (*grades*)

Quando parlano di esami, gli studenti universitari italiani usano l'espressione «dare un esame» (*to take an exam*). Per esempio: quanti esami dai quest'anno? Gli esami sono quasi (*almost*) sempre orali: i professori interrogano gli studenti e danno subito (*immediately*) un voto. Ogni (*Each*) studente ha un documento ufficiale, chiamato (*called*) **libretto.** Per ogni esame il professore indica la materia, il voto e la data; e poi firma (*he/she signs*). I voti vanno da un minimo di 18 a un massimo di 30: **30 e lode** è come A^+ in America.

INTERESSI
E PASSATEMPI

L'ora del telegiornale

In breve

Grammatica
A. Presente dei verbi in **-ere** e **-ire**
B. **Dire, uscire** e **venire; dovere, potere** e **volere**
C. *Presente* + **da** + *espressioni di tempo*
D. Interrogativi

Lettura culturale
La televisione, i giornali e le riviste

VOCABOLARIO PRELIMINARE

Dialogo-lampo

SAN PIETRO: Abbiamo musei, ristoranti, cinema, teatri, ma
non c'è la televisione.

BEATO: Non c'è la televisione? Ma
allora, che razza di paradiso è?

Le attività del tempo libero
(*Leisure Activities*)

**andare al cinema (al ristorante, a
teatro, a un concerto)** to go
to the movies (out to eat, to
the theater, to a concert)
ascoltare dischi to listen to
records
correre to run
cucinare to cook
dipingere to paint
disegnare to draw
dormire to sleep

fare l'aerobica, giocare a tennis
to do aerobics, to play tennis
guardare la televisione to watch
TV
leggere il giornale (una rivista)
to read the newspaper (a
magazine)
nuotare to swim
**prendere lezioni di ballo
(musica, yoga, karatè)** to
take dancing (music, yoga,
karate) lessons

**pulire la casa (il frigo, la
camera, il bagno)** to clean
the house (the refrigerator,
the bedroom, the bathroom)
sciare to ski
scrivere racconti (poesie) to
write short stories (poems)
uscire con gli amici to go out
with friends
viaggiare to travel

ESERCIZI

A. Con chi? Tell your classmates whether you prefer to perform the
following activities alone (**da solo/a**) or with other people.

ESEMPIO: Preferisco viaggiare da solo/a, ma preferisco fare i compiti
d'italiano con altri studenti.

Persone: altri studenti, il mio ragazzo (la mia ragazza), i miei compagni (le
mie compagne) di camera, la mia famiglia, i miei amici...

Attività: fare i compiti d'italiano, fare da mangiare (*to cook*), viaggiare,
pulire la casa, andare al cinema, fare l'aerobica, guardare il telegiornale
(*news*), passare (*to spend*) il sabato sera...

B. Che razza di... è? You have expectations about what people do and
about what is available in certain places, and you are shocked when you
find out otherwise. Fill in the blanks in the following sentences and
compare your answers with those of your classmates.

1. Non ci sono zebre? Ma allora, che razza di _____ è?
2. Non c'è _____ ? Ma allora, che razza di pizza è?
3. Non insegnano _____ ? Ma allora, che razza di _____ è?
4. Non hanno fumetti (*comic strips*)? Ma allora, che razza di _____ è?
5. Non hanno _____ ? Ma allora, che razza di banca è?
6. Non ci sono rime (*rhymes*)? Ma allora, che razza di _____ è?
7. Non spiega la grammatica? Ma allora, che razza di _____ è?
8. Non ci sono letti? Ma allora, che razza di _____ è?

C.   Preferenze. Are there things you prefer to do on certain days of the week? Using the **Vocabolario preliminare,** indicate your preferences.

ESEMPIO: Io preferisco uscire con gli amici il sabato sera e dormire la domenica.

D.   Now interview five classmates and find out what they prefer to do during the weekend.

ESEMPIO: Che cosa preferisci fare il venerdì?

Report to the class the activities preferred by more than one person for Friday, Saturday, and Sunday.

ESEMPIO: Marco e Gianni preferiscono uscire con gli amici il venerdì.

GRAMMATICA

A. Presente dei verbi in **-ere** e **-ire**

È una serata come tutte le altre in casa Bianchi: la mamma e la nonna guardano la televisione, papà legge il giornale (lui non guarda mai la televisione, preferisce leggere), lo zio Tony scrive una lettera, Luigino dorme, Franca e Sergio ascoltano un disco.

It's an evening like all the others at the Bianchis'. Mother and Grandma are watching TV; Dad is reading the newspaper (he never watches TV; he prefers to read); Uncle Tony is writing a letter; Luigino is sleeping; Franca and Sergio are listening to a record.

1. The present tense of regular verbs ending in **-ere** (second conjugation)
and of many verbs ending in **-ire** (third conjugation) is formed by adding
the appropriate endings to the infinitive stem.

-ere VERBS		**-ire** VERBS (FIRST GROUP)	
scrivere (*to write*)		**dormire** (*to sleep*)	
scrivo	scriv**iamo**	dormo	dorm**iamo**
scrivi	scriv**ete**	dormi	dorm**ite**
scrive	scriv**ono**	dorme	dorm**ono**

Note that the endings are the same for both conjugations except in the
second person plural: **-ete** for **-ere** verbs, **-ite** for **-ire** verbs.

Scrivete molte lettere?	*Do you write many letters?*
Il nonno dorme e anche i	*Grandpa is sleeping and the*
bambini dormono.	*children are sleeping too.*

2. Other **-ere** verbs conjugated like **scrivere** are

bere* *to drink*	Io non bevo latte.
correre *to run*	Perchè correte?
dipingere *to paint*	Raffaella dipinge bene.
leggere *to read*	Carlo legge il giornale.
perdere *to lose*	Tu perdi sempre le chiavi (*keys*)!
prendere *to take*	Noi prendiamo l'autobus qui.
ricevere *to receive*	Chi riceve molte lettere?
rispondere *to answer, reply*	Perchè non rispondi in italiano?
vedere *to see*	Vedono un film.

Note that most verbs ending in **-ere** have the stress not on **-ere** but on
the preceding syllable: **prendere, ricevere.**

3. Some **-ire** verbs conjugated like **dormire** are

aprire *to open*	Apriamo la finestra (*window*).
offrire *to offer*	Offro un caffè a tutti.
partire *to leave*	Quando partite? —Partiamo domani.
sentire *to hear*	Sentite la voce (*voice*) di Mario?
servire *to serve*	Servi vino bianco (*white*)?

4. Not all verbs ending in **-ire** are conjugated like **dormire** in the present.
Many **-ire** verbs follow this pattern:

---

*__Bere__ uses the stem **bev-** with the regular endings: **bevo, bevi, beve, beviamo, bevete, bevono.**

-ire VERBS (SECOND GROUP)	
capire (*to understand*)	
cap**isc**o	capiamo
cap**isc**i	capite
cap**isc**e	cap**isc**ono

The endings are the same as for the verb **dormire**, but **-isc-** is inserted between the stem and the ending in all but the first and second person plural. The pronunciation of **-sc-** changes according to the vowel that follows: before **o** it is pronounced like *sk* in *sky;* before **e** and **i** it is pronounced like *sh* in *shy.**

The following **-ire** verbs are conjugated like **capire:**†

finire *to finish, end*	I ragazzi finiscono gli esercizi.
preferire *to prefer*	Preferite leggere o scrivere?
pulire *to clean*	Quando pulisci la casa?

5. When two verbs appear together in series (*you prefer to read*), the first is conjugated and the second stays in the infinitive form.

Voi preferite leggere.	*You prefer to read.*

ESERCIZI

A. Replace the subject with each subject in parentheses, and change the verb form accordingly.

1. Tu leggi il giornale. (la nonna / io e Carlo / voi / gli italiani)
2. Noi apriamo la porta (*door*). (voi / il cugino di Marco / loro / io)
3. Marco pulisce il frigo. (noi / i ragazzi / io / voi)
4. I bambini non rispondono. (io / il professore / voi / tu)

B.   Anche Giuseppina! Giuseppina likes to join in on whatever anyone else is doing. Tell your partner that whatever he/she does, Giuseppina does too.

> ESEMPIO: correre →
> —Io corro.
> —Anche Giuseppina corre.

---

* See **Esercizi di pronuncia** in the laboratory manual for a more detailed treatment of the sounds of **sc.**
† In this text the infinitive of verbs conjugated like **capire** will be followed by (**isc**) in vocabulary lists and in the end vocabulary.

—No, grazie: leggo solo il giornale.

1. prendere un'aspirina
2. leggere un racconto
3. servire vino
4. offrire un caffè
5. rispondere in italiano
6. finire la lezione

C.   Anche gli altri! Everybody wants to do what Pietro does. Tell your partner that whatever Pietro does, **gli altri** (*the others*) do too.

> ESEMPIO: leggere *Panorama* →
> —Pietro legge *Panorama*.
> —Anche gli altri leggono *Panorama*.

1. sentire un disco
2. bere un caffè
3. scrivere una lettera
4. dormire otto ore
5. vedere un film
6. perdere le chiavi

D.   Explain why the following people don't do certain things: they prefer to do something else.

> ESEMPIO: Marco non legge: preferisce scrivere.

1. Daniela non mangia: _____ .
2. Le bambine non dormono: _____ .
3. Il dottore non nuota: _____ .
4. Lo zio di Gino non prende l'aeroplano: _____ .
5. Questi studenti non studiano: _____ .
6. Luciano non suona la chitarra: _____ .

Now tell three things you don't do, and what you prefer to do instead.

E.   Abitudini personali. Share some information about your lifestyle with your classmates. Answer each question in a complete sentence.

1. Lei corre volentieri? Va in bici? Quale mezzo (*means*) di trasporto preferisce?
2. Preferisce guardare la televisione o leggere? Perchè?
3. Quando pulisce la casa? È pulita (*clean*) e ordinata (*tidy*) la Sua camera?
4. Quante volte (*How many times*) la settimana mangia a casa? Quante volte va al ristorante o alla mensa (*cafeteria*)? Perchè?
5. Preferisce stare zitto/a o parlare quando ci sono molte persone?
6. Quando riceve una lettera, risponde subito? Scrive molte lettere o preferisce telefonare? Perchè?

F.   Choose four of the preceding questions and interview a friend. Report his/her answers to the class when they differ from your own.

B. **Dire, uscire** e **venire; dovere, potere** e **volere**

—Questo dannato[a] dev'essere un pezzo grosso.[b]   [a]*condemned soul*   [b]*pezzo... big shot*

Some commonly used **-ere** and **-ire** verbs are irregular in the present tense.

dire (*to say, tell*)	**uscire** (*to go out*)	**venire** (*to come*)
dico	esco	vengo
dici	esci	vieni
dice	esce	viene
diciamo	usciamo	veniamo
dite	uscite	venite
dicono	escono	vengono

Diciamo « Buon giorno! »	*We say, "Good morning!"*
Perchè non esci con Sergio?	*Why don't you go out with Sergio?*
Vengo domani.	*I'm coming tomorrow.*

dovere (*to have to, must*)	**potere** (*to be able to, can, may*)	**volere** (*to want*)
devo	posso	voglio
devi	puoi	vuoi
deve	può	vuole
dobbiamo	possiamo	vogliamo
dovete	potete	volete
devono	possono	vogliono

Dovete pulire il bagno sabato.	*You must clean the bathroom on Saturday.*
Possono venire al ristorante? —No, non possono.	*Can they come to the restaurant? —No, they can't.*
Chi vuole sentire il disco?	*Who wants to hear the record?*

Note that if a verb follows **dovere, potere,** or **volere,** it is in the infinitive form.

UN PROVERBIO ITALIANO

Volere è potere.   *Where there's a will, there's a way.*

ESERCIZI

A.   Replace the subject with each subject in parentheses, and change the verb form accordingly.

1. Potete venire stasera? (tu / Lei / loro / il professore)
2. La signora vuole un caffè. (io / noi / loro / voi)
3. Devi prendere il treno. (noi / Carlo / voi / loro)
4. Io non dico « Ciao! » (voi / Lei / la nonna / gli zii)

B.   Tanti doveri (*So many duties*)! Working with a partner, explain that these people must do what they do. Complete each sentence according to the example.

> ESEMPIO: Carlo / scrivere →
> —Perchè scrive Carlo?
> —Carlo scrive perchè deve scrivere.

1. la signora / pagare (*to pay*)
2. io / rispondere
3. molte persone / lavorare
4. voi / venire
5. tu / studiare
6. noi / pulire la casa

C.   On the other hand, other people do certain things because they want to. Work with a partner; ask and answer questions.

> ESEMPIO: io / partire →
> —Perchè parto?
> —Tu parti perchè vuoi partire.

1. loro / uscire
2. tu / finire il racconto
3. noi / andare a piedi
4. io / scrivere poesie
5. voi / offrire birra
6. la signora Spina / prendere il treno

D.   Cara Abby... You write to "Dear Abby" with a whole list of complaints about your **compagno (compagna) di camera** (*roommate*). Explain his/her shortcomings to your partner (Abby!), who will respond by telling you what your roommate must do.

> ESEMPIO: perdere (*to miss*) sempre l'autobus →
> —Il mio compagno (la mia compagna) di camera perde sempre l'autobus.
> —Non deve perdere sempre l'autobus; deve uscire di casa presto.

1. fare pochi (*few*) compiti   2. guardare sempre la TV   3. leggere solo fotoromanzi (*soap opera magazines, Harlequin romances*)   4. uscire tutte le sere   5. bere sempre birra   6. rispondere sempre in inglese

E.   Ma certo (*But of course*)! Respond to each question your partner poses by stating *Of course I* (*you, he, etc.*) *can* (**Certo che** + *verb*)!

ESEMPIO: venire stasera / tu →
—Puoi venire stasera?
—Certo che posso venire stasera!

1. servire vino / i professori
2. partire stamattina / noi
3. dire «Ciao» / io
4. aspettare un momento / tu
5. fare il letto / il bambino
6. sentire un disco / i ragazzi
7. prendere lezioni di yoga / la nonna
8. bere un'aranciata / Claudio
9. prendere un caffè / tu
10. andare a un concerto / voi

F.   List three things you want to do today; three things you can't do today; three things you must do today; three things you say every day.

C. *Presente* + **da** + *espressioni di tempo*

RICCARDO: Ho un appuntamento con Paolo a mezzogiorno in piazza. Vogliamo andare a mangiare insieme. Io arrivo puntuale ma lui non c'è. Aspetto e aspetto, ma lui non viene... Finalmente, dopo un'ora, Paolo arriva e domanda: «Aspetti da molto tempo?» E io rispondo: «No, aspetto solo da un'ora!»

Italian uses *present tense* + **da** + *time expressions* to indicate an action that began in the past and is still going on in the present. English, by contrast, uses the present perfect tense (*I have spoken, I have been working*) + *for* + *time expressions*.

> *verb in the present tense* + **da** + *length of time*

RICCARDO: I have an appointment with Paolo at noon in the square. We want to go to eat together. I arrive on time, but he isn't there. I wait and wait, but he doesn't come. . . . Finally, after an hour, Paolo arrives and asks, "Have you been waiting long?" And I reply, "No, I've only been waiting for an hour!"

| Scio da un anno. | *I've been skiing for a year.* |
| Prendi lezioni di karatè da molti mesi. | *You've been taking karate lessons for many months.* |

To ask how long something has been going on, use **da quanto tempo** + *verb in the present.*

| Da quanto tempo leggi questa rivista? —Leggo questa rivista da molto tempo. | *How long have you been reading this magazine? —I've been reading this magazine for a long time.* |

ESERCIZI

A.   Create complete sentences based on the following phrases, according to the example.

ESEMPIO: (io) studiare l'italiano / quattro settimane →
Io studio l'italiano da quattro settimane.

1. (lei) guidare / molti anni
2. (noi) aspettare l'autobus / venti minuti
3. (i bambini) prendere lezioni di piano / un anno
4. (tu) suonare la chitarra / molti mesi
5. (il dottor Spina) essere a Roma / tre giorni
6. (voi) bere latte / molto tempo
7. (il bambino) dormire / un quarto d'ora
8. (io) uscire con Giorgio / sei mesi
9. (la signora Parodi) avere l'influenza / una settimana
10. (loro) insegnare musica / vent'anni

B.   You are gathering background information on your instructor for the campus newspaper. Ask the appropriate questions to find out how long he/she has been doing the following things.

ESEMPIO: leggere romanzi (*novels*) italiani →
Da quanto tempo legge romanzi italiani?

1. insegnare in quest'università
2. abitare in questa città
3. bere vini italiani
4. parlare italiano
5. giocare a tennis
6. andare a vedere film italiani

C.   Scambio di informazioni. Working with a partner, tell how long you have been doing the following things.

ESEMPIO: mangiare pasta →
—Da quanto tempo mangi pasta?
—Mangio pasta da molto tempo (dieci anni).

1. studiare l'italiano
2. frequentare quest'università
3. uscire il sabato sera
4. bere birra
5. guidare l'automobile
6. fare l'aerobica

D. Interrogativi

—Chi è?

INTERROGATIVE PRONOUNS		
chi? (*inv.*)	*who? whom?*	Chi sei?
che cosa? (che?) (cosa?)	*what?*	Cosa dici?
quale? (*pl.* quali)	*which (one)? which (ones)?*	Ecco due giornali: quale vuoi?
		Di tutti i programmi, quali preferisci?
INTERROGATIVE ADJECTIVES		
che? (*inv.*)	*what? what kind of?*	Che macchina ha, signora?
quale? (*pl.* quali)	*which?*	Quali libri leggete?
quanto/a/i/e?	*how much? how many?*	Quanta pazienza avete?
INTERROGATIVE ADVERBS		
come?*	*how?*	Come sta Giancarlo?
dove?*	*where?*	Dov'è la biblioteca?
perchè?	*why?*	Perchè non dormono?
quando?	*when?*	Quando parte Pietro?

1. In questions beginning with an interrogative word, the subject is usually placed at the end of the sentence.

    Quando guarda la TV Mike?   *When does Mike watch TV?*

2. Prepositions such as **a, di, con,** and **per** always precede the interrogative **chi.** In Italian, a question never ends with a preposition.

    A chi scrivono?   *To whom are they writing?*
                (Whom are they writing to?)

    Di chi è questa chiave?   *Whose key is this?*
    Con chi uscite stasera?   *Who(m) are you going out with*
                tonight?

---

*come + è = com'è
dove + è = dov'è

3. **Che** and **cosa** are abbreviated forms of **che cosa.** The forms are interchangeable.

Che cosa bevi?	*What are you drinking?*
Che dici?	*What are you saying?*
Cosa fanno i bambini?	*What are the children doing?*

4. As with all adjectives, the interrogative adjectives agree in gender and number with the nouns they modify, except for **che,** which is invariable.

Quali parole ricordi?	*Which words do you remember?*
Quante ragazze vengono?	*How many girls are coming?*
Che libri leggi?	*What books do you read?*

5. **Che cos'è... ?** (**Che cosa è, cos'è**) expresses English *What is . . . ?* in a request for a definition or an explanation.

Che cos'è la semiotica?	*What is semiotics?*

—Mamma, papà, che cosa è il black-out?

Qual è... ? expresses *What is . . . ?* when the answer involves a choice, or when one requests information such as a name, telephone number, or address.*

Qual è la tua materia preferita?	*What's your favorite subject?*
Qual è il numero di Roberto?	*What is Roberto's number?*

ESERCIZI

A. Complete each question with the appropriate interrogative word.

1. (Quanti / Quante) automobili hanno i Rossi?
2. (Come / Cosa) parla inglese Beppino?
3. (Cos'è / Qual è) la differenza tra **arrivederci** e **arrivederLa?**
4. (Quale / Quali) università sono famose?
5. (Quali / Quanti) dischi compri, uno o due?
6. (Quando / Quanto) latte bevi?
7. (Che / Chi) facciamo stasera?
8. (Che / Chi) giornali leggete?

B. **Qual è? Che cosa è?** Fill in the blanks with the appropriate Italian equivalent of *what.*

1. _____ il nome di quel bel ragazzo?
2. _____ un libro adatto (*suitable*) ai (*for*) bambini?

---

*__Quale__ is frequently shortened to **qual** before forms of **essere** that begin with **e-.**

3. _____ questo?
4. _____ l'oroscopo (*horoscope*) di oggi?
5. _____ l'astrologia?
6. _____ una Maserati?

C.   What was the question? Ask the question that each sentence answers.

ESEMPIO: Giocano a tennis *con Paolo.* →
Con chi giocano a tennis?

1. Vengono *in treno.*
2. Perugia è *in Umbria.*
3. *Vittoria* deve studiare.
4. Abbiamo *cinque* zie.
5. Escono con *gli amici.*
6. Nuotano da *molto* tempo.
7. Gli zii arrivano *domani.*
8. Puliscono *il frigo.*
9. Carlo paga per *tutti.*
10. Non ricordiamo le parole *difficili.*

D.   Express in Italian.

1. Here are two records. Which one do you prefer?   2. What film are they showing (**danno**) tonight? *Star Trek V?*   3. Whom is Maria writing to? 4. What must I eat, Doctor?   5. What wine do you want to drink, Mike? The local wine (**Il vino locale**)?   6. What is the meaning (**il significato**) of the word **carrello?**   7. What is a **carrello?**

E.   Conversazione.

1. Qual è la capitale dell'Italia?   2. Quante sono le sinfonie di Beethoven? 3. Quali lingue parlano in Svizzera (*Switzerland*)?   4. Chi è il presidente americano? E il presidente italiano?   5. Quale università frequenta? Da quanto tempo?   6. Quante materie studia ora? Quale preferisce?   7. Quanti canali (*TV channels*) può vedere? Quale guarda regolarmente (*regularly*)?

—Pronto, chi parla?

DIALOGO

Marcella e Vittoria ritornano a casa dopo° le loro lezioni.   *after*

MARCELLA: Vittoria, oggi finalmente arriva Pietro da Roma!

VITTORIA: L'amico di Beppino? E com'è questo Pietro?

MARCELLA: Mah, Beppino dice che è un ragazzo in gamba.° Lui e Pietro sono vecchi   *in... on the ball, with it*
amici.

VITTORIA: Arriva stamattina°?   *this morning*

MARCELLA: No, questo pomeriggio. Viene in macchina con un'amica americana, una
certa° Geraldine.   *certain*

VITTORIA: Chi è? La sua ragazza?

MARCELLA: Perchè non vieni a casa mia stasera? Così vedi Pietro e Geraldine...

VITTORIA: Mi dispiace, ma non posso. Devo studiare per l'esame di storia moderna.

MARCELLA: Povera° Vittoria! Hai l'esame con il professor Biagi? Un vero pignolo°!   *Poor / fussy person*
Vuole sapere° tutte le date, tutti i nomi, tutti i minimi particolari°!   *to know / minimi... smallest details*

VITTORIA: Sì, è vero, ma io non ho paura: ho una buona memoria. Ora vado in
biblioteca a studiare; e tu, che fai?

MARCELLA: Io? Vado a lezione di karatè.

VITTORIA: Prendi lezioni di karatè? E da quanto tempo?

MARCELLA: Da due settimane. Ora devo andare. Ciao e... in bocca al lupo°!   *in... good luck (see* **Curiosità***)*

VITTORIA: Crepi!

Parma: domenica in bicicletta

◼ VARIAZIONI SUL TEMA

Una serata libera (*A free evening*). Working with three or four classmates, write your own **dialogo** around the following situation: you are in a **caffè** or **birreria** (*pub*) after class. You have a rare night off during the week and are trying to make plans with your friends but find that most of them are already busy. Have them tell you what their plans are, and try to convince them to come out with you. (**Perchè vuoi studiare? Non puoi venire al cinema?** etc.) Aim for about twenty quick lines.

CURIOSITÀ

Quando una persona deve dare un esame, diciamo: «In bocca al lupo!» e la persona risponde: «Crepi!» o «Crepi il lupo!» Ora spieghiamo l'origine di queste espressioni.

In bocca al lupo! (*lit., Into the wolf's mouth!*) is somewhat like the English theatrical expression *Break a leg!* It is used to wish a person good luck, and it is said not only to students who are about to take an exam, but also to anyone who is confronting a difficult or dangerous situation. The expression comes from the vocabulary of the sport of hunting, where *Into the wolf's mouth!* is an expression that implies, *Approach your enemy, the wolf, and be prepared to take care of him with your rifle.* The wolf is a symbol of adventure and risk. The response **Crepi!** or **Crepi il lupo!** means *Let the wolf die!*

PICCOLO RIPASSO

A. Restate the following paragraph three times, using these subjects: **noi, Carlo,** and **Laura e Stefania.**

Il giovedì io sono molto occupato. Ho lezione di architettura tutta la mattina, poi mangio un panino e prendo un caffè con gli amici. Nel pomeriggio, vado in biblioteca e studio per il mio corso di storia. Se posso, corro: di solito faccio 5 o 6 chilometri. Preferisco fare da mangiare a casa ma qualche volta (*sometimes*) devo mangiare alla mensa. Non mangio quasi mai al (*at the*) ristorante perchè non voglio spendere troppi (*too much*) soldi! La sera studio, pulisco un po' la camera e, se ho tempo, qualche volta scrivo una lettera. Vado a letto dopo mezzanotte e dormo 6 o 7 ore.

B. Express in Italian.

1. What day is today, Monday or Tuesday? And what is the date? When are you (**tu**) leaving for Rome? This morning? There are three trains. Which one are you taking? With whom are you and Vincenzo traveling? If you don't want to miss (**perdere**) the train, you have to run! See you later!
2. I don't remember how long Franca's children have been taking piano lessons. They watch TV very little (**molto poco**), and they don't go out when they have to study for an exam. The girl, Pierina, runs or listens to records when she's free; the boy, Gustavo, prefers to cook or to write letters.

C. Combine one word or phrase from each column to form complete sentences. Remember to use the proper form of the verb.

A	B	C
noi	(non) avere	tutte le date
gli studenti	pulire	molti giornali
tu e Marco	fare	gli esami facili
Vincenzo	dovere	il letto
io	leggere	la casa
il dottor Schizzi	essere	intelligente e simpatico
Lei	ricordare	vent'anni
tu	preferire	a comprare il latte
io e Giovanna	andare	aspettare una settimana

LETTURA CULTURALE

LA TELEVISIONE, I GIORNALI E LE RIVISTE

La televisione è il passatempo preferito degli italiani; più che un passatempo, è una forma di ricreazione a domicilio,° un rito familiare, una necessità quotidiana.° Molti italiani non possono vivere senza questo «piccolo schermo°»! Ci sono tre reti o canali statali° (**Raiuno, Raidue, Raitre**) e molti canali privati. In alcune zone è possibile vedere anche programmi stranieri: la Svizzera, Montecarlo e Capodistria trasmettono programmi in italiano.

  Le reti statali offrono programmi italiani e stranieri, per lo più° americani, che sono quasi sempre doppiati° in italiano: le serie° televisive come «Happy Days», «Dallas» e «Dynasty», i programmi polizieschi° e i telefilm hanno particolare successo. Fra i programmi

a... *at home*

daily

screen / state-run

per... *mostly*
dubbed / series

detective

italiani più seguiti ci sono i quiz, i giochi° (molti di ispirazione ame- | *game shows*
ricana come «O.K., il prezzo è giusto», «Il gioco delle coppie», «La
ruota della fortuna»), gli sceneggiati,° gli spettacoli di varietà e di | *miniseries*
attualità° e i film. Non dimentichiamo il telegiornale° trasmesso | *current affairs / TV news*
all'una del pomeriggio e alle otto di sera. La pubblicità è limitata e
non interrompe mai i programmi come in America. È ormai° un'abi- | *now*
tudine comune mangiare e allo stesso tempo guardare il telegiornale.
A tavola non si parla più!

Le città più importanti pubblicano uno o più giornali che escono
ogni giorno (**quotidiani**) e seguono una particolare tendenza politica:
per esempio, il *Corriere della Sera* di Milano, *La Stampa* di Torino, la
Repubblica di Roma.

Ci sono anche moltissime riviste settimanali e mensili di attualità,
moda,° politica e sport, come *Panorama, Grazia, L'Espresso, Anna-* | *fashion*
bella, Gioia, Tuttosport e il *Radiocorriere*. In Italia non vendono i giornali al supermercato come in America: per comprare i giornali e le
riviste, bisogna andare ad un'edicola° o dai giornalai. E molti italiani | *kiosk*
vengono a sapere° le ultime notizie così: leggono i titoli dei giornali e | *vengono... learn*
delle riviste che vedono facilmente in edicola e che non devono comprare...

Un'occhiata alle ultime notizie

PRATICA

A. Vero o falso?

1. In Italia ci sono tre canali privati.
2. Tutti gli italiani possono vedere la televisione svizzera.
3. Solo le persone che parlano francese guardano TeleMontecarlo.
4. Molti italiani guardano i quiz alla televisione.
5. In Italia i canali statali trasmettono due telegiornali ogni giorno.
6. *Panorama* è un quotidiano.

B. Anna è in Italia o negli Stati Uniti?

1. Anna compra una rivista al supermercato. Allora è in _____ .
2. Anna vede « Dallas » presentato in inglese. Allora è in _____ .
3. Anna guarda sempre il telegiornale all'una. Allora è in _____ .

C. Sondaggio (*Poll*). In Italia, come in molti altri paesi, i sondaggi sono molto frequenti. I vari istituti d'opinione pubblica vogliono sapere tutto di noi: che cosa mangiamo, che cosa leggiamo, che lavoro abbiamo, che cosa facciamo quando non lavoriamo, ecc.

La classe è divisa in gruppi di quattro o sei studenti. Fate queste domande tra di voi e scrivete le risposte. Poi, elencate (*list*) i risultati alla lavagna (*on the board*) e discutete quello che (*what*) il sondaggio rivela.

1. Leggi giornali più o meno regolarmente (cioè [*that is*], almeno uno per 10 o 15 minuti), e quante volte (*times*) la settimana?

   ☐ tutti i giorni
   ☐ quattro o cinque volte la settimana
   ☐ due o tre volte la settimana
   ☐ un giorno la settimana
   ☐ quasi mai
   ☐ mai

2. Cosa ascolti o guardi alla (*on the*) radio ed alla TV? Quali notizie ti interessano (*interest you*) particolarmente?

   ☐ politica interna
   ☐ politica estera
   ☐ conflitti internazionali
   ☐ politica locale
   ☐ terrorismo
   ☐ lavoro ed economia
   ☐ scuola
   ☐ problemi sociali
   ☐ cronaca (*local news*)
   ☐ cronaca nera (*police blotter*)
   ☐ incidenti (*accidents*), calamità e disgrazie
   ☐ scienza, tecnica, storia, letteratura e arte
   ☐ spettacoli
   ☐ notizie e curiosità
   ☐ la moda, il costume in genere
   ☐ altro (specificate)

3. Guardi la televisione ed ascolti la radio più o meno regolarmente? E quante volte la settimana?

RADIO	TV
☐	☐ tutti i giorni
☐	☐ due o tre volte la settimana
☐	☐ una volta la settimana
☐	☐ quasi mai
☐	☐ mai

4. Segui (*Do you follow*) il telegiornale?

☐ sì, regolarmente
☐ sì, ma solo due o tre volte la settimana
☐ sì, una volta sola la settimana
☐ mai o quasi mai

PAROLE DA RICORDARE

VERBI

aprire to open
ascoltare to listen
bere to drink
capire (isc) to understand
correre to run
cucinare to cook
dipingere to paint
dire to say; to tell
disegnare to draw
domandare to ask
dormire to sleep
dovere (+ *inf.*) to have to, must
   (*do something*)
fare l'aerobica to do aerobics
finire (isc) to finish
giocare a tennis to play tennis
guardare to watch
leggere to read
nuotare to swim
offrire to offer
pagare to pay, pay for
partire to leave, depart
perdere to lose
potere (+ *inf.*) to be able to
   (can, may) (*do something*)
preferire (isc) (+ *inf.*) to prefer
   (*to do something*)
prendere to take
pulire (isc) to clean
ricevere to receive

rispondere to answer, reply
sciare to ski
scrivere to write
sentire to hear
servire to serve
uscire to go out
vedere to see
venire to come
viaggiare to travel
volere (+ *inf.*) to want (*to do
   something*)

NOMI

l'appuntamento appointment,
   date
il bagno bathroom
il ballo dancing
la biblioteca library
   in biblioteca in (to) the
   library
la camera room, bedroom
la chiave key
il concerto concert
la data date (*calendar*)
il disco (*pl.* **i dischi**) record
il dottore doctor
la finestra window
il frigo (*from* **frigorifero**)
   refrigerator
il giornale newspaper
il karatè karate

la lettera letter
la memoria memory
il minuto minute
la poesia poetry, poem
la porta door
il racconto short story
la rivista magazine
la serata evening
il teatro theater
la televisione (la tivù)
   television
il tennis tennis

AGGETIVI

libero free
ogni (*inv.*) each, every

ALTRE PAROLE ED ESPRESSIONI

che? what? what kind of?
così thus, so
da from
finalmente finally
in bocca al lupo! good luck!
insieme together
mi dispiace I'm sorry
molto tempo a long time
quale? (*pl.* **quali?**) which one?
   (which ones?)
stamattina this morning
subito quickly, immediately

Lingua viva

Though you may not be able to understand every word of this RAI2 television schedule, you can extract a great deal of information from it. Read it over once or twice before starting the exercise to familiarize yourself with the format and the different categories of shows.

A. Quale programma? Your Italian friends love to watch TV. Knowing their tastes, can you guess what they might watch today? Look at the programs offered by RAI2, read about your friends' individual preferences, and guess!

TEL. 06/36864890

8,00 Prima edizione. Attualità.

8,30 Muoviamoci. Corso di ginnastica.

9,00 L'Italia s'è desta. Varietà.

10,00 Star bene con gli animali. Attualità.

11,00 Tg2 - Flash.

11,05 Wann-Wo-Wie. Corso di lingua tedesca.

11,30 Il gioco è servito: Paroliamo. Quiz.

11,55 Mezzogiorno è... Attualità. Con Gianfranco Funari. Prima parte. Chiamare **02/85008.**

13,00 Tg2 - Ore tredici.

13,15 Tg2 - Diogene. Attualità/Meteo 2.

13,30 Mezzogiorno è... Attualità. Seconda parte.

13,40 TELEFILM—Quando si ama.

14,30 Tg2 - Ore quattordici e trenta.

14,35 Oggi sport. Attualità. Di Gianni Vasino. «Speciale Coppa del mondo di sci».

15,00 D.O.C. Musicale. Regia di Pino Leoni.

16,00 TELEFILM—Lassie.

16,30 Il gioco è servito: Farfadè. Quiz.

16,55 Dal Parlamento. Attualità.

17,00 Tg2 - Flash.

17,05 Il piacere di... star bene. Medicina 33.

18,00 Appuntamento al cinema. Attualità.

18,05 TELEFILM—Il dottor Simon Locke.

18,30 Tg2 - Sportsera.

▶**18,45 TELEFILM—Miami Vice-Squadra antidroga.** Con Don Johnson.

19,30 Tg2 - Oroscopo/Meteo 2.

19,45 Tg2 - Telegiornale.

20,15 Tg2 - Lo sport.

▶**20,30 FILM—Drammatico** «Il tocco della medusa». Con Lino Ventura.

22,20 Tg2 - Flash.

22,30 Indietro tutta! Varietà. Con Renzo Arbore, Nino Frassica. Servizio da pag. 56.

23,30 Tg2 - Ore ventitré e trenta/Meteo 2.

24,00 FILM—Drammatico «La selva dei dannati». Di Luis Buñuel. (Francia, 56; durata: 1 h e 40'). Con Simone Signoret.

Motociclette dall'inferno

Siamo giunti all'ultimo episodio dell'avvincente serie. Stavolta Crockett (Don Johnson) e Tubbs (Philip Michael Thomas) sono ai funerali di uno spacciatore di droga, conosciuto anche per la sua smodata passione per le motociclette. I suoi seguaci, per vendicarne la morte, sono decisi a uccidere tutti coloro che hanno avuto rapporti con lui negli ultimi giorni di vita.

Da sinistra, Don Johnson (37 anni) e Philip Michael Thomas (38).

2 18.45

TELEFILM

MIAMI VICE SQUADRA ANTIDROGA

94

1. Pietro ama gli sport.   2. Alessandra preferisce i telefilm americani, specialmente i programmi polizieschi (*detective series*).   3. Caterina ha otto anni e ama molto i cani.   4. Marco studia scienze politiche e ha un hobby: la politica italiana.   5. Luciano guarda sempre i quiz.   6. Cristina ha amici in Germania.   7. Marcella è un po' grassa, deve mangiare meno e fare un po' di ginnastica.

B.   Potete guardare la televisione per tre ore. Quali programmi preferite guardare?

C.   Che cosa guardi? Working with a partner, ask and answer questions using the information given below.

ESEMPIO: 11,00 →
—Sono le undici di mattina. Che cosa guardi?
—Se sono le undici di mattina, guardo il telegiornale (*news*).

1. 7,30 di sera
2. 2,35 del pomeriggio
3. 6,00 di sera

4. mezzanotte
5. 10,00 di mattina

Giovani romani in motocicletta: passatempo ed esibizionismo

Capitoli 1–4

A. Fill in the blanks with the appropriate words or expressions.

1. Marco e Carlo, due compagni di camera.

   M: Chi _____ (deve / devo / devono) pulire la casa sabato?

   C: Io ed Anna _____ (devono / dovete / dobbiamo) pulire la cucina, tu e Paolo _____ (devi / deve / dovete) pulire il bagno.

   M: Io purtroppo non _____ (puoi / può / posso) perchè _____ (sono / siamo / sei) troppo occupato. Che cosa _____ (potere / possiamo / possono) fare?

   C: Ho _____ (un' / un / una) buon'idea. Tu _____ (fare / fa / fai) da mangiare stasera, ed io _____ (pulire / puliamo / pulisco) il bagno sabato.

   M: D'accordo!

2. Anna e Carolina, due compagne di camera.

   A: Cosa _____ (fare / fanno / facciamo) sabato sera?

   C: Io voglio andare a ballare: non vado a ballare _____ (per / da / a) due mesi.

   A: Con _____ (che / quale / chi) andiamo?

   C: Perchè non andiamo con Goffredo e Piero? Sono due ragazzi _____ (molti / molto / molte) simpatici.

   A: Va bene, ma _____ (chi / che / come) andiamo in centro? Io questa settimana non _____ (ha / ho / abbiamo) la macchina.

   C: Andiamo _____ (su / in / con) autobus e _____ (incontrare / incontri / incontriamo) i ragazzi in Piazza del Duomo.

B. Fill in each blank with the appropriate word.

Marco Rizzo è uno studente _____[1] Boston. Il padre di Marco è italiano e anche la madre è _____.[2] I signori Rizzo abitano a Boston _____[3] trent'anni ma vanno spesso _____[4] Italia dove hanno ancora (*still*) _____[5] parenti.

Quest'anno Marco studia in Italia, in un'_____[6] italiana. Ha lezione tutti i _____,[7] eccetto (*except*) la domenica. Marco è senza (*without*) macchina, così _____[8] sempre a piedi o prende l'_____.[9]

Marco è completamente italianizzato: _____[10] tutte le cose che fanno _____[11] italiani. _____[12] pasta, _____[13] acqua (*water*) minerale, _____[14] un caffè dopo ogni pasto (*meal*), _____[15] « Ciao! », va a _____[16] le partite di calcio (*soccer games*), qualche volta _____[17] la TV... È così occupato che non ha tempo di _____[18] lettere a casa, _____[19] telefonare!

C. Interview a classmate to find out the following information.

1. where he/she is from   2. what nationality he/she is   3. how old he/she is   4. what he/she is studying this term   5. how many days a week he/she goes out   6. what TV programs he/she watches

Add any other questions you can think of, and take notes during the interview. Report what you have learned to the class.

PRENDIAMO UN CAFFÈ?

C'è sempre molta gente nei caffè italiani: all'interno o ai tavolini all'aperto.

VOCABOLARIO PRELIMINARE

Dialogo-lampo

PAOLO: Che cosa prendi, un caffè o un cappuccino?
TERESA: Un caffè, grazie.
PAOLO: Vuoi mangiare qualcosa: una pasta, un panino?
TERESA: No, grazie, sto a dieta!

Oltre la sete....

Qualcosa da bere

LE BIBITE (*Beverages*)

l'acqua (minerale) (mineral) water
l'aperitivo aperitif
il cappuccino cappuccino
la cioccolata (calda) (hot) chocolate
la Coca-Cola Coke

il succo juice
  d'arancia orange juice
  di carota carrot juice
  di pomodoro tomato juice
  di pompelmo grapefruit juice
il tè freddo iced tea
il vino (bianco, rosso) (white, red) wine

NELLE BIBITE

il ghiaccio ice

il limone lemon
il miele honey
l'oliva olive
la panna (whipped) cream
lo zucchero sugar

CON LE BIBITE

le noccioline peanuts
le paste pastries
le patatine potato chips
i salatini snacks, munchies

—Un panino con prosciutto e uno senza...

ESERCIZI

A.   Che cosa ordina? What drink would you choose in the following situations?

1. Sta a dieta.   2. È a Londra.   3. Fa caldo.   4. Nevica (*It's snowing*) e Lei ha freddo.   5. Sono le sette di sera e Lei mangia pane e formaggio.
6. È in palestra (*at the gym*).   7. Sono le otto di mattina e Lei ha un esame tra (*in*) un'ora.   8. Ha un raffreddore.

B.   Che cosa bevi a colazione? Interview three of your classmates and find out what they drink with their meals (**a colazione** [*for breakfast*]; **a pranzo** [*for dinner*]; **a cena** [*for supper*]); then report the results to the class.

ESEMPIO: Mike beve tè a colazione e latte a pranzo e a cena.

C.   Ma io ho chiesto... (*But I asked for . . .*). Working with a classmate, play the parts of a **cameriere distratto** (*absentminded*) and his customer. The **cameriere** brings the wrong drink and he needs to be reminded about what was ordered. Use the expression **ho chiesto** (*I asked for*) in your response.

ESEMPIO: CAMERIERE: Ecco il succo di pomodoro, signorina.
SIGNORINA: Ma io non ho chiesto succo di pomodoro; ho chiesto un bicchiere di vino!

GRAMMATICA

A. Preposizioni articolate

Le vie e le piazze delle città italiane sono sempre affollate: c'è molta gente* nei caffè, all'interno o seduta ai tavolini all'aperto, nei negozi, per le strade, sugli autobus, sui filobus... E gli stranieri domandano: «Ma non lavora questa gente?»

The streets and squares of Italian cities are always crowded: There are many people in the coffee shops, seated inside or at the tables outside, in the stores, on the streets, on the buses, on the trolleys. . . . And foreigners ask: "Don't these people ever work?"

*Two Italian words correspond to English *people:* **la gente** and **le persone. Gente** is a singular feminine noun, requiring a third person singular verb; **persone** is feminine plural, requiring a third person plural verb.

C'è molta gente. Ci sono molte persone.	*There are many people.*
La gente parla. Le persone parlano.	*People talk.*

1. You have already learned the important simple Italian prepositions (**le preposizioni semplici**): **a, con, da, di, in, per, su**.

a *at, to, in*	Andiamo a Roma domani.
con *with*	Escono con Roberto.
da *from*	Vengo da Milano.
di *of, —'s*	È il passaporto di Marco.
in *in, to, into*	Il succo è in un bicchiere.
per *for*	Il libro è per la nonna.
su *on, over*	Dormo su questo letto.

2. When the prepositions **a, di, da, in,** and **su** are followed by a definite article, they combine with it to form one word. Each contraction (**preposizione articolata**) has the same ending as the article: **a + il = al, a + lo = allo,** and so on.

PREPOSIZIONI ARTICOLATE

PREPOSIZIONI	ARTICOLI							
	Maschili					*Femminili*		
	Singolare			*Plurale*		*Singolare*		*Plurale*
	il	**lo**	**l'**	**i**	**gli**	**la**	**l'**	**le**
a	al	allo	all'	ai	agli	alla	all'	alle
da	dal	dallo	dall'	dai	dagli	dalla	dall'	dalle
di → de	del	dello	dell'	dei	degli	della	dell'	delle
in → ne	nel	nello	nell'	nei	negli	nella	nell'	nelle
su	sul	sullo	sull'	sui	sugli	sulla	sull'	sulle

Andiamo al caffè.	*We're going to the coffee shop.*
Vengono dall'aeroporto.	*They're coming from the airport.*
Quali sono i giorni della settimana?	*What are the days of the week?*
L'acqua è nei bicchieri.	*The water is in the glasses.*

3. Only two contracted forms of **con**—**col** (**con + il**) and **coi** (**con + i**)— are commonly used. The use of these contractions is optional.

Vedi l'uomo **col** cane (con il cane)?	*Do you see the man with the dog?*
Chi sta a casa **coi** bambini (con i bambini)?	*Who stays home with the children?*

4. Usually no article is used with **in** before such words as **cucina** (*kitchen*), **sala da pranzo** (*dining room*) (and other nouns designating rooms of a house), **biblioteca, banca, chiesa, piazza, centro, ufficio,** and so on.

> Mangiamo **in** cucina, non **in** sala da pranzo.
>
> *We eat in the kitchen, not in the dining room.*

5. The various combinations of **di** plus article can be used with a noun to express an unspecified or undetermined quantity. This is called the partitive. In English the same idea is expressed with the word *some* or *any* or no special word at all.

> Ecco **del** latte per il tè.　*Here's some milk for the tea.*
> Avete **dei** vini italiani?　*Do you have any Italian wines?*
> Ho **della** birra.　*I have beer.*

—Uno è il fantasma della torre di Londra e l'altro è il fantasma della torre di Pisa...

The use of the partitive is optional. Just as you can say in English either *I have some relatives in Italy* or *I have relatives in Italy*, you can say in Italian **Ho dei parenti in Italia** or **Ho parenti in Italia.** In questions, and especially in negative sentences, the partitive is almost always left out.

> Avete salatini? —No, non abbiamo salatini.
>
> *Do you have any snacks? —No, we don't have any snacks.*

6. **Alle** plus the hour answers the question **A che ora** (*At what time*)?

> A che ora arrivano? Alle sette o alle otto?
>
> *At what time are they coming? At seven or at eight?*

Note: **a mezzogiorno** (*at noon*), **a mezzanotte** (*at midnight*), **all'una** (*at one*).

ESERCIZI

A. Create new sentences by substituting the words in parentheses for the italicized words.

1. Carlo va alla *stazione.* (supermercato / ospedale / caffè / stadio / festa / concerto / concerti)
2. Ricordi il nome del *professore?* (professoressa / zio di Marco / profumo / bambine / aperitivo)
3. L'aeroplano vola (*flies*) sull'*aeroporto.* (case / città / ospedale / stadio / banca)
4. Vengono dall'*università.* (ufficio / ospedale / biblioteca / stazione / aeroporto)

B. Lisa is in a panic before her tea party. Complete the paragraph with the appropriate **preposizioni articolate.**

Lisa, prima di un tè (*tea party*) importante: Vediamo, il latte è (**in** + **il**) frigo. Devo mettere lo zucchero (**su** + **il**) carrello (*cart*). I signori Cardini prendono il tè (**con** + **il**) miele? (**A** + **i**) loro bambini offro una cioccolata.

E che cosa offro (**a** + **la**) dottoressa Giulini? Vediamo se ricordo... lei preferisce le paste (**a** + **i**) salatini e il caffè (**a** + **la**) birra. E (**a** + **gli**) zii che cosa offro? E (**a** + **il**) professor Morelli? Santo cielo, che confusione!

C.   Complete these exchanges with the correct form of **di** + *article.*

1. A: Domani è il compleanno (*birthday*) _____ signor Rossi. Andiamo a trovarlo (*to see him*)?
   B: Sì, abita poco lontano, nel centro _____ città.
2. A: Com'è piccola la casa _____ zii! Quante camere ci sono?
   B: Solo cinque, ma lo studio _____ zia è enorme!
3. A: Giulio, è aperta la porta _____ ufficio _____ professor Tursi?
   B: No, lui non c'è oggi, ma c'è un messaggio per te (*you*) sulla scrivania (*desk*) _____ segretaria.
4. A: Ecco i numeri _____ passaporti _____ studenti. Abbiamo bisogno di altro?
   B: Sì, anche _____ numeri di telefono _____ professori.

D.   Answer each question in a complete sentence, using the time in parentheses.

> ESEMPIO: voi / mangiare (7,30) →
> —A che ora mangiate?
> —Mangiamo alle sette e mezzo.

1. gli studenti / andare all'università (8,00)
2. i ragazzi / avere lezione d'italiano (9,10)
3. Donatella / andare a mangiare (12,15)
4. noi / andare in biblioteca (3,00)
5. Sandro / andare al cinema (5,00)
6. voi / andare a dormire (10,00)

Now ask each other these questions (use the **tu** form), and state what time you do these things.

E.   Working with a partner, complete these exchanges with **in** or a form of **in** + *article.*

1. A: Dove mangiate, _____ cucina?
   B: Di solito _____ salotto (*living room*), davanti (*in front of*) alla TV.
2. A: Oggi c'è poca gente _____ negozi. Vado _____ centro. Tu hai soldi?
   B: Sì, qui, _____ portafoglio (*wallet*).
3. A: Riccardo, vai _____ banca oggi?
   B: No, cara. Vado _____ ufficio e poi torno subito a casa.

F.   Supply the appropriate form of the partitive. Remember that many of these sentences are perfectly correct without it.

1. A: Vado a comprare _____ vino e _____ scotch. E tu?
   B: Io vado a comprare _____ latte.

2. A: Avete _____ parenti o _____ amici in Italia?
   B: Parenti: abbiamo _____ zii in Calabria e _____ cugini a Roma.
3. A: C'è _____ burro (*butter*) nel frigo?
   B: No, ma c'è _____ margarina e _____ panna.
4. A: Chi ha _____ dischi italiani?
   B: Claudio; Pierina ha _____ cassette.
5. A: Ho fame; ordino _____ paste col cappuccino. E voi?
   B: Noi prendiamo _____ panini con _____ bibite.
6. A: Conosci (*Do you know*) _____ studenti stranieri?
   B: Sì, conosco _____ ragazzi messicani.

G. Piero has lots of complaints, while things are fairly rosy for you. Restate Piero's statements in the affirmative, using the partitive. Begin with **Io, invece...** (instead).

Non ho tempo libero, non ho amici, non ho idee, non ho iniziativa; non faccio sport, non conosco persone intelligenti, non vedo film interessanti, non leggo libri divertenti (*amusing*), non ricevo lettere da casa.

Now write a paragraph listing *your* complaints.

B. Il passato prossimo con **avere**

—Chi ha chiesto gli spinaci?

1. The **passato prossimo** is a past tense that reports an action, event, or fact that was completed in the past. It consists of two words: the present tense of **avere** or **essere** (called the *auxiliary* or *helping verbs*) and the past participle of the verb.

> *passato prossimo = presente di* **avere/essere** + *participio passato*

In this section you will learn how to form the past participle and the **passato prossimo** with **avere**.

2. The past participle of regular verbs is formed by adding **-ato, -uto,** and **-ito** to the infinitive stems of **-are, -ere,** and **-ire** verbs, respectively.

INFINITO	PARTICIPIO PASSATO	
-are	-ato	lavorare → lavorato
-ere	-uto	ricevere → ricevuto
-ire	-ito	capire → capito

PASSATO PROSSIMO OF **lavorare**			
ho lavorato	*I (have) worked*	abbiamo lavorato	*we (have) worked*
hai lavorato	*you (have) worked*	avete lavorato	*you (have) worked*
ha lavorato	{ *you (have) worked* *he, she (has) worked*	hanno lavorato	{ *you (have) worked* *they (have) worked*

3. The past participle is invariable when the **passato prossimo** is constructed with **avere.**

Oggi Anna non lavora perchè ha lavorato ieri.	*Today Anna isn't working because she worked yesterday.*
Anche gli altri hanno lavorato ieri.	*The others worked yesterday too.*

4. In negative sentences, **non** is placed before the auxiliary verb.

Ha ordinato un aperitivo? —No, non ho ordinato un aperitivo.	*Did you order an aperitif? —No, I didn't order an aperitif.*
Molti non hanno pagato.	*Many didn't pay.*

5. The **passato prossimo** has several English equivalents.

Ho mangiato.	*I have eaten. (present perfect)*
	I ate. (simple past)
	I did eat. (emphatic past)

ATTENZIONE!   Note the difference in form and meaning between

Sara ha studiato l'italiano due anni.	*Sara studied Italian (for) two years. (action is finished)*
Sara studia l'italiano da due anni.	*Sara has been studying Italian for two years. (action is still going on)*

You may want to review the discussion of *presente* + **da** + *espressioni di tempo* in **Capitolo 4.**

6. The **passato prossimo** is often accompanied by the following expressions of time.

ieri, ieri sera		yesterday, last night	

due giorni		two days	
una settimana	} fa	a week	} ago
un mese		a month	
un anno		a year	

lunedì			Monday
il mese	} scorso	last {	month
l'anno			year

domenica			Sunday
la settimana	} scorsa	last {	week

Hai mangiato patatine alla festa ieri sera?	Did you eat potato chips at the party last night?
Hanno avuto l'influenza l'anno scorso.	They had the flu last year.

7. Common adverbs of time, such as **già** (*already*), **sempre,** and **mai** (*ever*), are placed between **avere** and the past participle.

Ho sempre avuto paura dei cani.	I've always been afraid of dogs.
Hai mai mangiato paste italiane?	Have you ever eaten Italian pastries?

8. Some verbs (most of them **-ere** verbs) have irregular past participles.

INFINITIVE	PAST PARTICIPLE	
bere	bevuto	Hai bevuto il succo d'arancia?
chiedere	chiesto	Chi ha chiesto il succo di carota?
dipingere	dipinto	Chi ha dipinto *La Gioconda?*
dire	detto	Avete detto « Ciao » al professore?
fare	fatto	La mamma ha fatto il caffè.
leggere	letto	Chi ha letto il giornale di oggi?
mettere	messo	Perchè non hai messo miele nel caffè?
prendere	preso	Abbiamo preso un gelato.
rispondere	risposto	Molte persone non hanno risposto.
scrivere	scritto	Chi ha scritto questa parola?
vedere	visto (*also:* veduto)	Scusi, ha visto un uomo con una bambina?

ESERCIZI

A. Replace the subject with each subject in parentheses, and change the verb form accordingly.

1. Roberto ha mangiato troppe patatine. (loro / io / tu / voi)
2. Non abbiamo dormito bene. (io / la signora / i bambini / tu)

3. Hai ricevuto una lettera? (chi / voi / loro / Lei)
4. Hanno chiesto un cappuccino. (il dottore / io / io e Roberto / tu e Silvana)
5. Ho messo il ghiaccio nei bicchieri. (Lei / noi / le ragazze / voi)

B. Pierino è un bambino terribile... Continue the description of his bad habits, beginning with **Anche ieri...** Use the **passato prossimo,** according to the example.

ESEMPIO: Non dice « Grazie! » → Anche ieri non ha detto « Grazie! »

1. Non studia.
2. Non fa gli esercizi.
3. Non risponde alle domande.
4. Non finisce il compito.
5. Non mangia l'insalata.
6. Non prende la medicina.

C. Tell what you did and did not do during each of the times indicated.

Attività: guardare la TV, prendere un cappuccino, dare un esame, fare il letto, pulire il frigo, leggere il giornale...

ESEMPIO: ieri →
Ieri ho letto il giornale, ma non ho guardato la TV.

1. oggi
2. l'anno scorso
3. ieri sera
4. stamattina
5. la settimana scorsa
6. due giorni fa
7. sabato scorso
8. un mese fa

D. Cosa hai fatto domenica scorsa? Ask your classmates what they did last Sunday. Take notes and report the results to the class.

ESEMPIO: vedere un film →
—Chi ha visto un film?
—Tre persone hanno visto un film.

1. comprare le noccioline
2. ascoltare la radio
3. pulire la casa
4. fare da mangiare
5. mangiare al ristorante
6. leggere il *New York Times*
7. dormire fino a tardi
8. studiare la lezione d'italiano

Now tell three things you did last Sunday.

ESEMPIO: Io ho visto un film. Io...

E. Conversazione.

1. Ha mai bevuto il cappuccino? 2. Ha mai preso il treno? 3. Ha mai volato su un jumbo? Su un aereo supersonico? 4. Ha studiato fino a mezzanotte ieri sera? 5. Quanti raffreddori ha avuto l'anno scorso?
6. Ha letto il giornale di ieri? L'oroscopo di oggi? 7. A quante persone ha detto « Ciao! » oggi? 8. Quanti film ha visto il mese scorso?

C. Il passato prossimo con **essere**

MIRELLA: Sei andata al cinema ieri sera, Carla?
CARLA: No, Mirella. Gli altri sono andati al cinema; io sono stata a casa e ho studiato tutta la santa serata!

1. While most verbs use the present of **avere** to form the **passato prossimo,** some use the present of **essere.*** Their past participle always agrees in gender and number with the subject of the verb. It can therefore have four endings: **-o, -a, -i, -e.**

PASSATO PROSSIMO OF **andare**			
sono andato/a	*I went / have gone*	siamo andati/e	*we went / have gone*
sei andato/a	*you went / have gone*	siete andati/e	*you went / have gone*
è andato/a {	*you went / have gone* *he, she, it went / has gone*	sono andati/e {	*you went / have gone* *they went / have gone*

Anna è andata a teatro.
Gli altri non sono andati a teatro.

Anna went to the theater.
The others didn't go to the theater.

2. The most common verbs that form the **passato prossimo** with **essere** are

arrivare
entrare
essere (*p.p.* stato)
morire (*p.p.* morto)
   to die

nascere (*p.p.* nato)
   to be born
partire
ritornare, tornare

stare
uscire
venire (*p.p.* venuto)

DANILO

—Sei stato fortunato!

Quando sono arrivate le zie?
Non siete stati gentili.
Con chi è uscita la signora?

When did the aunts arrive?
You weren't kind.
Who(m) did the woman go out with?

MIRELLA: Did you go to the movies last night, Carla? CARLA: No, Mirella. The others went to the movies; I stayed home and studied the whole blessed evening!

*In vocabulary lists, an asterisk (*) will indicate verbs conjugated with **essere.**

3. Note that the verbs **essere** and **stare** have identical forms in the **passato prossimo. Sono stato/a** can mean either *I was* or *I stayed*, according to the context.

Mario è stato ammalato tre volte questo mese.	*Mario has been sick three times this month.*
Mario è stato a casa una settimana.	*Mario stayed home a week.*

ESERCIZI

A. Replace the subject with each subject in parentheses, and make all necessary changes.

1. Noi siamo andati a un concerto. (Carlo / Silvia / le tue amiche / tu, mamma)
2. Mario è stato ammalato. (la zia di Mario / i bambini / tu, zio)
3. Laura è venuta alle otto. (il professore / gli studenti / anche noi / tu, papà)

B. Working with a partner, complete the conversations.

1. A: Grazie, professore, è stat_____ molto gentile!
   B: Anche Lei, signorina, è stat_____ molto gentile!
2. A: Hai vist_____ Luisa quando è entrat_____?
   B: Sì; è andat_____ subito dal (*to the*) direttore.
3. A: Vittorio e Daniela sono tornat_____ dalle vacanze in Umbria?
   B: Sì, ieri. Sono tornat_____ stanchi. Dio mio (*My Lord*), quante chiese hanno visitat_____! Hanno dett_____ che hanno fatt_____ molte foto.
4. A: Io sono andat_____ a Venezia in treno, ma le ragazze sono andat_____ in aereo. E la nonna?
   B: È andat_____ in macchina con la zia Silvia.
5. A: Chi ha fatt_____ da mangiare quando la mamma è stat_____ ammalata?
   B: Papà.
   A: Come avete mangiat_____?
   B: Abbiamo mangiat_____ bene!

C. You, Marcella, and Pietro have similar routines. Restate the paragraph four times in the **passato prossimo:** once with the subject **io,** once with **Marcella,** once with **Pietro,** and once with **Pietro e Marcella.**

Esce di casa (*He/She leaves the house*), prende l'autobus, arriva all'università; va a lezione d'italiano, poi a lezione di fisica; incontra gli amici e mangia alla mensa. Poi va a lezione di scienze naturali, ritorna a casa e guarda la televisione.

D. Conversazione.

1. È mai stato/a in Europa? Quando? Quante città ha visitato? Quali lingue ha parlato? Da dove è partito/a? Dov'è arrivato/a?

—È nato a Pisa.

2. È andato/a in biblioteca ieri?
3. A che ora è ritornato/a a casa ieri sera?
4. È nato/a in una piccola città o in una grande città?
5. È stato ammalato (stata ammalata) questo mese?

D. Lasciare, partire, uscire e andare via

—...È entrato questa mattina in quel portone e non è ancora uscito!

Lasciare, partire, uscire, and **andare via** all correspond to the English verb *to leave,* but they are not interchangeable.

1. **Lasciare** means *to leave* (a person or a thing) *behind.* It is always accompanied by an object, that is, who or what is left behind.

Ho lasciato la porta aperta.	*I left the door open.*
Gina vuole lasciare il marito.	*Gina wants to leave her husband.*

2. **Partire** means *to leave* in the sense of *departing, going away on a trip.* It is used either alone or with **da** + *noun* (*leaving from*) or with **per** + *noun* (*leaving for*).

Lo zio di Marco è partito.	*Marco's uncle has left.*
È partito da Milano.	*He left from Milan.*
È partito per Roma.	*He left for Rome.*

3. **Uscire** means *to leave* in the sense of *going / coming out* (*of a place*), or *going out socially.* **Uscire** is followed by **da** when the place left is expressed.

A che ora sei uscito dal caffè?	*What time did you leave the café?*
Laura esce con Francesco.	*Laura is going out with Francesco.*

Like the English verb phrase *to go out,* **uscire** often implies leaving an enclosed area such as a room or a building. Note the idiomatic expression **uscire di casa** (*to leave the house*).

4. When *to leave* means *to go away* (the opposite of *to stay*), the expression **andare via** is used.

Sono le undici? Devo andare via!	*Is it eleven? I must leave!*

UN PROVERBIO ITALIANO	
Partire è un po' morire.	*Leaving is like dying a little.*

ESERCIZI

A. Complete each sentence with the appropriate verb form.

1. A: Ricordi a che ora _____ (sono uscite / hanno lasciato) di casa le ragazze?
   B: No, ma so che (*that*) quando _____ (sono uscite / sono partite) dal cinema, sono ritornate subito a casa.
2. A: Gli zii vogliono _____ (lasciare / partire) domani mattina.
   B: Non c'è problema; ci sono autobus che _____ (lasciano / partono) dalla stazione ogni ora.
3. A: Chi _____ (ha lasciato / è partito) il libro sull'autobus?
   B: La signora che (*who*) _____ (lascia / parte) sempre le chiavi in macchina!
4. A: Paola, non puoi restare (*stay*)? Devi proprio _____ (andare via / uscire)?
   B: Sì, mi dispiace; _____ (parto / vado via) domani alle sei da JFK e devo ancora fare la valigia (*pack*).

B. Express in Italian.

1. Robert left last night at eight o'clock. Did he go to Rome? —No, he went to Milan.   2. She hasn't arrived yet? She left the house an hour ago! 3. Why did you leave the refrigerator door open?   4. Why are you leaving? Can't you stay?   5. I left the money at home. How can I pay?   6. When it's cold, Grandma doesn't want to go out. She prefers to stay at home.   7. Dr. Parodi isn't in. He stepped out of the office ten minutes ago.   8. I have heard that (**che**) they're going to Italy. When are they leaving?

—Ho l'impressione che abbiamo lasciato l'automobile troppo[a] presto!   [a]*too*

C. Conversazione.

1. È stato/a a casa ieri sera o è uscito/a?
2. A che ora esce di casa la mattina?
3. Da quali aeroporti possiamo partire quando andiamo in Italia?
4. Ha mai lasciato le chiavi in macchina? Il portafoglio a casa? Il giornale sull'autobus? Un oggetto (*object*) sull'aeroplano? Il cuore (*heart*) a San Francisco?

DIALOGO

In Piazza San Marco, prima di mezzogiorno. Nel piccolo giardino al centro della piazza ci sono molti ragazzi seduti sulle panchine.° Ci sono anche molti studenti sul marciapiede° davanti al° caffè e alla libreria.° Beppino e Pietro arrivano sulla moto rossa di Pietro. I ragazzi entrano nel caffè e ordinano un cappuccino con paste.

benches
sidewalk / davanti... *in front of* / *bookstore*

BEPPINO: Tu hai soldi? Ho lasciato il portafoglio a casa!
PIETRO: Non ho una lira: ho solo traveler's checks. Ma ho dimenticato il passaporto.
BEPPINO: Che stupidi! E ora come facciamo? Chi paga?
PIETRO: (Mangia un'altra pasta.) Buona! Che fame! Stamattina ho dormito fino a tardi e non ho avuto il tempo di fare colazione.
BEPPINO: Ma che fai? Vuoi finire in prigione°?
PIETRO: Figurati°! Per due paste!

prison
Imagine

(Geraldine entra nel caffè. È una ragazza alta, bionda, snella. Porta° un paio di jeans e una maglietta° rossa.)

She's wearing
T-shirt

GERALDINE: Salve,° ragazzi, come va?
BEPPINO: Va male: non abbiamo soldi per pagare le paste.
GERALDINE: Mi dispiace, ma neanch'io ho un soldo.° Non sono ancora° andata in banca.
BEPPINO: (Preoccupato.) E ora come facciamo? Chi paga?
PIETRO: Guarda chi c'è:° c'è Vittoria!
VITTORIA: (Entra nel caffè tutta sorridente.°) Ragazzi, ho finito ora l'esame di storia.
BEPPINO: Com'è andato?
VITTORIA: Bene! Ho preso ventotto!
BEPPINO, PIETRO
E GERALDINE: (In coro.) Brava! Congratulazioni!
PIETRO: Ora dobbiamo festeggiare il successo:° Vittoria paga per tutti!

Hi

ma... *but I don't have a penny either*
yet

Guarda... *Look who's here*
smiling

festeggiare... *celebrate the success*

Milano: la Galleria

■ VARIAZIONI SUL TEMA _____

Working in groups of three or four, create your own **dialogo** around the
following situation: you're in a **caffè** or a **birreria** with a group of friends,
ordering drinks and snacks. Using the **Vocabolario preliminare** as a
resource, describe the scene.

Spunti (*Cues*): Chi ha fame? Chi ha voglia di... ? Chi paga? Cosa c'è di buono
da mangiare? Da bere? Che cosa avete ordinato?

PICCOLO RIPASSO

A. Restate the following paragraphs using the subjects indicated in parentheses.

1. Giorgio non è venuto a lezione perchè è stato ammalato. Ha avuto l'influenza ed è stato a letto tre giorni. Oggi è uscito per la prima volta ed è andato un po' in bicicletta. Poi è tornato a casa, ha letto per un paio (*a couple*) d'ore ed è andato a letto presto. (Marisa / io / Gino e Laura)

2. Ieri sera siamo andati al bar e abbiamo preso un gelato. Abbiamo pagato 2.000 lire a testa (*each*) e abbiamo lasciato una bella mancia. Quando siamo usciti, abbiamo visto i signori Freni. Siamo andati a casa loro a guardare «Dallas». Siamo tornati a casa dopo mezzanotte stanchi ma contenti. (voi / tu / Carlo)

B. Complete each phrase in column A by choosing an appropriate conclusion from column B or by providing your own conclusion.

A		B
Sono contento/a	perchè	ho imparato molte parole.
Sono stanco/a		ho dormito fino a tardi.
Sono preoccupato/a		(non) ho capito la lezione.
Sono triste		ho avuto molto lavoro.
		ho studiato due ore.
		(non) ho ricevuto una lettera.
		ho incontrato delle persone intelligenti.
		ho lasciato il portafoglio a casa.
		ho dimenticato il compleanno della mamma.
		non sono uscito/a.
		ho mangiato troppo.
		ho finito gli esercizi.

C. Express the following dialogue in Italian.

BILL: What did you do last night? Did you go out with your friends?
JEAN: No, I stayed home.
BILL: Did you go to bed early?
JEAN: No, I watched TV until midnight.
BILL: What did you see?
JEAN: A very interesting movie.

Now tell what *you* did last night.

D. Interview a classmate. You want to find out the following:

1. whether he/she drinks water with ice or without (**senza**) ice
2. whether he/she drinks milk for dinner

3. whether he/she has ever put lemon in his/her tomato juice
4. whether he/she has ever eaten Italian snacks
5. whether he/she is on a diet

E.   La giornata degli zii. Complete with the appropriate **preposizioni** and **preposizioni articolate.**

La zia Claudia fa colazione _____¹ sei di mattina ed esce _____² casa subito dopo perchè deve prendere l'autobus per (*in order to*) andare _____³ centro. La sveglia (*alarm clock*) _____⁴ zio, invece, suona _____⁵ otto. Lui può andare _____⁶ ufficio tardi, se vuole, perchè è un architetto molto famoso. È molto simpatico e porta spesso _____⁷ paste _____⁸ persone con cui (*whom*) lavora. La zia torna _____⁹ casa presto, _____¹⁰ quattro. Aspetta lo zio e quando lui torna, fanno _____¹¹ mangiare insieme. Spesso dopo cena vanno _____¹² bicicletta per mezz'ora; poi leggono il giornale o scrivono lettere _____¹³ amici e vanno _____¹⁴ letto presto.

LETTURA CULTURALE

IL BAR

l caffè o bar (in Italia non c'è differenza tra queste due parole) ha sempre avuto un ruolo importante nella vita sociale degli italiani. Gli italiani vanno al caffè per incontrare gli amici, parlare di affari o di politica, leggere il giornale, ascoltare la musica, vedere la gente ed essere visti.

Molti, la mattina, prima di andare al lavoro, prendono un espresso, un cappuccino, o una brioche° al bar vicino a casa o all'ufficio. Prima di pranzo o di cena, la gente va al bar a prendere un aperitivo: molti bar offrono patatine, noccioline, olive ed altre cose gustose° insieme agli aperitivi. Non c'è limite di età per bere alcolici come in America. Gli italiani bevono vino con i pasti o come aperitivo, ma raramente bevono i «superalcolici».

Quando vanno solo per bere qualcosa in fretta, gli italiani stanno in piedi al banco. Quando, invece, vanno per incontrare gli amici o i colleghi o leggere il giornale, siedono° al tavolino. Nella bella stagione i tavolini sono all'aperto. I bar sono spesso anche pasticcerie° e, qualche volta, tabaccherie dove vendono articoli che sono monopolio dello stato italiano, come le sigarette, i francobolli° e il sale.°

Alcuni caffè hanno una lunga storia: esistono ancora caffè fondati

brioche, sweet roll

tasty

they sit
pastry shops

stamps / salt

Pausa in un caffè cremonese all'aperto

nel 1700* e nel 1800† come, per esempio, il Caffè Florian a Venezia o il Caffè Greco a Roma. Famosi artisti, musicisti, scrittori, giornalisti e uomini politici hanno frequentato questi caffè, e in questi caffè hanno composto musica, scritto poesie e ordito congiure.°

ordito... *plotted conspiracies*

PRATICA

A. Rispondete alle seguenti domande.

1. Cosa fa una persona che ha solo dieci minuti per bere un cappuccino?
2. In gennaio i tavolini sono all'aperto?
3. Dove è possibile comprare il sale in Italia?
4. Che cosa bevono di solito a pranzo e a cena gli italiani?
5. Il famoso Caffè Florian è nell'Italia meridionale?

---

* mille settecento
† mille ottocento

Cappuccino al bar

B. Questionario. Scegliete la risposta corretta.

	IN ITALIA	NEGLI STATI UNITI	IN ITALIA E NEGLI STATI UNITI
1. Molti bevono gin e whiskey.	____	____	____
2. Un ragazzo di diciassette anni può comprare una bottiglia di vino.	____	____	____
3. È possibile comprare le paste al bar.	____	____	____
4. La gente va al bar a bere un aperitivo.	____	____	____
5. Vendono le sigarette al bar.	____	____	____

C. Al Caffè Florian. Working with three or four classmates, imagine that you are in the famous Caffè Florian in Venice. You and your friends comment on the beauty of your surroundings, then order whatever you're in

the mood for. Unfortunately, the waiter or waitress gets your orders mixed up and chaos reigns! Aim for at least twenty quick lines.

Espressioni utili: cameriere, mi può portare (*could you bring me*)... ? quanto costa?

PAROLE DA RICORDARE

VERBI

*andare via to go away, leave
chiedere (*p.p.* chiesto) to ask, ask for
*entrare to enter, go in
fare colazione to have breakfast, lunch
lasciare to leave (behind)
mettere (*p.p.* messo) to put
*morire (*p.p.* morto) to die
*nascere (*p.p.* nato) to be born
ordinare to order
*ritornare (tornare) to return, go back, come back
*stare a dieta to be on a diet

NOMI

l'acqua (minerale) (mineral) water
l'aperitivo aperitif
la bibita beverage
la cena supper
il centro center
  in centro downtown
la cioccolata (calda) (hot) chocolate
la colazione breakfast, lunch
il compleanno birthday
la cucina kitchen
il filobus trolley bus

la gente people
il ghiaccio ice
il limone lemon
la maglietta T-shirt
la mancia tip
il miele honey
la nocciolina peanut
l'oliva olive
la panna cream
la pasta pastry
il pasto meal
la patatina potato chip
la persona person
il portafoglio wallet
il pranzo dinner
la prigione prison
la sala da pranzo dining room
il salatino snack
il salotto living room
la strada street, road
lo straniero foreigner
il succo juice
  d'arancia orange juice
  di carota carrot juice
  di pomodoro tomato juice
  di pompelmo grapefruit juice
il tavolo table
  il tavolino little table
il tè freddo iced tea
l'ufficio office

il vino (bianco/rosso) (white/red) wine
lo zucchero sugar

AGGETTIVI

affollato crowded
ammalato sick
aperto open
bianco white
preoccupato worried
rosso red
scorso last
seduto seated, sitting

ALTRE PAROLE ED ESPRESSIONI

a che ora? at what time?
che stupido/a! how stupid!
dopo after, afterwards
fa ago
fino a till, until
già already
ieri yesterday
  ieri sera last night
mai ever
prima di before
su on, upon, above
tardi late
  dormire fino a tardi to sleep late
troppo too, too much

---

* Words identified with an asterisk (*) are conjugated with **essere.**

Lingua viva

A. The artist who drew this cartoon managed to convey quite a bit of information without words; now it's up to you to write a witty monologue! Working alone or with a partner, write out (or describe) this gentleman's words and thoughts.

Parole utili: per favore / per piacere, caffè, allegro, tavolino, seduto, cameriere/a, aspettare, avere voglia di, avere bisogno di, stare zitto, ordinare, volere, ma che ore sono?, guardare l'ora, avere fretta, dov'è, piuttosto, molto, altro

Parole nuove: essere arrabbiato (*to be mad*), essere stupito (*to be surprised*), guardare intorno (*to look around*), tamburellare le dita (*to tap one's fingers*), urlare/gridare (*to shout, scream*)

B. A cup of coffee costs more in an Italian **caffè/bar** if you drink it at a table (**al tavolo**) than if you stand at the counter (**al banco**). Italians usually pay for their coffee first, get a receipt (**uno scontrino**) from the cashier (**il cassiere / la cassiera**), hand it to the waiter (**il barista**) at the counter, and drink their coffee standing. Don't expect to be able to take your cup of coffee and sit down at a table to drink it at your leisure. If you want to sit at a table, a waiter will serve you, and you will pay a higher price for coffee and service. Also, do not expect a refill. The concept of free refills does not exist in Italy. Do you want more coffee? You must pay for another **caffè!**

What would you say in the following situation? You go into a coffee shop, get a receipt for a cappuccino and two pastries, hand the receipt to the waiter at the counter, greet the person standing next to you, and start up a conversation.

Quanti tipi di caffè possiamo ordinare?

caffè nero   senza latte
caffè macchiato   con un po' di latte
caffè ristretto   concentrato
caffè lungo   con molta acqua
caffè corretto   con brandy o grappa (*a kind of brandy made from the dregs of crushed grapes*)

Volete sapere (*to know*) l'origine della parola **cappuccino,** il popolare caffellatte all'italiana (*Italian style*)?

Secondo alcuni, il nome deriva dal colore della tonaca (*robe*) dei Cappuccini (frati di un ordine francescano istituito nel secolo sedicesimo (*sixteenth century*). Secondo altri, il nome deriva dalla schiuma (*foam*) — o cappuccio (*hood*) — fatta dal latte. Il cappuccino « *made in Italy* » è particolarmente buono perchè al caffè espresso è aggiunto (*added*) non latte caldo, come in America, ma latte vaporizzato (*steamed*).

Roma: il mio vinaio

C. Cosa prendi? Siamo al Caffè del Duomo a Milano. Mike e Laura sono seduti a un tavolino. Ascoltiamo la loro conversazione...

MIKE: Cosa prendi? Un caffè o un cappuccino?
LAURA: Veramente, nel pomeriggio preferisco il tè.
MIKE: Prendi una pasta anche tu?
LAURA: No, grazie, sto a dieta
MIKE: Cameriere!
CAMERIERE: Sì, signore, mi dica!
MIKE: Un tè per la signorina...
CAMERIERE: Al latte o al limone?
LAURA: Al latte.
MIKE: ...per me una birra e un panino al prosciutto.

MIKE: Cameriere, il conto, per favore!
CAMERIERE: Subito, signore! Allora: un tè, una birra, un panino al prosciutto... Cinquemila e cinque* in tutto.
MIKE: Il servizio è compreso (*included*)?
CAMERIERE: Sì, è compreso.

Notate le seguenti espressioni:

tè al (col) latte	panino al (col)	gelato al caffè
tè al (col) limone	formaggio (*cheese*)	gelato al cioccolato
	panino al (col) salame	gelato alla fragola
	panino alla (colla)	(*strawberry*)
	mortadella	gelato alla crema
	panino al (col)	(*vanilla*)
	prosciutto	

Now, working with one or more partners, write original dialogues for the following situations.

1. Bob, Marco e Silvana in un caffè del centro. Offre Bob (*It's Bob's treat*). Hanno tutti fame.   2. Fausto e Anna al caffè della stazione. Fausto sta a dieta.

---

* **Cinquemila cinquecento** (5.500); in conversation, **cento** is often left out.

PRONTO IN TAVOLA!

In breve

Grammatica
A. Pronomi diretti
B. **Conoscere** e **sapere**
C. Pronomi indiretti
D. **Piacere**
E. Accordo del participio passato nel passato prossimo

Lettura culturale
Buon appetito!

Una famiglia italiana a tavola: pane, vino, acqua minerale e pasta!

VOCABOLARIO PRELIMINARE

Dialogo-lampo

LA SIGNORA A DIETA: Dottore, devo prendere le pillole prima dei
pasti o dopo i pasti?

IL DOTTORE: No, signora, deve prenderle invece
dei pasti!

---

ristorante dalla BIANCA   *Cucina casalinga dal 1947*

Via Piantarose, 14 (zona 3 Archi) – Tel. 075/27.132 – abit. 075/25.568
PERUGIA
PIATTI DEL GIORNO
(orario di servizio: 11,30 – 14,30 e 19,15 – 21,45)

ANTIPASTO	
Antipasto misto	3.500
Crostini	4.000
Salumi	5.000
Prosciutto e melone	6.000

PRIMO PIATTO	
Lasagne al forno	3.500
Minestrone	3.000
Pasta al pesto	4.000
Pasta al sugo	3.000
Spaghetti alla carbonara	
Tortellini in brodo	3.500

COPERTO: £2.000
SERVIZIO: *gratuito in orario (fuori orario 15%)*

SECONDO PIATTO	
Arrosto di pollo	6.000
Arrosto di maiale	7.000
Arrosto di vitello	8.000
Bistecca alla griglia	8.500
Pesce alla griglia	7.500
Salsicce alla griglia	6.000

CONTORNI	
Insalata	2.000
Verdura cotta	2.500

DOLCE	
Frutta fresca	s.q.*
Gelato	2.000
Macedonia di frutta	1.500

*s.q. = secondo la quantità

Un menu italiano

l'antipasto hors d'oeuvres
   l'antipasto misto mixed hors
      d'oeuvres (roasted peppers,
      olives, marinated beans,
      vegetables)
   i crostini canapés (toast with a
      savory spread)
   prosciutto e melone ham and
      cantaloupe
   i salumi cold cuts
il primo (piatto) first course
   il minestrone hearty vegetable
      soup
   **la pasta (le fettuccine, le
      lasagne, i ravioli,**

   i tortellini, gli spaghetti)
   alla carbonara with a sauce
      of eggs, cream, and bacon
   al forno baked
   al pesto with basil sauce
   al sugo with tomato sauce
   in brodo in broth
   il risotto a creamy rice dish
il secondo (piatto) second course
   l'arrosto (di maiale [*m.*], **di
      manzo, di pollo, di
      vitello)** roast (pork, beef,
      chicken, veal)
   la bistecca alla griglia grilled
      steak

   il pesce fish
   le salsicce sausages
il contorno side dish
   l'insalata lettuce
   la verdura vegetables
la frutta fruit
   la frutta fresca fresh fruit
   la macedonia di frutta fruit
      cup
il dolce dessert
   la crostata pie
   la zuppa inglese English trifle

ESERCIZI

A. Ordiniamo! Esaminate il menu del ristorante a pagina 132 e rispondete alle domande.

1. Preferisco la carne. Che cosa ordino come secondo?
2. Non mangio mai carne. Quali piatti non ordino?
3. Adoro la pasta. Che cosa ordino come primo?
4. Sono stanco di mangiare pasta. Cosa posso ordinare come primo?
5. Sto a dieta. Che cosa mangio?
6. Sono vegetariana. Cosa ordino come secondo?
7. Sono allergica ai latticini (*dairy products*). Che cosa non posso ordinare?

B. È normale o è strano? React to each item, indicating whether it is **normale** or **strano.** If it is **strano,** choose a more appropriate combination.

1. gli spinaci nell'insalata
2. le banane nel frigo
3. la birra con la pizza
4. il latte nel caffè
5. il ghiaccio nell'acqua
6. la Coca-Cola a colazione
7. il latte nella birra
8. il burro (*butter*) col pane
9. l'insalata prima della pasta
10. il caffè alla fine del pasto

C. La dieta del nonno. Your grandfather has found out that he has high cholesterol and now he has to go on a diet. Tell him what (not) to eat and drink.

ESEMPIO: Devi mangiare della verdura. Non devi mangiare uova (*eggs*).

Possibilità: gli spaghetti alla carbonara, la frutta, la bistecca, il risotto, il pesce alla griglia, il maiale, la pasta al sugo...

D. Preferenze. Name three kinds of food you hate and three you prefer.

ESEMPIO: Odio il riso; preferisco le patate.

E. Indovinelli. Che cos'è? Here are some food riddles for you to solve.

1. È rosso con la carne e bianco con il pesce. Che cos'è?
2. È un tipo di formaggio dolce, uno degli ingredienti principali della pizza. Che cos'è?
3. Fatta (*cooked*) al forno, accompagna molto spesso la bistecca, specialmente negli Stati Uniti. Che cos'è?
4. Beviamo questa cosa quando è fredda; è alcolica. Che cos'è?

GRAMMATICA

A. Pronomi diretti

ANNAMARIA: Clara, in casa tua chi lava i piatti?
CLARA: Che domanda! Li lava Benny!
ANNAMARIA: E chi pulisce la casa?
CLARA: La pulisce Benny!
ANNAMARIA: E chi fa il letto ogni mattina?
CLARA: Lo fa Benny!
ANNAMARIA: E la cucina? E le altre faccende?
CLARA: Le fa Benny! Le fa Benny!
ANNAMARIA: Che marito adorabile! Come deve amarti Benny...
E tu che fai tutto il giorno?
CLARA: Io lavoro con i computer. Ho creato Benny!

1. A direct object is the direct recipient of the action of a verb.

I invite the boys. Whom do I invite? *The boys.*
He reads the newspaper. What does he read? *The newspaper.*

The nouns *boys* and *newspaper* are direct objects. They answer the question *what?* or *whom?* Verbs that take a direct object are called transitive verbs. Verbs that do not take a direct object (*she walks, I sleep*) are intransitive.

Direct object pronouns replace direct object nouns.

*I invite **the boys**. I invite **them**.*
*He reads **the newspaper**. He reads **it**.*

ANNAMARIA: Clara, who washes the dishes at your house?   CLARA: What a question! Benny washes them!   ANNAMARIA: And who cleans house?   CLARA: Benny cleans it!   ANNAMARIA: And who makes the bed every morning?   CLARA: Benny makes it!   ANNAMARIA: What about the cooking and the other chores?   CLARA: Benny does them! Benny does them! ANNAMARIA: What an adorable husband! Benny must really love you. . . . And what do you do all day?   CLARA: I work with computers. I created Benny!

2. In Italian the forms of the direct object pronouns (**i pronomi diretti**) are as follows:

SINGOLARE		PLURALE	
mi	*me*	ci	*us*
ti	*you (inform.)*	vi	*you (inform.)*
La	*you (form., m. and f.)*	Li	*you (form., m.)*
		Le	*you (form., f.)*
lo	*him, it*	li	*them (m. and f.)*
la	*her, it*	le	*them (f.)*

3. A direct object pronoun is placed immediately before a conjugated verb.

Compra la frutta e **la** mangia.   *He buys the fruit and eats it.*
Se vedo i ragazzi, **li** invito.   *If I see the boys, I'll invite them.*

4. In a negative sentence, the word **non** must come before the object pronoun.

Non **la** mangia.   *He doesn't eat it.*
Perchè non **li** inviti?   *Why don't you invite them?*

5. The object pronoun is attached to the end of an infinitive. Note that the final **-e** of the infinitive is dropped.

È importante mangiar**la** ogni giorno.   *It is important to eat it every day.*
È una buon'idea invitar**li**.   *It's a good idea to invite them.*

If the infinitive is preceded by a form of **dovere, potere,** or **volere,** the object pronoun may be either attached to the infinitive or placed before the conjugated verb.

Voglio mangiar**la**.   *I want to eat it.*
La voglio mangiare.

Quando posso invitar**li**?   *When can I invite them?*
Quando **li** posso invitare?

6. It is possible, but not necessary, to elide singular direct object pronouns in front of verbs that begin with a vowel or forms of **avere** that begin with an **h.** However, the plural forms **li** and **le** are never elided.

M'ama, non **m'**ama. (**Mi** ama, non **mi** ama.)   *He loves me, he loves me not.*
Il passaporto? Loro non **l'**hanno (**lo** hanno).   *The passport? They don't have it.*
Hai fatto le fettuccine? **Le** adoro!   *Have you made fettuccine? I love it!*

7. A few Italian verbs that take a direct object (**ascoltare, aspettare, cercare, guardare**) correspond to English verbs that are used with prepositions (*to listen to, to wait for, to look for, to look at*).

> Chi cerchi? —Cerco il mio ragazzo. Lo cerco già da mezz'ora!

> *Who are you looking for? —I'm looking for my boyfriend. I've been looking for him for half an hour!*

8. Object pronouns are attached to **ecco** to express *here I am, here you are, here he is,* and so on.

> Dov'è la signorina? —Ecco**la**!

> *Where is the young woman? —Here she is!*

> Hai trovato le chiavi? —Sì, ecco**le**!

> *Have you found the keys? —Yes, here they are!*

—L'ho comprato solo per nascondere[a] una brutta macchia[b] di umidità sul muro.

[a]*hide*
[b]*spot*

ESERCIZI

A.   Complete each sentence with the correct object pronoun.

1. Mamma, dove sei? Non _____ vedo.
2. Signorina, dov'è? Non _____ vedo.
3. Signor Costa, dov'è? Non _____ vedo.
4. Dov'è il signor Costa? Non _____ vedo.
5. Bambini, dove siete? Non _____ vedo.
6. Dov'è la rivista? Non _____ vedo.
7. Dove sono le chiavi? Non _____ vedo.
8. Dove sono i bambini? Non _____ vedo.
9. Io sono qui: non _____ vedi?
10. Noi siamo qui: non _____ vedi?

B. Mauro can't believe how nearsighted (**miope**) his roommate Vincenzo is, so he decides to give him an eye test. With a classmate, play the two roles

according to the model. Use the following words and any others you can think of.

> ESEMPIO: la casa →
> MAURO: Vedi la casa, no?
> VINCENZO: No, non la vedo.

1. la birra   3. gli autobus   5. i treni
2. il disco   4. le automobili   6. il cinema

C.   Il professore distratto. Your professor is a bit absentminded and has misplaced his belongings. Help him find them.

> ESEMPIO: —Dove sono le mie chiavi?
> —Eccole!

1. i miei occhiali (*eyeglasses*)?   4. le mie pillole?
2. la mia penna?   5. il mio passaporto?
3. il mio giornale?   6. i miei biglietti?

D.   You and your partner are getting ready for a dinner party, but you're a little behind in your preparations! Answer each question by stating that you still (**ancora**) have to perform the task.

> ESEMPIO: fare i letti →
> —Hai fatto i letti?
> —No, devo ancora farli.

1. pulire il bagno   5. preparare l'insalata
2. mettere l'acqua nel frigo   6. tagliare (*to cut*) il pane
3. fare il sugo per la pasta   7. prendere i fiori dal giardino
4. comprare il vino   8. ordinare i dolci

E.   You had to do a number of things, and a friend wants to know why. Answer the questions.

> ESEMPIO: Perchè hai preso un tassì? → Perchè ho devuto prenderlo!

Azioni: scrivere il compito, leggere il libro di cucina, aspettare il tuo amico, chiamare il dottore...

B. Conoscere e sapere

—Non so nuotare!

Conoscere and **sapere** both correspond to the English verb *to know,* but they have different connotations.

Conoscere is regular; note the pronunciation of **sc** with the different endings. **Sapere** is irregular.

conoscere
PRESENTE
conosco   conosciamo conosci   conoscete conosce   conoscono
PASSATO PROSSIMO
ho conosciuto

sapere
PRESENTE
so   sappiamo sai   sapete sa   sanno
PASSATO PROSSIMO
ho saputo

1. **Conoscere** means *to know* in the sense of *being acquainted with someone or something.* It can also mean *to make the acquaintance of, to meet.*

Conosci l'amico di Beppino?	*Do you know Beppino's friend?*
Non **conosciamo** la città.	*We don't know the city.*
Voglio **conoscere** quella ragazza.	*I want to meet that girl.*

2. **Sapere** means *to know* a fact, *to have knowledge of* something. When followed by an infinitive, it means *to know how to,* that is, *to be able to do something.*

Scusi, **sa** dov'è il ristorante Stella?	*Excuse me, do you know where the Ristorante Stella is?*
Non **so** perchè non mangiano.	*I don't know why they are not eating.*
Sanno tutti i nomi.	*They know all the names.*
Sapete ballare voi?	*Do you know how to dance?*

3. The pronoun **lo** must be used with **sapere** to express the object of the verb. This object is understood in English.

Sapete dov'è Monza? —Non **lo** sappiamo.	*Do you know where Monza is? —We don't know.*

4. In the **passato prossimo,** these verbs take on specific connotations: **conoscere** means *to meet,* and **sapere** means *to find out (to hear).*

Abbiamo conosciuto una signora molto simpatica dai Guidotti.	*We met a very nice woman at the Guidottis'.*
Ieri ho saputo che i Costa sono partiti.	*Yesterday I found out (heard) that the Costas left.*

ESERCIZI

A. Complete the conversations with the appropriate verb.

1. A: (Sa / Conosce) Roma, signorina?
   B: Sì, ma non (so / conosco) dove trovare un ristorante coreano.
2. A: Paolo, non (sai / conosci) cucinare?
   B: No, ma (so / conosco) molti buoni ristoranti!
3. A: (Sapete / Conoscete) il ragazzo di Antonella?
   B: Sì: è simpatico, è intelligente e (sa / conosce) anche suonare la chitarra.
4. A: Ragazzi, (sapete / conoscete) chi è il presidente della Repubblica Italiana?
   B: Sì, ma non (sappiamo / conosciamo) bene il sistema politico italiano.
5. A: Signora, Lei (sa / conosce) perchè non sono arrivati?
   B: No, non lo (so / conosco).

B. Interview two or three classmates to find out some information about them. Then give their names, and tell one new thing you found out about them.

> ESEMPIO: Conosco Marcello. So che suona il piano.

C. Express in Italian.

ROBERTO: Who's the girl with Mario? Do you know her?
CLAUDIO: I don't know her personally (**personalmente**) but I know who she is. She's Professor Ferri's daughter (**figlia**).
ROBERTO: I want to meet her!

D. Conversazione.

1. Sa dove abita il professore (la professoressa) d'italiano?   2. Sa dov'è Pisa?   3. Conosce un buon ristorante italiano? Dov'è?   4. Sa il nome di un formaggio italiano?   5. Sa chi è il marito di Sophia Loren?   6. Conosce canzoni (*songs*) italiane? Quali?   7. Sa preparare un piatto italiano? Quale?   8. Vuole conoscere studenti italiani?

E. Ask other students each of the following questions. They will answer using either **Sì, lo so** or **No, non lo so.** If their answer is affirmative, they should supply the information. Follow the model.

> ESEMPIO: —Sai dov'è la Statua della Libertà?
> —No, non lo so. (Sì, lo so: è a New York.)

1. Sai chi ha inventato la radio?   2. Sai quanti anni ha Robert Redford?
3. Sai dov'è il Teatro alla Scala?   4. Sai quanti sono i segni dello zodiaco?
5. Sai quante sono le regioni italiane?   6. Sai quanti partiti (*political parties*) ci sono in Italia?   7. Sai quali sono gli ingredienti della pizza?
8. Sai in quale stato è il Grand Canyon?

F.   Chi conosce chi? Say whether or not you know the following people **personalmente.**

> ESEMPIO: Tom Cruise? →
> Sì, lo conosco personalmente. (No, non lo conosco personalmente.)

1. Jane Fonda?   2. le segretarie del dipartimento d'italiano?   3. il rettore (la rettrice) (*president*) dell'università?   4. il capo (*head*) del dipartimento?   5. tutti gli studenti della classe?   6. le amiche della mamma?

C. Pronomi indiretti

ALBERTO: Siamo quasi a Natale: cosa regaliamo quest'anno alla nonna?

ELISABETTA: Semplice: le regaliamo il dolce tradizionale, il panettone.

ALBERTO: Benissimo! E allo zio Augusto?

ELISABETTA: Perchè non gli diamo un libro di cucina? Cucinare è il suo hobby preferito.

ALBERTO: Buona idea! E tu, cosa vuoi?

ELISABETTA: Puoi comprarmi una macchina per fare la pasta: così prepariamo delle belle spaghettate!

1. Direct object nouns and pronouns answer the question *what?* or *whom?* Indirect object nouns and pronouns answer the question *to whom?* or *for whom?* In English the word *to* is often omitted: *We gave a cookbook to Uncle John.* → *We gave Uncle John a cookbook.* In Italian, the preposition **a** is always used before an indirect object noun.

Abbiamo regalato un libro di cucina **allo** zio Giovanni.	*We gave a cookbook to Uncle John.*
Perchè non regali un profumo **alla** mamma?	*Why don't you give Mother some perfume?*
Puoi spiegare questa ricetta **a** Paolo?	*Can you explain this recipe to Paul?*

2. Indirect object pronouns (**i pronomi indiretti**) replace indirect object nouns. They are identical in form to direct object pronouns, except for the third person forms **gli, le,** and **loro.**

ALBERTO: Christmas is coming. What shall we give Grandma this year?   ELISABETTA: (That's) Easy. We'll give her the traditional cake, the panettone.   ALBERTO: Fine! And for (what about) Uncle Augusto?   ELISABETTA: Why don't we give him a cookbook? Cooking is his favorite hobby.   ALBERTO: Good idea! And you, what would you like?   ELISABETTA: You can buy me a pasta machine; that way we can make ourselves lots of great spaghetti!

SINGOLARE			PLURALE		
mi	(to/for)	me	ci	(to/for)	us
ti	(to/for)	you	vi	(to/for)	you
Le	(to/for)	you (form., m. and f.)	Loro	(to/for)	you (form., m. and f.)
gli	(to/for)	him	loro	(to/for)	them
le	(to/for)	her			

3. Indirect object pronouns, like direct object pronouns, precede a conjugated verb, except for **loro** and **Loro,** which follow the verb.

> Che cosa regali allo zio Giovanni?
>   —**Gli** regalo un libro di cucina.
> **Le** ho dato tre ricette.
> **Ci** offrono un caffè.
> Parliamo **loro** domani.*

> *What are you giving Uncle John?*
>   —*I'll give him a cookbook.*
> *I gave her three recipes.*
> *They offer us a cup of coffee.*
> *We'll talk to them tomorrow.*

4. Indirect object pronouns are attached to an infinitive, and the **-e** of the infinitive is dropped.

> Non ho tempo di parlar**gli.**

> *I have no time to talk to him.*

If the infinitive is preceded by a form of **dovere, potere,** or **volere,** the indirect object pronoun is either attached to the infinitive (after the **-e** is dropped) or placed before the conjugated verb.

> Voglio parlar**gli.**
> **Gli** voglio parlare.

> *I want to talk to him.*

5. **Le** and **gli** *never* elide before a verb beginning with a vowel or an **h.**

> Le offro un caffè.
> Gli hanno detto « Ciao! »

> *I offer her a cup of coffee.*
> *They said "Ciao!" to him.*

6. The following common Italian verbs are used with indirect object nouns or pronouns. You already know many of them. The English equivalents of new verbs that are not cognates are given in italic.

dare
dire (*p.p.* detto)
domandare
(im)prestare *to lend*
insegnare
mandare *to send*
mostrare *to show*
offrire (*p.p.* offerto)
portare *to bring*

preparare
regalare *to give (as a gift)*
rendere (*p.p.* reso) *to return,*
  give back
riportare *to bring back*
rispondere (*p.p.* risposto)
scrivere (*p.p.* scritto)
telefonare

---

*In contemporary usage, **loro** is often replaced by **gli,** which precedes the verb: **Gli parliamo domani.**

—Non gli telefona mai nessuno[a]!   [a]*no one*

ESERCIZI

A.   You are speaking to your instructor. Choose the appropriate direct or indirect object pronoun, **La** or **Le**.

1. _____ vedo ogni giorno.
2. _____ domando «Come sta?»
3. _____ ascolto con attenzione.
4. _____ capisco quasi (*almost*) sempre.

5. _____ faccio molte domande.
6. _____ trovo intelligente.
7. _____ chiedo un favore.
8. _____ offro un caffè.

B.   Working with a partner, complete the conversations with an indirect object pronoun.

1. A: Professore, posso far_____ una domanda?
   B: Certo, signorina. Cosa _____ vuole chiedere?
2. A: Come parlate bene! Chi _____ ha insegnato la lingua?
   B: _____ ha insegnato la lingua una signora parigina (*Parisian*) molto brava.
3. A: Io non sono mai a casa: non puoi telefonar_____ .
   B: E allora, _____ devo scrivere una lettera?
4. A: Quando i bambini hanno fame, preparo _____ spaghetti. E tu, cosa prepari per tua moglie?
   B: Di solito _____ preparo un'insalata o della verdura.
5. A: Signore, posso offrir_____ una di queste paste?
   B: Per carità! Sto a dieta. Non può preparar_____ una semplice macedonia di frutta?

C.   You are working as a waiter or waitress in the neighborhood **trattoria** (an informal **ristorante**). Restate each sentence, changing the position of the object pronoun.

ESEMPIO: Signorina, Le posso mostrare la torta? →
            Signorina, posso mostrarLe la torta?

1. Signore, Le posso portare una macedonia di frutta?   2. Ragazzi, vi posso consigliare (*recommend*) dei tortellini stasera?   3. Franco, non posso parlarti ora; ci sono dei clienti che aspettano.   4. Signora, posso darLe la ricetta se vuole.   5. Franco, ci puoi dare una mano a preparare gli spaghetti?

D.   La storia di Maria. Read the following story, then rewrite or repeat it, replacing **Maria** with the appropriate pronouns.

Voi non conoscete Maria, ma io conosco Maria da molti anni. È una buon'amica. Ogni giorno vedo Maria al supermercato e parlo a Maria. Quando abbiamo tempo, offro un caffè a Maria. Maria non sa cucinare, così io do molte ricette a Maria e spiego a Maria cosa deve fare. Spesso telefono a Maria e invito Maria a pranzo. Anche Maria mi invita molto spesso—non a pranzo ma al cinema. Trovo Maria intelligente e simpatica. Per Natale voglio regalare un profumo a Maria. Ieri ho domandato a Maria quale profumo preferisce e Maria ha detto: «Obsession. Perchè?» Io ho risposto a Maria: «Ho bisogno di un'idea per un regalo... »

Now retell the story, substituting Beppino for Maria. First use the name Beppino, then replace Beppino with the appropriate pronouns.

E.   You've been wondering about Laura's boyfriend. You would like to know:

> if he calls her
> if he has ever invited her to dinner
> if he gives her cookbooks for her birthday
> why he doesn't take (**portare**) her to the movies.

Express the preceding questions in Italian. You've also been wondering about Mario's girlfriend. Ask the same questions!

F.   Conversazione.

1. Quando una persona vuole un'informazione, di solito (*usually*) che cosa dice?   2. Oggi è il compleanno del nonno. Che cosa gli dice? Che cosa gli regala?   3. Quando Le dicono «Grazie!» che cosa risponde?

D. **Piacere**

Gianni e Gianna hanno gusti completamente diversi. Per esempio, a Gianni piacciono i ravioli, a Gianna piacciono le lasagne. A Gianni piace la cucina messicana, a Gianna piace la cucina cinese. A Gianni piace la carne, Gianna preferisce il pesce. A Gianni piace fumare, Gianna odia le sigarette... Chissà perchè si sono sposati!

Gianni and Gianna have completely opposite tastes. For example, Gianni likes ravioli, Gianna likes lasagne. Gianni likes Mexican cooking, Gianna likes Chinese food. Gianni likes meat, Gianna prefers fish. Gianni likes to smoke, Gianna hates cigarettes. . . . Who knows why they got married?

1. The Italian construction that expresses *to like* is similar to the English phrase *to be pleasing to.*

   > *Gianni likes meat.* → *Meat is pleasing to Gianni.*
   > *Gianni doesn't like potatoes.* → *Potatoes are not pleasing to Gianni.*

ITALIAN	ENGLISH
indirect object + verb + subject	*subject + verb + direct object*
A Gianni piace la carne.	*Gianni likes meat.*
Gli piace la carne.	*He likes meat.*
A Gianni piacciono gli spaghetti.	*Gianni likes spaghetti.*
Non gli piacciono le patate.	*He doesn't like potatoes.*

   The English subject (*Gianni, He*) corresponds to the indirect object in an Italian sentence, the person to whom something is pleasing: **A Gianni, Gli.** The English direct object, or the thing that is liked, corresponds to the Italian subject. Note that when the indirect object is a noun, it must be preceded by the preposition **a: A Gianni.**

2. The verb **piacere** agrees with its subject; consequently, it is in the third person singular or plural: **piace, piacciono.** Notice that **piacere** is conjugated with **essere** in compound tenses and that its past participle therefore agrees in gender and number with the subject (what is liked).

INFINITO	PRESENTE	PASSATO PROSSIMO
piacere	piace piacciono	è piaciuto/a sono piaciuti/e

   Ho mangiato l'insalata, ma non   *I ate the salad, but I didn't like it.*
     mi è piaciuta.
   Mi sono piaciute le patate.   *I liked the potatoes.*

3. When the subject is expressed as an infinitive (*I like to eat.* → *Eating is pleasing to me.*), **piacere** is used in the third person singular.

   A Sergio piace mangiare bene,   *Sergio likes to eat well, but he*
     ma non gli piace cucinare   *doesn't like to cook every night.*
     tutte le sere.

4. Notice that in expressions such as **Ti piace?** (*Do you like it?*) or **Ti piacciono?** (*Do you like them?*), Italian has no equivalent for English *it* and *them*. In Italian, *it* and *them* are expressed, in this case, through the singular and plural verb endings.

5. *To dislike* is expressed with the negative of **piacere.**

Non mi piace il caffè.   *I dislike coffee. (Coffee is not pleasing to me.)*

Dispiacere means *to be sorry* and is used in the same way as **piacere.**

Non possiamo venire; ci dispiace.   *We can't come; we're sorry.*

6. Notice the use of the Italian article to express general likes and dislikes. The corresponding English article is not used.

Non mi piace **il** vitello.   *I don't like veal.*
Gli piacciono **i** ravioli?   *Does he like ravioli?*

—Non mi è piaciuta: posso cambiarla[a]?   *[a]exchange it*

ESERCIZI

A. Create sentences with **piacere** or **non piacere.**

ESEMPI: Maurizio / il francese →
A Maurizio piace il francese.

Maurizio / le altre lingue →
A Maurizio non piacciono le altre lingue.

1. gli studenti di questa classe / gli esami
2. i miei genitori / pagare le tasse
3. il mio compagno di camera (la mia compagna di camera) / fare baccano (*noise*) tutta la notte
4. l'insegnante d'italiano / dare bei voti agli studenti
5. gli altri professori / i compiti scritti
6. tutti / le vacanze

B. Tell about your preferences, taking your cues from the following list.

ESEMPIO: Mi piace il caffè italiano, ma non mi piacciono gli spaghetti della mensa!

Possibilità: il caffè italiano, viaggiare, le lezioni di grammatica, il panettone, la birra americana, gli spaghetti della mensa, i bambini, i film di Stallone, il succo di carota, i piatti (*dishes*) piccanti (*spicy*), le sigarette, il baseball...

Now ask a classmate, then your instructor, whether they have preferences for these items.

C. After a family outing to an elegant restaurant, your cousin is full of questions. Working with a partner, ask and answer each question as in the example.

> ESEMPIO: non mangiare l'antipasto / i nonni →
> —Perchè non hanno mangiato l'antipasto i nonni?
> —Perchè non gli piace mangiare l'antipasto.

1. non mangiare la verdura / i bambini
2. non fare il risotto / lo chef
3. non stare a dieta / lo zio Marco
4. ordinare solo il primo / la mamma
5. prendere il caffè con il dolce / Mariangela

D. Your friend has just returned from Europe. Find out whether he/she liked the following things.

> ESEMPI: l'Italia → Ti è piaciuta l'Italia?
>
> gli italiani → Ti sono piaciuti gli italiani?

1. la cucina italiana
2. i musei di Firenze
3. il Teatro alla Scala
4. le fontane (*fountains*) di Roma
5. la pizza napoletana
6. i gelati italiani
7. le fettuccine Alfredo
8. viaggiare in treno

E. Express in Italian.

1. Mary doesn't like to listen. She likes to talk!
2. Do you like Brahms? —No, I prefer Beethoven.
3. Mary cannot come. —I'm sorry!
4. Did you eat the pastries? Did you like them?
5. Why didn't he like the party?

F. Conversazione.

1. Le piace mangiare ai ristoranti? Che tipo di ristorante preferisce?
2. Le piace la frutta? Compra più frutta fresca o frutta in scatola (*canned*)?
3. Le piacciono i succhi di frutta? Cosa beve con i pasti?
4. Le piacciono i dolci? Preferisce finire i pasti con frutta o con un dolce? Può mangiare i dolci senza ingrassare?

G.   A chi piace fare che cosa? Working with a classmate, ask and answer questions based on the information in the table on page 147.

> ESEMPI: Che cosa piace fare a Daniela Barsanti il sabato? →
> Le piace andare a ballare e fare il pane in casa.
>
> Al sig. Bianchi piace leggere il *New York Times* il sabato? →
> No, al sig. Bianchi piace leggere il *New York Times* la domenica.

—Sono piaciuti i miei spaghetti?

Then list three things *you* like to do on Saturdays and Sundays. And what things don't you like to do?

NOME	IL SABATO *gli/le piace*	LA DOMENICA *gli/le piace*
Roberto Bruni, 18 anni studente, Firenze	andare al cinema studiare in biblioteca	correre suonare il piano
Daniela Barsanti, 24 anni studentessa, Roma	andare a ballare fare il pane in casa	andare in chiesa scrivere lettere
la sig.ra Bianchi, 50 anni professoressa, Milano	telefonare alle amiche pulire la casa	dormire fino a tardi fare il minestrone
il sig. Bianchi, 55 anni avvocato, Milano	uscire con gli amici mangiare al ristorante	leggere il *New York Times* lavare la macchina
i signori Rossi, 43 anni lui, 42 anni lei, dottori, Pisa	andare a sciare	invitare i parenti

E. Accordo del participio passato nel passato prossimo

—Li ho coltivati per Lei.

As you know, the **passato prossimo** of most verbs is formed with the present tense of **avere** plus a past participle.

1. When there is a direct object pronoun, it is placed directly before **avere**. The past participle must agree in gender and number with the preceding direct object pronoun (**lo, la, li,** or **le**).

   Hai visto Massimo?   → Sì, **l'ho** (**lo** ho) vist**o**.
   Hai visto Giovanna?   → Sì, **l'ho** (**la** ho) vist**a**.
   Hai visto i bambini?   → Sì, **li** ho vist**i**.
   Hai visto le bambine? → Sì, **le** ho vist**e**.

Remember that singular object pronouns (**lo** and **la**) can elide with the forms of **avere** that follow, but the plural forms (**li** and **le**) *never* elide.

The agreement (**l'accordo**) of the past participle with the other direct object pronouns (**mi, ti, ci,** or **vi**) is optional.

Mamma, chi ti ha visto (vist**a**)?	*Mother, who saw you?*
Ragazze, chi vi ha visto (vist**e**)?	*Girls, who saw you?*

2. When there is an indirect object pronoun, it is placed before **avere,** like direct object pronouns. However, the past participle *never* agrees with it.

Hai visto Laura? —**L'**ho vist**a** [*agreement*] ma non **le** ho parlat**o** [*no agreement*].	*Did you see Laura? —I saw her, but I didn't speak to her.*

3. As you already know, the past participle of a verb conjugated with **essere** always agrees with the *subject* in gender and number.

Claudia è andat**a** al ristorante.	*Claudia went to the restaurant.*
Le sono piaciut**i i tortellini.**	*She liked the tortellini.*

ESERCIZI

A. Accordi. Working with a partner, complete the conversations. Provide the appropriate ending for the past participle.

1. A: Chi ha ordinat_____ la macedonia?
   B: Non so. Non l'hai ordinat_____ tu?
2. A: Dove hai mess_____ le olive?
   B: Le ho mess_____ nel frigo.
3. A: Hai dat_____ la mancia alla cameriera?
   B: Sì, le ho dat_____ cinque dollari.
4. A: Hai comprat_____ le paste?
   B: No, ho dimenticat_____ di comprarle!
5. A: Hai vist_____ la professoressa d'italiano ieri?
   B: Sì, l'ho vist_____ in biblioteca ma non le ho parlat_____ .
6. A: Hai telefonat_____ ai nonni?
   B: Sì, ho già telefonat_____ loro.
7. A: Avete servit_____ vino o birra con la pizza?
   B: Abbiamo servit_____ birra.
8. A: Siamo andat_____ al ristorante « da Luigi » ieri sera.
   B: Avete mangiat_____ bene?

B. You are very forgetful these days. You look for things but realize that you have left them at home! Follow the model.

> ESEMPIO: la ricetta →
> Dov'è la ricetta? L'ho persa! No, l'ho lasciata a casa!

1. la chiave	3. la lettera	5. i dischi	7. il biglietto
2. le chiavi	4. il disco	6. le foto	8. i soldi

C. Did you buy all the groceries on the list? Working with another student, ask and answer questions based on the example. Use the following words or any other items you can think of.

ESEMPIO: Hai comprato il vino? →
Sì, l'ho comprato. (No, non l'ho comprato.)

1. il salame (sì) 2. le olive (no) 3. la pasta (sì) 4. i panini (sì) 5. il latte (no) 6. gli spinaci (no) 7. la mozzarella (sì) 8. le patate (no)

D. What kinds of nosy questions can you ask a classmate?

1. Hai lavato i piatti ieri sera? 2. Hai fatto il letto stamattina? Fai il letto ogni giorno? 3. Hai pulito la casa lo scorso week-end? 4. Hai studiato la lezione d'italiano? 5. Quante volte hai lasciato le chiavi in macchina?

Try the examples above, then invent some questions of your own.

E. Una brutta settimana (*A bad week*). Mirella has had a bad week. Complete each sentence using the past participle of the verb in parentheses.

Che settimana terribile! Ho portato a casa dei libri dalla biblioteca ma non li ho _____¹ (leggere). Non sono _____² (uscire) venerdì o sabato sera perchè ho dovuto studiare. So che c'è una mostra (*exhibit*) molto bella all'università ma non l'ho ancora _____³ (vedere). Mercoledì sono _____⁴ (essere) a casa tutto il giorno con l'influenza. Giovedì ho litigato (*quarreled*) con Gina: le ho _____⁵ (telefonare) e abbiamo preso appuntamento (*made a date*) per andare in centro, ma lei, invece, è _____⁶ (andare) a giocare a tennis con Paolo. Accidenti!

DIALOGO

È una bella domenica di giugno: Beppino e Marcella sono andati dalla zia Luisa, che abita in campagna° vicino a° Lucca in una vecchia casa. La zia Luisa è una vecchietta piccola piccola ma ancora arzilla.° Quando arriva, Marcella abbraccia la zia.

country / vicino... *close to*
spry

MARCELLA: Cara zietta,° come stai? Sempre in gamba, vero? Ti ho portato finalmente Beppino, il nostro grande texano.

Auntie

ZIA LUISA: (Guarda Beppino.) Mamma mia, come sei lungo! Proprio° un bel ragazzo. Ma un po' magro: hai bisogno d'ingrassare.° Ti piacciono i tortellini al sugo?

Really
to gain weight

BEPPINO: Veramente° non li ho mai mangiati; ho mangiato le lasagne, i ravioli e naturalmente gli spaghetti, ma non i tortellini.

Truthfully

MARCELLA: Sono una specialità di Bologna, ma li facciamo bene anche in Toscana. Zietta, ho una fame da lupi: cosa ci hai preparato di buono?

Mercato a Genova: verdura fresca... verdura nostrana!

ZIA LUISA: Oh, le solite cose:° roba° semplice ma genuina. Per cominciare, crostini di fegatini di pollo;° poi i tortellini, e dopo i tortellini, pollo e coniglio arrosto° con patate al forno e insalata; e per concludere, la crostata e il caffè.

solite... *usual things* / *stuff*
crostini... *chicken liver hors d'oeuvres*
coniglio... *roast rabbit*

MARCELLA: Hai sentito, Beppino? Io, dopo un pranzo così, non entro più° nei jeans che mi hai regalato...

non... *I won't fit any longer*

(Più tardi,° verso° la fine del pranzo.)

Più... *Later* / *toward*

BEPPINO: Zia, questa crostata mi piace molto: mi dai la ricetta, per favore?

ZIA LUISA: Volentieri, ma tu sai cucinare?

BEPPINO: Sicuro°! Non voglio morire di fame: la mia ragazza non sa cucinare e io mi devo arrangiare.°

Sure

manage

ZIA LUISA: Che bravi questi giovanotti° che sanno cucinare! Ai miei tempi° gli uomini non sapevano fare nulla.°

young men / Ai... *In my day*
non... *didn't know how to do anything*

◼ VARIAZIONI SUL TEMA

Working with three or four classmates, write a dialogue around this situation: You are in a wonderful **trattoria** in Bologna. A waiter comes and takes your order, then you eat, commenting on how delicious everything is. But when the waiter returns with the bill, you discover you have no money! How does he react? What arrangements do you try to work out? Aim for at least twenty quick lines.

Espressioni utili: il conto (*the bill*), buonissimo, delizioso, squisito, essere nei guai (*to be in trouble*),...

PICCOLO RIPASSO

A. Giulia has lots of friends who do many things for her. Complete the following sentences with **Giulia** or **a Giulia.**

ESEMPIO: Fabrizio invita _____ al cinema →
Fabrizio invita Giulia al cinema.

1. Anna telefona _____ ogni sera.
2. Claudio aiuta _____ con i suoi compiti.
3. Enrica insegna _____ lo yoga.
4. Marco fa un regalo _____ ogni compleanno.
5. Giancarlo scrive spesso _____ .
6. Luca aspetta _____ alla fine della lezione.
7. Luigina accompagna _____ a casa in macchina.
8. Mirella presta _____ le sue cassette.

Now do the exercise again, completing the sentences with **la** or **le.**

B. Dov'è? Dove sono? Susanna is asking her roommate Alessandra where certain things are. Alessandra tells what she has done with them. Working with a classmate, take turns asking and answering questions.

ESEMPIO: il libro di informatica? (prestare a Giancarlo) →
—Dov'è il libro di informatica?
—L'ho prestato a Giancarlo.

1. le foto? (mandare ai miei genitori)
2. la tua macchina? (portare in garage)
3. la tua vecchia bicicletta? (vendere)
4. il tavolino? (mettere in cucina)
5. i giornali (buttare via [*to throw away*])?
6. le pillole? (finire)

C. Complete the following conversation between two friends using a form of **conoscere** or **sapere.**

A: _____ l'avvocato Agnello?
B: No, non lo _____ personalmente ma _____ chi è; _____ dove abita e che cosa fa e _____ sua moglie, Sandra. L'_____ al mare due anni fa.
A: Com'è?
B: È una donna meravigliosa: _____ cucinare molto bene, _____ ballare, _____ cantare in molte lingue e _____ la storia e la letteratura di molti paesi (*countries*).
A: _____ da quanto tempo sono sposati?
B: No, non lo _____ , ma _____ che lei è molto più giovane di lui.

D.   Il ristorante chic. One of your friends went to a fancy Italian restaurant, where he/she sampled some strange new dishes. You are curious to know exactly what your friend ate and if he/she liked it. Working with another student, ask and answer three questions each, according to the model.

ESEMPI: —Hai provato il prosciutto col melone?
—Sì, l'ho provato e (non) mi è piaciuto.

—Hai provato le melanzane alla parmigiana?
—Sì, le ho provate e (non) mi sono piaciute.

Parole utili: l'aragosta (*lobster*), i calamari (*squid*), il salmone (*salmon*), gli scampi (*prawns*), il cervello (*brains*), il carciofo (*artichoke*), i funghi ripieni (*stuffed mushrooms*), le melanzane alla parmigiana (*eggplant Parmesan*), i tortellini alla panna (*tortellini with cream*)

E.   Quando? Sandra asks Monica whether she has done certain things. Monica says she hasn't. Sandra asks her when she is planning (*to plan:* **pensare di** + *infinitive*) to do them. Monica replies, using the expressions in parentheses.

ESEMPIO: parlare con la professoressa? (stasera) →
S: Hai parlato con la professoressa?
M: No, non le ho parlato.
S: Quando pensi di parlarle?
M: Penso di parlarle stasera.

1. telefonare al dottore? (domani)
2. scrivere agli zii? (questo week-end)
3. invitare la signora Parodi? (sabato prossimo)
4. comprare i biglietti? (dopo la lezione)
5. finire la tesi? (fra due mesi)
6. prendere le vitamine? (alla fine del pasto)
7. parlare all'avvocato? (la settimana prossima)
8. rispondere alla nonna? (domani mattina)

F.   Completate le seguenti frasi.

1. A tutti piace/piacciono...
2. Mi è sempre piaciuto/piaciuta...
3. Mi sono sempre piaciuti/piaciute...
4. A chi piace... ?

LETTURA CULTURALE

BUON APPETITO!

La cucina italiana è conosciuta in tutto il mondo: agli italiani piace mangiare bene! La prima colazione è molto semplice, spesso solo un caffè, ma molti incominciano la mattina con una tazza (*cup*) di tè o di caffellatte e dei biscotti° o del pane con burro e marmellata.   *cookies*

Il pranzo, o seconda colazione, non è più come prima il pasto
principale. Infatti, fino a una decina di anni fa, tutti andavano° a casa
a mezzogiorno. Ora invece, con l'orario continuato,° molti hanno solo
un'ora per il pranzo e prendono un panino al bar. La sera la cena è di
solito verso le sette o le otto.

went
orario... *continuous schedule*

Agli italiani non piace mangiare tutto insieme: di solito mangiano
un piatto alla volta.° Un pasto tipico include il primo (pasta, riso o
minestra), il secondo (carne o pesce) con contorno (verdura o insalata),
frutta e caffè. Gli italiani mangiano i dolci solo in occasioni speciali.
Durante i pasti bevono acqua (spesso minerale) e vino. Per i pranzi
importanti servono anche l'antipasto e il formaggio.

alla... *at a time*

Alcune idee degli americani sulla cucina italiana non sono molto
precise: gli italiani generalmente non mangiano gli spaghetti con le
polpette:° di solito la pasta è servita con il sugo di pomodoro, con il
ragù, oppure «in bianco», cioè con burro e formaggio. Gli spaghetti
sono solo un tipo di pasta. Altri tipi di pasta sono i fusilli,° le
fettuccine, i maccheroni e le lasagne.

meatballs

corkscrews

La vera pizza italiana è molto semplice (agli italiani non piace
mischiare° troppi ingredienti). La base per la pizza è sempre
pomodoro (senza spezie°) e mozzarella. La pizza più comune è la
pizza napoletana con pomodoro, mozzarella e acciughe.° Quando non
ci sono le acciughe, si chiama Margherita, in onore della regina
Margherita. Di solito ognuno° ordina la propria° pizza con gli
ingredienti preferiti.

mix
spices
anchovies

everyone / his/her own

Ora in Italia incominciano ad avere grande successo i «fast food
stores». Anche agli italiani piacciono le patatine fritte e gli hamburger!

Una ben fornita salumeria
bolognese

Formaggi per tutti i gusti

PRATICA

A.   Questionario. Scegliete la risposta corretta.

	IN ITALIA	NEGLI STATI UNITI	IN ITALIA E NEGLI STATI UNITI
1. La prima colazione include uova, pancetta e caffè.	___	___	___
2. A pranzo spesso mangiano un panino.	___	___	___
3. La cena è alle otto di sera.	___	___	___
4. C'è l'orario continuato.	___	___	___
5. Servono la pasta con l'insalata.	___	___	___
6. È possibile mangiare la pizza con «pepperoni»,* funghi e hamburger.	___	___	___
7. Possiamo ordinare una pizza piccola, media o grande.	___	___	___
8. Ai ragazzi piacciono gli hamburger.	___	___	___

* «Pepperoni» non è una parola italiana. Peperone (con una *p* sola!) vuol dire «pepper» (*the vegetable*). Quello che gli americani chiamano «pepperoni» in italiano non ha un nome, è solo un tipo di salame piccante poco conosciuto.

B. Scrivete un menu per queste persone ed occasioni. Usate le parole ed espressioni di questo capitolo.

1. Il pranzo della signora Lignana. Ha ottant'anni; vive e mangia all'antica (*the old-fashioned way*). È domenica; viene a trovarla sua nipote (*granddaughter*) (appena sposata!) con il marito.
2. Il pranzo della signorina Bertucci. Ha ventinove anni ed è una donna molto moderna. Lavora come manager in una ditta (*firm*) di computer ed è sempre occupatissima.

PAROLE DA RICORDARE

VERBI

abbracciare to embrace
cercare to look (for)
conoscere (*p.p.* **conosciuto**) to know
* **dispiacere** to be sorry
fumare to smoke
imprestare (**prestare**) to lend
* **ingrassare** to put on weight
lavare to wash
mandare to send
mostrare to show
odiare to hate
* **piacere** to please, be pleasing to
portare to bring
preparare to prepare
regalare to give (as a gift)
rendere (*p.p.* **reso**) to return, give back
riportare to take back, bring back
sapere to know
trovare to find
* **andare a trovare** to visit

NOMI

l'antipasto hors d'oeuvre
l'arrosto roast

la bistecca steak
il contorno side dish
la crostata pie
il crostino canapé
la cucina cooking
    il libro di cucina cookbook
la fine end
la frutta fruit
l'insalata salad
la macedonia di frutta fruit cup
il maiale pork
il manzo beef
il melone cantaloupe
il minestrone vegetable soup
il Natale Christmas
il pane bread
il panettone Christmas cake
la pasta pasta
il pesce fish
il piatto plate; dish; course
il pollo chicken
il primo (piatto) first course
il prosciutto ham
il risotto a creamy rice dish
la salsiccia sausage
i salumi cold cuts
il secondo (piatto) second course
la sigaretta cigarette

la verdura vegetables
il vitello veal
la zuppa inglese English trifle

AGGETTIVI

fresco fresh
genuino genuine
lungo long
misto mixed
semplice simple

ALTRE PAROLE ED ESPRESSIONI

alla carbonara with a sauce of eggs, cream, and bacon
al forno baked
alla griglia grilled
al pesto with basil sauce
al sugo with tomato sauce
avere una fame da lupi (lupo) to be ravenous
da solo/sola by oneself
in brodo in broth
in gamba great, terrific (*person*)
morire di fame to starve
non... più no longer
quasi almost
veramente truly

Lingua viva

A. Che cosa mangiano questi ragazzi da McDonald's?

1. A Matteo piace la carne ma non gli piace il formaggio. Matteo ordina _____ .

2. Carlo ha sempre una fame da lupi. Vuole l'hamburger più grande che c'è. Carlo prende _____ .

3. A Barbara piace molto il pollo. Lei preferisce ordinare _____ .

4. Paolo è vegetariano; non mangia mai la carne. Lui mangia _____ .

5. Carlo ha finito l'hamburger ed ha ancora fame. Non ha voglia di mangiare carne o pesce, così prende _____ .

McDonald's è molto di più di un semplice ristorante. E' il luogo ideale dove la famiglia moderna può trovare del cibo gustoso in un clima allegro. Un locale garantito da una filosofia chiara e precisa: ottima qualità, servizio efficiente, pulizia e convenienza. Buon appetito!

Il famosissimo **Big Mac** ™: 100% puro manzo per i buongustai.

Chicken McNuggets ™: bocconcini di pollo croccanti e saporiti.

Hamburger soffice: 100% puro manzo.

Cheeseburger al formaggio fondente: 100% puro manzo.

Doppio Cheeseburger: 100% puro manzo.

Patatine Fritte: dorate e croccanti.

Filet-O-Fish ™: delizioso filetto di pesce.

Milk Shakes: alla vaniglia, alla fragola o al cioccolato.

I dessert: **Torta di Mele** e **Sundaes**.

La ricchissima scelta del **SALAD BAR.**

Più di un ristorante.

NET - ROMA

PER ALIMENTI

B. « Portaromanapizza » e « La Primula » sono due pizzerie di Milano. Guardate attentamente le ricevute fiscali e poi rispondete con frasi complete.

1. Costa di più una lattina di Coca-Cola o un quartino di vino alla pizzeria Portaromanapizza?   2. È aperta la pizzeria in Corso Porta Romana il sabato?   3. Alla trattoria La Primula sono speciali gli antipasti?   4. È possibile bere alcolici alla Primula?   5. Alla pizzeria Portaromanapizza una pizza farcita (*stuffed*) è più cara di una pizza normale?

Portaromanapizza

F.lli ARIMA S.n.c
C.so Porta Romana, 83 - MILANO
Tel. 02/55.10.579

CHIUSO IL LUNEDI   Part. IVA 04248380158

```
           2X 3.500
P I Z Z A   NORMALE
                7.000
PIZZA NOR.FARCITA
                4.500
           2X 1.600
BIBITA  LATTINA
                3.200
1/4   V I N O
                1.000
C A F F E '
                1.000
------------------
--CONT    16.700=
           14:07 24DIC87
G R A Z I E
        ARRIVEDERCI
```

XRF   5981   /87

Tipolitografia Sergio Moro - 20155 Milano Via Plana, 43
Cod Fisc MRO SRG 22M25 F205F Autoriz Min Finanze Min 367081 del 6-11-79

COPIA PER IL CLIENTE

TRATTORIA PIZZERIA
LA PRIMULA
di Biaggio Albano e C. s.a.s.
20149 MILANO Via Spagnoletto 19 Tel. 43 96 435
Partita IVA 03874530151
CHIUSO SABATO E DOMENICA

RICEVUTA

N. ————————   DATA 03-0 ?

ANNOTAZIONI ————————

Arti Grafiche Rinascita - Via De Amicis, 5 - Cesano Boscone
(MI) - Tel. 45.82.207 - AUT. MIN. N. 398850 del 10-10-1984

Ricevuta Fiscale XR   N°   358686   /86
D.M. 13-10-1979

Q.TA'	NATURA E QUALITA' DEI SERVIZI	IMPORTO
	COPERTI E PANE	2000
	VINO BIRRA	200
	ACQUA MINERALE	1000
	BIBITE	
	ANTIPASTI DELLA CASA	400
	PRIMI PIATTI	
	PIZZA	
	SECONDI PIATTI	6000
		2000
	CONTORNI	
	FORMAGGI	
	FRUTTA	
	DOLCI DESSERT	3000
	CAFFE LIQUORI	1000

TOTALE RICEVUTA (IVA compresa)	
☐ Corrispettivo non pagato	20.000
☐ Corrispettivo riscosso per L. ____	

CAPITOLO
7

SEMPRE LA STESSA VITA...

In breve

Grammatica
A. Verbi riflessivi
B. Costruzione reciproca
C. Possessivi con termini di parentela
D. Numeri superiori a 100

Lettura culturale
La vita d'ogni giorno

Alzarsi, lavarsi, vestirsi, prendere l'autobus...

VOCABOLARIO PRELIMINARE

Dialogo-lampo

SUSANNA: Perchè sbadigli? Hai fame o hai sonno?

ANTONIO: No, non ho fame e non ho sonno: la verità è che mi annoio!

Le attività

alzarsi to get up
annoiarsi to be bored
chiamarsi to be called
diplomarsi to graduate (*from high school*)
divertirsi to have a good time, enjoy oneself

fermarsi to stop
laurearsi to graduate (*from college*)
lavarsi to wash up
mettersi to put on
sentirsi (**bene, male, stanchi, depressi, contenti**) to feel

(well, not well, tired, depressed, glad)
specializzarsi to specialize
sposarsi to get married
svegliarsi to wake up
vestirsi to get dressed

ESERCIZI

A. Mi diverto / Mi annoio. When do you have fun? When do you get bored? Complete the statement **Mi diverto / Mi annoio quando...** by picking three activities that are fun and three that are boring from the following list or by providing your own.

1. ...quando viaggio in macchina
2. ...quando vado a un concerto di musica rock / di musica classica
3. ...quando cucino
4. ...quando sono a lezione d'italiano
5. ...quando vado a trovare i miei parenti
6. ...quando pulisco la casa

7. ...quando scrivo lettere
8. ...quando faccio gli esercizi d'italiano
9. ...quando studio in biblioteca il sabato sera
10. ...quando faccio colazione a letto la domenica mattina

Now ask a classmate what he/she has fun doing. Start your question with **Ti diverti / Ti annoi quando... ?**

B. Agli studenti piace / non piace. It is always difficult to generalize, but you probably have a good idea of what most students like and dislike. Discuss the activities listed below and come up with some of your own.

> ESEMPIO: Secondo te (*In your opinion*), agli studenti piace alzarsi presto? →
> Secondo me (*In my opinion*), non gli piace alzarsi presto!

1. alzarsi presto la mattina
2. lavarsi con l'acqua fredda
3. annoiarsi a lezione
4. fermarsi allo stop
5. mettersi i jeans
6. vestirsi in modo elegante
7. sposarsi subito dopo l'università
8. divertirsi il sabato sera

C. Un piacere o una scocciatura (*nuisance*)? What things in life are pleasures, nuisances, efforts, and so on? Complete the sentences by choosing elements from columns A and B, or by supplying your own phrases.

	A	B
Per me...	avere studenti	è una scocciatura
Per i bambini...	intelligenti	è una fatica (*effort*)
Per i professori...	ricordare i verbi	è un piacere
Per un pittore...	irregolari	è un'arte
Per gli studenti...	dipingere un quadro	è un dovere
	stare zitto/a/i/e	
	svegliarsi presto	
	prendere il sole	
	scrivere bene	
	fare la spesa	
	correggere gli esercizi	
	dare un esame	
	pagare le tasse	
	mettersi la cintura di sicurezza (*safety belt*)	
	scrivere biglietti di ringraziamento	
	comprare regali	
	andare dal dentista	

GRAMMATICA

A. Verbi riflessivi

SIGNORA ROSSI: Nino è un ragazzo pigro: ogni mattina si sveglia tardi e non ha tempo di lavarsi e fare colazione. Si alza presto solo la domenica per andare in palestra a giocare al pallone.

SIGNORA VERDI: Ho capito: a scuola si annoia e in palestra si diverte.

1. A reflexive verb (**verbo riflessivo**) is a transitive verb whose action is directed back to its subject. The subject and object are the same: *I consider **myself** intelligent; **we** enjoy **ourselves** playing cards; **he** hurt **himself.*** In both English and Italian, the object is expressed with reflexive pronouns.

   Reflexive pronouns are the same as direct object pronouns, except for **si** (the third person singular and plural form): **mi, ti, si; ci, vi, si.**

2. Just like direct object pronouns, reflexive pronouns are placed before a conjugated verb or attached to the infinitive.

alzarsi (*to get up, stand up*)			
mi alzo	*I get up*	**ci** alziamo	*we get up*
ti alzi	*you get up*	**vi** alzate	*you get up*
si alza	*you (formal) get up* / *he gets up* / *she gets up*	**si** alzano	*you (formal) get up* / *they get up*

If the infinitive is preceded by a form of **dovere, potere,** or **volere,** the reflexive pronoun is either attached to the infinitive (which drops its final **-e**) or placed before the conjugated verb. Note that the reflexive pronoun agrees with the subject even when attached to the infinitive.

MRS. ROSSI: Nino is a lazy boy. Every morning he wakes up late and doesn't have time to wash and eat breakfast. He gets up early only on Sundays to go to the gym to play ball.
MRS. VERDI: I get it: at school he's bored and in the gym he has a good time.

Mi alzo.	*I'm getting up.*
Voglio alzar**mi.**	*I want to get up.*
Mi voglio alzare.	

3. Some reflexive verbs can also be used as nonreflexive transitive verbs if the action performed by the subject affects someone or something else.

chiamarsi *to be called*
chiamare *to call (someone)*

lavarsi *to wash (oneself)*
lavare *to wash (someone or something)*

fermarsi *to stop (oneself)*
fermare *to stop (someone or something)*

svegliarsi *to wake up*
svegliare *to wake up (someone else)*

Ci svegliamo alle sette ma svegliamo i bambini alle otto.	*We wake up at seven but awaken the children at eight.*
Vuole lavare la macchina e poi lavarsi.	*He wants to wash the car and then wash up.*
Si chiama Antonio, ma tutti lo chiamano Toni.	*His name is Antonio, but everybody calls him Toni.*
Dovete fermarvi allo stop, se no vi ferma un vigile!	*You must stop at the stop sign; otherwise a cop will stop you!*

4. The **passato prossimo** of reflexive verbs is formed with the present tense of **essere** and the past participle. As always with **essere,** the past participle must agree with the subject in gender and number.

alzarsi			
mi sono alzato/a	*I got up*	ci siamo alzati/e	*we got up*
ti sei alzato/a	*you got up*	vi siete alzati/e	*you got up*
si è alzato	{ *you got up* { *he got up*	si sono alzati	{ *you got up* { *they got up*
si è alzata	{ *you got up* { *she got up*	si sono alzate	{ *you got up* { *they got up*

Paolo si è divertito alla festa, ma Laura non si è divertita per niente!	*Paolo had a good time at the party, but Laura didn't enjoy herself at all!*
Quando vi siete alzati? —Ci siamo alzati tardi.	*When did you get up? —We got up late.*

ESERCIZI

A. Replace the subject with each subject in parentheses, and change the verb form accordingly.

1. Io mi alzo presto. (Luigi / i bambini / noi due / anche voi)
2. A che ora vi svegliate voi? (tu / loro / Marcella / io)

3. Che cosa si mette Lei? (loro / voi / tu / io)
4. Puoi lavarti qui. (i bambini / la signora / io / noi)
5. Peggy Sue si è sposata molto giovane. (la nonna / Roberto / gli zii / la signora Verdi / le cugine della mamma)
6. Perchè si è fermato il treno? (la macchina / voi / tu / gli autobus)

B. Working with a partner, complete each exchange with the correct form of the verb in parentheses. Pay attention to the context for clues about the tense.

    ESEMPIO: divertirsi →
                 A: Franca si diverte in palestra. E tu?
                 B: Anch'io mi diverto in palestra.

1. A: Lorenzo _____ (alzarsi) alle sei. E tu?
   B: Anch'io _____ alle sei.
2. A: Loro _____ (mettersi) spesso la cravatta (*necktie*). E tu?
   B: Io non _____ mai la cravatta!
3. A: Loro _____ (annoiarsi) alla festa ieri sera. E voi?
   B: Noi non _____!
4. A: Marco _____ (laurearsi) in francese molti anni fa. E Luisa?
   B: Luisa _____ in tedesco.
5. A: Lei, come _____ (chiamarsi)?
   B: Io _____ Pierluigi.
6. A: Voi, come _____ (sentirsi)?
   B: _____ tutti bene, grazie!

C. Ask a classmate . . .

1. a che ora si alza quando non deve andare all'università   2. in quali corsi si annoia   3. se si diverte in questa classe   4. se vuole sposarsi molto giovane   5. a che ora si è svegliato/a stamattina   6. in quanti minuti si è vestito/a   7. quante volte si è messo/a i jeans la settimana scorsa   8. a quanti anni si è diplomato/a   9. in quale materia vuole laurearsi

Report your findings to the rest of the class.

D. Express in Italian.

1. Luigino isn't feeling well; we must call the doctor.   2. When I go to the university, I stop at a coffee shop and have a cappuccino.   3. Why didn't you wake me up? I slept until 8:30 and missed (**perdere**) the (my) train!
4. We need help (**aiuto**)! We can call the police (**la polizia**) or stop a car.   5. You can't stop every five minutes when you run!   6. What's your name? —My name is Garibaldi, but they call me Dino.

E. Using the following verbs as a guide, write a quick paragraph describing what you believe to be **la giornata tipica dell'insegnante d'italiano.** Describe (as appropriate) where, when, and how he/she does the following things. Share your response with the class and compare it with your instructor's version.

Verbi: alzarsi, lavarsi, vestirsi, fare colazione, andare all'università, divertirsi, ritornare a casa, lavare i piatti, guardare la TV, andare a dormire...

B. Costruzione reciproca

—Non possiamo continuare a vederci così, caro: mio padre comincia a sospettare.

1. Most verbs can express reciprocal actions (*we see each other, you know each other, they speak to one another*) by means of the plural reflexive pronouns, **ci, vi,** and **si,** used with first, second, or third person plural verbs, respectively. This is called the **costruzione reciproca.**

Ci vediamo ogni giorno.	*We see each other every day.*
Da quanto tempo **vi conoscete?**	*How long have you known each other?*
Si parlano al telefono.	*They talk to each other over the phone.*

2. The auxiliary **essere** is used to form the compound tenses of verbs expressing reciprocal actions. The past participle agrees with the subject in gender and number.

Non ci **siamo** capit**i.**	*We didn't understand each other.*
Le ragazze si **sono** telefonat**e.**	*The girls phoned each other.*

3. For clarification or emphasis, the phrases **l'un l'altro (l'un l'altra), tra (di) noi, tra (di) voi,** or **tra (di) loro** may be added.

Si guardano l'un l'altro in silenzio.	*They look at each other in silence.*
Si sono aiutati tra di loro.	*They helped each other.*

4. The following commonly used verbs express reciprocal actions:

abbracciarsi	*to embrace (each other)*
aiutarsi	*to help each other*
baciarsi	*to kiss (each other)*
capirsi	*to understand each other*
conoscersi	*to meet*
farsi regali	*to give each other presents*
guardarsi	*to look at each other*
incontrarsi	*to run into each other*
salutarsi	*to greet each other*
scriversi	*to write to each other*
telefonarsi	*to phone each other*
vedersi	*to see each other*

ESERCIZI

A. Replace the subject with each subject in parentheses, and make all necessary changes.

1. Quando ci vediamo, ci abbracciamo. (le ragazze / voi / gli zii)
2. Roberto e Carla si conoscono da molto tempo. (io e Alvaro / tu e Luigi / le due famiglie)
3. Perchè non vi siete salutati? (le due signore / i bambini / noi)
4. Ci siamo incontrati al bar della stazione. (gli amici / le amiche / voi due)

B. Use the information in parentheses to answer each question.

ESEMPIO: Tu conosci Laura? (molto bene) →
Sì, ci conosciamo molto bene.

1. Tu conosci Marco? (da molto tempo)
2. Tu telefoni a Franca? (ogni sera)
3. Tu scrivi ai cugini di Milano? (spesso)
4. Tu vedi Laura? (alle cinque)
5. Tu saluti il professore? (in italiano)
6. Hai salutato i signori Verdi? (all'opera)
7. Hai capito gli studenti italiani? (perfettamente)
8. Hai incontrato gli amici al bar? (alle otto)
9. Hai fatto un regalo ai nonni? (ogni anno)
10. Hai parlato con la nonna? (quasi ogni giorno)

C. Complete the following dialogue with the appropriate forms of the verbs in parentheses.

A: In che anno _____ (sposarsi) i tuoi genitori?
B: Nel 1949.
A: Come _____ (conoscersi) e dove?
B: _____ (vedersi) per la prima volta al supermercato: _____ (parlarsi), _____ (piacersi), _____ (telefonarsi), _____ (vedersi) spesso e dopo solo due mesi _____ (sposarsi)!

D. Intervista. Interview a classmate about his/her relationship with his/her best friend. Ask . . .

1. se ha un buon amico o una buona amica   2. se si vedono spesso e quando si vedono   3. dove si vedono   4. se si aiutano e come   5. se si telefonano spesso   6. se si fanno regali   7. se si scrivono   8. se si capiscono

E. Debbie and Paul meet at the beach in Cancun. Write their story, first in the present, then in the past. The following verbs and expressions may be useful.

Verbi ed espressioni: vedersi, guardarsi, fermarsi, parlarsi, telefonarsi, uscire insieme, innamorarsi (*to fall in love*), abbracciarsi, baciarsi, scriversi, lasciarsi

C. Possessivi con termini di parentela

—Romeo, mio padre ti detesta perchè gli rovini[a] tutta l'edera.[b]

[a]*you ruin*   [b]*ivy*

In **Capitolo 3** you learned the forms and uses of possessive adjectives. Note that the possessive adjective is used *without* the article when referring to relatives in the singular. **Loro,** the exception, always retains the article, as do possessive adjectives that refer to relatives in the plural.

mio zio	*but*	**i miei** zii	
tuo cugino		**i tuoi** cugini	
sua sorella		**le sue** sorelle	
nostra cugina		**le nostre** cugine	
vostra madre		**le vostre** madri	
(**il loro** fratello)		(**i loro** fratelli)	

If the noun expressing a family relationship is modified by an adjective or a suffix, the article is retained.

> **mia** sorella *but* **la mia** cara sorella; **la mia** sorellina

Here are the most common names indicating a family relationship. You are already familiar with many of them.

cugino, cugina	*cousin*
figlio, figlia	*son, daughter*
fratello, sorella	*brother, sister*
marito, moglie	*husband, wife*
il/la nipote	*nephew, niece; grandchild*
nonno, nonna	*grandfather, grandmother*
zio, zia	*uncle, aunt*

Papà, mamma, nonno, and **nonna** retain the article because they are considered terms of endearment.

> È italiano il tuo papà? E la tua mamma?

The expression **Mamma mia!** has nothing to do with one's mother. It is an exclamation corresponding to English *Good heavens!*

ESERCIZI

A. Create new sentences by substituting the words in parentheses for the italicized words. Make any necessary changes.

1. Ti presento mia *madre.* (padre / zii / zie / cugino / sorella)
2. Ecco i tuoi *genitori!* (fratello / sorellina / bravo nipote / figlie)
3. Dove abita Sua *zia?* (nonni / cugina / figlio / nipoti italiane)

B. Complete the paragraph, providing the appropriate forms of the possessive.

Lo zio preferito di Fausta si chiama Garibaldi. ____[1] zio è il fratello di ____[2] madre. Lo zio Garibaldi ha due bambini, Paolo e Francesca. ____[3] bambini non abitano con lui; abitano con ____[4] madre. Garibaldi e ____[5] moglie sono divorziati.

C. Working with a partner, imagine that you run into an Italian friend. Find out how various members of his/her family are. Start with **Come sta... ? Come stanno... ?** and ask about as many relatives as possible.

ESEMPIO: —Come sta tua zia?
—Mia zia sta benone, grazie!
—Come stanno i tuoi nonni?
—I miei nonni stanno bene, grazie.

D. Numeri superiori a 100

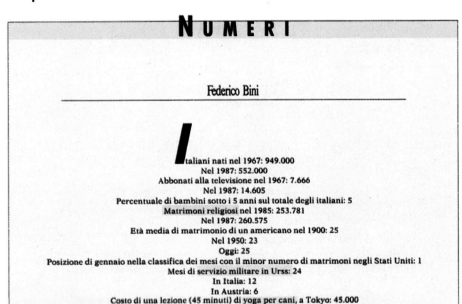

NUMERI

Federico Bini

*I*taliani nati nel 1967: 949.000
Nel 1987: 552.000
Abbonati alla televisione nel 1967: 7.666
Nel 1987: 14.605
Percentuale di bambini sotto i 5 anni sul totale degli italiani: 5
Matrimoni religiosi nel 1985: 253.781
Nel 1987: 260.575
Età media di matrimonio di un americano nel 1900: 25
Nel 1950: 23
Oggi: 25
Posizione di gennaio nella classifica dei mesi con il minor numero di matrimoni negli Stati Uniti: 1
Mesi di servizio militare in Urss: 24
In Italia: 12
In Austria: 6
Costo di una lezione (45 minuti) di yoga per cani, a Tokyo: 45.000
Di un dolce di compleanno, sempre per cani, ai grandi magazzini Sogo di Yokohama: 18.000

1. The numbers one hundred and above are

100	cento	600	seicento	1.100	millecento
200	duecento	700	settecento	1.200	milleduecento
300	trecento	800	ottocento	2.000	duemila
400	quattrocento	900	novecento	1.00.000.000	un milione
500	cinquecento	1000	mille	1.000.000.000	un miliardo

2. The indefinite article is not used with **cento** (*hundred*) and **mille**
(*thousand*), but it is used with **milione** (*million*).

cento favole	*a hundred fables*
mille notti	*a thousand nights*
un milione di dollari	*a million dollars*

3. **Cento** has no plural form. **Mille** has the plural form **-mila**.

> cento lire, duecento lire
> mille lire, duemila lire

4. **Milione** (plural **milioni**) and **miliardo** (plural **miliardi**) require **di** when they occur directly before a noun.

In Italia ci sono 57 milioni di abitanti.	*In Italy there are 57 million inhabitants.*
Il governo ha speso molti miliardi di dollari.	*The government has spent many billions of dollars.*

but

tre milioni cinquecentomila (3.500.000) lire	*3.5 million lire*

5. The masculine singular definite article is used with years.

Il 1916 (mille novecentosedici) è stato un anno molto buono.*	*Nineteen-sixteen was a very good year.*
La macchina di Dino è del 1988.	*Dino's car is a 1988 model.*
Sono nato nel 1971.	*I was born in 1971.*
Siamo stati in Italia dal 1980 al 1982.	*We were in Italy from 1980 to 1982.*

ESERCIZI

A. Say aloud each number in the listing on page 168. Then give the total of all numbers.

B. Che prezzi! Marta sees the following prices in a store. Say them with her.[†]

ESEMPI: 8.750 L.[‡] → Ottomila settecentocinquanta lire!
945 L. → Novecentoquarantacinque lire!

1. 5.000 L.
2. 250 L.
3. 2.675 L.
4. 28.900 L.
5. 16.730 L.
6. 42.315 L.
7. 9.999 L.
8. 7.777 L.

---

*There is no Italian equivalent for the English eleven hundred, twelve hundred, etc. One says **millecento, milleduecento,** etc.

[†] In decimal numbers, Italian uses a comma (**una virgola**) where English uses a period: **17,95** = *17.95.* It is read **diciassette e novantacinque.** To express thousands, Italian punctuation calls for a period (**un punto**) where English uses a comma: **20.570** = *20,570.* It is read **ventimila cinquecentosettanta.**

[‡] Note that **L.** is the abbreviation for **lira/lire.**

C. With what date in the first column do you associate the important event in American history in the second column?

1. 1492
2. 1776
3. 1865
4. 1906
5. 1917
6. 1941
7. 1963
8. 1969
9. 1973

a. l'entrata in guerra degli Stati Uniti (la prima guerra mondiale, *WWI*)
b. l'arrivo sulla luna degli astronauti americani
c. l'entrata in guerra degli Stati Uniti (la seconda guerra mondiale, *WWII*)
d. la fine della guerra del Vietnam
e. la fondazione (*founding*) degli Stati Uniti
f. la morte del presidente Kennedy
g. l'arrivo in America di Cristoforo Colombo
h. il primo grande terremoto (*earthquake*) di San Francisco
i. la fine della guerra civile americana

D. Ask a classmate . . .

1. in che anno è nato/a   2. in che anno ha cominciato l'università   3. in che anno ha preso la patente (*driver's license*)   4. di quale anno è la sua automobile   5. se sa in che anno è nato George Washington   6. se sa in che anno c'è stata la crisi economica in America

DIALOGO

Sono le otto di mattina. Mirella telefona a Pietro e lo trova ancora a letto.

MIRELLA: Ciao, Pietro, sei pronto per uscire?

PIETRO: Figurati, sono ancora a letto!

MIRELLA: Ma come? Non ti sei ancora alzato, lavato e fatto la barba°? Non hai fatto colazione? fatto... *shaved*

PIETRO: Sono appena° le otto e poi lo sai che ho fatto tardi ieri sera. Ma tu, ti svegli sempre così presto? *barely*

MIRELLA: Ma come, non ti ricordi che abbiamo un appuntamento questa mattina?

PIETRO: (Con voce assonnata.°) Dove e con chi? *sleepy*

MIRELLA: Dobbiamo andare dal dottor Bottino, il dentista. Abbiamo fissato l'appuntamento venti giorni fa!

PIETRO: Ah, è vero! Come sono smemorato°! Ma, lo sai che ho paura dei dentisti. *forgetful*

MIRELLA: Che fifone°! Il dottor Bottino è altamente qualificato. Si è specializzato ad Amsterdam. Sei in buone mani. *coward*

PIETRO: Va bene, va bene. Faccio in un minuto.

Napoli: un po' di moto per iniziare la giornata

MIRELLA: Prendo l'automobile e sono a casa tua fra venti minuti.
PIETRO: D'accordo, allora!

(Dopo quaranta minuti Mirella e Pietro sono dal dottor Bottino.)

DOTTORE: Avanti, si accomodi.° Ah, Lei è il giovane americano di New York.   si... *make yourself comfortable*
La signorina mi ha parlato di Lei.
PIETRO: Sì, buon giorno, dottore; sa, io ho sempre avuto paura dei dentisti.
MIRELLA: Grande e grosso com'è, non è una vergogna,° dottore?   *shame*
DOTTORE: Ma su, non deve preoccuparsi°! Ho fatto pratica in America. Lei,   *worry*
qui, è come a casa Sua!

▨ VARIAZIONI SUL TEMA _____

You and your friend are graduating from college this morning—but your
friend is moving very slowly! Find out why he/she is not feeling well this
morning and what he/she still needs to do to get ready to go to the
ceremony (get up, get washed, get dressed, etc.). Use reflexive constructions
and vocabulary from this chapter.

PICCOLO RIPASSO

A. Restate the following paragraph in the **passato prossimo,** beginning with **Ieri il signor Rossi...**

Ogni mattina il signor Rossi si alza alle sei, si mette la felpa (*sweatsuit*), berretto e scarpette (*tennis shoes*) e va a fare il footing per quaranta minuti. Ritorna a casa, fa la doccia (*takes a shower*), si veste e fa colazione.

B. Expand the following sentences, using the appropriate forms of the verb **potere** in the present tense.

    ESEMPIO: Non mi fermo. →
                 Non posso fermarmi. (Non mi posso fermare.)

1. I miei genitori non si divertono. 2. Carlo non si sposa. 3. Io non mi laureo in lingue. 4. Tu non ti metti i jeans. 5. Noi non ci fermiamo allo stop. 6. Tua madre non si veste in cinque minuti. 7. Voi non vi diplomate quest'anno. 8. Tu non ti annoi in palestra.

C. Express in Italian.

1. DOUG: Sonia, did you go to the party last night? Did you have a good time?
   SONIA: Yes, I did (have a good time) but I drank too much. . . .
   DOUG: Did Laura come?
   SONIA: No, I didn't see her. I heard (that) she went to another party with her brother.

2. SERGIO: Marco, aren't you feeling well? You look so worried! (*to look worried:* **avere l'aria preoccupata**)
   MARCO: Have you seen the car keys (**le chiavi della macchina**)? I can't find them!
   SERGIO: You always lose them. . . . Where did you put them this time?
   MARCO: Oh, here they are, on the refrigerator!

D. Fill in the blanks with the appropriate possessive adjectives.

I _____[1] genitori sono molto giovani: _____[2] madre ha 36 anni e _____[3] padre ha 39 anni. Si sono conosciuti al mare, a Chiavari, vicino a Genova dove _____[4] nonni paterni hanno una casa dove passano tutte _____[5] vacanze (*vacation*). _____[6] madre ha un zio che ha un albergo a Chiavari. Questo _____[7] zio le ha presentato _____[8] nonni, _____[9] nonni le hanno presentato _____[10] figlio e così è nata una storia d'amore che non è ancora finita!

E. Write a short paragraph explaining what you did yesterday from the time you got up to the time you went to bed.

LETTURA CULTURALE

LA VITA D'OGNI GIORNO

La vita d'ogni giorno in Italia non è molto diversa dalla vita negli altri paesi. Ogni mattina la gente si sveglia, si alza, si lava, si veste e fa colazione. Molti escono di casa sempre alla stessa ora per andare a lavorare o a studiare. Molti si fermano all'edicola per comprare il giornale e al bar per bere un caffè o un cappuccino.

Nelle città quasi tutti usano mezzi pubblici, come gli autobus ed i tram, per spostarsi.° A Roma, ma soprattutto a Milano, molti usano la metropolitana.° Il traffico nelle ore di punta° è caotico ed è meglio lasciare la macchina a casa! Le persone che lavorano in centro hanno anche il problema del parcheggio:° i mezzi pubblici sono la soluzione migliore.

Verso le dodici e mezzo molti vanno al bar a mangiare un panino e poi tornano al lavoro; quelli che possono tornano a casa per il pranzo. Quasi tutti i negozi chiudono tra le dodici e trenta e le tre e mezzo, ma poi restano aperti fino alle sette e mezzo. Negli ultimi anni alcuni grandi magazzini° hanno incominciato a fare l'orario continuato e rimangono° aperti durante l'intervallo di mezzogiorno.

La sera gli italiani tornano a casa tra le sei e le sette, cenano e poi escono a fare una passeggiata° o passano una serata tranquilla a casa.

to get around
subway / ore... *rush hour*

parking

grandi... *department stores*
restano

fare... *take a walk*

Il traffico è caotico.

Un angolo tranquillo per leggere
il giornale

PRATICA

A. Questionario. Dove succedono queste cose?

	IN ITALIA	NEGLI STATI UNITI	IN ITALIA E NEGLI STATI UNITI
1. La mattina quasi tutti vanno o a scuola o a lavorare.	____	____	____
2. La mattina molti vanno a bere un caffè al bar.	____	____	____
3. Alcune città hanno la metropolitana.	____	____	____
4. È difficile parcheggiare in centro.	____	____	____
5. Tutti i negozi sono aperti alle due del pomeriggio.	____	____	____
6. Molti tornano a casa per il pranzo.	____	____	____
7. Nelle città quasi tutti usano le macchine per spostarsi.	____	____	____

B. Scegliete un compagno (una compagna) e parlate della vita di tutti i giorni.

Possibili domande: a che ora si alza, quando esce di casa, come viene all'università, a che ora mangia, quando va in macchina, quando usa i mezzi pubblici...

PAROLE DA RICORDARE

VERBI

aiutare to help
alzarsi to get up
annoiarsi to be bored
baciare to kiss
chiamare to call (*someone*)
chiamarsi to be called, named
diplomarsi to graduate (*from high school*)
divertirsi to have a good time, enjoy oneself
fare il bagno to take a bath
fare la doccia to take a shower
fare un regalo a + *person* to give a present to someone
farsi la barba to shave (*of men*)
fermare to stop (*someone or something*)

fermarsi to stop, come to a stop
giocare al pallone to play ball
laurearsi to graduate (*from college*)
lavarsi to wash up
mettersi to put on
salutare to greet, say hello to
sentirsi to feel
specializzarsi to specialize
sposarsi to get married
svegliarsi to wake up
vestirsi to get dressed

NOMI

il figlio son
la figlia daughter
il fratello brother
i genitori parents

la mano (*pl.* **le mani**) hand
il marito husband
la moglie wife
il nipote nephew, grandson
la nipote niece, granddaughter
la palestra gym
   in palestra in/to the gym
la sorella sister

AGGETTIVI

contento happy, satisfied
depresso depressed
pigro lazy

ALTRE PAROLE ED ESPRESSIONI

qui here

Lingua viva

A. Guardate la pubblicità per i Lee Jeans e rispondete alle domande del questionario.

B. Ora scegliete un compagno (una compagna) e fate delle domande sulle sue risposte e chiedete una spiegazione.

ESEMPIO: —Dove preferisci trascorrere il tempo libero e perchè?
—(In palestra, perchè mi piace molto fare l'aerobica.)

C. Preparate otto domande per trovare il compagno (la compagna) di camera ideale. Distribuite il questionario nella classe d'italiano per scoprire chi può vivere insieme!

ESEMPIO: Ti alzi presto la mattina? →
Sì, mi alzo sempre prima delle sei. *o* No, mi piace dormire fino a mezzogiorno. *o* Mi sveglio alle otto e mi alzo alle otto e mezzo.

Cerchiamo 20 coppie in jeans per girare l'America in libertà.

Lee ti offre la straordinaria occasione di partecipare ad un grande evento. Compila il questionario, completa con i tuoi dati e spedisci all'indirizzo indicato. Potrai essere convocato per le selezioni preliminari nelle quali verranno scelte le 20 coppie (una per regione) che gireranno il Kansas, là dove Lee è nato, in sella alle fantastiche Aprilia Red Rose 125 di "Lee Freedom"! Non è uno sballo? E allora... libera la tua voglia di libertà, spedisci subito la scheda!

La favolosa Aprilia Red Rose 125 scelta da "Lee Freedom" per i cacciatori di libertà.

RISPONDI E SCOPRI QUANTO È GRANDE LA TUA VOGLIA DI LIBERTÀ.

★ **Dove preferisci trascorrere il tempo libero?**
☐ in casa   ☐ in discoteca   ☐ al cinema
☐ all'aria aperta   ☐ in palestra   ☐ allo stadio

★ **Dimmi con quale frequenza vai:**

	ogni settimana	ogni mese	altro
al fast food	☐	☐	_____
al cinema	☐	☐	_____
in discoteca	☐	☐	_____
allo stadio	☐	☐	_____

★ **Dai un ordine di preferenza alle seguenti letture:** (numerare da 1 a 4)
☐ fantascienza   ☐ avventura
☐ viaggi   ☐ gialli

★ **Scrivi i titoli dei tre film che ami di più:**
_____
_____
_____

★ **Preferisci trascorrere le tue vacanze in:**
☐ campeggio   ☐ casa
☐ albergo   ☐ villaggio turistico

★ **La vacanza è più bella:**
☐ con gli amici   ☐ da solo   ☐ in coppia

★ **Il successo di un viaggio all'estero dipende da:**
☐ lo spirito di adattamento
☐ una perfetta organizzazione
☐ i soldi
☐ la conoscenza della lingua

★ **Abitualmente ti vesti:**
☐ elegante/classico   ☐ sportivo/casual   ☐ alla moda

★ **Cosa apprezzi di più in un jeans?**
☐ la robustezza   ☐ la praticità   ☐ la vestibilità   ☐ la marca

★ **Dove compri abitualmente i tuoi jeans?**
☐ dove capita   ☐ nel mio negozio di fiducia
☐ altro

★ **Quale concetto associ alla parola jeans?**
☐ libertà   ☐ vacanza   ☐ America   ☐ lavoro

★ **Sapevi che il jeans Lee è nato in Kansas nel 1889, per il duro lavoro di uomini forti?**
☐ Sì   ☐ No

★ **Sapevi che i Lee sono i jeans più amati dai giovani americani d'oggi?**
☐ Sì   ☐ No

★ **Un ragazzo/a che indossa i jeans Lee ti sembra:**
☐ un/a duro/a   ☐ uno spirito libero
☐ un/a avventuroso/a   ☐ un/a alla moda

★ **Il termine motocicletta evoca in te le sensazioni di:**
☐ libertà   ☐ velocità
☐ trasgressione   ☐ avventura

★ **Con i jeans e una moto è più facile conquistare:**
☐ una/o ragazza/o   ☐ tanti amici
☐ l'indipendenza   ☐ personalità

★ **Immagini il Kansas come:**
☐ la patria di Matt Dillon   ☐ un paradiso selvaggio
☐ una slot machine

★ **La colonna sonora ideale per accompagnare il tuo viaggio è:**
☐ rock   ☐ disco music
☐ musica country   ☐ canzoni d'amore

★ **Come ti prepari all'operazione "Lee Freedom"?**
☐ mi alleno con la moto
☐ controllo lo stato dei miei jeans
☐ leggo testi di scuola di sopravvivenza
☐ apro la mente ai grandi spazi
☐ aspetto di essere convocato

★ **Indica il nome e le generalità della persona che vorresti come compagno/a di viaggio.**

Nome _____
Cognome _____
Età _____
Indirizzo _____
Città _____

QUANTI SIETE IN FAMIGLIA?

Molte famiglie italiane di oggi non sono numerose.

VOCABOLARIO PRELIMINARE

Dialogo-lampo

GABRIELE: Non ho fratelli, non ho sorelle, eppure quest'uomo è il figlio di mio padre.

MICHELE: Allora di chi è il ritratto?

GABRIELE: È facile indovinare!

Una famiglia italiana

ALBERO GENEALOGICO

Carlo Ravera + Mirella Costa
(1922–1989)   (1927–   )

Elisabetta Ravera + Gino Lagorio   Fabrizio Ravera + Daniela De Cerco   Paolo Ravera + Silvia Bertani
(1949–   )   (1945–   )   (1951–   )   (1951–   )   (1956–   )   (1952–   )

Gabriella Lagorio   Michele Lagorio   Agostino Ravera
(1969–   )   (1975–   )   (1978–1979)

PARENTI ACQUISITI

il suocero father-in-law
la suocera mother-in-law
il genero son-in-law
la nuora daughter-in-law
il cognato brother-in-law
la cognata sister-in-law

il patrigno stepfather
la matrigna stepmother
il fratellastro stepbrother; half brother
la sorellastra stepsister; half sister

STATO CIVILE (*Marital Status*)

divorziato divorced
separato separated
celibe single (*man*)
nubile single (*woman*)
lo scapolo bachelor
il vedovo widower
la vedova widow

ESERCIZI

A. Parliamo di questa famiglia...

1. Elisabetta Ravera. È nata nel 1949. È sposata. È la moglie di Gino Lagorio. È la figlia di Carlo Ravera e di Mirella Costa. Chi sono i suoi figli?

2. Michele Lagorio. È nato nel 1975. È il figlio di Elisabetta Ravera e di Gino Lagorio. Ha una sorella, Gabriella. È sposato Michele Lagorio?
3. Quanti nipoti ha Mirella Costa?
4. Quale figlio di Mirella Costa non ha avuto bambini?
5. Chi è Silvia Bertani?
6. Chi è la madre di Elisabetta Ravera?
7. Quale coppia è nata nello stesso anno?
8. Chi è la suocera di Gino Lagorio?

B. Famiglie famose. Working in groups, pick one of the following famous families (or use families from recent movies or television programs). Combine your knowledge and say as much as you can about the family.

1. la famiglia Bush   2. la famiglia Kennedy   3. la famiglia Ewing (di «Dallas»)   4. la famiglia Huxtable (del «Cosby Show»)

C. La mia famiglia. Describe your family. How many people are there? What is their relationship to you? How old are they? What do they do? What are they like?

GRAMMATICA

A. Imperfetto

LUIGINO: Papà, mi racconti una favola?
PAPÀ: Volentieri! C'era una volta una bambina che si chiamava Cappuccetto Rosso perchè portava sempre una mantella rossa col cappuccio. Viveva vicino a un bosco con la mamma...
LUIGINO: Papà, perchè mi racconti sempre la stessa storia?
PAPÀ: Perchè conosco solo una storia!

1. The **imperfetto** (*imperfect*) is another past tense. It is used to describe habitual actions and general conditions that existed in the past. It is formed by dropping the **-re** of the infinitive and adding the same set of endings to verbs of all conjugations: **-vo, -vi, -va, -vamo, -vate,** and **-vano.**

LUIGINO: Daddy, will you tell me a story?   DAD: Sure! Once upon a time, there was a little girl who was called Little Red Riding Hood because she always wore a red coat with a hood. She lived near a forest with her mother. . . .   LUIGINO: Daddy, why do you always tell me the same story?   DAD: Because I only know one story!

lavorare	scrivere	dormire	capire
lavoravo	scrivevo	dormivo	capivo
lavoravi	scrivevi	dormivi	capivi
lavorava	scriveva	dormiva	capiva
lavoravamo	scrivevamo	dormivamo	capivamo
lavoravate	scrivevate	dormivate	capivate
lavoravano	scrivevano	dormivano	capivano

2. The verb **essere** is irregular in the **imperfetto**.

essere	
ero	eravamo
eri	eravate
era	erano

The verbs **bere**, **dire**, and **fare** have irregular stems in the **imperfetto**.

bere (bev-)	dire (dic-)	fare (fac-)
bevevo	dicevo	facevo
bevevi	dicevi	facevi
beveva	diceva	faceva
bevevamo	dicevamo	facevamo
bevevate	dicevate	facevate
bevevano	dicevano	facevano

3. The **imperfetto** has several English equivalents.

Vivevano in Italia.	*They used to live in Italy.*
	They were living in Italy.
	They lived in Italy.

It has the following uses:

a. It describes habitual actions in the past; that is, it tells what people used to do or things that used to happen.

Nuotavo tutti i giorni.	*I used to swim every day.*

b. It describes actions that were in progress in the past when something else happened or while something else was going on.

Mangiavamo quando è arrivato il telegramma.	*We were eating when the telegram arrived.*
Mangiavamo mentre i bambini dormivano.	*We were eating while the children slept.*

c. It describes physical, mental, and emotional states in the past. It also expresses weather, time, and age in the past.

Mi sentivo stanco.	*I felt tired.*
I miei nonni non volevano uscire.	*My grandparents didn't want to go out.*
Quando avevo sei o sette anni, mi piaceva il latte.	*When I was six or seven, I liked milk.*
Che ore erano? —Era mezzogiorno.	*What time was it? —It was twelve noon.*
C'era molta gente nei negozi.	*There were a lot of people in the stores.*
Faceva caldo.	*It was hot.*

—Una volta era più romantico: suonava il violino.

4. Time expressions such as **di solito** (*usually*), **sempre, una volta** (*once upon a time, some time ago*), and **il lunedì** (**il martedì...**) are frequently used with the **imperfetto.**

| Una volta le patate costavano poco. | *Some time ago potatoes used to cost very little.* |
| Non capisco perchè ero sempre stanco. | *I don't understand why I was always tired.* |

ESERCIZI

A. Replace the subject with each subject in parentheses and change the verb form accordingly.

1. Sapevi nuotare a cinque anni? (i bambini / Lei / voi / io)
2. La domenica dormivamo fino a tardi. (Guglielmo / io / tutti / tu)
3. Luigi parlava italiano quando aveva sette anni. (tu / noi / anche le mie sorelle / voi)
4. Quando ero piccola, suonavo il piano. (noi / lei / voi / loro)

B. Complete each sentence with the **imperfetto** of **essere** or **avere.**

1. Quando _____[1] due anni, Luisa _____[2] bruna e _____[3] gli occhi verdi (*green*). Ora è diventata bionda! Ora è magra, ma prima _____[4] grassa. Prima non guardava mai la TV perchè non _____[5] tempo; ora passa tutta la giornata davanti al televisore! È venuta in America con la famiglia quando lei e suo fratello _____[6] molto piccoli. All'inizio (*beginning*) non _____[7] molti amici perchè non parlavano inglese, ma adesso ne hanno anche troppi (*they even have too many of them*)!
2. Io _____[1] al caffè con Alessandro. Ho ordinato del tè perchè _____[2] sete ed _____[3] molto stanca. Poi ho notato l'ora: _____[4] quasi le 3,00 e noi _____[5] un appuntamento alle 2,45. Abbiamo preso un tassì perchè _____[6] già in ritardo!

C. **Adesso e una volta.** Grandma feels the world has changed a lot, and not for the better! She prefers the good old days. She tells what things are like today and what they used to be like before. Follow the model.

ESEMPIO: Adesso le donne **lavorano** e **non stanno** a casa.
Una volta le donne **non lavoravano** e **stavano** a casa.

1. Adesso le ragazze vanno all'università.   2. Adesso le donne portano i jeans.   3. Adesso gli uomini non portano la cravatta tutti i giorni.
4. Adesso i bambini fanno tutto quello che vogliono.   5. Adesso la gente compra cibi surgelati (*frozen food*).   6. Adesso guardiamo la televisione e non parliamo.   7. Adesso i giovani dicono parolacce (*bad words*).   8. Adesso la gente ha la macchina e non cammina.

—Una volta, nel deserto, i miraggi erano gratis.

D. Interview a classmate and find out three things that he/she used to do as a child.

ESEMPIO: Cosa facevi quando eri bambino/a?
Quando ero bambino/a, prendevo lezioni di piano...

Report your findings to the class, then ask your instructor the same question.

B. Imperfetto e passato prossimo

Era una bella giornata: il sole splendeva e gli uccelli cantavano nel parco. Marco si sentiva felice perchè aveva un appuntamento con una ragazza che aveva conosciuto la sera prima. Purtroppo, però, la ragazza non è venuta, il tempo è cambiato ed ha cominciato a piovere. Marco è tornato a casa tutto bagnato e di cattivo umore.

It was a beautiful day. The sun was shining and the birds were singing in the park. Marco felt happy because he had a date with a girl he had met the night before. Unfortunately, though, the girl didn't show up, the weather changed, and it started to rain. Marco went back home soaking wet and in a bad mood.

The **passato prossimo** and the **imperfetto** are often used together in past narrations. They express different kinds of actions in the past, however, and cannot be used interchangeably.

1. The **passato prossimo** narrates specific events that occurred in the past. It tells *what happened* at a given moment.

> Ieri ho ricevuto tre lettere. *Yesterday I received three letters.*
> Siamo usciti alle otto. *We went out at eight.*

2. The **imperfetto** describes habitual actions in the past (*what used to happen*).

> Giocavamo a tennis ogni sabato. *We played tennis every Saturday.*

It also describes ongoing actions in the past: *what was going on* while something else was happening (two verbs in the **imperfetto** in the same sentence), or what was going on when something else happened (one verb in the **imperfetto,** the other in the **passato prossimo**).

> Io studiavo mentre mio cugino *I was studying while my cousin*
> guardava la partita. *was watching the game.*
> Mangiavate quando ho telefonato? *Were you eating when I called?*

The **imperfetto** also relates conditions or states—physical or mental—that existed in the past, such as appearance, age, feelings, attitudes, beliefs, time, or weather.

> Non volevo uscire. *I didn't want to go out.*
> Avevo un appuntamento con Luigi. *I had a date with Luigi.*
> Erano le otto di sera. *It was eight P.M.*
> Pioveva ma non faceva freddo. *It was raining, but it wasn't cold.*
> Non ricordavano il mio nome. *They didn't remember my name.*

—Mi hanno arrestato mentre uscivo da un camino[a] con un sacco!

[a]*chimney*

3. Because the **passato prossimo** expresses what happened at a certain moment, whereas the **imperfetto** expresses a state or a habit, the **passato prossimo** is the tense used to indicate a change in a state.

> Avevo paura dei topi. *I was afraid of mice.*
> *(description of mental state)*
>
> Ho avuto paura quando ho *I got scared when I saw the*
> visto il topo. *mouse. (what happened at a*
> *given moment)*

ESERCIZI

A. Replace the italicized words with the **imperfetto** of each verb in parentheses.

1. Giuseppina *guardava* la televisione quando sono arrivato. (leggere il giornale / fare la doccia / lavare i piatti / scrivere una lettera / servire il caffè)

2. Gli studenti *ascoltavano* mentre la professoressa spiegava. (prendere appunti [*notes*] / scrivere / fare attenzione / stare zitti / giocare con la matita)

B. Say where the following people went and why.

ESEMPIO: Maria / in Italia / vuole imparare l'italiano →
Maria è andata in Italia perchè voleva imparare l'italiano.

1. Giancarlo / al bar / ha sete
2. tu / dal dottore / non ti senti bene
3. mia cugina / in biblioteca / deve cercare dei libri
4. i nostri genitori / al ristorante / vogliono mangiare
5. voi / alla festa / sperate di incontrare persone interessanti
6. noi / a dormire / abbiamo sonno
7. io / in discoteca / ho voglia di ballare
8. Carla / all'università / vuole diventare dottoressa in medicina
9. loro / dal salumiere / hanno bisogno di prosciutto
10. voi / a letto / siete stanchi

C. Un'americana a Firenze. Judy spent her vacation in Florence. Put her story in the past.

È il 25 aprile. Arrivo a Firenze. La mia amica italiana Silvana mi aspetta alla stazione. Prendiamo un tassì. Vedo che c'è molta gente nelle vie e che i negozi sono chiusi (*closed*). Domando a Silvana perchè la gente non lavora. Silvana mi risponde che il 25 aprile è l'anniversario della Liberazione.* Arriviamo alla casa di Silvana. Io vado subito a dormire perchè sono stanca e ho sonno. La sera esco con Silvana. Sono contenta di essere a Firenze.

D. Dov'eri? Laura wants to know where her roommate Carla was yesterday and what she was doing. Working with a partner, play Laura's and Carla's parts.

ESEMPIO: (telefonare) in cucina / lavare i piatti →
LAURA: Dov'eri quando ho telefonato?
CARLA: Ero in cucina.
LAURA: Ah sì? E che cosa facevi?
CARLA: Lavavo i piatti.

1. (andare al cinema) in biblioteca / leggere una rivista
2. (ritornare a casa) al supermercato / fare la spesa
3. (fare il dolce) in palestra / giocare al pallone

---

*On April 25, 1945, World War II came to an end.

4. (uscire) in camera / dormire
5. (arrivare a casa) in giardino / prendere il sole

E. Tell three things that happened while you were studying yesterday.

ESEMPIO: Mentre studiavo, hanno suonato alla porta.

Now tell three things that were going on while you were studying yesterday.

ESEMPIO: Mentre io studiavo, il mio compagno di camera dormiva.

F. Conversazione.

1. Quanti anni aveva quando ha cominciato l'università? 2. Quanti anni avevano i Suoi genitori quando si sono sposati? 3. Che cosa faceva nel tempo libero quando era bambino/a? 4. Che cosa voleva diventare?
5. Dove abitava? In campagna o in città? In una casa grande o in una casa piccola? 6. Che cosa Le piaceva fare?

C. Trapassato

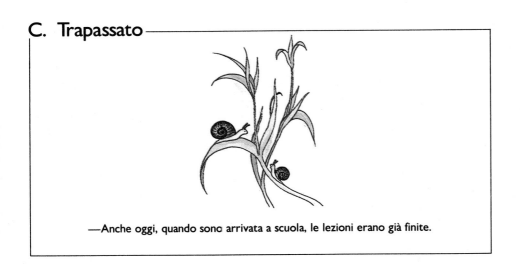

—Anche oggi, quando sono arrivata a scuola, le lezioni erano già finite.

1. The **trapassato** is the exact equivalent of the English past perfect (*I had worked, they had left*). It indicates a past action that took place before a specific point in time in the past or before another past action. This other past action can be expressed by either the **passato prossimo** or the **imperfetto.**

Mia suocera **era partita** prima delle otto.
My mother-in-law had left before eight o'clock.

Quando ho telefonato i nonni **erano** già **usciti.**
When I called, my grandparents had already left.

| Ero stanca perchè **avevo nuotato** tutta la mattina. | *I was tired because I had been swimming all morning.* |

2. The **trapassato** is formed with the **imperfetto** of the auxiliary verb (**avere** or **essere**) plus the past participle. Note that the past participle agrees with the subject when the verb is conjugated with **essere.**

VERBI CONIUGATI CON **avere**	VERBI CONIUGATI CON **ẹssere**
avevo avevi aveva avevamo } lavorato avevate avẹvano	ero eri } partito/a era eravamo eravate } partiti/e ẹrano

ESERCIZI

A. Replace the subject with each subject in parentheses and change the verb form accordingly.

1. A vent'anni io avevo già imparato a sciare. (Paolo / noi due / la signora Bocca / tu)
2. Eravamo stanche perchè avevamo lavorato troppo. (Luisa / tu / i miei compagni di camera)

B. Troppo tardi! By the time these people showed up, it was too late. Describe what happened, following the model.

ESEMPIO: Maria telefona a Franca. Franca è uscita. →
   Quando Maria ha telefonato a Franca, Franca era già uscita.

1. Entriamo nel cinema. Il film è incominciato.
2. Il cameriere porta il conto (*bill*). I clienti sono usciti.
3. Il nonno arriva a casa. La famiglia ha finito di mangiare.
4. Mirella arriva all'aeroporto. L'aereo è partito.
5. I bambini tornano a casa. La mamma è andata a dormire.
6. Voi ci invitate. Noi abbiamo accettato un altro invito (*invitation*).
7. Tu arrivi a scuola. Le lezioni sono finite.
8. Mi alzo. Le mie sorelle hanno fatto colazione.

C. Ask a classmate to tell you three things he/she had already done by age 16.

ESEMPIO: A sedici anni ero già stato/a in Europa...

D. **Dire, parlare** e **raccontare**

—Quando mio marito racconta una favola, ci mette molta passione...

Dire, parlare, and **raccontare** all correspond to the English verb *to tell,* but they are not interchangeable.

1. **Dire** means *to tell* or *to say.*

Devo dirLe una cosa.	*I must tell you something.*
Mi avete detto « Ciao! »?	*Did you say "Ciao!" to me?*

2. **Parlare** means *to speak* or *to talk.* **Parlare di** means *to tell about* or *to talk about.*

Ti voglio parlare di un sogno strano.	*I want to tell you about a strange dream.*
Alberto parla molte lingue.	*Alberto speaks many languages.*

3. **Raccontare** means *to tell* in the sense of *narrating, recounting,* or *relating.*

Voglio raccontarti una favola.	*I want to tell you a fable.*
Mi hanno raccontato molte barzellette.	*They told me many jokes.*

Un racconto means *a short story* or *a tale.*

Ho letto un bel racconto.	*I read a beautiful tale.*
Il nonno ci racconta molte storie.	*Grandfather tells us many tales.*

ESERCIZI

A. Complete each sentence with the appropriate verb form.

1. È vero che Grazia non (dice / parla) mai di suo marito?
2. Può (raccontarmi / dirmi) che ore sono?
3. Al nonno piace (raccontare / dire) favole ai bambini.

4. (Hanno detto / Hanno parlato) che non potevano venire.
5. (Parlano / Raccontano) molte lingue.
6. Perchè non mi (parli / dici) del tuo sogno?
7. Voi (raccontate / dite) sempre la verità?

B.   Complete the story and the conversation with the appropriate verb forms.

1. Il nostro nonno era un uomo meraviglioso. (Diceva / Parlava) tre lingue e
   ci (raccontava / diceva) favole di tutti i paesi. Ci (parlava / diceva) spesso
   delle sue esperienze durante la guerra: ci (diceva / parlava) che la gente
   a quei tempi era povera ma coraggiosa. Ci (raccontava / parlava) episodi
   di guerra e ci (diceva / parlava) dei soldati americani che aveva conosciuto.
2. A: Sai, Giulia mi (ha parlato / ha detto) che Franca e il marito si sono
      lasciati.
   B: Che (dici / parli)? È vero? Giulia (parla / dice) sempre bugie (*lies*)!
   A: Io (dico / racconto) solo questo: se non è vero, io con quella donna
      non (racconto / parlo) più!

C.   Express in Italian.

1. I told him my name.   2. I told him about my family.   3. Uncle Silvio
never tells the children the same fairy tale.   4. They didn't tell me that it
was too late.   5. They don't speak to each other. They haven't spoken to
each other for a long time.   6. Were they speaking Italian?   7. They were
speaking about their adventures in Africa (**avventure in Africa**), and they
were speaking English.

E. Suffissi per nomi e aggettivi

—Allora, mamma, quand'è che arriva questo fratellino?

1. Various shades of meaning can be given to Italian nouns (including
   proper names) and adjectives by adding different suffixes.

   cas**etta** *little house*   temp**accio** *bad weather*
   nas**one** *big nose*   fratell**ino** *little brother*

When a suffix is added, the final vowel of the word is dropped.

2. Some common Italian suffixes are **-ino/a/i/e**, **-etto/a/i/e**, **-ello/a/i/e**, and **-uccio**, **-uccia**, **-ucci**, **-ucce**, which indicate smallness or express affection or endearment.

naso *nose*	→	nas**ino** *cute little nose*
case *houses*	→	cas**ette** *little houses*
cattivo *bad, naughty*	→	cattiv**ello** *a bit naughty*
Maria *Mary*	→	Mari**uccia** *little Mary*

3. The suffixes **-one/-ona** (*singular*) and **-oni/-one** (*plural*) indicate largeness.*

libro *book*	→	libr**one** *big book*
lettera *letter*	→	letter**ona** *long letter*
pigro *lazy*	→	pigr**one** *very lazy*
Beppe *Joe*	→	Bepp**one** *big Joe*

4. The suffixes **-accio**, **-accia**, **-acci**, and **-acce** convey the idea of a bad or ugly quality.

libro *book*	→	libr**accio** *bad book*
tempo *weather*	→	temp**accio** *awful weather*
parola *word*	→	parol**accia** *dirty word*
cattivo *naughty*	→	cattiv**accio** *quite naughty*

Since it is very difficult to know which suffix(es) a noun may take, it is advisable to use only forms that you have read in Italian books or heard used by native speakers.

ESERCIZI

A. Add two suffixes to each word to indicate size. Then use the new words in a sentence, according to the example.

ESEMPIO: ragazzo → Non è un ragazzino, è un ragazzone!

1. regalo
2. piede (*foot*)
3. naso
4. lettera
5. coltello (*knife*)
6. macchina

B. Express the phrase with a suffixed noun or adjective.

ESEMPIO: un grosso libro → un librone

1. una brutta parola
2. una lunga lettera
3. carta (*paper*) di cattiva qualità
4. un brutto affare
5. due ragazzi un po' cattivi
6. un grosso bacio

---

*Many feminine nouns become masculine when the suffix **-one** is added:

la palla *ball*	→	il pallone *soccer ball*
la porta *door*	→	il portone *street door*
la finestra *window*	→	il finestrone *big window*

C. Working in pairs, answer each question in the negative, following the example.

> ESEMPIO: giornale / bello →
> —È un bel giornale?
> —No, è un giornalaccio!

1. giornata / bello
2. parola / bello
3. ragazzi / bravo
4. film / bello
5. strada / in buone condizioni
6. lettera / bello

D. Conversazione.

1. Di solito Lei scrive letterine o letterone? 2. Ha mai ricevuto una letteraccia? Da chi? Per quale motivo (*reason*)? 3. Come sono gli esami in questo corso, esamini o esamoni? 4. Quali persone nel mondo della televisione o del cinema sono famose per il loro nasone?

—Come si chiama questa tua amichetta?

DIALOGO

Beppino e Vittoria parlano del passato. È un giovedì sera. Beppino e Vittoria sono stati al Piazzale Michelangelo e hanno visitato l'antica° chiesa di San Miniato. Beppino ha fatto molte fotografie. Dopo la passeggiata,° i due ragazzi sono tornati a casa Pepe. Ora prendono il caffè nel soggiorno.°

ancient
walk
living room

VITTORIA: Hai foto della tua famiglia e della tua casa?
BEPPINO: Certo! Ora vado a prenderle.

(Beppino si alza e torna con un grosso album.)

BEPPINO: Ecco mio padre, mia madre e mia sorella Elena. Ed ecco la nostra casa e i miei due cani.
VITTORIA: E questo ragazzo chi è?
BEPPINO: Non mi riconosci?
VITTORIA: No davvero°! Mamma mia, com'eri brutto! Quanti anni avevi?

really

BEPPINO: Grazie tanto! Avevo quattordici anni.
VITTORIA: No, non mi piaci in questa foto. Hai l'aria scema.° E cosa facevi a quattordici anni?

Hai... *You look silly*

BEPPINO: Boh, niente° di speciale: andavo a scuola, ma non studiavo molto. Avevo insegnanti molto noiosi.° Mi piacevano gli sport: giocavo a baseball e a tennis, e andavo a nuotare in piscina. Ah sì, suonavo anche la chitarra e cantavo. E tu, che facevi a quattordici anni?

nothing
boring

VITTORIA: Anch'io andavo a scuola e mi annoiavo. Frequentavo anche una scuola di ballo; mi piaceva tanto ballare. Sognavo° di diventare una grande ballerina...

I dreamed

In viaggio: foto di famiglia

BEPPINO: E poi, cos'è successo? Perchè non hai continuato?
VITTORIA: Perchè ho capito che non ero brava abbastanza. Ma non parliamo
            di malinconie°! Devo tornare a casa: m'accompagni?   *sad things*
BEPPINO: Volentieri! Ma prima ti faccio una foto. La luce° è proprio giusta e   *light*
            hai l'aria molto romantica.
VITTORIA: Una foto per il tuo album? Una foto per i tuoi amici e... le tue
            amiche del Texas? « Ecco una mia amica di Firenze; si chiamava
            Vittoria... era carina... »
BEPPINO: Vittoria, ti prego°!   *ti... I beg you*
VITTORIA: No, no, andiamo. E poi la luce è andata via.

■ VARIAZIONI SUL TEMA

Dopo tanta malinconia, un po' di allegria! With a partner, play the parts of
spouses (or perhaps siblings) who are looking back over a long and happy
life: **Ricordi quand'eravamo giovani... ?** There's just one small problem: one
of you has the tendency to exaggerate or romanticize things a bit and must
constantly be corrected by the other (**Che dici! Non era bella la nostra
casa—era troppo piccola e piena di topi** [*mice*]!). Pay close attention to
your use of the **passato prossimo** and the **imperfetto**.

PICCOLO RIPASSO

A. Ricordi. Patrizia remembers being 17. Complete each sentence with a verb in the **imperfetto** from the following list. Some verbs may be used more than once.

Quando _____¹ diciassette anni, io e mio fratello _____² al liceo. Io _____³ brava e _____⁴ molto perchè _____⁵ ricevere dei bei voti. A mio fratello, invece, non _____⁶ studiare e così non _____⁷ mai e _____⁸ uscire con gli amici. E voi, a diciassette anni, come _____⁹? _____¹⁰ voglia di studiare?

andare
avere
essere
piacere
preferire
studiare
volere

B. Mai fatto prima! You ask your friends what they have done and whether they had ever done it before. Follow the model.

ESEMPIO: durante le vacanze / andare a Ferrara →
—Cos'hai fatto durante le vacanze?
—Sono andato/a a Ferrara.
—Ah sì? Eri già andato/a a Ferrara?
—No, non ero mai andato/a a Ferrara.

1. lo scorso week-end / vedere «Via col vento»
2. a Venezia / andare in gondola
3. il giorno del tuo compleanno / sciare con gli amici
4. a Natale / mangiare il panettone
5. due giorni fa / fare la crostata di mele (*apples*)
6. in Italia / studiare l'italiano

C. Restate the following passage (adapted from a text by Carlo Manzoni) in the past tense, using the **passato prossimo** or the **imperfetto,** as appropriate.

La villa sembra disabitata (*uninhabited*). Mi avvicino (*I go near it*). Metto il dito (*finger*) sul campanello e sento il suono (*sound*) nell'interno. Aspetto ma nessuno (*no one*) viene ad aprire. Suono ancora, e ancora niente (*nothing*). Controllo (*I check*) il numero sulla porta: è proprio il 43 B e corrisponde al numero che cerco. Suono per la terza (*third*) volta. Siccome (*As*) non viene nessuno, metto la mano sulla maniglia (*handle*) e sento che la porta si apre. Entro piano. Mi trovo in una grande sala. Silenzio. Chiudo (*I close*) la porta e faccio qualche passo (*a few steps*). Vedo un'altra porta ed entro in una specie (*kind*) di biblioteca. La prima cosa che vedo appena entro è un uomo che sta steso (*stretched out*) per terra in una grande macchia di sangue (*blood stain*). Deve essere morto. Guardo l'ora. Sono esattamente le undici e dodici minuti.

D. Il vostro passato. Rispondete alle seguenti domande.

1. Dove abitava quando aveva 8 anni?   2. Abitava con i Suoi genitori?

3. Chi era il Suo parente preferito? 4. Quale scuola frequentava? 5. Con chi giocava? 6. Che cosa mangiava volentieri?

E. Express in Italian.

There were many things that I couldn't do when I was fifteen. I couldn't go out every evening, I couldn't sleep late, I couldn't talk to strangers (**gli estranei**). . . . Now I go out every evening, I return home at two or three A.M., I sleep late, I talk to strangers. . . . And I can do these things because I don't live with my parents any longer!

Now answer the following question in the form of a short paragraph: Quali cose non poteva fare Lei quando era bambino/a e abitava con i Suoi genitori?

F. Working with a partner, complete the conversations with the correct form of **dire, parlare,** or **raccontare.**

1. A: Sai, Chiara mi _____ (ha raccontato / ha detto) che è arrivata sua suocera.
   B: Lo so. Una signora proprio simpatica! _____ (Dice / Parla) tre lingue perfettamente e _____ (dice / racconta) sempre belle favole ai bambini.
2. A: Povero Giulio! Ieri sera mi _____ (ha raccontato / ha parlato) di tutti i suoi problemi...
   B: Devi stare attenta, però: Giulio non _____ (dice / racconta) sempre la verità!
3. A: Mi _____ (hanno detto / hanno raccontato) che deve venire il professor Pollini. È vero?
   B: Sì, e devi assolutamente andare alla sua conferenza (*lecture*). _____ (Dice / Parla) in modo molto chiaro e comprensibile e _____ (dice / parla) sempre delle cose originali!

LETTURA CULTURALE

LA FAMIGLIA ITALIANA

Una volta la tipica famiglia italiana era molto numerosa: le coppie avevano molti figli e spesso anche i nonni abitavano con la famiglia. Ora le cose sono cambiate. La famiglia tipica è più piccola, composta di madre, padre ed un solo figlio. In media una famiglia consiste di tre persone. Perchè sono tanto cambiate le cose? Ci sono molte ragioni, tra le più importanti c'è il fatto che

molte donne lavorano fuori di casa, inoltre è difficile trovare un appartamento grande ed i figli costano!

Generalmente i figli vivono a casa con i genitori fino a quando non° si sposano, spesso tra i venticinque ed i trent'anni, ma anche dopo il matrimonio i figli rimangono molto legati ai genitori. Anche se non abitano più con i genitori, i figli spesso vanno a cena « dalla mamma » almeno una volta alla settimana e telefonano o vedono i genitori quasi ogni giorno.

fino... until

In Italia non è comune come negli Stati Uniti trasferirsi° da una città all'altra: spesso gli italiani vivono tutta la loro vita nella città in cui° sono nati. La famiglia è molto unita e tutti si aiutano nella vita di ogni giorno e nei momenti difficili. La famiglia, anche se più piccola, resta ancora uno dei capisaldi° della società italiana!

to move

which

strongholds

« C'era una volta... »

« Girotondo » nel sole di Latina

PRATICA

A. **Domande sulla lettura.** Vero o falso? Se è falso, spiegate perchè.

1. Molte famiglie italiane hanno tre figli.   2. Anni fa i nonni spesso abitavano con i figli ed i nipoti.   3. In Italia tutte le mamme stanno a casa con i figli.   4. In Italia non è facile avere una casa grande.   5. A vent'anni molti ragazzi italiani vanno ad abitare da soli.   6. Gli italiani si sposano molto giovani.   7. In Italia i figli sposati parlano spesso ai genitori.   8. Gli italiani cambiano spesso città.   9. La famiglia è sempre stata un elemento molto importante nella società italiana.

B.   Quali sono oggi le differenze principali tra le famiglie italiane e quelle americane? Date delle spiegazioni possibili per le differenze (e le somiglianze) tra le famiglie italiane ed americane.

	IN ITALIA	NEGLI STATI UNITI
1. I giovani vivono a casa con i genitori anche dopo l'università.	_____	_____
2. I figli parlano ai genitori quasi ogni giorno.	_____	_____
3. Molte persone vivono tutta la loro vita nella stessa città.	_____	_____
4. Le famiglie sono molto unite.	_____	_____
5. Molte donne hanno un lavoro fuori di casa.	_____	_____
6. Molte famiglie hanno pochi figli perchè il costo della vita è molto elevato.	_____	_____

PAROLE DA RICORDARE

VERBI

avere l'aria (romantica, scema) to look (romantic, silly)
continuare (a + inf.) to continue (doing something)
piovere to rain
portare to wear
raccontare to tell, narrate
sognare (di + inf.) to dream (of doing something)
* **succedere** (p.p. **successo**) to happen
visitare to visit
* **vivere** (p.p. **vissuto**) to live

NOMI

il bosco (pl. **i boschi**) woods
la cognata sister-in-law
il cognato brother-in-law
la favola fable
il fratellastro stepbrother; half brother
il genero son-in-law
la luce light

la matrigna stepmother
il naso nose
la nuora daughter-in-law
il passato past
la passeggiata walk
il patrigno stepfather
il piede foot
la piscina swimming pool
lo scapolo bachelor
il soggiorno living room
il sole sun
la sorellastra stepsister; half sister
la suocera mother-in-law
il suocero father-in-law
la vedova widow
il vedovo widower

AGGETTIVI

celibe single (man)
divorziato divorced
giusto right, correct
grosso big
noioso boring

nubile single (woman)
numeroso large, numerous
paterno paternal
romantico (m. pl. **romantici**) romantic
scapolo single (man)
scemo stupid
separato separated
vedovo being a widower, widowed

ALTRE PAROLE ED ESPRESSIONI

anche prima even before
davvero really
di buon umore in a good mood
di cattivo umore in a bad mood
di solito usually
mamma mia! good heavens!
niente di speciale nothing special
sotto under
una volta (c'era una volta) once upon a time

Lingua viva

Il matrimonio e la nascita di un bambino o di una bambina sono due degli eventi più belli ed importanti nella vita. Guardate attentamente questi annunci.

Alessandro Papini   *Daniela Uboldi*

annunciano il loro matrimonio

Milano, 13 Marzo 1982

Chiesa S. Cristoforo - ore 11.30
Via S. Cristoforo, 3

Cuneo - Piazza Europa, 24   *Milano - Via Teodosio, 14*

Cuneo - Via A. Carlo, 22

Ariane, Alfonso, Piero e Pia

annunciano con gioia la nascita

di

Francesca Lina Procaccini

Fiesole, 22 Dicembre 1987

Piazza Fardella, 7 - Firenze

A. Rispondete con frasi complete.

1. Da quanti anni sono sposati Daniela e Alessandro?
2. Si sono sposati in chiesa?
3. In quale città abitava Daniela prima di sposarsi?
4. Dov'è nata Francesca?
5. È figlia unica Francesca?

B. Differenze di abitudini! Dove succedono queste cose?

	IN ITALIA	NEGLI STATI UNITI
1. Di solito sono i genitori che annunciano il matrimonio dei figli.	_____	_____
2. Il matrimonio è sempre annunciato dagli sposi.	_____	_____
3. Nell'annuncio di matrimonio c'è l'indirizzo degli sposi.	_____	_____
4. Negli annunci di nascita mettono il peso del bambino.	_____	_____
5. Negli annunci di nascita mettono il luogo di nascita.	_____	_____

Napoli: matrimonio sul mare

Capitoli 5–8

A. Circle the letter of the item that best fits the blank.

1. Le vie _____ città italiane sono sempre affollate.
   a. del b. della c. delle
2. Se non puoi farlo, non _____!
   a. farlo b. fallo c. lo fa
3. Professore, _____ piace insegnare?
   a. Lei b. La c. Le
4. Conosci quel ragazzo? Perchè non _____ saluti?
   a. lo b. le c. gli
5. Non ho scritto a Maria; le ho _____.
   a. telefonato b. telefonata c. telefonate

6. Signorina, ha visto le fontane di Roma?
   —Sì, _____ ho viste.
   a. le b. la c. gli
7. Quale città ti _____ piaciuta di più?
   a. sei b. sono c. è
8. È questo il libro _____ signore?
   a. dello b. della c. del
9. Regaliamo un buon chianti a Giacomo; _____ piace molto il vino.
   a. lo b. le c. gli
10. Mario e Lisa _____ sono conosciuti a Genova.
    a. li b. ci c. si

B. A cena. Working with a partner, ask and answer questions as in the example.

ESEMPIO: mangiare i tortellini →
  —Avete mangiato i tortellini?
  —Sì, li abbiamo mangiati.

1. finire i panini
2. preparare la pasta
3. apparecchiare (*to set*) la tavola
4. comprare i vini
5. prendere la frutta
6. bere la birra

C. Le vacanze. Ask and answer questions as in the example. Use the correct pronoun (direct or indirect) in the response.

ESEMPIO: vedere anche la Francia / Mara →
  —Ha visto anche la Francia Mara?
  —No, non l'ha vista perchè non aveva soldi.

1. noleggiare la macchina / i Costa
2. assaggiare (*to try*) i vini italiani / voi
3. comprare la bici in Italia / Stefano
4. telefonare allo zio da Parigi / tu
5. visitare le Hawaii / loro

VIVA
LO SPORT!

In breve

Grammatica
A. Pronomi tonici
B. Comparativi
C. Superlativi
D. Comparativi e
   superlativi irregolari

Lettura culturale
Lo sport e il tempo libero

Rito domenicale: pomeriggio allo
stadio per la partita di calcio

VOCABOLARIO PRELIMINARE

Dialogo-lampo

PAOLO: Cosa ti piace di più, il calcio europeo o il football americano?

STEFANO: Che domanda! Il calcio europeo, naturalmente. È uno sport molto più agile ed elegante. È lo sport più popolare del mondo!

Suggestion: After a review of the *Vocabolario preliminare*, have students do the dialogue with different sports.

Sport e attività

SPORT

il footing; fare il footing
la ginnastica; fare la ginnastica
il jogging; fare il jogging

il baseball; giocare a baseball
il calcio; giocare a calcio
il football; giocare a football
il golf; giocare a golf
la pallacanestro, il basket; giocare a pallacanestro, a basket

ALTRI SPORT

il ciclismo cycling
la corsa; correre (*p.p.* **corso**) running, race; to run

la maratona marathon
l'equitazione (*f.*); ***andare a cavallo** horseback riding; to go horseback riding
il nuoto; nuotare swimming; to swim
il pattinaggio (su ghiaccio); pattinare skating (on ice); to skate
lo sci; sciare skiing; to ski
 lo sci di fondo cross-country skiing
 lo sci nautico waterskiing

ALTRE ATTIVITÀ

camminare to walk

fare un'escursione to take a short trip (*i.e., in the mountains*)
fare una gita to take a short trip (*by car or on foot*)
fare una passeggiata to go for a walk

ALTRE ESPRESSIONI

il giocatore, la giocatrice player
la partita game
la squadra team
vincere (*p.p.* **vinto**) to win

Nota linguistica

Italian uses various verbs to talk about sports activities.

1. **Praticare uno sport** (*to be active in*) is used to refer to athletic activity in general.

   Quali sport praticate nel vostro paese?

2. **Fare** (*to do, participate in a sport or activity*) is used with many leisure activities.

   Quante volte alla settimana fate l'aerobica?

3. **Giocare a** (*to play*) is generally used to refer to sports or games played by two or more people.

   Preferisci giocare a tennis o giocare a carte?

ESERCIZI

A.   Quale sport è? Read these sporting headlines aloud and indicate which sport is involved in each item.

1. Gli italiani vincono la Coppa del Mondo a Madrid.
2. Alberto Tomba vince lo slalom nei campionati mondiali.
3. Greg LeMond vince il Giro d'Italia.
4. Jack Nicklaus vince l'Open americano.
5. Brian Boitano vince la medaglia d'oro alle Olimpiadi.
6. Herschel Walker vince lo Heisman Trophy.

B.   Opinioni. How would you rate the following sports and activities? Start your statements with **Secondo me . . .**

Aggettivi: faticoso (*tiring*), pericoloso (*dangerous*), riposante (*relaxing*), divertente, noioso, importante, meraviglioso, costoso

—Vedo un grande interesse per lo sport.

1. giocare a calcio
2. sciare a Vail nel Colorado
3. andare in bicicletta quando fa caldo
4. pattinare su ghiaccio
5. nuotare in un lago
6. fare l'aerobica alle sei di mattina
7. fare il jogging per tre ore consecutive
8. fare una passeggiata

Now indicate three personal choices.

Lo sport più divertente...
Lo sport più pericoloso...
Lo sport più difficile...

C.   Stagioni e sport. Which sports and activities are common in your area during each season?

ESEMPIO: in inverno (nel Colorado) →
            In inverno nel Colorado sciamo, pattiniamo e facciamo il jogging.

1. in primavera   2. in estate   3. in autunno   4. in inverno

GRAMMATICA

A. Pronomi tonici

MARINA: Riccardo, non sei venuto alla partita di pallacanestro?
Abbiamo vinto: sessantotto a sessantacinque!

RICCARDO: Ma sì che son venuto! Non mi hai visto? Ti ho
guardato tutta la serata!

MARINA: A dire la verità, ho visto te... ma tu non mi
guardavi! Parlavi con Carlo e Stefania!

RICCARDO: Ma che dici! Non ho fatto altro che guardare te.
Ho parlato con loro solo per dire come sei brava!

1. Unlike the other object pronouns you have learned, disjunctive (stressed)
   pronouns (**i pronomi tonici**) follow a preposition or a verb. They usually
   occupy the same position in a sentence as their English equivalents.

SINGOLARE		PLURALE	
me	*me*	noi	*us*
te	*you*	voi	*you*
Lei	*you*	Loro	*you*
lui, lei	*him, her*	loro	*them*
sè	*yourself, oneself, himself, herself*	sè	*yourselves, themselves*

2. Disjunctive pronouns are used

   a. after a preposition

I fiori sono **per** te.	*The flowers are for you.*
Non voglio uscire **con** loro.	*I don't want to go out with them.*
Avete ricevuto un regalo **da** lei.	*You have received a present from her.*
Amano parlare **di** sè.	*They like to talk about themselves.*
Secondo me, gli italiani non sono sportivi.	*In my opinion, Italians are not athletic.*

MARINA: Riccardo, didn't you come to the basketball game? We won: sixty-eight to
sixty-five! RICCARDO: Sure I came! Didn't you see me? I watched you the whole
evening! MARINA: To tell the truth, I saw you . . . but you weren't watching me! You were
talking with Carlo and Stefania! RICCARDO: What are you saying? I didn't do anything but
look at you. I talked with them only to say how good you are!

Four prepositions (**senza** [*without*], **dopo, sotto,** and **su**) require **di** when followed by a disjunctive pronoun.

Vengo senza mio marito: vengo **senza di** lui.	*I'm coming without my husband; I'm coming without him.*
Sono arrivati allo stadio dopo i giocatori: sono arrivati **dopo di** loro.	*They got to the stadium after the players; they got there after them.*
Non vuole nessuno **sotto di** sè.	*He doesn't want anyone below him.*
I nonni contano **su di** noi.	*Our grandparents are counting on us.*

b. after a verb, to give greater emphasis to the object (direct or indirect)

Lo amo. (*unemphatic*)	*I love him.*
Amo solamente lui. (*emphatic*)	*I love only him.*
Ti cercavo. (*unemphatic*)	*I was looking for you.*
Cercavo proprio te. (*emphatic*)	*I was looking just for you.*
Le davano del tu. (*unemphatic*)	*They addressed her with **tu.***
Davano del tu a lei. (*emphatic*)	*They addressed her with **tu.***

Note that the emphatic construction is often accompanied by **anche, proprio** (*just*), or **solamente.**

c. when there are two direct or two indirect objects in a sentence

Hanno invitato lui e lei.	*They invited him and her.*
Scriveva a me e a Maria.	*He used to write to me and to Maria.*

3. Note the special use of **da** + *noun* or *disjunctive pronoun* to mean *at, to,* or *in* someone's home or place.

Dove andiamo? Da Roberto? —Sì, andiamo **da** lui.	*Where are we going? To Roberto's? —Yes, we're going to his house.*

ESERCIZI

A. Restate each conversation to include a **pronome tonico.**

ESEMPIO: A: Con chi ti piace uscire?
B: Mi piace uscire con gli amici. →
Mi piace uscire con loro.

1. A: È vero che Vittoria s'interessa di Beppino?
   B: Sembra di sì; Beppino dice che non può vivere senza Vittoria!
2. A: Facciamo un regalino anche ai Duranti?
   B: Ma sì! Sono così simpatici e possiamo sempre contare su Gianni.
3. A: Se ci fermiamo dal salumiere, vuoi qualcosa?
   B: Niente per me, ma due etti di mortadella per la nonna.
4. A: Sei arrivato dopo Cinzia?
   B: Purtroppo, e così non ho potuto parlare con i suoi cugini.

—Il pranzo solo per me: oggi il conte[a] non mangia.   [a]*count*

B.   Restate each sentence making the object pronoun emphatic.

ESEMPIO: Perchè non mi ascoltate? → Perchè non ascoltate me?

1. Mi avete chiamato?
2. Che sorpresa! Non vi aspettavo!
3. Gli hai fatto un regalo?
4. Volevano invitarti.
5. Non mi hanno salutato.
6. Non le telefonano.

C.   Express in Italian.

Paolo said to Virginia: "I need you. I think of you night and day. I live for you. I love you. I love only you." Virginia said to Paolo: "I love another man."

D.   How would you tell . . .

1. your friends that you need them?   2. a mechanic (**meccanico**) that you need him?   3. two children that you are pleased with them?   4. a young woman/man that you can't play tennis with her/him?   5. a professor that you want to take a class from him/her?   6. a grandmother that the flowers are for her? and that you are going to her house for the weekend?

B. Comparativi

—D'accordo che in agosto è più bello, però i prezzi di fuori stagione[a] sono più vantaggiosi.   [a]*fuori... off season*

1. There are three kinds of comparison.

COMPARISON OF EQUALITY **(il comparativo d'uguaglianza)**	COMPARISON OF SUPERIORITY **(il comparativo di maggioranza)**	COMPARISON OF INFERIORITY **(il comparativo di minoranza)**

Sergio è così alto come
  Roberto. *o*
Sergio è tanto alto
  quanto Roberto.
*Sergio is as tall as
  Roberto.*

Chiara è più alta di Nella.
Chiara is taller than Nella.

Nino è meno alto di Maria.
*Nino is less tall (shorter)
  than Maria.*

Comparisons are expressed in Italian with these words:

(così)... come	*as . . . as*
(tanto)... quanto	*as . . . as; as much . . . as*
più... di (che)	*more . . . than; -er than*
meno... di (che)	*less . . . than*

2. The comparison of equality of adjectives is formed by placing **così** or
   tanto before the adjective and **come** or **quanto** after the adjective. **Così**
   and **tanto** are often omitted.

Il bambino è (così) bello come
  la madre.
*The child is as pretty as his
  mother.*

Il tennis è (tanto) costoso
  quanto il golf.
*Tennis is as expensive as
  golf.*

Comparisons of equality with verbs are expressed with **(tanto) quanto.**

Il signor Rossi nuota (tanto)
  quanto il signor Giannini.
*Mr. Rossi swims as much as
  Mr. Giannini.*

A personal pronoun that follows **come** or **quanto** is a disjunctive pronoun.

Il bambino è robusto come te.	*The child is as strong as you.*

3. The comparisons of superiority and inferiority are formed by placing **più** or **meno** before the adjective or noun. English *than* is expressed by **di** (or its contraction with an article) in front of nouns or pronouns.

L'aerobica è meno faticosa del tennis.	*Aerobics is less tiring than tennis.*
Ho più libri di te.	*I have more books than you.*
L'Italia è trenta volte più piccola degli Stati Uniti.	*Italy is thirty times smaller than the United States.*
Chi è più felice di me?	*Who is happier than I?*

4. The expressions *more than / less than* followed by numbers are **più di / meno di** + *number* in Italian.

Ho visto più di dieci partite di calcio.	*I've seen more than ten soccer games.*

5. **Che** is used instead of **di**

   a. when two qualities pertaining to the same person or thing are compared

L'equitazione è più costosa che **difficile.**	*Horseback riding is more expensive than difficult.*

   b. when the comparison is between two verbs in the infinitive

È più facile **nuotare** che **pattinare?**	*Is it easier to swim than to skate?*

   c. when the comparison is between two nouns or pronouns preceded by a preposition

Gioco più **a tennis** che **a calcio.**	*I play more tennis than soccer.*
Ha dato più soldi **a me** che **a te.**	*He gave more money to me than to you.*

   d. when there is a direct comparison between two nouns

Hai messo più **acqua** che **vino** nel bicchiere.	*You put more water than wine in the glass.*

6. Before a conjugated verb, *than* is expressed by **di quel(lo) che.**

Il ciclismo è più pericoloso di quel che t'immagini.	*Cycling is more dangerous than you imagine.*
Tu giochi bene: sei più bravo di quel che tu pensi.	*You play well; you're better than you think.*

ESERCIZI _____

A. Complete each sentence, using **di, di** + *article*, **che, di quel che, come,** or **quanto.**

1. Per me, il baseball è più interessante _____ pallacanestro.
2. La piscina è tanto grande _____ la pista (*rink*).
3. I maratoneti (*marathon runners*) mangiano più pasta _____ carne.
4. Anche se Paolo ha appena imparato a giocare a golf, è più bravo _____ tu pensi.
5. Avete più tempo per la ginnastica _____ per me.
6. Non potevamo spendere più _____ $60.00 per le scarpe da tennis.
7. È più facile sciare _____ pattinare?
8. Non sono mai stata tanto stanca _____ ora, dopo quella orribile partita!
9. Abbiamo dovuto aspettare più _____ un'ora per avere il campo (*court*) da tennis.

B. Compare each pair of people or things, according to the model. Express your opinion. Use **più, meno,** or **come.**

ESEMPIO: (famoso) Florence Griffith Joyner / Jackie Joyner Kersee →
Flojo è più famosa di Jackie Joyner Kersee!

1. (elegante) il pattinaggio / l'equitazione
2. (faticoso) il tennis / l'aerobica
3. (noioso) il football / il baseball
4. (difficile) il ciclismo / lo sci
5. (bravo) gli Yankees / i Red Sox
6. (facile) il calcio / il golf
7. (dinamico) Martina Navratilova / Chris Evert
8. (alto) Larry Bird / Magic Johnson

C. Working with a partner, ask questions with the indicated words and answer according to the example (and your own opinion).

ESEMPIO: (i tuoi amici) ricco / gentile →
—I tuoi amici sono ricchi o gentili?
—I miei amici sono più gentili che ricchi.

1. (i nostri compiti) lungo / difficile
2. (l'insegnante) spiritoso / bello
3. (gli studenti di questa classe) studioso / intelligente
4. (l'italiano) romantico / preciso
5. (questo libro) utile / interessante
6. (le ragazze di questa classe) simpatico / intelligente
7. (i ragazzi di questa classe) bello / gentile
8. (la nostra università) pittoresco / grande

D. Answer each question by using the construction **sempre più** (*more and more*) + *adjective*, as in the example.

ESEMPIO: Che cosa succede ai giorni in maggio? (lungo) →
Diventano sempre più lunghi.

1. Che cosa succede ai capelli della nonna? (bianco) 2. Cosa succede a un ragazzo timido quando le persone lo guardano con insistenza? (rosso)
3. Cosa sembra succedere a una valigia (*suitcase*) quando la dobbiamo portare per un bel pezzo di strada? (pesante [*heavy*]) 4. Cosa succede alle serate in inverno? (corto) 5. Che cosa succede ai prezzi nei periodi di inflazione? (alto)

E. Conversazione.

1. Nella Sua famiglia, chi è più alto di Lei? Più bravo di Lei negli sport? Più grasso? Più magro?
2. Ci sono persone nella Sua famiglia alte come Lei? Simpatiche come Lei? Più giovani di Lei? Più romantiche di Lei?
3. Mangia più/meno carne che pesce? Compra più/meno frutta che dolci?
4. Ha più/meno di cinque dollari nel portafoglio?

C. Superlativi

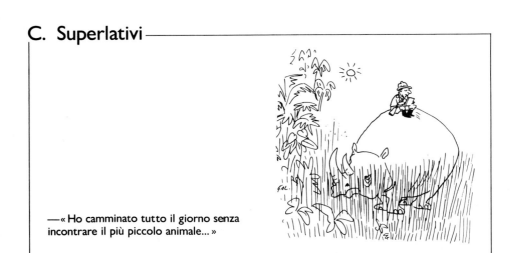

—« Ho camminato tutto il giorno senza incontrare il più piccolo animale... »

1. The relative superlative (*the fastest . . . , the most elegant . . . , the least interesting . . .*) is formed in Italian by using the comparative form with its definite article.

Di tutti gli sport, il calcio è il più popolare.
Of all sports, soccer is the most popular.
Giorgio è il meno sportivo dei fratelli.
Giorgio is the least athletic of the brothers.

When the relative superlative is accompanied by a noun, two constructions are possible, depending on whether the adjective precedes or follows the noun it modifies.

> Adjectives that precede: *article* + **più/meno** + *adjective* + *noun*

Il più bello sport è il calcio.   *The finest sport is soccer.*

> Adjectives that follow: *article* + *noun* + **più/meno** + *adjective*

Giorgio è **il fratello meno sportivo.**   *Giorgio is the least athletic brother.*

In English, the superlative is usually followed by *in*. In Italian, it is normally followed by **di**, with the usual contractions.

È il bambino più intelligente **della** famiglia.   *He is the smartest kid in the family.*

Questi pantaloni sono i più belli **del** negozio.   *These pants are the most beautiful ones in the store.*

2. The absolute superlative (*very fast, extremely elegant, quite interesting*) can be formed in two ways.

   a. by dropping the final vowel of the masculine plural form of the adjective and adding **-issimo** (**-issima, -issimi, -issime**)

> | | | | |
> |---|---|---|---|
> | veloce | → veloci | → **velocissimo** | *very fast* |
> | vecchio | → vecchi | → **vecchissimo** | *very old* |
> | lungo | → lunghi | → **lunghissimo** | *very long* |

—Prima dell'inquinamento[a] ero un bellissimo principe...

[a]*pollution*

b. by using adverbs such as **molto** and **estremamente** before the adjective

È un treno **molto veloce.**	*It's a very fast train.*
È un ragazzo **estremamente timido.**	*He's a very shy boy.*

Note that the following absolute superlatives often have alternate forms.

buonissimo	= ọttimo	*very good*
cattivịssimo	= pẹssimo	*very bad*
grandịssimo	= mạssimo	*very big, very great, biggest, greatest*
piccolịssimo	= mịnimo	*very small, smallest*

È un'ottima idea.	*It's a very good idea.*
La differenza tra le due parole è minima.	*The difference between the two words is very small.*

3. The relative superlative of adverbs is formed in much the same way as that of adjectives: by placing the article **il** before the comparative form.

Parlava il più forte di tutti.	*He was speaking loudest of all.*

To form the absolute superlative, **-issimo** is usually added to the adverb minus its final vowel. (An *h* is added in the last example to maintain the hard sound.)

È arrivato tardissimo.	*He arrived very late.*
Hanno pattinato benissimo.	*They skated very well.*
Quel bambino gioca pochissimo.	*That child plays very little.*

ESERCIZI

A. Following the example, expand each pair of words into a sentence. Your partner will respond using the *relative superlative* + **che conosciamo.**

ESEMPIO: giocatrice / dinamica →
—Non c'è una giocatrice più dinamica.
—Sì, è la giocatrice più dinamica che conosciamo.

1. squadra / simpatica
2. sport / faticoso
3. giocatore / noto (*well-known*)
4. università / famose
5. giocatrici / brave
6. piste (*tracks*) / grandi

B. Working with a partner, ask a question about the following people. Answer the question first with a form of the absolute superlative, then with

the *relative superlative* + **di tutti** / **di tutte.** (No need to limit yourself to the adjectives that follow.)

> ESEMPIO: Jane Fonda →
> —È brava Jane Fonda?
> —Sì, è bravissima; è la più brava di tutte.

Aggettivi: agile, elegante, forte (*strong*), veloce...

1. Florence Griffith Joyner
2. Alberto Tomba
3. Steffi Graf
4. Wayne Gretzky
5. Rickey Henderson
6. Mary Lou Retton

C. You are visiting Rome. Ask where you can find the best the city has to offer.

> ESEMPIO: una piscina moderna →
> Dov'è la piscina più moderna?

1. un albergo economico
2. un bel parco
3. una trattoria caratteristica
4. un caffè centrale
5. i negozi eleganti
6. le chiese famose

D. Conversazione.

1. Qual è la festa più importante dell'anno per Lei? E per la Sua famiglia?   2. Lei sa quali sono i libri più venduti in questo momento?   3. Secondo Lei, chi è l'uomo più importante degli Stati Uniti? Chi è la donna più importante degli Stati Uniti? Perchè?   4. Qual è il programma televisivo più seguito?   5. Lei sa quali sono le temperature minime e massime nella Sua città in estate e in inverno?

D. Comparativi e superlativi irregolari

MAMMA: Ti senti meglio oggi, Carletto?
CARLETTO: No, mamma, mi sento peggio.
MAMMA: Poverino! Ora ti do una medicina che ti farà bene.
CARLETTO: Ha un buon sapore?
MAMMA: È migliore dello zucchero!
...
CARLETTO: Mamma, hai detto una bugia! È peggiore del veleno!

MOTHER: Are you feeling better today, Carletto?   CARLETTO: No, Mom, I'm feeling worse.   MOTHER: Poor dear! Now I'll give you some medicine that will be good for you.   CARLETTO: Does it taste good?   MOTHER: It's better than sugar!   CARLETTO: Mom, you told me a lie! It's worse than poison!

1. Some common adjectives have irregular comparative and superlative forms as well as regular ones. The irregular forms are used somewhat more frequently.

AGGETTIVO	COMPARATIVO	SUPERLATIVO
buono *good*	**migliore (più buono)** *better*	**il/la migliore (il più buono)** *the best*
cattivo *bad*	**peggiore (più cattivo)** *worse*	**il/la peggiore (il più cattivo)** *the worst*
grande *big, great*	**maggiore (più grande)** *bigger, greater, major*	**il/la maggiore (il più grande)** *the biggest, the greatest*
piccolo *small, little*	**minore (più piccolo)** *smaller, lesser, minor*	**il/la minore (il più piccolo)** *the smallest (the least)*

I Crespi sono i miei migliori amici.	*The Crespis are my best friends.*
Non ho mai avuto una settimana peggiore!	*I've never had a worse week!*
Chi è il maggior* romanziere italiano?	*Who is the greatest Italian novelist?*
Devi scegliere il male minore.	*You must choose the lesser evil.*

—Ti ho donato i migliori secoliᵃ della mia vita... e adesso vuoi lasciarmi?...   ᵃ*centuries*

2. **Maggiore** and **minore** mean *greater* (*major*) and *lesser* (*minor*). They can also be used in reference to people (especially brothers and sisters) to mean *older* and *younger*. **Il/La maggiore** means *the oldest* (in a family, for example), and **il/la minore** means *the youngest*. When referring to

---

* **Migliore, peggiore, maggiore,** and **minore** can drop the final **-e** before nouns that do not begin with **z** or **s** + *consonant*: **il miglior amico; il maggior poeta;** but **il maggiore scrittore.**

physical size, *bigger* and *biggest* are expressed by **più grande** and **il/la più grande**; *smaller* and *smallest* by **più piccolo/a** and **il più piccolo / la più piccola.**

La tua casa è più grande della mia.	*Your house is bigger than mine.*
Carlo è il mio fratello maggiore.	*Carlo is my older brother.*
Mariuccia è la minore delle mie sorelle.	*Mariuccia is the youngest of my sisters.*

3. Some adverbs have irregular comparatives and superlatives.

AVVERBIO	COMPARATIVO	SUPERLATIVO
bene *well*	**meglio** *better*	**(il) meglio** *the best*
male *badly*	**peggio** *worse*	**(il) peggio** *the worst*
molto *much, a lot, very*	**più, di più** *more*	**(il) più** *the most*
poco *little, not very*	**meno, di meno** *less*	**(il) meno** *the least*

Stai meglio oggi?	*Are you feeling better today?*
Lucia gioca meglio di tutti.	*Lucia plays best of all.*
Dovete correre di più.	*You must run more.*

ATTENZIONE! In English *better* and *worse* are both adjectives and adverbs, but in Italian **migliore/i** and **peggiore/i** are adjectives *only*, and **meglio** and **peggio** are adverbs *only*.

Giochi **meglio** di me e la tua tecnica è **migliore** della mia.	*You play better than I and your technique is better than mine.*
Se corrono **peggio** di prima è perchè questa pista è **peggiore** dell'altra.	*If they are running worse than before, it's because this track is worse than the other one.*

ESERCIZI

A. Restate each sentence using a comparative or superlative with the opposite meaning.

ESEMPIO: Non sono i miei migliori ricordi (*memories*). →
Non sono i miei peggiori ricordi.

1. Capiscono di più perchè studiano di più.   2. Cerca di mangiare il meno possibile!   3. Era la maggiore delle tre sorelle.   4. Avete risposto peggio di tutti.

B.   Complete the following sentences with **meglio, migliore/i, peggio,** or **peggiore/i.**

1. È una brava giocatrice: è la giocatrice _____ che conosciamo!
2. Ragazze, oggi avete giocato bene, ma domani dovete giocare _____!
3. La partita va male: non può andare _____!
4. Ora che hai fatto un po' di pratica la tua tecnica è _____.
5. D'accordo, hai pagato poco, ma sono gli sci _____ del negozio!
6. Guadagna bene; è il _____ pagato della squadra.

C.   Express in Italian.

1. The programs (**programmi**) we saw today are good, but the ones we saw yesterday were better.   2. What is the worst thing that ever happened to you?   3. Gabriella is the best of all my students.   4. The exam was easy, but Paolo did very poorly (**male**); he couldn't have done worse.   5. Is it true that Italians cook better, eat better, and dress better than Americans?

D.   Conversazione.

1. Ha un fratello maggiore o una sorella maggiore? Quanti anni hanno più di Lei?   2. Quali sono stati i migliori anni della Sua vita? (da uno a cinque, da cinque a dieci, da dieci a quindici, gli ultimi anni)   3. Un proverbio italiano dice: «La miglior vendetta è il perdono (*forgiveness*).» Lei è d'accordo?   4. Un altro proverbio italiano dice: «Meglio soli che male accompagnati.» È d'accordo o no? Perchè?   5. In quale stato abita la maggior parte dei Suoi parenti?   6. Per Lei quest'anno è stato migliore di quello passato?

E.   Complete the conversations choosing the correct word or expression.

1. A: Lisa, secondo te, qual è il dolce _____ (meglio / migliore): la crostata di mele o il gelato?
   B: Io preferisco la crostata, ma per la festa va _____ (meglio / migliore) il gelato perchè Paolo non può mangiare la frutta.
2. A: Chi ha la casa _____ (più grande / maggiore), i Gilli o i Lignana?
   B: I Lignana, penso, e l'ha costruita (*built*) il loro figlio _____ (più grande / maggiore), Claudio.
3. A: Gina, chi canta _____ (meglio / migliore) secondo te, Madonna o Whitney Houston?
   B: Whitney Houston, senz'altro! Madonna è brava, ma le sue canzoni sono _____ (peggio / peggiori).
4. A: Funziona _____ (buono / bene) la tua Mercedes?
   B: È favolosa (*wonderful*), ma preferisco una macchina _____ (più piccola / minore).

DIALOGO

Beppino è invitato a cena in casa di Vittoria. Arriva puntuale alle otto, suona
il campanello° e Vittoria gli apre la porta e lo precede nel soggiorno. Nel   *bell*
soggiorno c'è il padre di Vittoria che guarda la televisione.

VITTORIA:	Papà, ti presento Beppino Pepe, il cugino della mia amica Marcella.
SIGNOR PIATTELLI:	Piacere! Ti piace il calcio? Stasera ci sono i campionati mondiali.°
BEPPINO:	Ho incominciato a interessarmi al calcio qui in Italia. Un gran° bello sport!
SIGNOR PIATTELLI:	Uno sport molto antico° e molto fiorentino. I fiorentini lo giocavano già nel Quattrocento° e ogni occasione era buona per una partita.

campionati... world championship
quite
old
fifteenth century

(Entra nel soggiorno la signora Piattelli.)

SIGNORA PIATTELLI:	Finalmente ho il piacere di fare la tua conoscenza, Beppino. Ti posso dare del° tu, vero?
BEPPINO:	Certamente, signora. Molto lieto° di conoscerLa.
SIGNORA PIATTELLI:	Di dove sei, figliolo?
VITTORIA:	Mamma, te l'ho detto, è del Texas.
SIGNORA PIATTELLI:	Il Texas è così grande! Di dove nel Texas?
BEPPINO:	Sono di Houston.
SIGNORA PIATTELLI:	Ah, Houston! Ne ho sentito parlare. Una grande città, vero? E qual è quella città del Texas famosa per le missioni?
BEPPINO:	San Antonio.
SIGNORA PIATTELLI:	Bravi! Così anche voi texani onorate° i santi! E da quanto tempo sei in Italia, Beppino?
BEPPINO:	Da un paio di mesi.
SIGNORA PIATTELLI:	E come ti trovi° a Firenze? Ti piace?
VITTORIA:	Santo* cielo, Mamma, quante domande! Vuoi proprio sapere vita, morte e miracoli di Beppino?
BEPPINO:	Che significa « vita, morte e miracoli »?
VITTORIA:	Significa « *life, death, and miracles* », cioè tutto di una persona, come nelle vite dei santi. Ecco San Beppino, famoso per la sua pazienza come Sant'Antonio!
SIGNORA PIATTELLI:	Ho capito, vi scoccio.° E va bene, vi lascio in pace e vado in cucina a buttare giù° la pasta. Tra dieci minuti porto in tavola. (Rivolta° al marito.) E tu, Attilio, stappa° una bottiglia di vino!

dare... address you as
glad

honor

ti... are you getting along

I'm bothering
buttare... to start cooking
Turned / open

---

* When **santo** (**a/i/e**) precedes a common noun, it means *holy* or *saintly*: **santo cielo** (*good heavens*)! When **santo** (**san, sant', santa**) precedes a proper name, it means *saint*: **San Pietro, Santo Stefano, Sant'Anna.**

Il calcio è lo sport preferito dagli italiani.

■ VARIAZIONI SUL TEMA

Cliché. Taking your cue from this chapter's **dialogo,** imagine that you and a friend or two are visiting an Italian family. The mother and father are very curious to know what life is like in different parts of North America, and you can't help but tease them a little. Create outlandish answers about your activities, means of transport, diet, and anything else that comes to mind! (Aim for about 20 quick lines.)

ESEMPIO: —Ah, Lei è del Saskatchewan! E com'è la vita nel
                 Saskatchewan?
              —Molto bella! Andiamo all'università con i pattini (*skates*)
                 o con gli sci. E mangiamo solo gelati e caribù!

Località: Malibu, Aspen, Quebec, Iowa City, New Orleans, Washington, D.C., Dallas...

PICCOLO RIPASSO

A. Ask your classmates to compare themselves to other people. Follow the model.

ESEMPIO: alto/a / tua madre →
              —Sei più alto/a di tua madre?
              —Sì, sono più alto/a di lei. (No, non sono più alto/a di lei.)

1. pigro/a / i tuoi compagni
2. romantico/a / il tuo ragazzo (la tua ragazza)
3. bravo/a in matematica / i tuoi genitori
4. sportivo/a / tuo padre
5. energico/a / il professore (la professoressa) d'italiano
6. puntuale / le tue amiche

B.   Now compare yourself with your best friend and say how you do the following things:

> meglio di lui/lei   bene come lui/lei
> peggio di lui/lei   male come lui/lei

1. nuotare
2. sciare
3. giocare a tennis
4. parlare italiano
5. ballare
6. scrivere a macchina (*to type*)

Now compare yourself with your parents and say how often you do the following things:

> più di loro   tanto quanto loro
> meno di loro

1. correre
2. mangiare
3. viaggiare
4. andare in bicicletta
5. camminare
6. telefonare

C.   You comment about certain people or things. Your classmate agrees, saying that they are the best in their categories.

> ESEMPIO: un bravo giocatore / la squadra →
> —È un bravo giocatore, non è vero?
> —Certo! È il più bravo giocatore della squadra!

1. un museo interessante / la città
2. dei bravi professori / l'università
3. un albergo moderno / la regione
4. una ragazza simpatica / la classe
5. un bel vestito / il negozio
6. un negozio caro / Roma

D.   Coach Mauri and Coach Cammisa are talking about two of their players. Complete what they say, using the correct form of **bravo, bene, meglio, migliore, peggio,** or **peggiore.**

M: Secondo me, Michele è più _____ di Vincenzo; il suo stile è _____ e anche la sua tecnica è _____ .

C: Io penso che Vincenzo sia (*is*) _____ come Michele. È vero, nell'ultima (*last*) partita non ha giocato _____ come Michele: ha giocato decisamente (*decidedly*) _____ di Michele, ma non possiamo dire che dei due sia il giocatore _____ . Nell'insieme, Michele e Vincenzo sono i _____ giocatori della squadra!

E.   Explain the comparisons between the following people and their friends/families using the expressions in parentheses and an appropriate comparative.

> ESEMPIO: Laura è più simpatica di Alessandra. (avere amici) →
> Laura ha più amici di Alessandra.

1. Paolo è più grasso di suo fratello. (mangiare dolci)
2. Isabella è più snella di sua madre. (correre)
3. L'avvocato è sportivo come il dottore. (fare sport)
4. La signora Costa è più elegante della signora Bocca. (comprare vestiti)
5. Marco è più nervoso delle sue sorelle. (bere caffè)
6. I miei cugini sono più avari (*stingy*) di te. (spendere soldi)
7. Mia sorella è stanca come me. (lavorare)
8. Io ho voti migliori dei miei compagni. (studiare)

F. Conversazione.

1. Ha mai visto una partita di calcio? Dove e quando? 2. Di quali grandi giocatori di calcio ha sentito parlare? 3. A quali sport si interessa?
4. Corre spesso? Dove? Quando? Per quanto tempo? 5. Ha mai partecipato a una corsa? A una maratona?

LETTURA CULTURALE

LO SPORT E IL TEMPO LIBERO

Lo sport più popolare in Italia è il calcio, detto anche football. È una mania nazionale! Agli italiani piace giocare ma soprattutto gli piace guardare le partite alla televisione e negli stadi. Ogni domenica ci sono le partite di campionato.° Ogni città ha la sua squadra di giocatori professionisti; alcune grandi città come Milano, Roma, Torino e Genova ne° hanno due. La squadra nazionale che rappresenta l'Italia negli incontri

championship
of them

Anche il ciclismo in Italia ha migliaia di tifosi.

Sport e tradizione nel Palio di Siena

internazionali, in Italia o all'estero, è composta dai migliori giocatori delle varie squadre. Sono i cosiddetti° Azzurri: il nome deriva dal colore della maglietta.   *so-called*

Altri sport molto seguiti in Italia sono il ciclismo (soprattutto la corsa chiamata il Giro d'Italia), lo sci, il tennis, la pallacanestro o il basket, il pugilato° e le corse automobilistiche. Il football americano ed il baseball incominciano ad essere conosciuti e molti giocatori americani ora giocano per squadre italiane.   *boxing*

Gli italiani fanno meno sport degli americani. Alcuni giocano un po' a tennis o vanno in palestra a fare ginnastica, giocano in una squadra di calcio con gli amici, nuotano al mare d'estate o fanno un po' di jogging. Le scuole hanno solo due ore di ginnastica alla settimana; per gli altri sport i ragazzi vanno in centri privati o in quelli organizzati dal comune.°   *city*
Molti vanno a sciare d'inverno per almeno una settimana. Alcune scuole ora sono chiuse durante la «settimana bianca», cosiddetta perchè gli studenti vanno in montagna per una settimana a sciare.

In generale, gli italiani non sono considerati molto sportivi; sono considerati più spettatori che attori! Per esempio, l'Italia, con oltre cinquemila miglia di costa, ha una delle percentuali di persone che sanno nuotare più basse d'Europa. È battuta perfino° dall'Ungheria° che non è nemmeno bagnata dal mare!   *even / Hungary*

Ma negli ultimi anni le cose sono cambiate e le nuove generazioni sembrano molto più interessate e attive in tutti gli sport.

PRATICA

A. Rispondete **vero** o **falso** alle seguenti domande e spiegate la vostra scelta.

1. La domenica molti italiani guardano le partite di campionato.   2. Roma ha solo una squadra di calcio.   3. Molti italiani giocano a baseball.   4. Il

basket è uno sport molto popolare in Italia.   5. In Italia d'estate c'è la
« settimana bianca ».   6. I ragazzi italiani fanno molto sport a scuola.
7. Gli italiani sono meno sportivi degli americani.   8. L'Italia ha un numero
altissimo di persone che sanno nuotare.   9. Gli italiani e gli americani
amano gli stessi sport.   10. Il Giro d'Italia è una corsa automobilistica.

B.   Descrivete brevemente le abitudini sportive degli americani.

C.   Secondo voi, come possiamo spiegare il fatto che lo sport negli Stati
Uniti è una parte così importante del programma scolastico mentre in
Italia non lo è?

PAROLE DA RICORDARE

VERBI

* **andare a cavallo** to go
   horseback riding
avere il piacere di (+*inf.*) to
   be delighted to (*do
   something*)
* **cambiare** to change, to
   become different
camminare to walk
cominciare a (+*inf.*) to start
   to (*do something*)
dare del tu (del Lei) a to
   address a person in the **tu**
   (**Lei**) form
fare la conoscenza di to meet,
   make the acquaintance of
fare il footing to jog
fare la ginnastica to exercise
fare una gita (un'escursione)
   to take a short trip
fare il jogging to jog
fare una passeggiata to go for
   a walk
interessarsi a to be interested
   in
lasciare in pace to leave alone
nuotare to swim

pattinare to skate
praticare to practice, be active
   in
scocciare to bother, "bug"
sentire parlare di to hear about
suonare to ring (*the doorbell*)
trovarsi to find oneself (*in a
   place*)
trovarsi bene/male to get along
   well/badly
vincere (*p.p.* **vinto**) to win

NOMI

il baseball baseball
il calcio soccer, football
il ciclismo cycling
la corsa running; race
l'equitazione (*f.*) horseback
   riding
il football football
la ginnastica gymnastics,
   exercise
il giocatore, la giocatrice
   player
la gita excursion
il golf golf
la maratona marathon

il nuoto swimming
**la pallacanestro (il
   basket)** basketball
la partita match, game
il pattinaggio skating
il santo saint
lo sci skiing
   di fondo cross-country
   skiing
   nautico waterskiing
la squadra team

AGGETTIVI

faticoso tiring
pericoloso dangerous
puntuale punctual
sportivo athletic

ALTRE PAROLE ED ESPRESSIONI

molto lieto di conoscerLa!
   glad to meet you!
proprio just; really
santo cielo! good heavens!
sempre più + *adj.* more and
   more + *adj.*
senza without
solamente only

Lingua viva

Andiamo a sciare! Guardate attentamente la pubblicità per le vacanze « in bianco » nel Trentino alla pagina 223 e cercate di capire le informazioni essenziali.

A.   Queste cose sono vere o false? Se sono false spiegate perchè.

1. Ci sono meno di trenta impianti di risalita.   2. Gli ultimi 40 chilometri prima di arrivare sono tutti a curve e tornanti (*hairpin curves*).   3. C'è pochissima gente perchè è poco conosciuto.   4. Ci sono molti alberghi.
5. Ci sono piste per fare sci di fondo.

Cortina: giochi sul ghiaccio

B.   Preparate un questionario per trovare il compagno o la compagna ideale per una vacanza « sportiva ». Formulate otto domande e fatele (*ask them*) agli altri studenti, poi scegliete il compagno o la compagna ideale.

ESEMPIO: una persona che vuole fare lo sci di fondo
Ti piace il freddo?   sì   no
Ti piace andare in montagna?   sì   no
Hai molta resistenza (*endurance*)?   sì   no

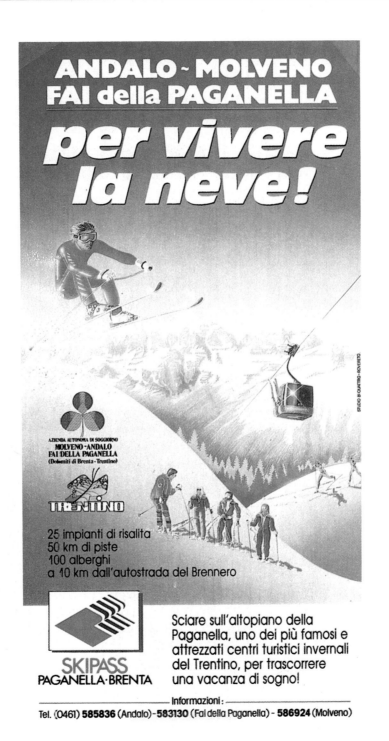

VACANZE AL MARE O IN MONTAGNA?

In breve

Grammatica
A. Futuro semplice
B. Usi speciali del futuro
C. Futuro anteriore
D. Usi dell'articolo determinativo
E. Date

Lettura culturale
Le vacanze: tutti al mare?

Isola di Capri: sole, mare, tranquillità...

VOCABOLARIO PRELIMINARE

Dialogo-lampo

FAUSTO: È vero che quest'estate farai una crociera coi tuoi genitori?

GIORGIO: Una crociera coi miei genitori? Sei pazzo! Preferisco andare in campeggio con la mia ragazza!

Viva le vacanze!

COSE DA FARE

affittare una casa to rent a house
*andare...
  in campagna to the country
  all'estero abroad
  al mare to the seashore
  in montagna to the mountains
  in vacanza, in ferie on
    vacation
fare una crociera to go on a
  cruise
**noleggiare (prendere a nolo) una
  macchina, una barca** to rent
  a car, a boat

pagare...
  in contanti in cash
  con un assegno with a check
  con una carta di credito with
    a credit card
prenotare una camera to reserve
  a room

LUOGHI

un albergo hotel
  di lusso deluxe
  con ogni conforto with all the
    conveniences
  modesto moderate, modest

economico inexpensive
una camera room
  singola single
  doppia double
  matrimoniale with a double
    bed
  con bagno with bath
  con doccia with shower
  con televisore with television
  con l'aria condizionata with
    air-conditioning
un ostello hostel
una pensione inn

ESERCIZI

A. In viaggio per l'Italia. The following people are traveling in Italy. Say what type of lodging they will choose, what type of accommodation they will take, and how they are going to pay.

ESEMPIO: Il signor Ewing è un ricco texano. Va a Roma con la moglie per una settimana. Vuole tutti i conforti. →
Prende una camera matrimoniale all'Hilton, con bagno e televisore. Paga in contanti.

1. Daniela e Patrizia sono studentesse. Viaggiano in bicicletta. Non possono spendere molto.
2. Mireille Dupont, un'attrice francese, vuole passare una settimana a Venezia per partecipare al Festival del Cinema. Viaggia con la bambina di dodici anni.
3. Titus Weider, un fisico (*physicist*) tedesco, vuole seguire un corso di specializzazione all'Istituto di Fisica Nucleare di Trieste. Il corso dura un mese.

—È l'albergo più economico della valle.

And now, working with a classmate, provide new situations and find appropriate accommodations.

B.   Benvenuti in America! Le seguenti persone sono arrivate in America e hanno bisogno di consigli (*advice*). Che cosa possono fare? Che cosa devono o non devono fare?

> ESEMPIO: Antonio, studente, adora la natura e vuole spendere poco. →
> Devi viaggiare in autobus.
> Non devi noleggiare una macchina.
> Devi visitare i parchi nazionali.
> Puoi stare alla YMCA o al camping.

1. Il signor Galletti, fotografo per una rivista di alta moda (*fashion*), viene a visitare i centri di moda.
2. Maria Silvestri, studentessa di ingegneria elettronica, viene a studiare alla vostra università per un anno accademico.
3. Il professor Milani, studioso (*scholar*) di storia naturale, viene in America per un mese con moglie e tre figli.

C.   Vacanze perfette. What's your idea of a perfect vacation? Prepare a short paragraph to share with the class, indicating what you would like to do on your vacation and what you need to do to make sure that everything works out the way you want.

GRAMMATICA

A. Futuro semplice

Progetti per le vacanze*

JEFF: Alla fine di giugno partirò per l'Italia con i miei genitori e mia sorella. Prenderemo l'aereo a New York e andremo a Roma. Passeremo una settimana insieme a Roma, poi i miei genitori noleggeranno una macchina e continueranno il viaggio con mia sorella. Io, invece, andrò a Perugia dove studierò l'italiano per sette settimane. Alla fine di agosto ritorneremo tutti insieme negli Stati Uniti.

The future tense is used to express an action that will take place in the future.

1. In Italian, the future (**il futuro semplice**) is formed by adding the endings **-ò, -ai, -à, -emo, -ete, -anno** to the infinitive minus the final **-e.** Verbs ending in **-are** change the **a** of the infinitive ending (**lavorar-**) to **e** (**lavorer-**).

lavorare	**scrivere**	**finire**
lavorer**ò**	scriver**ò**	finir**ò**
lavorer**ai**	scriver**ai**	finir**ai**
lavorer**à**	scriver**à**	finir**à**
lavorer**emo**	scriver**emo**	finir**emo**
lavorer**ete**	scriver**ete**	finir**ete**
lavorer**anno**	scriver**anno**	finir**anno**

2. In English the future is expressed with the auxiliary verb *will* or with the phrase *to be going to,* but in Italian a single verb form is used.

Quanto tempo **resterai** in Italia?   *How long are you going to stay in Italy?*

Prenoteremo una camera allo Hilton prima di partire.   *We'll reserve a room at the Hilton before leaving.*

Vacation Plans JEFF: At the end of June I'll leave for Italy with my parents and my sister. We'll catch a plane in New York and go to Rome. We'll spend a week together in Rome, then my parents will rent a car and (will) continue the trip with my sister. I, on the other hand, will go to Perugia, where I'll study Italian for seven weeks. At the end of August, we'll all return to the United States together.

*The plural form **vacanze** is generally used to refer to vacations. Note, however, the expression **andare in vacanza.**

3. The spelling changes that you learned for the present tense of verbs such as **giocare, pagare, cominciare,** and **mangiare** apply to all persons in the future tense.

giocare	pagare	cominciare	mangiare
gio**ch**erò	pa**gh**erò	comin**c**erò	man**g**erò
gio**ch**erai	pa**gh**erai	comin**c**erai	man**g**erai
gio**ch**erà	pa**gh**erà	comin**c**erà	man**g**erà
gio**ch**eremo	pa**gh**eremo	comin**c**eremo	man**g**eremo
gio**ch**erete	pa**gh**erete	comin**c**erete	man**g**erete
gio**ch**eranno	pa**gh**eranno	comin**c**eranno	man**g**eranno

4. Some two-syllable verbs that end in **-are** keep the characteristic **-a** of the infinitive ending.

dare	fare	stare
(**dar-**)	(**far-**)	(**star-**)
darò	farò	starò
darai	farai	starai
darà	farà	starà
ecc.	ecc.	ecc.

—Io vivrò a lungo perchè sono protetto dalla società per la protezione degli animali rari.

5. Some verbs have irregular future stems, although all verbs use the regular future endings.

andare	avere	dovere	potere	vedere	venire	volere
(**andr-**)	(**avr-**)	(**dovr-**)	(**potr-**)	(**vedr-**)	(**verr-**)	(**vorr-**)
andrò	avrò	dovrò	potrò	vedrò	verrò	vorrò
andrai	avrai	dovrai	potrai	vedrai	verrai	vorrai
andrà	avrà	dovrà	potrà	vedrà	verrà	vorrà
ecc.	ecc.	ecc.	ecc.	ecc.	ecc.	ecc.

6. The future forms of **essere** are

sar**ò**	sar**emo**
sar**ai**	sar**ete**
sar**à**	sar**anno**

ESERCIZI

A. Restate each paragraph with the italicized verbs in the future tense.

1. Io *passo* un sabato molto tranquillo. *Mi alzo* tardi, *faccio* una bella colazione, ed *esco* per fare le spese (*shopping*). Il pomeriggio *prendo*

l'autobus e *vado* a trovare la nonna. *Mangiamo* insieme ad una trattoria vicino a casa sua; se *abbiamo* tempo, *andiamo* a vedere un bel film o *ascoltiamo* un concerto di musica classica.

2. La sera, gli amici mi *vengono* a trovare. *Portano* qualcosa da mangiare (*something to eat*): *fanno* dei panini o *comprano* una pizza. Pino *porta* dei nuovi dischi e Maurizio *suona* la chitarra. Forse Anna *vuole* giocare a carte; se no, *stiamo* tutti intorno al camino (*fireplace*) e *scambiamo* quattro chiacchiere. *È* una serata piacevole e rilassante.

B. Vacanze. Working with a partner, ask and answer questions about vacation plans according to the example.

> ESEMPIO: io / mangiare sempre in trattoria (voi) →
> —Io mangerò sempre in trattoria. E voi?
> —Anche noi mangeremo sempre in trattoria.

1. noi / fare un giro dell'Italia (tu)
2. Daniele / noleggiare una macchina (i suoi cugini)
3. io / andare al mare quest'estate (la tua famiglia)
4. Cinzia / passare un mese in Germania (voi)
5. i miei genitori / restare a casa, purtroppo (i tuoi)
6. io e Franco / stare in un albergo economico (Pierina)

C.   Interview a classmate and find out four things he/she will be doing **il week-end prossimo.** Also find out four things he/she won't be doing next summer.

D.   Conversazione.

1. Fra (*In*) quanti minuti finirà questa lezione?   2. Fra quanto tempo ci saranno le vacanze?   3. Fra quanto tempo prenderà la laurea (*degree*)? Quanti anni avrà?   4. Lavorerà quest'estate? Cosa farà?   5. Potrà comprarsi una macchina o una moto nuova dopo l'estate?   6. Cosa dovrà fare per prendere un bel voto in questo corso?

B. Usi speciali del futuro

—È un regalo di quel tuo amico indiano: che cosa sarà mai?

1. In Italian, the future tense is often used to express probability: something that, in the opinion of the speaker, is *probably* true. This is called the future of probability (**il futuro di probabilità**). In English, probability is expressed with such words as *probably, can,* or *must*, but in Italian the future tense alone is used.

Non vedo Paola da molto tempo. Dove **sarà?** —**Sarà** in vacanza.	*I haven't seen Paola for a long time. Where could she be? —She must be on vacation.*
I signori **vorranno** una camera con bagno privato, vero?	*The gentlemen probably want a room with a private bath, right?*

2. The future is commonly used in dependent clauses with **quando, appena,** and **dopo che,** and frequently after **se,** when the verb of the main clause is in the future tense. This contrasts with English, where the present tense is used in the dependent clause.

Quando arriverà, sarà stanco.	*When he gets here, he'll be tired.*
Se farà caldo, andremo al mare.	*If it's hot, we'll go to the beach.*
Scriveranno appena potranno.	*They'll write as soon as they can.*

ESERCIZI

A.   Restate each sentence, using the future to express probability.

ESEMPIO: Devono essere le undici. → Saranno le undici.

1. Devono essere ancora all'estero.   2. Deve essere affollato quell'albergo.   3. Dovete avere degli splendidi progetti per le vacanze!   4. Quell'ottima guida deve ricevere molti complimenti.   5. Dovete aver già prenotato il posto in albergo.   6. Deve essere contento di visitare la Calabria.

B.   Restate each sentence in the future.

1. A: Se non arrivi per (*by*) le sei, compriamo una pizza.
   B: Grazie; quando torno dal lavoro, ho fame e sono stanca.
2. A: Appena esce il sole, potete andare sul lago.
   B: E se fa brutto, stiamo in casa e facciamo dei biscotti.
3. A: Vi piace il vostro lavoro?
   B: Siamo contenti quando ci pagano!
4. A: Appena Giulia mette piede in Italia, ti manda una cartolina.
   B: Va bene; se mi scrive, io le rispondo.

C.   Ask a partner the following questions. He/she will answer, using the future of probability. **Chiedete...**

1. Quanti anni ha il presidente? L'insegnante?   2. Quanto costa una Ferrari?   3. Quanti soldi ha Paul McCartney?   4. Cosa dice l'insegnante quando corregge i compiti?   5. Cosa fanno gli studenti dopo la lezione d'italiano?   6. Cosa c'è nel cibo (*food*) della mensa?

D. Un po' di fantasia. Working with two or three other students, write a paragraph on what you imagine your instructor's home life to be like: **Cosa farà l'insegnante la sera? Cosa guarderà alla TV?** Share your speculations with the class!

C. Futuro anteriore

BARBARA: Dopo che avrete visitato Roma, tornerete negli Stati Uniti?
CRISTINA: Solamente mio marito: lui tornerà a New York, ma io partirò per la Sicilia.
BARBARA: Quanto tempo ti fermerai in Sicilia?
CRISTINA: Dipende: se non avrò finito tutti i soldi, ci resterò un mese.

1. The future perfect (**il futuro anteriore**) (*I will have sung, they will have arrived*) is formed with the future of **avere** or **essere** + *past participle.*

FUTURE PERFECT		
WITH **avere**		WITH **ẹssere**
avrò avrai avrà	lavorato	sarò sarai sarà } partito/a
avremo avrete avranno		saremo sarete saranno } partiti/e

2. The future perfect is used to express an action that will already have taken place by a specific time in the future or when a second action occurs. The second action, if expressed, is always in the future.

Alle sette avremo già mangiato.   *By seven, we'll already have eaten.*

Dopo che avranno visitato la Sicilia, torneranno a casa.   *After they have visited Sicily, they'll return home.*

BARBARA: After you've visited Rome, will you come back to the United States?   CRISTINA: Only my husband will. He'll go back to New York, but I'll leave for Sicily.   BARBARA: How long will you stay in Sicily?   CRISTINA: It depends. If I haven't spent all my money by then, I'll stay a month.

3. Just as the future is used to express probability in the present, the future perfect can be used to indicate probability or speculation about something in the past—something that may or may not have happened.

<table>
<tr><td>Fausto ha trovato una camera d'albergo a Roma. Avrà prenotato molto tempo fa!</td><td>Fausto found a hotel room in Rome. He must have made reservations a long time ago!</td></tr>
<tr><td>Le finestre sono chiuse. I Costa saranno partiti.</td><td>The windows are closed. The Costas (have) probably left.</td></tr>
</table>

—Cosa ne avrà fatto di tutto il fertilizzante che gli ho dato?

ESERCIZI

A. Expand each statement according to the example.

> ESEMPIO: Ha comprato qualcosa. →
> Chissà cosa avrà comprato!

1. Ha scritto qualcosa.
2. Hanno detto qualcosa.
3. Hanno regalato qualcosa.
4. Hai cucinato qualcosa.
5. Avete preso qualcosa.
6. Ha servito qualcosa.

B. Working with a partner, ask and answer questions according to the example. Use the future perfect of probability and the appropriate interrogative expressions.

> ESEMPIO: loro / pagare per la camera d'albergo ($80.00) →
> —Quanto avranno pagato per la camera d'albergo?
> —Beh, avranno pagato ottanta dollari.

1. loro / fare un giro dell'Italia (l'estate scorsa)
2. Mara / andare in vacanza (con Patrizia e Simonetta)

3. Piero / imparare a sciare (nelle Dolomiti)
4. i Barsanti / comprare (una casa estiva)
5. Monica / spedire tante cartoline (all'amico)
6. i signori Servello / passare l'inverno (a Palermo)

C. Completate in italiano.

1. Cercherò un lavoro quando...
2. Quando avrò lavorato due o tre anni...
3. Quando avrò finito tutti i miei soldi...
4. Quest'anno passerò le vacanze in Europa; dopo che sarò ritornato negli Stati Uniti...

D. Usi dell'articolo determinativo (ricapitolazione)

—Attenzione: gli orsi sono animali molto scaltri.[a]   [a]*shrewd*

1. Unlike in English, the definite article is required in Italian:

   a. before nouns used in a general sense or to indicate a whole category

      La generosità è una virtù.
      A molti non piacciono **gli** spinaci.

   b. before names of languages, unless directly preceded by a form of **parlare** or **studiare**

      Ho dimenticato **il** francese.
      La signora Javier parla spagnolo e tedesco.

   c. with proper names accompanied by a title or an adjective

      Il signor Bandelli vuole andare a Chicago e San Francisco.
      Il piccolo Franco, però, vuole andare a Disneyland!

   d. with days of the week to indicate a routine event

      Il martedì ho lezione di matematica.

e. with dates

Oggi è **il** quattro dicembre.

f. with possessive forms

Ecco **la** mia casa!

g. with parts of the body or items of clothing, provided there is no ambiguity about the possessor

Mi lavo **le** mani prima di mangiare.
Perchè non ti sei messo **la** cravatta?

h. with geographical names

Quest'estate visiteremo **l'**Italia e **la** Francia.

2. Note that the category of geographical names includes the names not only of continents and countries but also of states, regions, large islands, mountains, and rivers.

L'estate scorsa abbiamo visitato **il** Colorado, **l'**Arizona e **la** California.	*Last summer we visited Colorado, Arizona, and California.*
Ho ricevuto una cartolina **dalla** Sardegna.	*I've received a card from Sardinia.*

3. The definite article is omitted after **in** (*in, to*) if the geographical term is unmodified, feminine, and singular.

Chi vuole andare in Italia?	*Who wants to go to Italy?*

but

Chi vuole andare **nell'**Italia centrale?	*Who wants to go to central Italy?*

If the name is masculine or plural, **in** + *article* is used.

Aspen è **nel** Colorado.	*Aspen is in Colorado.*
Mio padre non è nato **negli** Stati Uniti.	*My father wasn't born in the United States.*

4. The definite article is not used with cities. *In* or *to* before the name of a city is expressed by **a** in Italian.

Napoli è un porto importante.	*Naples is an important harbor.*
La Torre Pendente è a Pisa.	*The Leaning Tower is in Pisa.*

5. Some states in the United States are feminine in Italian and follow the same rules as those for feminine countries.

la Carolina (del Nord, del Sud)	la Louisiana
la California	la Pennsylvania
la Florida	la Virginia
la Georgia	

Conosci **la** California?	*Do you know California?*
Dov'è l'Università **della** Georgia?	*Where's the University of Georgia?*
Quante cartoline hai ricevuto **dalla** Louisiana?	*How many cards have you received from Louisiana?*
Sei mai stato **in** Virginia?	*Have you ever been to Virginia?*

All other states are masculine* and usually take the article whether they are used alone or with a preposition.

Il Texas è un grande stato.	*Texas is a big state.*
L'Università **del** Colorado è a Boulder.	*The University of Colorado is in Boulder.*
New Haven è **nel** Connecticut.	*New Haven is in Connecticut.*

ESERCIZI

A. Create a sentence according to the model.

ESEMPIO: Ottawa / Canadà (*m.*) / canadese →
Ottawa è la capitale del Canadà. Gli abitanti del Canadà si chiamano canadesi.

1. Tokyo / Giappone (*m.*) / giapponese
2. Parigi / Francia / francese
3. Londra / Inghilterra / inglese
4. Washington / Stati Uniti / americano
5. Madrid / Spagna / spagnolo
6. Pechino / Cina / cinese
7. Dublino / Irlanda / irlandese

B. Da dove vi scrive il vostro amico Fabio? Insieme ad un compagno (una compagna), rispondete seguendo il modello.

ESEMPIO: Cagliari / Sardegna →
—Questa cartolina viene da Cagliari.
—Allora Fabio ti scrive dalla Sardegna!

1. Taormina / Sicilia
2. Asti / Piemonte (*m.*)
3. Siena / Toscana
4. Perugia / Umbria
5. Londra / Inghilterra
6. Chambéry / Francia
7. Lisbona / Portogallo
8. Portland / Oregon

C. Working with a partner, correct each sentence according to the model.

ESEMPIO: *La Gioconda* / Roma (Parigi) →
—*La Gioconda* è a Roma.
—No, non è a Roma: è a Parigi!

---

*The exception is Hawaii, which is feminine plural.

1. La sede (*headquarters*) delle Nazioni Unite / Washington (New York)
2. La Torre Pendente / Napoli (Pisa)
3. Il Teatro alla Scala / Torino (Milano)
4. Il Ponte Vecchio / Venezia (Firenze)
5. Il Vesuvio / Palermo (Napoli)
6. La Basilica di San Francesco / Perugia (Assisi)

D. Fate una lista.

1. quattro cose che amo   2. quattro cose che odio   3. due cose che lavo ogni giorno   4. due cose che mi lavo ogni giorno

E. Domande geografiche.

1. In quali stati sono queste città: Chicago, Denver, Detroit, Omaha, Miami, Los Angeles, Phoenix, Houston?   2. Quali sono gli stati che confinano con (*border on*) il Colorado?   3. Di quale stato è il presidente degli Stati Uniti? Di quale città?   4. E il vice-presidente?   5. Di quale stato sono i Suoi genitori?   6. In quale stato abita ora la Sua famiglia?   7. In quale stato è nato/a Lei?   8. Quanti e quali stati ha già visitato?

E. Date

—Non dovresti,ᵃ in estate, permettere l'accesso ai turisti...   ᵃ*You shouldn't*

1. As you already know, seasons and months of the year are not capitalized in Italian.

> Preferisco andare in Italia d'autunno, in ottobre.

> *I prefer going to Italy in the fall, in October.*

2. **In** or **di** is used to express *in* with seasons; **in** or **a** is used to express *in* with months.

> Piove molto in primavera?
> *Does it rain a lot in the spring?*

> Dove vanno i turisti d'inverno (in inverno)?
> *Where do tourists go in the winter?*

> Ci sposeremo a maggio.
> *We'll get married in May.*

> Nevica molto in marzo?
> *Does it snow a lot in March?*

3. In English, days of the month are expressed with ordinal numbers (*November first, November second*). In Italian, only the first day of the month is indicated by the ordinal number, preceded by the definite article: **il primo.** All other dates are expressed by cardinal numbers, preceded by the definite article.

Oggi è il primo novembre.	*Today is November first.*
Domani sarà il due novembre.	*Tomorrow will be November second.*

4. In Italian, the day of the month is given before the name of the month. A corresponding order is used in abbreviations.

22/11/80 = il ventidue novembre 1980	*11/22/80 = November 22, 1980*

ESERCIZI

A.   Quando è? Insieme ad un compagno (una compagna), fate le domande e rispondete.

> ESEMPIO: il compleanno di Lincoln (12/2) →
> —Quando è il compleanno di Lincoln?
> —Il compleanno di Lincoln è il dodici febbraio.

1. il giorno di San Valentino (14/2)
2. il compleanno di George Washington (22/2)
3. il giorno di San Patrizio (17/3)
4. la giornata della donna (8/3)
5. la festa (*holiday*) nazionale americana (4/7)
6. la festa nazionale francese (14/7)
7. Halloween (31/10)
8. Natale (25/12)

**B.   **Leggete le date dei seguenti giorni festivi (*holidays*) italiani.

1. Capo d'Anno (*New Year's Day*) (1/1)
2. Epifania (Befana) (6/1*)
3. Anniversario della Liberazione (25/4) (data della Liberazione: 25/4/1945)
4. Festa del Lavoro (1/5)
5. Anniversario della Repubblica (2/6) (nascita della Repubblica: 2/6/1946)
6. Assunzione (Ferragosto) (15/8*)
7. Ognissanti (*All Saints' Day*) (1/11)
8. Immacolata Concezione (8/12*)
9. Natale (25/12)
10. Santo Stefano (26/12*)

---

*Holidays of the Catholic Church: **Epifania** = *Twelfth Night* (arrival of the Three Kings); **Assunzione** = *Feast of the Assumption of Our Lady* (ascension of the Virgin Mary into heaven); **Immacolata Concezione** = *Feast of the Immaculate Conception* (conception of the Virgin Mary without original sin); **Santo Stefano** = *Saint Stephen* (first Christian martyr).

C. Conversazione.

1. Quand'è il Suo compleanno?   2. Come lo festeggia (*celebrate*)?   3. Lei ricorda i compleanni dei Suoi amici? Come? Fa un regalo, scrive o telefona?   4. Quale giorno dell'anno considera il più importante dopo il Suo compleanno? Perchè?   5. Quale stagione preferisce e perchè?

DIALOGO

È un giovedì pomeriggio e Geraldine e Paolo sono andati al giardino di Boboli, che Geraldine non aveva ancora visitato. Dopo aver camminato° a lungo per i viali e vialetti del parco, i due ragazzi si sono seduti su una panchina° vicino al laghetto dei cigni° e ora scambiano quattro chiacchiere.° | aver... *walking* / *bench* / swans / scambiano... *they're chatting*

PAOLO: Quanto tempo resterai a Firenze, Geraldine?

GERALDINE: Ci resterò ancora un mese e poi partirò per il sud.° — *south*

PAOLO: Dove andrai? Farai il solito giro° turistico di Roma, Napoli e Capri? — *tour*

GERALDINE: Neanche per idea°! Conosco già bene quei posti.° No, questa volta andrò a Metaponto, in Basilicata. — Neanche... *Not on your life* / *places*

PAOLO: E perchè proprio a Metaponto?

GERALDINE: Perchè farò parte di una missione archeologica° di professori e studenti americani che lavorano in quella zona. — missione... *archeological team*

PAOLO: Interessante! Ma non sarà troppo faticoso per te?

GERALDINE: E perchè? Perchè sono una donna? Scommetto° che io sono forte quanto te! Guarda che muscoli! Io ho fatto sempre molto sport. — *I bet*

PAOLO: Per carità,° non volevo offenderti. Quanti siete nel gruppo? — Per... *Good heavens*

GERALDINE: Saremo circa quindici persone.

PAOLO: E quante ore al giorno lavorerete?

GERALDINE: Lavoreremo dalla mattina alle sei fino alle quattro del pomeriggio.

PAOLO: Caspita°! Sempre a scavare? Ti verranno i calli° alle mani, povera Geraldine, e hai delle manine così graziose... — *You don't say* / Ti... *You'll get calluses*

GERALDINE: Senti, Paolino, a me i complimenti non interessano! E ora sarà meglio andare.

PAOLO: Mi piaci° molto quando ti arrabbi.° Quando potremo rivederci? — Mi... *I like you* / ti... *you get mad*

GERALDINE: Chi lo sa? Quando imparerai a non dire sciocchezze°! — *nonsense*

Geraldine si allontana° seguita da Paolo che canterella:° — si... *walks away* / *hums*

Sul ponte di Bassano,
noi ci darem° la mano, — *daremo*
sul ponte di Bassano,
noi ci darem la mano,
noi ci darem la mano,
ed un bacin d'amor,
ed un bacin d'amor,
ed un bacin d'amor...

Vacanze invernali: Courmayeur
(Valle d'Aosta) al confine tra
l'Italia e la Francia

▦ VARIAZIONI SUL TEMA

Progetti per le vacanze. Working with one or several partners, come up
with probable vacation plans for three or four famous people. (You can
choose from the list below or, better yet, come up with your own
possibilities!) Use the **futuro di probabilità** and words and expressions you
learned in this chapter. **Fantasia!**

Personaggi: Arnold Schwarzenegger, Cher, Barbara Bush, il Capitano Kirk,
Indiana Jones, James Bond, Roseanne Barr...

ESEMPIO: Il signor Spock. Per le vacanze, il signor Spock tornerà sul
pianeta Vulcano. Andrà a trovare i suoi parenti ed amici. Non
vorrà stare in un albergo di lusso perchè non è una cosa logica.
Mangerà solo cibi vegetariani (come al solito) e scriverà
una cartolina al capitano Kirk, ma non al dottor McCoy...

PICCOLO RIPASSO

A.   Ask and answer each question using the future tense and time
expressions such as **stasera, domani, la settimana prossima, fra un mese,**
and **alla fine dell'anno.** Whenever possible, use an object pronoun.

ESEMPIO: scrivere la lettera (Marco) →
—Ha scritto la lettera Marco?
—No, la scriverà domani.

1. riportare la mozzarella al salumiere (la nonna)
2. telefonare agli ospiti (*hosts*) italiani (tu)

3. visitare il museo (Laura)
4. mostrare le foto agli zii (i ragazzi)

B. Working with a partner, create a sentence using **prima** and **poi.** Your partner will then ask a question using **dopo che** and the future perfect.

ESEMPIO: vendere la casa / partire (io) →
         —Prima venderò la casa; poi partirò.
         —Partirai dopo che avrai venduto la casa?

1. fare il bagno / mangiare (noi)
2. prendere la laurea / sposarsi (Franco ed Ilaria)
3. trovare un lavoro / comprare una moto (io)
4. finire i compiti / guardare la TV (voi)
5. pulire la casa / uscire con me (i bambini)
6. visitare l'Inghilterra / passare due settimane a Portofino (Chiara)

C. Express in Italian.

1. AN ITALIAN GENTLEMAN: Do you like Italy, Miss?
           SHIRLEY: Yes, Italy is a very beautiful country, and the Italians are very nice.
        GENTLEMAN: How long have you been in Italy, Miss?
           SHIRLEY: (For) A month, and I have to leave tomorrow. Time has gone by (**passare**) so fast!
2. CLAUDIO: What state is Geraldine from?
    MONICA: She's from Massachusetts but she's lived a little everywhere (**dappertutto**)—in Florida, in Georgia, in Nebraska. . . .
    CLAUDIO: How come she's studying at the University of Texas?
    MONICA: Her mother teaches at the university, and Geraldine has received a scholarship (**borsa di studio**).
3.   BRUNA: Have you seen my keys? Didn't I give them to you this morning? Where did you put them?
  FRANCESCO: Don't get mad, but I don't remember. . . . Where can they be? I must have left them in the car (**in macchina**)!

—Quest'anno passo le vacanze nel canile^a comunale: e tu?   ^a*kennel*

D. About to leave for vacation, you meet a friend at a café. Greet him/her, order something to drink, and discuss what each of you will do during your vacations.

E. Conversazione.

1. Ha amici che andranno in Europa quest'estate?   2. Quali città visiteranno?   3. Come viaggeranno?   4. Le piace ricevere complimenti? 5. Qual è l'ultimo complimento che ha ricevuto?   6. Che cosa farà appena avrà un po' di soldi?   7. Dove pensa di passare le vacanze quest'anno?

LETTURA CULTURALE

Prima di leggere

In everyday English prose, sentences tend to be brief. The subject is always expressed and word order is fairly predictable. In Italian, sentences tend to be longer and more complex.

The cultural readings in the second half of **Prego!** reflect the normal complexity of Italian prose, and you might find them somewhat difficult at first. Here are a few strategies you may find helpful:

1. Try to identify the subject of the sentence and then connect it with all the verbs that refer to it. Look at this example from the following reading:

> Al mare gli italiani *passano* molte ore alla spiaggia: spesso *vanno* in spiaggia la mattina tra le nove e le dieci, *tornano* a casa nelle ore più calde per pranzare e riposarsi e poi *tornano* in spiaggia nel pomeriggio.

The four italicized verbs refer back to the same subject: **gli italiani.**

2. Be on the lookout for any implied words, especially verbs or subject/verb combinations. Consider this sentence from the reading:

> Altri viaggiano con un gruppo di amici e vanno in campeggio al mare, spesso nell'Italia meridionale, ma a volte anche in altri paesi dove ci sono delle bellissime spiagge come la Grecia o la Iugoslavia.

After **a volte,** the phrase **altri... vanno** from the beginning of the sentence is implied. This is a very common practice in Italian prose.

3. To find your bearings within a complex passage, look for agreement among adjectives, nouns, pronouns, and verbs. A feminine singular adjective can refer only to a feminine singular noun and to a singular verb. If the verb is in a compound tense, take a look at the ending of the past participle and use that information to help you.

4. For your readings in **Prego!** you are encouraged not to make use of a dictionary. Trying to translate these texts word-for-word would largely defeat their purpose, which is to help you develop reading skills and become accustomed to the natural flow of the language. However, when you do use a dictionary, do not stop at the first meaning listed. Make sure you find a meaning that makes sense in that particular context. Be wary: idioms can almost never be translated literally.

E ora alla lettura. In bocca al lupo!

LE VACANZE: TUTTI AL MARE?

In Italia il mese tradizionale per le vacanze è agosto. Spesso le città sono quasi vuote e ci sono solo i turisti stranieri! Dove sono gli italiani? Molti al mare e altri in montagna o in campagna o in viaggio per il mondo.

Il mare è ancora il posto preferito dagli italiani. C'è chi ha una casa al mare, chi l'affitta e chi va in albergo o in pensione. Al mare gli italiani passano molte ore alla spiaggia: spesso vanno in spiaggia la mattina tra le nove e le dieci, tornano a casa nelle ore più calde per pranzare e riposarsi e poi tornano in spiaggia nel pomeriggio. La sera, dopo cena, molti escono in compagnia degli amici per andare al cinema, mangiare un gelato o fare una passeggiata. È una vita molto rilassante! In montagna, invece, si possono fare belle camminate, prendere il sole e riposarsi.

Molti giovani approfittano dell'estate per andare a studiare le lingue all'estero, soprattutto l'inglese. Altri viaggiano con un gruppo di amici e vanno in campeggio al mare, spesso nell'Italia meridionale, ma a volte anche in altri paesi dove ci sono delle bellissime spiagge come la Grecia o la Iugoslavia.

Il giorno più festeggiato dell'estate è il quindici di agosto, «Ferragosto», una vacanza importantissima. È quasi obbligatorio fare vacanza in questo giorno!

Windsurf lungo la costa della Liguria

Finalmente un po' di pace!

PRATICA

A. Rispondete alle seguenti domande.

1. Perchè c'è poca gente a Firenze o a Milano in agosto?
2. Chi passa le vacanze nelle città italiane in agosto?
3. Gli italiani, quando vanno al mare, stanno in spiaggia tutto il giorno?
4. Perchè molti italiani vanno in Inghilterra d'estate?

B. Le differenze tra gli americani e gli italiani. Rispondete alle domande.

1. Quando vanno in vacanza in generale gli italiani? Gli americani?
2. Dove preferiscono andare in vacanza gli italiani? Gli americani?
3. Qual è il giorno più importante dell'estate per gli italiani? Per gli americani?

PAROLE DA RICORDARE

VERBI

affittare to rent (*a house or apartment*)
allontanarsi to walk away
*__andare__ to go
  in campagna to the country
  all'estero abroad
  al mare to the seashore
  in montagna to the mountains
  in vacanza, in ferie on vacation
arrabbiarsi to get mad
fare una crociera to take a cruise
festeggiare to celebrate
imparare a (+ *inf.*) to learn (*how to do something*)
noleggiare (prendere a nolo) to rent (*a vehicle*)
*__passare__ to spend (*time*); to stop by
prenotare to reserve, make reservations
*__restare__ to stay
scambiare quattro chiacchiere to have a chat

scavare to dig
sedersi[†] to sit down

NOMI

l'aria condizionata air-conditioning
l'assegno check
la carta di credito credit card
il complimento compliment
le ferie (*f. pl.*) vacation, vacation days
il giro tour
il gruppo group
il lago (*pl.* **i laghi**) lake
il mare sea
l'ostello hostel
la pensione inn
il posto place
il progetto project, plan
il sud south
il televisore TV set
la vacanza vacation, holiday
la zona area, zone

AGGETTIVI

doppio double
economico inexpensive

forte strong
grazioso pretty
matrimoniale with a double bed
modesto modest
singolo single
turistico tourist

ALTRE PAROLE ED ESPRESSIONI

all'estero abroad
a lungo (for) a long time
caspita! you don't say!
circa about, approximately
con ogni conforto with all the conveniences
di lusso luxurious
dipende it depends
dopo che after
fra, tra in, within (*with time expressions*)
in contanti in cash
invece instead, on the other hand
neanche per idea! not on your life!
quanto tempo how long
se if

[†] Irregular: **mi siedo, ti siedi, si siede; ci sediamo, vi sedete, si siedono.**

Lingua viva

Prima di andare in vacanza è sempre bene procurarsi una buona guida, come quelle del prestigioso Touring Club Italiano. Guardate attentamente la pubblicità, e poi rispondete alle domande.

Repertori

Utilissimi strumenti per chi vuole scegliere, in base a notizie precise e attendibili, un albergo, un ristorante, un campeggio in Italia o in Europa, una località sciistica o termale. Questi volumi sono un indispensabile supporto per programmare un viaggio o una vacanza.

D A1	**Campeggi e villaggi turistici in Italia 1989** contiene tutte le informazioni su 2.087 parchi di campeggio e 130 villaggi turistici, 456 pagg.	26.000	18.000
D A2	**Campeggi in Europa 1989-90** censisce 4.054 parchi di campeggio europei. Il volume è corredato da un atlantino dei campeggi in Europa, 526 pagg.	30.000	21.000
F 12	**Ristoranti in Italia** presenta tutti i dati per orientarsi in una scelta di oltre 3.000 ristoranti, 350 pagg., 14 piante di città	30.000	21.000
F 09	**Alberghi in Italia** raccoglie 4.500 esercizi tra alberghi e pensioni distribuiti in 2.000 località, 408 pagg., 14 piante di città	31.000	22.000
D 90	**Stazioni termali in Italia** censisce 180 località termali. Il volume è corredato da un atlantino delle stazioni termali, 320 pagg.	22.000	15.000
E 08	**Sci in Italia** nuova guida illustrata dello sci, 240 pagg., 70 illustrazioni, 55 cartine prospettiche	40.000	28.000

A. Date una breve risposta.

1. Vero o falso: Queste guide parlano solo di località italiane.
2. Un vostro amico va nell'Italia del nord. Ama la natura e gli sport invernali (cioè, dell'inverno). Quali guide gli consigliate?
3. Come si chiamano le località dove uno va per fare i bagni terapeutici e per bere l'acqua minerale? Quante di queste località ci sono?
4. Vero o falso: Queste guide vanno bene solo per le persone che fanno le vacanze rustiche, non per quelle che vanno in città.

B. Uno studente americano fa un viaggio in Italia. Va in un'agenzia di viaggi per chiedere delle informazioni sui parchi e sui campeggi in Italia. Scrivete un breve dialogo usando le parole seguenti: parco di campeggio, guida illustrata, stazione termale, scegliere.

Un albergo di Capri

ANDIAMO A FAR COMPERE!

In breve

Grammatica
A. **Ne**
B. Usi di **ci**
C. Pronomi doppi
D. Imperativo (**tu, noi, voi**)

Lettura culturale
Andiamo ai negozi: lo shopping
« Italian style »

Alta moda e alti prezzi nel centro di Milano

VOCABOLARIO PRELIMINARE

Dialogo-lampo

In un negozio di frutta e verdura

CLIENTE: Quant'è in tutto?
COMMESSO: Trentacinque e otto.*
CLIENTE: Mi fa un po' di sconto?
COMMESSO: Mi dispiace, ma non possiamo. Abbiamo prezzi fissi qui; non siamo mica al mercato!

Negozi e negozianti

Il **fruttivendolo** vende frutta—mele (*apples*), pere (*pears*), arance (*oranges*), uva (*grapes*) e verdura—
e lavora in un **negozio di frutta e verdura**.
Il **gelataio** vende gelato (*ice cream*)
e lavora in una **gelateria**.
Il **lattaio** vende latte, yogurt, burro (*butter*) e formaggi (*cheese*)
e lavora in una **latteria**.
Il **macellaio** vende carne—manzo, vitello e maiale—
e lavora in una **macelleria**.
Il **panettiere** fa e vende il pane
e lavora in una **panetteria**.
Il **pasticciere** fa e vende paste e dolci
e lavora in una **pasticceria**.
Il **pescivendolo** vende pesci
e lavora in una **pescheria**.
Il **salumiere** vende salumi
e lavora in una **salumeria**.

Poi c'è un negozio chiamato **Alimentari** che vende un po' di tutto: pane, salumi, formaggi, zucchero, vini, ecc.

Poi, naturalmente, ci sono i supermercati.

ESERCIZI

A. In quale negozio siamo? Certain questions are heard in certain stores. Where are the following questions heard? Match the questions on the left with the places in the column on the right.

---

* **Trentacinque e otto** = L. 35.800.

_____ 1. Al latte o al limone?

_____ 2. Un litro di Chianti o di Lambrusco?

_____ 3. Mezzo chilo di sardine?

_____ 4. Un chilo di pane?

_____ 5. Due chili di mele?

_____ 6. Sei paste o dodici paste?

_____ 7. Tre litri di latte?

_____ 8. Quattro etti di vitello?

a. in una pescheria
b. in un bar
c. in una pasticceria
d. in una latteria
e. in una panetteria
f. in una macelleria
g. in un alimentari
h. da un fruttivendolo

B. Situazioni. What would you say in the following situations?

1. Siete in una gelateria con quattro bambini e tutti vogliono un gelato diverso.
2. Siete in un negozio di frutta e verdura. Avete invitati a cena e avete bisogno di due tipi di verdura e molta frutta.
3. Siete in una macelleria. Dovete comprare carne per la nonna. La nonna mangia solo vitello, ma il vitello è molto caro e così ordinate poco vitello.

C. Un po' di sconto... You like to bargain but you run into a problem: prices are **fissi** (*firm*) in the shop where you are. Create a dialogue between yourself and the shop assistant.

Espressioni utili: fare lo sconto, fare un affare (*deal*), prezzi fissi, prezzi a sconto, aspettare le svendite (*sales*)

GRAMMATICA

A. Ne

MAMMA: Marta, per favore mi compri il pane?

MARTA: Volentieri! Quanto ne vuoi?

MAMMA: Un chilo. Ah sì, ho bisogno anche di prosciutto cotto.*

MARTA: Ne prendo due etti?

MAMMA: Puoi prenderne anche quattro: tu e papà ne mangiate sempre tanto!

MARTA: Hai bisogno d'altro?

MAMMA: No, grazie, per il resto vado io al supermercato.

MOTHER: Marta, will you buy bread for me, please? MARTA: Sure! How much do you want? MOTHER: One kilo. Oh yes, I also need some prosciutto (ham). MARTA: Shall I get a couple of hectograms (200 grams)? MOTHER: You can get as many as four. You and Dad always eat so much (of it)! MARTA: Do you need anything else? MOTHER: No, thanks, I'm going to the supermarket for the rest.

*There are two kinds of **prosciutto: cotto** (*boiled, cooked*) and **crudo** (*cured*).

1. The pronoun **ne** replaces nouns preceded by **di** (*of, about*) or nouns used alone, without an article.

Hai paura **dei topi?** —Sì, **ne** ho paura.	*Are you afraid of mice? —Yes, I'm afraid of them.*
Luigi parla **degli amici?** —Certo, **ne** parla sempre.	*Does Luigi talk about his friends? —Sure, he talks about them all the time.*
Avete **formaggio?** —No, non **ne** abbiamo.	*Do you have any cheese? —No, we don't have any.*

Note that **ne** expresses English *some* or *any* when it replaces a noun used without an article.

2. **Ne** also replaces nouns accompanied by a number or an expression of quantity, such as **quanto, molto, troppo, un chilo di,** and **un litro di. Ne** then expresses *of it, of them*.

Quanta **pasta** mangiate? —**Ne** mangiamo **molta!**	*How much pasta do you eat? —We eat a lot (of it)!*
Quanti **fratelli** hanno? —**Ne** hanno **tre.**	*How many brothers do they have? —They have three (of them).*

While the phrases *of it* and *of them* are optional in English, **ne** *must* be used in Italian.

3. When **ne** is used with an expression of quantity, the past participle must agree in gender and number with the expression **ne** is replacing.

Quante **pizze** avete ordinato? —**Ne** abbiamo ordinat**e** quattro.	*How many pizzas did you order? —We ordered four.*

4. **Ne** is also used to replace **di** + *infinitive* following such expressions as **avere bisogno di, avere paura di,** and **avere voglia di.**

Hai bisogno **di fare la spesa?** —No, non **ne** ho bisogno.	*Do you need to go shopping? —No, I don't need to.*

—Di serpenti a sonagli[a] ne ho visti tanti, ma come questo...   [a]serpenti... *rattlesnake*

5. Like other object pronouns, **ne** is placed before a conjugated verb or attached to the end of an infinitive.

Perchè parli sempre **dell'Italia?**
—**Ne** parlo sempre perchè mi piace parlar**ne**.

Why do you always talk about Italy? —I always talk about it because I like to talk about it.

6. **Ne** is used to express the date.

Quanti **ne** abbiamo oggi?*
—**Ne** abbiamo (uno, due, quindici...).

What's today's date? —It's the (first, second, fifteenth . . .).

ESERCIZI

A. Ask and answer questions, using **ne** in your response.

ESEMPIO: giornali / leggere (2) →
—Quanti giornali leggi?
—Ne leggo due.

1. panettoni / comprare a Natale (1)
2. etti di prosciutto / volere (2)
3. cugine / avere (5)
4. anni / avere (20)
5. foto / fare al mese (36)
6. bicchieri d'acqua / bere al giorno (8)
7. chili di pane / voler comprare (4)
8. esami / dover dare questo semestre (3)

B. Ask and answer questions, using the appropriate forms of **troppo** (*too much, too many*), **molto, poco** (**poca/pochi/poche**) (*little, few*), **abbastanza** (*inv.*) (*enough*), or **un po'**.

ESEMPIO: avere libri →
—Hai libri?
—Sì, ne ho molti. (No, non ne ho.) E tu?
—Ne ho molti anch'io.

1. avere amici
2. leggere libri
3. fare domande in classe
4. ricevere lettere

5. scrivere lettere
6. mangiare dolci
7. mettere zucchero nel caffè
8. regalare paste e biscotti

---

*Another way to express the date is **Che giorno del mese è oggi? È il (due, quindici...**). *The first* is expressed with an ordinal number in this contruction: **È il primo.**

C. Conversazione.

1. Ha dischi italiani?
2. Scrive lettere in classe?
3. Ha paura dei ragni (*spiders*)?
4. Mangia pere con il formaggio?
5. Beve spumante (*sparkling wine*) a colazione?
6. Le piace parlare di politica?
7. Regala dolci agli amici?
8. Mette limone nel tè?
9. Ha bisogno di formaggio?
10. Ha voglia di mangiare un gelato?

D. Find out from a classmate the following information.

1. quante lingue conosce
2. quanti caffè prende al giorno
3. quanti fratelli ha
4. quanti anni ha
5. quanti ne abbiamo oggi

B. Usi di **ci**

—Tu ci credi ai miraggi?

1. The word **ci** replaces nouns (referring to places) preceded by **a, in** or **su,** or **a** + *infinitive*. Its English equivalent is often *there*. You have already used **ci** in the expressions **c'è** and **ci sono.**

Vai **al mercato?** —No, non **ci** vado oggi.	*Are you going to the market?* —*No, I'm not going (there) today.*
Vai **in Italia** quest'estate? —Sì, **ci** andiamo a giugno.	*Are you going to Italy this summer? —Yes, we're going (there) in June.*
Quando andate **a fare la spesa?** —**Ci** andiamo il sabato pomeriggio.	*When do you go grocery shopping? —We go (to do it) on Saturday afternoons.*

Note the optional use of English *there* and *to do it* in contrast with the required use of **ci.**

2. **Ci** can also replace **a** + *noun* (referring to things and ideas) in expressions such as **credere a** + *noun* (*to believe in something*) and **pensare a** + *noun* (*to think about something*). In these cases **ci** no longer corresponds to English *there,* but its use is still required.

Lei crede **agli UFO?** —Sì, **ci** credo.

Pensate **all'inflazione?** —No, non **ci** pensiamo.

Do you believe in UFOs? —Yes, I believe in them.

Do you think about inflation? —No, we don't (think about it).

3. **Ci** precedes or follows the verb according to the rules for object pronouns.

Mi hanno invitato **a quella festa,** ma non **ci** vado. Non ho voglia di andar**ci!**

They invited me to that party, but I'm not going (there). I don't feel like going (there)!

ESERCIZI

A. Ask and answer questions, substituting **ci** for the indicated expressions.

ESEMPIO: andare *al mercato* ogni giorno →
—Vai al mercato ogni giorno?
—Sì, ci vado ogni giorno. (No, ci vado poco.) E tu?
—Anch'io ci vado ogni giorno.

1. andare mai *al cinema* da solo/a
2. mangiare spesso *alla mensa dello studente*
3. andare *dal lattaio* per comprare lo yogurt
4. andare *in una panetteria* per comprare il pane
5. studiare volentieri *in questa università*
6. tornare spesso *alla città dove è nato/a*
7. avere voglia di stare *a casa* stasera
8. comprare la carne *in una macelleria*

B. Interview a member of your class, asking whether he/she has ever been or wants to go to a city or a country that interests you. Remember to use **in** with countries and **a** with cities.

ESEMPIO: Sei mai stato/a in Inghilterra? A Londra? Vuoi andare in Brasile? A Rio de Janeiro?

C. Now interview one or more classmates, asking whether they believe in the following.

ESEMPIO: Tu credi alle streghe (*witches*)?

1. gli spiriti (*ghosts*)
2. gli UFO
3. l'oroscopo
4. le previsioni del tempo (*weather forecasts*)
5. i sogni (*dreams*)

D. Lei pensa mai a queste cose? For each of the following, create a question and an answer, according to the example.

ESEMPIO: Lei pensa alle vacanze? → Sì, ci penso. (No, non ci penso.)

1. il futuro dell'umanità
2. i problemi della società
3. la vita sugli altri pianeti (*planets*)
4. gli extraterrestri (*people from outer space*)
5. gli esami

C. Pronomi doppi

In un negozio di abbigliamento

COMMESSA: Allora, signora, ha provato tutto? Come va?

CLIENTE: La gonna è troppo stretta, ma la camicetta va bene. La prendo.

COMMESSA: Gliela incarto?

CLIENTE: No; me la può mettere da parte? Ora vado a fare la spesa e poi passo a prenderla quando torno a casa.

COMMESSA: Va bene, signora, gliela metto qui, dietro al banco.

1. In Italian, when the same verb has one direct object pronoun and one indirect object pronoun (*he gave **it to me**, I'm returning **them to you***), the object pronouns normally precede the verb in the order given in the chart.

PRONOME INDIRETTO	+	PRONOME DIRETTO	+	VERBO	
Me		lo		ha dato.	*He gave it to me.*
Te		li		rendo.	*I'm returning them to you.*

2. The indirect object pronouns **mi, ti, ci,** and **vi** change the final **-i** to **-e** before direct object pronouns and before **ne. Gli, le,** and **Le** become **glie-** before direct object pronouns and before **ne,** and combine with them to form one word. **Loro** always follows the verb.

—Glielo avevo detto, signora: è di vero canguro.[a]

[a]*kangaroo*

CLERK: Well, madam, have you tried on everything? How is it going? CUSTOMER: The skirt is too tight, but the blouse is fine. I'll take it. CLERK: Shall I wrap it up for you? CUSTOMER: No, can you put it aside for me? I'm going grocery shopping now and I'll come by to get it later on my way home. CLERK: Fine, ma'am, I'll put it here for you, behind the counter.

PRONOMI INDIRETTI	PRONOMI DIRETTI				
	lo	**la**	**li**	**le**	**ne**
mi	me lo	me la	me li	me le	me ne
ti	te lo	te la	te li	te le	te ne
gli, le, Le	**glielo**	**gliela**	**glieli**	**gliele**	**gliene**
ci	ce lo	ce la	ce li	ce le	ce ne
vi	ve lo	ve la	ve li	ve le	ve ne
...loro	lo... loro	la... loro	li... loro	le... loro	ne... loro

Vi ho già parlato **della cucina italiana; ve ne** ho parlato un mese fa.

Hai dato **le ricette alla signora?** —Sì, **gliele** ho date.

I already spoke to you about Italian cooking; I spoke to you about it a month ago.

Did you give the recipes to the lady? —Yes, I gave them to her.

Note that when the verb is in the **passato prossimo,** the past participle agrees in gender and number with the preceding direct object pronoun, even when the direct object pronoun is combined with another pronoun, as in the last example.

3. With infinitives, double object pronouns (like the single forms) follow and are attached to form one word. **Loro** is not attached.

La gonna? Non **te la** vendo, preferisco regalar**tela!**

L'automobile? Non **la** vendo **loro,** preferisco regalar**la loro.**

The skirt? I'm not going to sell it to you; I prefer to give it to you.

The car? I'm not going to sell it to them; I prefer to give it to them.

When the infinitive is governed by **dovere, potere,** or **volere,** the pronouns may follow the infinitive and be attached to it, or precede the conjugated verb.

Ti voglio presentare **un'amica.** Voglio presentar**tela.** (**Te la** voglio presentare.)

I want to introduce a friend to you. I want to introduce her to you.

ESERCIZI

A. Ask and answer questions according to the example.

ESEMPIO: comprarmi il pane →
—Mi compri il pane?
—Sì, te lo compro.

1. servirmi il caffè
2. servirmi due caffè
3. portargli questa torta (*pie*)
4. portargli queste paste
5. offrirle formaggio
6. offrirle il pane
7. dirci la verità (*truth*)
8. dirci molte cose

B.   Al mercato. Restate each sentence, using double object pronouns. Remember to make the past participle agree with the direct object pronoun.

> ESEMPIO: Chi ti ha venduto i salumi? →
> Chi te li ha venduti?

1. Chi vi ha portato le pere?   2. Chi Le ha chiesto un chilo d'uva?   3. Chi gli ha comprato le paste?   4. Chi ti ha consigliato (*suggested*) la torta di mele?   5. Chi ha venduto Loro la carne?   6. Chi vi ha tagliato (*cut*) i formaggi?

C.   Complete the following conversations choosing the appropriate pronoun and inserting the appropriate double object pronoun.

> ESEMPIO: È vero che non (lo / gli) vuoi offrire il caffè? →
> È vero; non glielo voglio offrire!

1. A: _____ (Me / Mi) puoi comprare un po' di prosciutto?
   B: Certo, _____ compro quando vado dal salumiere.
2. A: Guarda, Franco, che belle paste! (Le / Loro) offriamo alla professoressa Gardelli?
   B: Un'ottima idea. _____ offriamo stasera, al ricevimento.
3. A: Dottore, lo yogurt fa bene, no? _____ (Gli / Lo) posso dare al mio bambino?
   B: Sì, _____ può dare un po', con la frutta.
4. A: Ragazzi, se mi date una mano oggi, sabato sera _____ (ve / vi) preparo quei ravioli che vi piacciono tanto.
   B: Sai, nonna, _____ puoi preparare anche stasera!
5. A: Giorgio, vado dal macellaio. _____ (Te / Ti) porto qualcosa? I soliti tre etti di vitello?
   B: Grazie, Piera, ma _____ puoi comprare cinque etti? Stasera arriva Giulia con il suo ragazzo.

D.   You and your partner are making plans for a dinner party. Following the example, create exchanges based on the information given, using the double object pronouns.

> ESEMPIO: offrire / i salatini / a Carlo →
> —Glieli offriamo?
> —Non so; vuoi offrirglieli tu?

1. preparare / la crostata di mele / per i Costa
2. mandare / un invito / a Giovanna
3. chiedere / la ricetta / a Michele
4. dare / i fiori / a Laura
5. spiegare / la situazione / a Liliana e a Silvio
6. parlare / dei preparativi (*preparations*) / a Gianpiero

E. Una persona generosa. You are at the home of a friend who is offering you all that you admire! Make statements according to the example.

ESEMPIO: questa camicetta →
—Mi piace molto questa camicetta!
—Se ti piace, te la regalo.

1. questi piatti
2. queste scarpe
3. questo profumo
4. questi dischi
5. questa foto
6. queste riviste

F. Conversazione.

1. Lei dà sempre la mancia al cameriere? 2. Si lamenta (*Do you complain*) spesso del freddo? 3. Si lava i capelli tutti i giorni? 4. Ha ricevuto lettere ieri? 5. Ha fatto la doccia stamattina?

D. Imperativo (**tu, noi, voi**)

—Gira[a] la pagina! [a]*Turn*

1. The imperative (**l'imperativo**) is used to give orders, advice, and exhortations: *be good, stay home, let's go*. The affirmative imperative forms for **tu, noi,** and **voi** are the same as the present tense forms, with one exception: the **tu** imperative of regular **-are** verbs ends in **-a.**

	lavorare	scrivere	dormire	finire
(tu)	Lavora!	Scrivi!	Dormi!	Finisci!
(noi)	Lavoriamo!	Scriviamo!	Dormiamo!	Finiamo!
(voi)	Lavorate!	Scrivete!	Dormite!	Finite!

Note that the **noi** imperative forms correspond to the English *let's:* **Andiamo** (*Let's go*)!

2. The negative imperative for **tu** in all conjugations is formed by placing **non** before the infinitive. The **noi** and **voi** forms are identical to those in the affirmative.

(tu)	Non lavor**are**!	Non scriv**ere**!	Non dorm**ire**!	Non fin**ire**!
(noi)	Non lavor**iamo**!	Non scriv**iamo**!	Non dorm**iamo**!	Non fin**iamo**!
(voi)	Non lavor**ate**!	Non scriv**ete**!	Non dorm**ite**!	Non fin**ite**!

Paga in contanti, Luciano!	*Pay cash, Luciano!*
Non pagare con un assegno!	*Don't pay with a check!*
Partiamo oggi!	*Let's leave today!*
Non partiamo domani!	*Let's not leave tomorrow!*
Correte, ragazzi!	*Run, guys!*
Non correte, ragazzi!	*Don't run, guys!*

3. The verbs **avere** and **essere** have irregular imperative forms.

	avere	**ẹssere**
(tu)	abbi	sii
(noi)	abbiamo	siamo
(voi)	abbiate	siate

Abbi pazienza!	*Be patient! (lit., have patience)*
Siate pronti alle otto!	*Be ready at eight!*

4. **Andare, dare, fare,** and **stare** have an irregular **tu** imperative that is frequently used instead of the present tense form.

andare: **va'** or **vai**	Va' (Vai) ad aprire la porta!
dare: **da'** or **dai**	Da' (Dai) una mano a Giovanni!
fare: **fa'** or **fai**	Fa' (Fai) colazione!
stare: **sta'** or **stai**	Sta' (Stai) zitta un momento!

Dire has only one imperative **tu** form: **di'.**

Di' la verità!

—Dai, rispondigli!

5. Object and reflexive pronouns, when used with the affirmative imperative, are attached to the end of the verb to form one word. The only exception is **loro,** which is always separate.

alzarsi	**mẹttersi**	**vestirsi**
ạlzati	mẹttiti	vẹstiti
alziạmoci	mettiạmoci	vestiạmoci
alzạtevi	mettẹtevi	vestịtevi

Se vedete la zia, invitate**la!**	*If you see your aunt, invite her!*
Compra**gli** una mela!	*Buy him an apple! Buy it for*
Compra**gliela!**	*him!*
Il giornale? Sì, compra**melo!**	*The newspaper? Yes, buy it for me!*
Alzate**vi** subito!	*Get up right now!*
Telefonate **loro!**	*Call them!*

6. When a pronoun is attached to the **tu** imperative short forms of **andare, dare, dire, fare,** and **stare,** the apostrophe disappears and the first consonant of the pronoun is doubled, except when that pronoun is **gli.**

Fammi un favore! Fammelo!	*Do me a favor! Do it for me!*
Dille la verità! Digliela!	*Tell her the truth! Tell it to her!*
Ti hanno invitato a casa Pepe e non ci vuoi andare? Vacci!	*They've invited you to the Pepes' and you don't want to go (there)? Go (there)!*

7. When the verb is in the negative imperative, the pronouns may either precede or follow the verb.

Carletto vuole le paste? Non gliele dare (Non dargliele)!	*Does Carletto want the pastries? Don't give them to him!*

ESERCIZI

A. Working with a partner, ask and answer questions, using the appropriate **tu** command in your responses. Add the words **su, dai,** or **avanti.***

ESEMPIO: mangiare →
—Posso mangiare?
—Su, mangia!

1. entrare
2. parlare
3. uscire
4. venire con voi

5. provare questo vestito
6. fare una domanda
7. dire qualcosa
8. vestirsi

B. Now switch roles and repeat exercise A, using the **voi** form. Add the word **pure.**†

ESEMPIO: mangiare →
—Possiamo mangiare?
—Mangiate pure!

---

*These words are often used with the imperative forms to express encouragement, similar to English *Come on!*
†The imperative forms are often accompanied by **pure. Pure** softens the intensity of the command; it adds the idea of *go ahead, by all means.*

—Aspetta un attimo: suona il telefono!

C. Quello che Carlo fa... Carlo is a real trend-setter and you want to follow his lead. Say what you and your friends have to do to keep up with him.

ESEMPIO: Carlo ordina l'antipasto. → Ordiniamo l'antipasto anche noi!

1. Carlo va in campagna.
2. Carlo suona la chitarra.
3. Carlo balla il twist.
4. Carlo fa una foto.
5. Carlo mangia in una trattoria.
6. Carlo ha pazienza.

D. Ordine e contrordine. You and your roommate can't seem to agree on anything today, and you are contradicting each other's orders to your third roommate. Give affirmative and negative **tu** commands, as in the example.

ESEMPIO: aprire la porta →
—Apri la porta!
—No, non aprire la porta!

1. andare dal pescivendolo
2. mettersi i jeans
3. provare il vestito
4. pagare in contanti
5. guardare le vetrine
6. rispondere a Marco
7. finire i compiti
8. sposarsi giovane
9. avere pazienza
10. essere gentile

E. You want your friend Mauro to do the following things. Express them as commands addressed to him.

ESEMPIO: svegliarsi alle otto → Svegliati alle otto!

1. alzarsi subito 2. vestirsi 3. fare colazione 4. non dimenticare il portafoglio a casa 5. andare in biblioteca 6. starci almeno (*at least*) due ore 7. telefonare a Giorgio 8. invitarlo alla festa di sabato sera

DIALOGO

Stamattina Marcella e Geraldine sono andate di buon'ora° a fare la spesa al mercato centrale vicino a Piazza San Lorenzo. Le piazze e le strade intorno al mercato sono piene° di bancarelle° che vendono un po' di tutto. Geraldine si ferma a una bancarella e osserva la mercanzia.°   *di... early*

  full / stalls

  goods

VENDITORE: Signorina, ha bisogno di nulla°? Un bel vestitino, un bello scialle°? Le faccio un buon prezzo!   *anything*

  shawl

GERALDINE: Quanto costa quel vestito verde°?   *green*

VENDITORE: Glielo do per cinquantamila. È regalato!

GERALDINE: Cinquantamila? Mi sembra° un po' caro! Che ne dici, Marcella?   *Mi... It seems to me*

MARCELLA: È troppo caro!

VENDITORE: Signorina, c'è l'inflazione, devo mangiare anch'io!

GERALDINE: E quella camicetta rossa quanto costa?

Un mercato sull'acqua a Venezia

VENDITORE: Trentamila: gliela incarto?
GERALDINE: Se me la dà a ventimila, la prendo.
VENDITORE: E va bene, gliela do a ventimila e non ne parliamo più.

(Le due ragazze entrano nel mercato centrale e osservano la carne, il
pollame,° il pesce, i formaggi e i salumi esposti° sugli alti banchi di
marmo.° Marcella si ferma davanti al° banco di un salumiere.)

> *poultry / displayed*
> *marble / davanti... in
> front of*

  MARCELLA: Ha mozzarelle fresche?
  SALUMIERE: Freschissime! Quante ne vuole?
  MARCELLA: Ne prendo tre; e anche un pezzo di parmigiano, per favore.
  SALUMIERE: Quanti etti gliene do?
  MARCELLA: Due etti. E quella ricotta com'è?
  SALUMIERE: Da leccarsi i baffi,° signorina. Se la compra, domani torna e ne
    compra di più!
  MARCELLA: E se non è buona, gliela riporto e Lei mi rende i soldi.
  SALUMIERE: Intesi°! In tutti i modi° domani La rivedo!

> Da... *To smack one's
> lips (lit., to lick one's
> mustache)*
>
> *Agreed* / In... *Anyway*

☐ VARIAZIONI SUL TEMA _____

Al mercato centrale. Working with three or four classmates, imagine that
you are walking through a **mercato centrale** shopping for a certain item
(your choice). Bargain with the merchants and see what kinds of discounts
(**sconti**) and deals (**affari**) they might offer you. If the price is right, buy! Use
words and expressions from the **Vocabolario preliminare** and the **Dialogo**
and as many imperatives as possible.

PICCOLO RIPASSO

A. Restate each sentence or question, replacing the italicized words with pronouns.

> ESEMPIO: Il cameriere serve *la crostata alla signora.* →
> Il cameriere gliela serve.

1. Io mostro *le foto a Carlo.*
2. Tu regali *la camicetta a Maria.*
3. Noi offriamo *il caffè al dottore.*
4. Offriamo *il caffè al dottore!*
5. Lei spiega *i verbi allo studente.*
6. Io voglio vendere *la macchina all'avvocato.*
7. Tu hai scritto molte *lettere allo zio.*
8. Chi ha parlato *dell'esame a Maria?*
9. Chi ha parlato *dell'esame a Carlo?*
10. Ripeti *la data al professore!*

B. Pierino. You are babysitting for your stubborn little neighbor Pierino who, over the course of the day, refuses to do certain things. Respond to his statements as in the examples, substituting **ci, ne,** or a direct object pronoun for the italicized expressions.

> ESEMPI: mangiare *frutta* →
> —Non mangio frutta.
> —Ma dai, mangiane!
>
> andare *a scuola* →
> —Non vado a scuola.
> —Ma dai, vacci!

1. pensare ai voti (*grades*)
2. bere il latte
3. prendere formaggio
4. fare i compiti
5. provare le scarpe
6. andare in piscina

C. Express in Italian.

1. GUGLIELMO: Tell me, how many children do the Riccis (**i Ricci**) have?
   CARMELA: They have two.
   GUGLIELMO: And the Brambillas?
   CARMELA: They don't have any. They got married only six months ago and say that they don't want to have any.
2. ALBERTO: What are you doing Sunday?
   GIACOMO: I want to go to Florence. I've never been there and I know that there are lots of things to see (**da vedere**).
   ALBERTO: How are you going (there)? By train or by car?
   GIACOMO: By car. I prefer to travel by car, because I can leave and return when I want!

D. Create a sentence for each word or expression following the model.

ESEMPIO: la birra → Se non me la vuoi dare, non darmela!

1. il dolce
2. patate
3. le patate
4. i gelati

5. un chilo di pane
6. due pezzi di formaggio
7. la mozzarella
8. molti dischi

E. Some people are very generous and willing to give things away. Create short exchanges, following the model.

ESEMPIO: maglietta →
—Che bella maglietta! Me la dai?
—Se la vuoi, te la do!

1. vestito
2. giornali
3. scarpe

4. zucchini
5. orologio
6. pere

F. Interview a classmate. You want to find out

1. if he/she prefers to do the grocery shopping at the supermarket or in many stores   2. if he/she usually pays cash or with a check   3. how many pairs of shoes he/she has bought this year   4. if he/she believes in UFOs

LETTURA CULTURALE

Prima di leggere

When reading your **letture** and authentic texts, you will frequently encounter verb forms you haven't learned yet. Don't panic or stop short when you come upon them. Thinking about the context can help you to figure them out.

Adverbs and time expressions can help you make the distinction between the simple past and the future. Past tenses will often be accompanied by such words as **ieri, scorso (l'anno scorso, il mese scorso, giovedì scorso), fa (un anno fa, tre mesi fa, due giorni fa)**. Such expressions as **domani, prossimo (l'anno prossimo, martedì prossimo)**, and **tra** or **fra (tra un mese, fra un anno)** will frequently accompany the future.

Keeping this in mind, take a look at these sentences and see if you can figure them out.

Martedì prossimo io andrò in vacanza al mare. Marco andò al mare due anni fa, e le mie sorelle andarono con lui.

Sometimes the general context and simple common sense help you to understand the tense. Consider this sentence from the following **Lettura culturale:**

Buongiorno, vorrei provare un paio di scarpe che ho visto in vetrina.

You already know that in English we often use the conditional for a polite request: *I would like...* Although you haven't yet studied the Italian conditional, you can probably guess from the context that **vorrei** means *I would like to.*

Following the sequence of a paragraph or conversation can help you to understand more complicated series of tenses. Read over this conversation:

—Riccardo, a che ora arriverai domani?
—Penso di arrivare alle nove.
—È troppo tardi! Preferirei che tu arrivassi alle otto.
—Va bene, arriverò alle otto se preferisci così.

The third line in particular presents forms and endings you haven't seen yet, but if you read over the whole conversation, it's not too hard to figure out the meaning: *I would prefer that you arrive at eight.*

Remember, the most important things are not to panic and to keep on reading. **Buona lettura!**

Abbigliamento sportivo per i giovani romani

ANDIAMO AI NEGOZI: LO SHOPPING «ITALIAN STYLE»

In Italia è difficile entrare in un negozio e dire: «Voglio solo guardare». Questo si può fare solo nei grandi magazzini° dove la merce è tutta esposta e si può toccare e provare quello che si vuole. Nei negozi, invece, bisogna° sempre essere serviti da una commessa o da un commesso e quando si entra bisogna dire quello che si vuole.

Chi vuole comprare un paio di scarpe, ad esempio, deve guardare le vetrine e quando ne vede un paio che gli piacciono può entrare e dire: «Buongiorno, vorrei provare un paio di scarpe che ho visto in vetrina», poi deve uscire con il commesso e fargliele vedere. I numeri che indicano la misura delle scarpe in Italia sono diversi e non c'è scelta° di misura per la larghezza. Se sono troppo strette, bisogna sceglierne un altro tipo o soffrire in silenzio!

I negozi accettano raramente gli assegni: di solito gli italiani pagano in contanti. Alcuni° negozi accettano le carte di credito, ma l'uso non è diffuso come negli Stati Uniti.

In Italia i periodi migliori per fare compere sono gennaio e luglio o agosto quando ci sono le svendite.° Chi vuole fare affari può anche andare ai mercatini all'aperto che ci sono in certi giorni in tutte le città, e ricordatevi... i prezzi al mercato non sono mai fissi, dovete contrattare°!

grandi... department stores

it is necessary

choice

Some

sales

bargain

Una delle strade milanesi per lo shopping di lusso

PRATICA

A. Dove sono queste persone, a Genova o a Boston?

1. Matteo ha comprato un paio di scarpe numero 41. Matteo è a _____ .
2. Anna e Francesco vanno ad una delle tante svendite che ci sono regolarmente a _____ .
3. A _____ Daniela e Paola vanno spesso in vari negozi solo per guardare.
4. Pietro non porta quasi mai contanti a _____ perchè paga quasi sempre con un assegno.
5. Filippo cambia delle scarpe che ha comprato a _____ e ne prende un paio dello stesso numero ma più larghe.

B. Scrivete un dialogo fra una commessa ed un cliente in Italia e poi riscrivetelo adattandolo alla situazione negli Stati Uniti.

PAROLE DA RICORDARE

VERBI

*costare to cost
credere (a) to believe (in)
fare la spesa to go grocery shopping
fare compere, fare le spese to go shopping
fare un affare to make a deal
incartare to wrap
pensare (a) to think (about)
provare to try, try on
scegliere (p.p. scelto) to choose
vendere to sell

NOMI

gli alimentari foodstuffs
  negozio di alimentari grocery store
l'arancia orange (fruit)
il banco counter
il burro butter
la camicetta blouse
il chilo kilogram
il/la cliente customer

il commesso, la commessa clerk
l'etto hectogram
il formaggio (pl. i formaggi) cheese
il fruttivendolo fruit vendor
il gelataio ice-cream maker/ vendor
la gelateria ice-cream parlor
la gonna skirt
il lattaio milkman
la latteria dairy
il litro liter (about a quart)
il macellaio butcher
la macelleria butcher shop
la mela apple
il negoziante shopkeeper
la panetteria bakery
il panettiere baker
la pasticceria pastry shop
il pasticciere confectioner, pastry cook
la pera pear
la pescheria fish market

il pescivendolo fishmonger
il prezzo price
la salumeria delicatessen
il salumiere delicatessen clerk
la scarpa shoe
lo sconto discount
la svendita sale
l'uva grapes
il vestito dress; suit
la vetrina shop window
lo yogurt yogurt

AGGETTIVI

fisso firm
poco few, little, not many
stretto tight
troppo too much, too many

ALTRE PAROLE ED ESPRESSIONI

abbastanza (inv.) enough
quanti ne abbiamo oggi? what's today's date?
quanto costa? how much does it cost?
un po' (di) a little bit (of)

Lingua viva

Le taglie e le misure italiane sono diverse da quelle americane. Cercate la vostra taglia qui sotto (dite la verità!) e poi fate gli esercizi che seguono.

TAGLIE E MISURE									
Vestiti da donna	Italia	38	40	42	44	46	48	50	52
	USA	4	6	8	10	12	14	16	18
Vestiti da uomo	Italia	46	48	50	52	54	56		
	USA	36	38	40	42	44	46		
Scarpe da donna	Italia	34	35	36	37	38	39	40	41	42
	USA	4	5	6	7	8	9	10	11	12
Scarpe da uomo	Italia	38	39	40	41	42	43	44	45
	USA	5	6	7	8	9	10	11	12

A. Caterina e Stefania sono sedute in un ristorante all'aperto e parlano dei loro amici.

Parole utili: cinquantaquattro, dimagrita, grande, ingrassata, nove, piccolo, piedini, piedoni, quarantuno, quarantasei, trentasei, undici

1. Elisa porta la taglia 44. Negli Stati Uniti un vestito della taglia 14 sarebbe troppo _____ per lei.
2. Quando sono andata negli Stati Uniti, ho comprato un paio di scarpe Timberland per mio fratello che in Italia porta il 42. Gli ho comprato delle scarpe numero _____ e gli andavano benissimo.
3. Hai visto che piedi enormi ha Luisa? Porterà almeno il _____ di scarpe!
4. Alessandra è _____ moltissimo, pensa che ora porta la taglia 38!
5. Quando è venuto in Italia il mio cugino americano Peter si è comprato un bellissimo abito (*suit*). Lui negli Stati Uniti porta il 44 ed in Italia ha comprato un abito taglia _____ .
6. Un uomo che porta scarpe numero 38 ha dei _____ come quelli di Cenerentola (*Cinderella*).

B. Che cosa compriamo? Andate in Italia a trovare questi amici e tutti vogliono vestiti e accessori americani. Lavorando in piccoli gruppi, preparate una lista di tre o quattro cose per ciascun amico, indicando le taglie americane, le marche (*brands*) ed i colori da comprare.

ESEMPIO: Per Giorgio, le scarpe da ginnastica « L.A. Gear », numero 8. Una maglietta dalla nostra università, taglia 38, color blu scuro, e un costume da bagno « Speedo »...

Puoi elencare e descrivere gli oggetti e i colori di questa bancarella veneziana?

Indumenti (*Garments*) **e accessori:** una gonna, un vestito, una camicetta, una giacca, una maglietta, un piumino (*down jacket*), le scarpe, un costume da bagno (*bathing suit*), una felpa, una borsa, un portafoglio...

GIORGIO: Porta la taglia 48, le scarpe numero 41. È un ragazzo sportivo che passa molto tempo in montagna, a sciare. Preferisce indumenti semplici e comodi.

MARIANGELA: Porta la taglia 40, le scarpe numero 35. È una giovane elegante e «alla moda». Lavora come manager in una ditta di computer.

ANTONELLA: Porta la taglia 44, le scarpe 37. Studia all'Istituto di Belle Arti di Bologna. Ama le cose insolite (*unusual*) e fatte a mano.

PIERLUIGI: Porta la taglia 46, le scarpe numero 40. È avvocato in uno studio di prestigio a Milano; quando ha tempo libero va in campagna.

C. E ora preparate una lista di vestiti italiani che volete voi, indicando la taglia, la marca, il colore e altre informazioni!

ESEMPIO: Vorrei una giacca di Armani, nera, taglia 50; un portafoglio di Gucci, nero anche quello; e una maglietta di Fiorucci, blu elettrico!

CERCARE CASA

Casa di campagna recentemente
ristrutturata

In breve

Grammatica
A. Aggettivi indefiniti
B. Pronomi indefiniti
C. Negativi
D. Numerali ordinali

Lettura culturale
Il problema della casa

VOCABOLARIO PRELIMINARE

Dialogo-lampo

NINA: Come hai potuto sistemare tutto in così poco spazio?

TINA: Nessun problema! Al centro ho sistemato il soggiorno-pranzo, a sinistra la camera da letto e quella per gli ospiti, a destra lo studio di mio marito, la cucina e i servizi!

RONCIGLIONE
Via Padre Mariano da Torino, 4

A pochi passi dal Lago, in centro residenziale panoramicissimo con piscina, vendiamo appartamenti ottimamente rifiniti così composti:
LIBERO: saloncino, due camere, cameretta, cucina, due bagni,
L. 89.500.000 (MQ 110).
Ampia disponibilità di appartamenti anche affittati a prezzi eccezionali.

MINIMO CONTANTI - MUTUO - FACILITAZIONI

PERSONALE SUL POSTO SOLO FESTIVI.

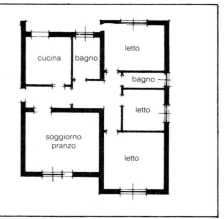

Abitazioni

l'appartamento apartment
l'ascensore (*m.*) elevator
la camera da letto bedroom
la camera per gli ospiti guest room
il garage (*inv.*) garage
il palazzo apartment building
i servizi facilities

la stanza room
lo studio study
la villa luxury home; country house
la villetta single-family house

al centro in the center
a destra to the right

a sinistra to the left
al pianterreno on the first floor*
al primo (secondo, terzo, ecc.) piano on the second, (third, fourth, etc.) floor

cambiare casa to move
trasferirsi (isc) to move

---

*What Americans call the first floor is called in Italian **il pianterreno.** Our second floor is **il primo piano,** our third floor is **il secondo piano,** etc.

ESERCIZI

A. In quale parte della casa? In quale parte della casa facciamo le seguenti cose? Completate le frasi. In alcuni casi più di una risposta è possibile. In altri, sarà necessaria la preposizione articolata.

1. Laviamo i piatti in _____ .
2. Dormiamo in _____ .
3. Teniamo la macchina in _____ .
4. Guardiamo la televisione in _____ .
5. Ci laviamo in _____ .
6. Mangiamo in _____ .
7. Ci vestiamo in _____ .
8. Leggiamo il giornale in _____ .

B. Cerco un appartamento... You are looking for an apartment for the new semester. Tell what kind of apartment you are looking for. (**Quante camere da letto? A che piano? Con o senza sala da pranzo? Quanti bagni?**)

Now imagine that money is no problem. How would your requirements change?

C. Dove abiti? Interview a classmate and find out all you can about where he/she lives. (**A che piano? Quante stanze e quali? Come utilizza le stanze? Quante volte ha cambiato casa nella sua vita e perchè? Ha una camera per gli ospiti?** etc.)

D. Come sistemare tutto... Look at the floor plan of the apartment on page 270. Would you use it the same way? What changes would you make? Draw a sketch of your ideal apartment and describe how you would use it.

GRAMMATICA

A. Aggettivi indefiniti

GIGI: Ciao, Claudio! Ho sentito che hai cambiato casa. Dove abiti adesso?

CLAUDIO: Prima vivevo in un appartamentino in centro, ma c'era troppo traffico e troppo rumore; così sono andato a vivere in campagna. Ho trovato una casetta che è un amore... È tutta in pietra, ha un orto enorme e molti alberi da frutta.

GIGI: Sono contento per te! Sai cosa ti dico? Alcune persone nascono fortunate!

GIGI: Hi, Claudio! I heard (that) you've moved. Where are you living now? CLAUDIO: At first I was living in a small apartment downtown, but there was too much traffic and too much noise, so I've moved to the country. I found a little house that's a real gem. . . . It's all stone, has an enormous garden and lots of fruit trees. GIGI: I'm happy for you! You know what? Some people are born lucky!

Indefinite adjectives such as *every, any,* and *some* indicate quantity and quality without referring to any particular person or thing.

1. The most common indefinite adjectives are

ogni *every*	*used with singular nouns*
qualche *some, a few*	
qualunque *any, any sort of*	
alcuni/e *some, a few*	*used with plural nouns*
tutto/a/i/e *all, every*	*agrees with noun modified;* *followed by the definite article*

Ogni inverno andiamo a sciare. *Every winter we go skiing.*
Qualunque vino va bene per me. *Any wine is all right with me.*

Qualche appartament**o** è libero. *Some apartments are vacant.*
Alcuni appartament**i** sono liberi.

Stiamo a casa **tutto** il giorno. *We stay at home all day.*

2. As you already know, another way to express *some* or *any* is to use the partitive (**il partitivo**), the various combinations of **di** + *article*. (See **Capitolo 5**.)

Ci sono **dei** garage liberi. *There are some garages available.*
Ci sono anche **delle** camere *There are also some furnished*
    ammobiliate.   *rooms.*

—Per renderlo^a più umano   ^a*to make him*
gli ho creato delle paure.

ESERCIZI

A. Restate each sentence, replacing **tutto** with **ogni.**

ESEMPIO: Tutte le ville sono enormi. → Ogni villa è enorme.

1. Tutti i bambini hanno una camera.
2. Tutti gli appartamenti erano occupati.

3. Tutti i bagni hanno una doccia.
4. Tutte le fontane sono senza acqua.

B. Sì, ma... React to each statement as in the example.

ESEMPIO: I bambini vanno a scuola. →
            Sì, ma qualche bambino non vuole andare a scuola.

1. Gli studenti frequentano le lezioni.   2. I dottori lavorano all'ospedale.
3. Le signore fanno la spesa.   4. Gli uccelli cantano.   5. Le mamme
raccontano favole ai bambini.   6. Gli italiani mettono zucchero nel caffè.

C.   Tell five things that always happen to you when you are in Italian class.
Use the expression **ogni volta che** (*whenever*), as in the model.

ESEMPIO: Ogni volta che sono a lezione, devo rispondere a delle
            domande.

—Ed ora, cari telespettatori, qualche consiglio[a] per il vostro cane...   [a]*advice*

D.   Imagine that you are helping a new business colleague to get settled in
town and around the office. Ask and answer questions as in the example.
Include **qualunque** in your response.

ESEMPIO: camera / desiderare →
            —Quale camera desidera?
            —Qualunque camera va bene.

1. zona / preferire   4. garage / volere
2. tipo di telefono / volere   5. giornale / preferire
3. studio / desiderare

E.   Working with a partner, ask and answer questions, using the partitive in
the question and an alternate form in the response.

ESEMPIO: leggere / giornale →
            —Hai letto dei giornali?
            —Sì, ho letto qualche giornale (alcuni giornali).

1. trovare / appartamento libero
2. scrivere / indirizzo (*address*) di case in affitto

3. vedere / appartamento con balcone
4. chiedere / camera ammobiliata
5. trovare / palazzo senza ascensore
6. affittare / villa con tre bagni

B. Pronomi indefiniti

—Lassù[a] in cielo, qualcuno deve aver lasciato aperto il frigorifero...   [a]*Up there*

1. The most common indefinite pronouns are

> ognuno/a *everyone, everybody, each one*
> qualcuno/a *someone, some, anyone (in an affirmative question)*
> alcuni/e *some, a few*
> tutti/e *everyone, everybody, all, anyone*
> qualche cosa (qualcosa) *something, anything (in an affirmative question)*
> tutto *everything*

Qualcuno ha affittato la villa.	*Someone rented the villa.*
Tutti hanno difficoltà a trovare casa.	*Everyone has problems finding a place to live.*
Cerco qualcosa in centro.	*I'm looking for something downtown.*

Qualche cosa (qualcosa) is always considered masculine for purposes of agreement.

È successo qualcosa?   *Did something happen?*

2. Note the following constructions:

> qualcosa di + *masculine singular adjective*
> qualcosa da + *infinitive*

Abbiamo trovato **qualcosa di conveniente** vicino all'università.

We found something cheap near the university.

Ragazzi, c'è **qualcosa da mangiare?**

Guys, is there something to eat?

3. Another common indefinite expression is **un po' di,** which means *some* when used with nouns commonly used in the singular.

Dammi un po' di { birra. / zucchero. / acqua. }   *Give me some* { *beer. / sugar. / water.* }

UN PROVERBIO ITALIANO

Ognuno per sè e Dio per tutti.   *Each for himself and God for all.*

ESERCIZI

A. Complete the following paragraph with the appropriate words.

_____¹ (Ogni / Ognuna) cosa era sul tavolo. _____² (Tutti / Ognuno) si erano nascosti (nascondersi, *to hide*). Avevamo preparato _____³ (qualcuno / qualcosa) di molto buono per Claudio. C'erano _____⁴ (ogni / alcuni) fiori sul tavolo, ma a parte (*besides*) questo, _____⁵ (tutti / tutto) era come al solito. Venti minuti di silenzio... E poi quando è entrato Claudio, _____⁶ (ognuno / tutti) hanno gridato « Auguri! Buon compleanno! »

B. Regali. Working with a partner, tell what you would give as a present to each of the following people.

ESEMPIO: alla mamma →
—Cosa preferisci regalare alla mamma?
—Alla mamma preferisco regalare qualcosa di pratico. E tu?
—Io, invece, preferisco regalarle qualcosa di esotico.

Aggettivi: bello, utile, pratico, originale, speciale, esotico, caro, divertente (*amusing*), buffo...

1. agli amici
2. ai genitori
3. a un bambino o a una bambina
4. al tuo ragazzo (alla tua ragazza)
5. all'insegnante d'italiano

C.   Express in Italian.

1. Every day we learn something new.   2. I know someone who can help you.   3. Each of us ate a pastry.   4. Everybody here speaks Italian.   5. Not all the girls were dancing; some were watching.   6. Everyone knows how to do it.

C. Negativi

MARITO: Sento un rumore in cantina: ci sarà qualcuno, cara...
MOGLIE: Ma no, non c'è nessuno: saranno i topi!
MARITO: Ma che dici? Non abbiamo mai avuto topi in questa casa. Vado a vedere.

(Alcuni minuti dopo.)

MOGLIE: Ebbene?
MARITO: Ho guardato dappertutto ma non ho visto niente di strano.
MOGLIE: Meno male!

1. As you already know, an Italian sentence is usually made negative by placing **non** in front of the verb. Only object pronouns are placed between **non** and the verb.

Questa villa ha tre bagni.	*This villa has three baths.*
Quella villa non ha tre bagni.	*That villa does not have three baths.*
Quella villa non ne ha tre.	*That villa doesn't have three (of them).*

2. Other negative words or expressions occur in combination with **non**. When the negative expression follows the conjugated verb, **non** must precede the verb.

HUSBAND: I hear a noise in the cellar. There must be someone down there, dear. . . .   WIFE: No, there's nobody there. It must be mice!   HUSBAND: What are you talking about? We've never had any mice in this house. I'm going to have a look.   (*A few minutes later*)   WIFE: Well? HUSBAND: I've looked everywhere but I didn't see anything strange.   WIFE: Thank goodness!

—Carletto, ti ho detto mille volte che non devi indicare nessuno col dito[a]!   [a]*finger*

ESPRESSIONI AFFERMATIVE	ESPRESSIONI NEGATIVE
qualcosa tutto	non... niente/nulla *nothing*
qualcuno tutti	non... nessuno *nobody*
sempre qualche volta	non... mai *never*
già	non... ancora *not yet*
ancora	non... più *no longer*
e *or* o	nè... nè *neither . . . nor*

Avete trovato **qualcosa?** —No, **non** abbiamo trovato **niente.**

Did you find something? —No, we didn't find anything.

Conosci **qualcuno** che abita in centro? —No, **non** conosco **nessuno** che abita in centro.

Do you know someone who lives downtown? —No, I don't know anyone who lives downtown.

Signora, affitta **mai** camere ammobiliate? —No, **non** ne affitto **mai.**

Madam, do you ever rent furnished rooms? —No, I never rent any.

Abitano **ancora** qui i Rossi? —No, **non** abitano **più** qui.

Do the Rossis still live here? —No, they don't live here anymore.

Avete un soggiorno **o** uno studio? —Non abbiamo **nè** un soggiorno **nè** uno studio!

Do you have a living room or an office? —We have neither a living room nor an office!

3. When **niente** or **nessuno** precedes the verb, **non** is omitted.

Niente era facile.
Nessuno lo farà.

Nothing was easy.
No one will do it.

Similarly, when a construction with **nè... nè** precedes the verb, **non** is omitted. Note that a plural verb is used in Italian.

> Nè Mario nè Carlo sono americani.
>
> *Neither Mario nor Carlo is American.*

4. Just like **qualcosa, niente (nulla)** takes **di** in front of an adjective and **da** before an infinitive.

> Non ho niente di buono da offrirti.
>
> *I have nothing good to offer you.*
>
> C'è qualcosa di bello alla televisione stasera?
>
> *Is there anything good on TV tonight?*

ESERCIZI

A. Ask and answer questions as in the example.

> ESEMPIO: dire →
> —Perchè non avete detto niente?
> —Perchè non c'era niente da dire!

1. scrivere	3. leggere	5. mangiare
2. fare	4. bere	6. raccontare

—Per un bel po' non potremo più incontrarci... Mio padre mi ha tagliato le trecce.[a]

[a]*braids*

B. **Simone, l'uomo misterioso.** You are being pressed for information about Simone, an international agent. Answer each question in the negative and then provide additional information. Use your imagination!

> ESEMPIO: Parla inglese o francese? →
> Non parla nè inglese nè francese; parla solo il giapponese perchè va spesso nel Giappone.

1. Andrà al mare o in montagna?   2. Ha mangiato in casa o fuori ieri sera?   3. Prenderà l'aereo o il treno?   4. Aveva bisogno di un monolocale (*studio apartment*) o di una villa?   5. Di solito beve una Coca-Cola o un'aranciata?

Now make up other questions about Simone.

C. Working with a partner, talk about Michele, using the words and expressions indicated below.

> ESEMPI: lavorare →
> —Michele odia lavorare.
> —È vero, non lavora mai.
>
> giocare a carte →
> —Gli piace giocare a carte.
> —È vero, gioca sempre a carte.

Cose che Michele odia: correre, scrivere, fare la spesa, pulire il frigo
Cose che piacciono a Michele: guardare la TV, mangiare in trattoria, scommettere (*to bet*), ballare tutta la notte

Now repeat the exercise, providing information about yourselves.

ESEMPI: Odio studiare. →
           È vero, non studi mai!

           Mi piace giocare a tennis. →
           È vero, giochi sempre a tennis!

D. Answer each question in the negative, using **non** and another negative word or expression.

1. Conosce qualcuno a Milano? 2. Ha qualcosa da dire? 3. Ha sempre fame? 4. Le piace ancora la campagna? 5. Vive in una villa o in un appartamento? 6. Ha già visto l'ultimo film di Woody Allen?

D. Numerali ordinali

—L'ufficio reclami[a] è al diciottesimo piano...

[a]*complaints*

The Italian ordinal numbers correspond to English *first, second, third, fourth,* etc.

NUMERALI CARDINALI				NUMERALI ORDINALI			
1	uno	9	nove	1°	primo	9°	nono
2	due	10	dieci	2°	secondo	10°	decimo
3	tre	11	undici	3°	terzo	11°	undicesimo
4	quattro	12	dodici	4°	quarto	12°	dodicesimo
5	cinque			5°	quinto		
6	sei	50	cinquanta	6°	sesto	50°	cinquantesimo
7	sette	100	cento	7°	settimo	100°	centesimo
8	otto	500	cinquecento	8°	ottavo	500°	cinquecentesimo
		1000	mille			1000°	millesimo

1. Each of the first ten ordinal numbers has a distinct form. After **decimo,** they are formed by dropping the final vowel of the cardinal number and adding **-esimo.** Numbers ending in **-trè** and **-sei** retain the final vowel.

   undici   undic**esimo**
   ventitrè   ventitre**esimo**
   trentasei   trentasei**esimo**

2. Unlike cardinal numbers, ordinal numbers agree in gender and number with the nouns they modify.

   la prima volta   *the first time*
   il centesimo anno   *the hundredth year*

3. As in English, ordinal numbers normally precede the noun. Abbreviations are written with a small ° (masculine) or ª (feminine).

   il 5° piano   *the fifth floor*
   la 3ª pagina   *the third page*

4. Roman numerals are frequently used, especially when referring to royalty, popes, and centuries. In such cases they usually follow the noun.

   Luigi XV (Quindicesimo)   *Louis XV*
   Papa Giovanni Paolo II (Secondo)   *Pope John Paul II*
   il secolo XIX (diciannovesimo)   *the nineteenth century*

ESERCIZI

A. Give the ordinal number that corresponds to each cardinal number.

1. cinque   4. uno   7. ventisei
2. nove   5. undici   8. mille
3. settantotto   6. trentatrè   9. quaranta

B. Answer each question in the affirmative, using an ordinal number.

   ESEMPIO: Scusi, è la lezione numero otto? →
              Sì, è l'ottava lezione.

1. Scusi, è il capitolo numero tredici?   2. Scusi, è la sinfonia numero nove?
3. Scusi, è il piano numero quattro?   4. Scusi, è la lettura numero tre?
5. Scusi, è la fila (*row*) numero sette?   6. Scusi, è la pagina numero venti-sette?

C. Express each ordinal number in Italian.

1. Paolo VI   4. Giovanni Paolo II   7. Enrico VIII
2. Carlo V   5. Giovanni XXIII   8. Luigi XIV
3. Elisabetta II   6. Enrico IV

D. Conversazione.

1. A una festa, arriva sempre per primo/a? Perchè (no)? 2. In quale città è la famosa Quinta Strada? L'ha mai vista? 3. Nella Sua città, le vie hanno un numero o un nome? 4. Ricorda quanti anni aveva quando è andato/a al cinema per la prima volta?

DIALOGO

Pietro cerca da tempo un appartamentino o almeno una stanza con uso di cucina. Gli appartamenti a Firenze sono scarsi e costano molto, ma alcuni amici americani partono per Parigi e sono disposti a° lasciare il loro appartamento a Pietro per qualche mese. Pietro vuole convincere Beppino a condividere con lui l'appartamento e la spesa.°

disposti... *willing to*

expense

BEPPINO: Prima di tutto, quanto costa quest'appartamento?
PIETRO: Un milione al mese.
BEPPINO: Sei matto°? È troppo caro! E quante stanze ha?
PIETRO: Due camere, più bagno e cucina.
BEPPINO: Soltanto°? E in quale zona è?
PIETRO: In centro; all'ultimo piano di una vecchia casa in Via del Corso.
BEPPINO: All'ultimo piano? E quanti scalini° ci sono?
PIETRO: Be', ce ne sono cento.
BEPPINO: Benone! Diecimila a scalino. Ci sarà almeno l'ascensore?
PIETRO: Veramente l'ascensore non c'è. Ma cosa importa? Sarà un ottimo° esercizio. Tu non cammini mai, non sali° mai scale, non fai mai esercizio. Se continui così, morirai d'infarto° a cinquant'anni.
BEPPINO: Ma che dici? A Firenze non ho nemmeno° la macchina: vado sempre a piedi. Non prendo neanche° l'autobus. E a casa faccio molto sport: jogging, tennis, nuoto.
PIETRO: Insomma, t'interessa o no questo appartamento? Se non t'interessa, troverò qualcun altro.°
BEPPINO: Mi puoi dare qualche altra informazione? C'è almeno il frigorifero, il riscaldamento centrale°?
PIETRO: No, non c'è nè frigorifero nè riscaldamento centrale.
BEPPINO: Ma non c'è nulla in questo appartamento! Un milione per nulla!
PIETRO: E invece c'è qualcosa di meraviglioso: c'è una vista° unica. La cupola° del Duomo° e il Campanile° di Giotto quasi a portata di mano,° e tetti° e terrazzini.° Vedrai che belle foto potrai fare!
BEPPINO: E va bene, andiamo a vedere questo famoso appartamento.

crazy

Is that all

steps

excellent
climb
of a heart attack
even
even

qualcun... *someone else*

riscaldamento... *central heating*

view / *dome*
cathedral / *bell tower* / a... *close by* / *roofs* / *small balconies*

Verona: vista dei vecchi tetti e del fiume Adige

▨ VARIAZIONI SUL TEMA

Cercare casa. Working with two or three partners, imagine that you are looking for an apartment in an Italian city (Firenze, Roma, Venezia, Pisa, etc.). You are dealing with an ornery Italian landlord or landlady who is charging quite a bit and doesn't really trust students! Haggle with and reassure him/her accordingly, using expressions from the **Dialogo,** from the list below, and from your own imagination.

Espressioni utili: fare baccano (*a lot of noise*), caspita (*holy cow*)!, costa (troppo, poco), costa un occhio della testa (*an arm and a leg*)...

PICCOLO RIPASSO

A. Give the opposite of each sentence, using a negative construction.

    ESEMPIO: È uno che ha paura di tutto. →
               È uno che non ha paura di niente.

1. Prendono ancora lezioni di piano.   2. Qualcuno ha capito.   3. Andavamo sempre a piedi.   4. Ho qualcosa di buono da offrirti.   5. Avete invitato tutti? 6. Bevono tè e caffè.   7. I miei cugini si lamentano di tutto.   8. Faccio sempre la spesa il sabato.

B.   Express in Italian.

1. I didn't speak to you because I had nothing to tell you.   2. Someone will have to explain to me why we are here.   3. We have eaten enough. We don't want any dessert.   4. Is it true that nobody likes to leave on Fridays?   5. They want to buy my house at any price.   6. Nobody will have the courage to answer.   7. Many people hadn't arrived yet.

C.   Complete these dialogues with the correct expressions.

1. A: Giulia, come va la caccia (*hunt*) agli appartamenti? Avete trovato _____ (qualcosa / qualcuno)?
    B: Niente, purtroppo. Ci sono _____ (qualche / alcuni) padroni di casa che non vogliono studenti e _____ (ognuno / tutti) chiedono troppo di affitto!
2. A: Caro, mi dai _____ (qualche / un po' di) zucchero?
    B: Ecco subito! Vuoi anche _____ (del / alcune) latte?
3. A: Franco, com'era Milano? Non mi ha mandato i saluti _____ (qualche / nessuno)?
    B: Ci siamo divertiti un mondo (*a ton*)! E _____ (ognuno / tutti) ti mandano tanti saluti!
4. A: Ragazzi, è _____ (successo / successa) qualcosa?
    B: Niente, mamma. Carletto ha visto _____ (qualche / alcuni) topi nel garage e ha avuto paura.

D.   Conversazione.

1. Lei condivide l'appartamento con qualcuno?   2. In un palazzo dove c'è l'ascensore, Lei sale mai le scale a piedi?   3. Fa molto sport?   4. Ha qualche consiglio da darmi?   5. Lei si trova bene in qualunque città?
6. Dorme bene in qualunque letto?   7. È vero che non c'è niente di nuovo sotto il sole?

E.   Per ciascuna (*each*) delle cose seguenti indicate se è un bisogno, una necessità assoluta, qualcosa di inutile, qualcosa di piacevole (*pleasant*).

1. il sonno
2. il lavoro
3. le vacanze
4. il caffè
5. gli hobby
6. lo sport
7. la musica
8. la libertà

Ora domandate ad un altro studente se considera le cose elencate sopra una necessità.

ESEMPIO: Il caffè è qualcosa di necessario? →
          Sì, è una necessità assoluta per me. (No, ma è qualcosa di piacevole.)

F.   With the class divided into small groups, prepare a short **questionario** and report on the following:

1. Quanti studenti abitano a casa? In un appartamento?   2. Quanti hanno più di un bagno? Più di un frigo?   3. Quanti hanno una sala da pranzo? Un soggiorno?   4. In quale parte della casa preferiscono studiare / guardare la TV / leggere il giornale?

LETTURA CULTURALE

IL PROBLEMA DELLA CASA

Certo che mi piacerebbe avere un giardino!

Quando un italiano parla della sua casa, quasi sempre si riferisce ad un appartamento. La maggior parte degli italiani vive in condomini, che sono palazzi di circa sei o otto piani, divisi in vari appartamenti. Le villette o le villette a schiera° come negli Stati Uniti sono comuni solo in campagna o nei centri molto piccoli.

villette... *townhouses*

Trovare casa è molto difficile in una grande città. Gli affitti sono alti, solo chi ha la fortuna di trovare casa con l'equo canone° paga un affitto basso. Per questo molti giovani vivono a lungo con i genitori e spesso i genitori, se possono, aiutano i figli a comprare una casa quando si sposano. Qualche volta i genitori si trasferiscono fuori° dalla città e lasciano la casa ai figli. Per lo più, gli studenti universitari vivono con i genitori, ma quando frequentano l'università in un altra città affittano una camera

l'equo... *rent control*

si... *move out*

in una pensione o presso° una famiglia. I « dormitori » all'americana non *with*
esistono o almeno sono rarissimi.

La densità e la concentrazione di popolazione nelle grandi città
obbliga gli italiani a vivere in stretto contatto l'uno con l'altro. Gli
italiani spesso vivono nella stessa casa per molti anni, anche tutta la
vita. Quasi tutti perciò si conoscono e formano amicizie durature° con *lasting*
i vicini.° *neighbors*

Le due facce dell'architettura
di Milano: l'antico insieme con
il moderno

PRATICA

A. Scegliete la risposta corretta.

1. La maggior parte degli italiani abita in (un appartamento / una villetta).
2. A Firenze, Roma e Venezia ci sono più (villette / appartamenti). 3. A ventitrè anni (moltissimi / pochissimi) ragazzi italiani vivono con i genitori.
4. Gli appartamenti con l'equo canone hanno un affitto molto (alto / basso).
5. È (difficile / facile) trovare una casa con l'equo canone. 6. Gli italiani cambiano casa molto (raramente / spesso). 7. In Italia in un palazzo di appartamenti (non si conosce quasi nessuno / si conoscono quasi tutti).
8. L'equo canone è (solo per chi guadagna poco / per tutti).

B. Quali problemi sono simili per chi cerca casa negli Stati Uniti ed in Italia?

PAROLE DA RICORDARE

VERBI

cambiare casa to move
condividere to share (*a residence*)
dividere (*p.p.* **diviso**) to divide
sistemare to arrange
trasferirsi (**isc**) to move

NOMI

l'abitazione (*f.*) dwelling, house
l'ascensore (*m.*) elevator
la camera (da letto) bedroom
la camera per gli ospiti guest room
la cantina cellar
il garage (*inv.*) garage
l'ospite (*m./f.*) guest
il palazzo apartment building
il piano floor
il pianterreno first floor
il problema (*pl.* **i problemi**) problem
il rumore noise

la scala staircase
lo scalino step
i servizi facilities
lo spazio space
la stanza room
lo studio study, office
il topo mouse
il traffico traffic
la villa luxury home; country house
la villetta single-family house
la vista view

AGGETTIVI

alcuni/e some, a few
matto crazy
meraviglioso marvelous
qualche some, a few
qualunque any, any sort of
strano strange

ALTRE PAROLE ED ESPRESSIONI

adesso now

al centro in the center
a destra to the right
al primo (secondo, terzo) piano on the second (third, fourth) floor
a sinistra to the left
dappertutto everywhere
in affitto to rent; for rent
insomma in short
nè... nè neither . . . nor
non... ancora not . . . yet
non... mai never
non... nessuno no one, nobody, not anybody
non... niente, nulla nothing
non... più no longer
ognuno everyone
qualche cosa, qualcosa something, anything
qualche volta sometimes
qualcuno someone, anyone
tutto (*inv.*) everything

Lingua viva

Se uno cerca casa in Italia o negli Stati Uniti, deve quasi sempre cominciare dagli annunci sul giornale. Guardate attentamente questi annunci e cercate di capire le informazioni essenziali.

MACEDONIO MELLONI vendiamo appartamento 65 mq. da ristrutturare. Giorgio Viganò 02-70.99.14.

MM Lima signorile, ampio monolocale, servizi, aria condizionata, cantina, posto auto. 02-42.29.741.

CENTRO storico libero grazioso bilocale servizi ristrutturato mq. 55 Ucaf Milano 80.74.38.

CORTEOLONA vendiamo villette a schiera con giardino privato. Minimo contanti, mutuo dilazioni. 02-88.02.

EDILNORD S. Siro complesso residenziale, appartamento su 2 piani, doppi ingressi, soggiorno, 3 camere, 3 bagni, guardaroba, box. 02-88.801.

A. Queste persone cercano casa: quali annunci dovrebbero considerare?

1. Alessandra e Pietro hanno due figli. Vorrebbero trovare un bell'appartamento in una zona tranquilla con una camera da letto per ogni bambino.
2. Luigi vorrebbe un appartamentino in ottime condizioni vicino al suo ufficio. Lui lavora in centro.
3. La famiglia Brambilla vorrebbe trovare una villetta con un po' di verde intorno.
4. Carlo è un architetto che cerca un appartamentino da rimettere a posto (*fix up*).
5. Davide vive da solo e vorrebbe trovare un appartamento piccolo e comodo. L'appartamento deve essere fresco d'estate perchè Davide deve rimanere tutto luglio ed agosto in città.

B. Scrivete tre annunci per

1. cercare la casa ideale   2. cercare di vendere la casa attuale   3. trovare un appartamento in Italia per un anno

Capitoli 9–12

A. Circle the letter of the item that best fits the blank.

1. Come siete carine! Come sono belli _____ occhi!
   a. i tuoi   b. i Suoi   c. i vostri
2. Il nonno è venuto in America quando _____ quattordici anni.
   a. aveva   b. aveva avuto   c. ha avuto
3. Nella mia città ci sono più chiese _____ scuole.
   a. di   b. che   c. come
4. Di solito il bambino non _____ dormire, ma quel giorno ha dormito dodici ore consecutive!
   a. ha voluto   b. vorrebbe   c. voleva
5. Perchè hanno invitato Silvia ma non hanno invitato _____ padre?
   a. sua   b. suo   c. sue
6. C'erano _____ errori nell'esercizio.
   a. ogni   b. qualche   c. alcuni
7. Questa lezione finirà _____ trentacinque minuti.
   a. fa   b. fra   c. fino a
8. Uno di questi giorni, scriverò anche a _____!
   a. ti   b. te   c. tu
9. Chi ha ricevuto una lettera _____ Texas?
   a. di   b. da   c. dal
10. Tu hai parlato con tutti; io non ho parlato con _____!
    a. niente   b. neanche   c. nessuno

B. Read the following descriptions of Laura and Roberto. Then write sentences in Italian that reflect the information given in the descriptions, using the words indicated in each item.

Roberto: basso, bello, intelligente, povero, studia molto, non mangia molta carne, mangia molta verdura, guadagna quindicimila lire all'ora
Laura: alta, brutta, intelligente, ricca, studia molto, ha cento vestiti, sta sempre a dieta

1. Roberto / basso / Laura
2. Laura / bella / Roberto
3. Roberto / bello / ricco
4. Laura / intelligente / Roberto
5. Laura / ricca / crediamo
6. Laura / novanta vestiti
7. Roberto / carne / verdura
8. Roberto / studiare / Laura
9. Laura / diventare / magra
10. Roberto / guadagnare / dodicimila all'ora

C. Rewrite in the future.

Oggi alle cinque parto in aereo per Venezia. Compro il biglietto all'agenzia di Via Garibaldi, preparo la valigia, prendo i soldi e i documenti e li metto in borsa. Poi telefono ai miei genitori e li saluto; chiudo la porta e le finestre e vado all'aeroporto.

D. Interview a classmate to find out the following information.

1. in which room he/she studies, watches TV, eats, and sleeps   2. where he/she will go on vacation and what he/she will do   3. whether his/her grandmother used to tell him/her stories when he/she was little   4. how many football games he/she has seen and whether he/she likes football   5. whether he/she lives alone or whether he/she shares an apartment with someone   6. who, according to him/her, is the most obnoxious (**antipatico**) person on TV

Add any other questions you can think of and take notes during the interview. Report what you have learned to the class.

13

MA GUIDANO COME PAZZI...

In breve

Grammatica
A. Condizionale presente
B. **Dovere, potere** e **volere** al condizionale
C. Dimostrativi
D. Pronomi possessivi

Lettura culturale
I mezzi di trasporto

Trasporti pubblici e privati a
Venezia

VOCABOLARIO PRELIMINARE

Dialogo-lampo

FRANCA: Tuo suocero è un tipo all'antica...

ROBERTO: Altrochè: sai che cosa ha detto dell'obbligo delle cinture di sicurezza? Che hanno fatto bene, perchè secondo lui tutti gli automobilisti sono matti da legare!

Automobili e automobilisti

l'automobilista motorist
l'autostrada highway
la benzina (normale/super/verde) gas (regular/super/unleaded)
le chiavi della macchina car keys
il distributore di benzina gas pump
il divieto di sosta no-parking zone (*lit.,* prohibition of parking)
il limite di velocità speed limit
il meccanico mechanic
la multa fine, ticket

la patente driver's license
il segnale sign
la targa license plate
il/la vigile traffic officer

allacciare la cintura di sicurezza to fasten one's seat belt
cambiare le gomme to change the tires
chiedere/dare un passaggio to ask for/give a lift
controllare (l'acqua/l'olio/le gomme) to check (the water/oil/tires)

*****essere vietato** to be prohibited
fare l'autostop to hitchhike
fare benzina to get gas
fare il pieno to fill it up (*gas tank*)
parcheggiare to park
prendere una multa to get a ticket, fine
*****rimanere senza benzina** to run out of gas
rispettare i segnali to obey traffic signs

ESERCIZI

A. Leggiamo i segnali! Scegliete il messaggio che corrisponde ad ogni segnale.

a.   b.   c.   d.   e.

_____ 1. limite di velocità
_____ 2. divieto di inversione a « U »
_____ 3. doppia curva pericolosa la prima a sinistra
_____ 4. divieto di segnalazioni acustiche
_____ 5. fine del divieto di sorpasso per tutti gli autoveicoli

Le risposte sono 1, e; 2, b; 3, a; 4, c; 5, d.

B.   Sondaggio. Scegliete una risposta alle seguenti domande o datene una nuova.

1. Di solito prende l'autobus per andare all'università. Oggi c'è lo sciopero (*strike*) degli autobus. Che cosa fa?
   a.   Vado a piedi.   c.   Chiedo un passaggio.
   b.   Vado in bicicletta.   d.   _____
2. Che cosa fa mentre guida?
   a.   Ascolto musica classica.
   b.   Ascolto musica rock.
   c.   Ascolto una cassetta in lingua italiana.
   d.   _____
3. Va al supermercato in macchina. Quando arriva, vede che non c'è posto per parcheggiare. Che cosa fa?
   a.   Parcheggio a cinque isolati (*blocks*) di distanza.
   b.   Parcheggio nel posto riservato agli handicappati.
   c.   Vado a un altro supermercato.
   d.   _____

E ora fate le stesse domande a un compagno (una compagna) e riferite le risposte alla classe.

GRAMMATICA

A. Condizionale presente

SANDRO: Pronto, Paola? Senti, oggi sono senza macchina. È dal meccanico per un controllo. Mi daresti un passaggio per andare in ufficio?

PAOLA: Ma certo! A che ora devo venirti a prendere? Va bene alle otto e un quarto?

SANDRO: Non sarebbe possibile un po' prima: diciamo, alle otto? Mi faresti un vero piacere! Devo essere al lavoro alle otto e mezzo.

PAOLA: Va bene, ci vediamo giù al portone alle otto.

SANDRO: Hello, Paola? Listen, I don't have my car today. It's at the mechanic's for a tune-up. Would you give me a lift to the office?   PAOLA: Sure! What time do I have to come get you? Is 8:15 OK?   SANDRO: Would it be possible a little earlier, say at 8:00? You'd be doing me a real favor! I have to be at work at 8:30.   PAOLA: OK, see you down at the entrance at 8:00.

1. The **condizionale presente** (*present conditional*) corresponds to English *would* + *verb* (*I would sing*). Like the future, the present conditional is formed by dropping the final **-e** of the infinitive and adding a set of endings that is the same for **-are, -ere,** and **-ire** verbs. As with the future, verbs ending in **-are** change the **a** of the infinitive ending to **e.**

lavorare	scrivere	finire
lavorerei	scriverei	finirei
lavoreresti	scriveresti	finiresti
lavorerebbe	scriverebbe	finirebbe
lavoreremmo	scriveremmo	finiremmo
lavorereste	scrivereste	finireste
lavorerebbero	scriverebbero	finirebbero

2. The conditional stem is always the same as the future stem, even in the case of irregular verbs. (See page 228 for a chart of verbs with irregular future stems.)

| Non sai cosa farei per avere una Ferrari! | *You don't know what I would do to have a Ferrari!* |
| Verrebbero nella stessa macchina. | *They would come in the same car.* |

3. The same spelling changes that occur in the future for verbs ending in **-care** and **-gare,** and **-ciare, -giare,** and **-sciare,** also occur in the conditional.

Non dimenticherei mai le chiavi.	*I would never forget my keys.*
Pagheremmo ora, ma non possiamo.	*We would pay now, but we can't.*
Dove parcheggeresti?	*Where would you park?*
Non lascerebbero mai il cane in macchina.	*They would never leave the dog in the car.*

4. In general, the present conditional in Italian is used (like its English equivalent) to express polite requests, wishes, and preferences.

| Mi presteresti la tua macchina? | *Would you lend me your car?* |

ESERCIZI

A. Restate each sentence in the present conditional to make your request or preference polite.

ESEMPIO: Mi dai il biglietto per la partita di calcio? →
Mi daresti il biglietto per la partita di calcio?

—Comprarlo? Sei matto: non uscirei con un cane così ridicolo per nessuna cosa al mondo!

1. Mi dà un passaggio?   2. Ci presti la moto?   3. Preferisco parcheggiare qui.   4. Mi lascia guidare?   5. La accompagnate a casa?   6. Vogliamo noleggiare una macchina.   7. Mi compri una bici italiana?   8. Mi piace guidare la Sua Ferrari.

B.   In complete sentences, indicate what you would rather do instead of the activities suggested.

ESEMPIO: vivere da solo/a →
            Preferirei condividere un appartamento con un amico
            (un'amica) piuttosto che vivere da solo (sola).

1. mangiare gli spinaci
2. andare a piedi
3. pagare in contanti
4. fare un discorso (*speech*)

5. prendere una multa
6. prestare la mia
   macchina

C.   State what you would do if you had these things.

ESEMPIO: Con un milione di dollari... comprerei una Maserati e una
            bella villa a Capri!

1. con un milione di dollari   2. con sei mesi di vacanza   3. con l'intelligenza di Einstein   4. con la forza di Ercole (*Hercules*)   5. con un anno solo da vivere   6. con cento litri di benzina   7. con una buona macchina fotografica

D.   Conversazione.

1. Dove Le piacerebbe essere in questo momento?   2. Che cosa Le piacerebbe fare?   3. Avrebbe il coraggio di andare in una colonia di nudisti?   4. Che tipo di macchina Le piacerebbe noleggiare?   5. Sarebbe contento/a di nascere un'altra volta?   6. Che cosa non farebbe per nessuna cosa al mondo?

B. **Dovere, potere** e **volere** al condizionale

—Secondo la carta dovrebbe essere l'Isola dei Pinguini.

The present conditional of **dovere, potere,** and **volere** is often used instead of the present tense to soften the impact of a statement or request.

1. **Dovere: Dovrei** means *I should* or *I ought to* (in addition to *I would have to*), in contrast to the present tense **devo** (*I must, I have to*).

Perchè dovrei pagare una multa?	*Why should I pay a fine?*
Dovremmo cercare subito un parcheggio.	*We ought to look for a parking spot right away.*

2. **Potere: Potrei** is equivalent to English *I could, I would be able,* and *I would be allowed.* *

Potresti darmi l'orario dei treni?	*Could you give me the train schedule?*
Se vuoi, la potrei andare a prendere io.	*If you like, I could go pick her up.*

3. **Volere: Vorrei** means *I would want* or *I would like;* it is much more polite than the present tense form **voglio.**

Vorrei noleggiare una macchina.	*I would like to rent a car.*
Vorresti andare in un aereo supersonico?	*Would you like to go in a supersonic jet?*

ESERCIZI

A. Restate each sentence, substituting the conditional of **potere** for the expression **essere capace di** (*to be able to*).

ESEMPIO: Saresti capace di fare 80 miglia (*miles*) in bici? →
Potresti fare 80 miglia in bici?

1. Non sarei capace di vivere senza il motorino. 2. Non saremmo capaci di cambiare le gomme. 3. Sareste capaci di venire all'università a piedi? 4. Non sarebbe capace di guidare senza occhiali (*eyeglasses*). 5. Sarebbero capaci di riparare la propria macchina.

B. Complete each sentence, using the conditional of **dovere.**

ESEMPIO: Per stare bene, io... →
Per stare bene, io dovrei dormire molto.

1. Per stare bene, io...
2. Per essere buoni automobilisti, noi...
3. Per essere più divertente, l'insegnante...

---

*In English both the past and the conditional of *can* are indicated by *could,* whereas in Italian these are clearly distinct:

Ieri non ho potuto studiare; oggi lo potrei fare ma non ne ho voglia.	*Yesterday I couldn't study; today I could do it but I don't want to.*

—Il pieno... ma vorrei prima un preventivoª!

ªestimate

4. Per prendere voti migliori, gli studenti...

5. Per evitare (*avoid*) le multe, il cittadino...

C. Working with a partner, ask and answer questions, using the conditional of **piacere** and **volere.**

> ESEMPIO: passare le vacanze in Tunisia →
> —Ti piacerebbe passare le vacanze in Tunisia?
> —Sì, vorrei passare le vacanze in Tunisia. (No, vorrei passare le vacanze in Sardegna.)

1. giocare a tennis oggi   2. mangiare al ristorante stasera   3. studiare un'altra lingua   4. andare in campeggio con gli amici   5. stare all'estero per un paio d'anni

C. Dimostrativi

SANDRO: Di chi è quell'automobile?

GABRIELLA: Quale? Quella targata Milano?

SANDRO: No, quella nera; quella che è parcheggiata in divieto di sosta...

GABRIELLA: Non sono sicura, ma deve essere la macchina del professor Ferrari, quello che è sempre così distratto...

SANDRO: Uno di questi giorni, gli daranno una multa o gli porteranno via la macchina, vedrai!

A demonstrative word indicates a particular person, place, or thing: ***These cookies are too sweet. Who is that man?***

1. You have already learned the demonstrative adjectives **questo** (*this, these*) and **quello** (*that, those*). **Questo,** like all adjectives ending in **-o,** has four endings. Also, it may be shortened to **quest'** in front of singular nouns that begin with a vowel.

> Questa macchina è troppo cara.   *This car is too expensive.*
> Quest'estate vado all'estero.   *This summer I'm going abroad.*

SANDRO: Whose car is that?   GABRIELLA: Which one? The one with a Milan license plate?   SANDRO: No, the black one; the one that is parked in the no-parking zone. . . . GABRIELLA: I'm not sure, but it must be Professor Ferrari's car, the one who is always so absent-minded. . . .   SANDRO: One of these days, they'll give him a ticket, or they'll tow his car away, you'll see!

Quello has several forms that follow the same pattern as **bello**. (See **Capitolo 2.**)

Quegli studenti sono stranieri.	*Those students are foreign.*
Com'è bella quell'automobile!	*How beautiful that car is!*

2. **Questo** and **quello** function as pronouns when used alone (without a following noun). Each has four forms:

questo	questa	quello	quella
questi	queste	quelli	quelle

Questa è la sua bici e questo è il suo motorino.	*This is her bike and this is her scooter.*
La mia macchina è vecchia; quella di Mario è nuova.	*My car is old; Mario's is new.*

Quello + *adjective* corresponds to English *the* + *one(s)* + *adjective* or *the* + *adjective* + *one(s)*.

Quale parcheggio preferisci? —Quello vicino alla stazione.	*Which parking lot do you prefer?* —*The one near the station.*
Quei vigili sono molto duri; quelli del nostro quartiere sono più simpatici.	*Those cops are really tough; the ones in our neighborhood are nicer.*
Questa è la vecchia ricetta; ora ti do quella nuova.	*This is the old recipe; now I'll give you the new one.*

3. **Ciò** (always singular and invariable) is used only in reference to things. It means **questa cosa** or **quella cosa.**

Ciò non mi sorprende.	*This doesn't surprise me.*
Ciò è vero.	*That is true.*

ESERCIZI

A. Substitute each word or phrase in parentheses for the italicized word and make all other necessary changes.

1. Quest'*indirizzo* (*address*) non è quello che cercavo. (libro / patente / chiavi / esami)
2. *La zia* è cambiata; non sembra più quella di una volta. (Giorgio / i nonni / anche noi / le mie amiche)
3. Preferisco questa *casa* a quella. (appartamento / gomme / moto / scooter)

B. Working with a partner, ask and answer questions based on the information below. Use a form of the pronoun **quello** in your response.

ESEMPIO: la birra (americano, tedesco, messicano, cinese) →
—Ti piace la birra americana?
—No, preferisco quella tedesca. E tu, cosa preferisci?
—Io preferisco quella messicana.

1. i formaggi (italiano, francese, svizzero, del Wisconsin...)
2. l'arte (moderno, gotico, del rinascimento [*Renaissance*], barocco...)
3. i romanzi (*novels*) (di Hemingway, di Hawthorne, di Calvino, di Borges...)
4. la musica (moderno, classico, rock, jazz...)
5. le scarpe (americano, italiano, comodo, elegante...)
6. la cucina (italiano, francese, cinese, messicano...)

C. Express in Italian.

1. A: Who are those men? Do you know them?
   B: Aren't they the ones we met at Gianna's party?
2. A: These tires are not the ones (that) I was looking for.
   B: Then why don't you buy those?
3. A: Which is your car?
   B: The one parked near yours.
4. A: I can't find my bus pass (**tessera**); may I use yours?
   B: No, use Luigi's!

D. Conversazione.

1. Preferisce i film tristi o quelli allegri?   2. Preferisce le storie che finiscono bene o quelle che finiscono male?   3. Preferisce la cucina italiana o quella messicana?   4. Preferisce le automobili che hanno due porte o quelle che ne hanno quattro?   5. Preferisce i frigo che hanno una porta o quelli che ne hanno due?

Now ask a classmate the same questions.

D. Pronomi possessivi

—Il pianoforte è uguale al^a tuo. Devi solo guardare bene come fa lui...   ^auguale... *just like*

1. Possessive pronouns (**i pronomi possessivi**), like possessive adjectives, show ownership. Possessive adjectives must be followed by a noun; in contrast, possessive pronouns stand alone. They correspond to English *mine, yours, his, hers, its, ours,* and *theirs.* In Italian they are identical to the possessive adjectives. They agree in gender and number with the nouns they replace.

Lui è uscito con la sua **ragazza;** io sono uscito con **la mia.**	*He went out with his girlfriend; I went out with mine.*
Tu ami il tuo **paese** e noi amiamo **il nostro.**	*You love your country and we love ours.*
Tu hai i tuoi **problemi,** ma anch'io ho **i miei.**	*You have your problems, but I have mine too.*

2. Possessive pronouns normally retain the article, even when they refer to relatives.

Mia moglie sta bene; come sta la Sua?	*My wife is well; how is yours?*
Ecco nostro padre; dov'è il vostro?	*There's our father; where's yours?*

3. When possessives are used after **essere** to express ownership, the article is usually omitted.

È Sua quella macchina?	*Is that car yours?*
Sono Suoi quei bambini?	*Are those children yours?*

ESERCIZI

A. Ask and answer questions according to the example.

ESEMPIO: l'abito di Marco →
—Ti piace l'abito di Marco?
—Sì, ma preferisco il mio.

1. la macchina di Giulia
2. lo stereo di Claudio
3. le cassette di Claudio
4. le gomme di Luigi
5. la bici di Franco
6. il garage del signor Muti
7. le valige di Mara
8. il paesino di Giorgio

B. Complete each sentence with the appropriate possessive pronoun (with or without a preposition).

ESEMPIO: Io ho fatto i miei esercizi e tu hai fatto <u>i tuoi</u>.

1. Io pago il mio caffè e Lei paga _____ .
2. Io ho portato il mio avvocato e loro hanno portato _____ .
3. Noi scriviamo a nostra madre e voi scrivete _____ .
4. Tu usi il tuo profumo e lei usa _____ .

5. Io ho detto le mie ragioni (*reasons*); ora voi dite _____ .
6. Io ho parlato ai miei genitori e tu hai parlato _____ .

C. Express in Italian.

1. Our exam was easy. Yours was difficult.   2. Let's take your car, not mine.
3. That photo is mine. Those two are yours.   4. Is it true that your father spoke with mine?

D. Conversazione. (Invent an answer if the question doesn't apply to you.)

1. Quale naso preferisce: il naso di Barbra Streisand o il Suo?
2. Quale macchina preferisce: la macchina dei Suoi genitori o la Sua?
3. Il mio televisore è in bianco e nero: com'è il Suo? A colori?
4. Il mio passaporto è verde: com'è il Suo? Verde o blu?
5. I miei occhi sono azzurri: come sono i Suoi?
6. Il mio frigo è bianco: di che colore è il Suo?
7. La mia Fiat fa quindici chilometri con un litro: quante miglia al gallone fa la Sua BMW?*

DIALOGO

Dopo quindici giorni agli scavi archeologici di Metaponto, Geraldine ha noleggiato una macchina e con Nancy, un'amica americana, è andata fino in Sicilia. Ora è tornata a Firenze e racconta a Marco le sue avventure.

MARCO: E allora, questo viaggio nell'estremo° sud com'è andato? — *deep*

GERALDINE: Non crederesti alle tue orecchie°! Abbiamo avuto la prima — *ears*
avventura dopo appena tre ore di viaggio.

MARCO: Lasciami indovinare: sei rimasta senza benzina!

GERALDINE: No, caro mio, avevo fatto il pieno prima di partire. È successo
questo: prima di arrivare in autostrada, ci eravamo fermate in
un paesino per bere qualcosa. Siamo rimaste bloccate° lì per — *stuck*
oltre due ore perchè c'era la processione in onore del santo
patrono del paese.

MARCO: E allora cosa avete fatto?

GERALDINE: Abbiamo aspettato e abbiamo fatto un sacco di fotografie!

MARCO: Me le farai vedere,° spero! — farai... *you'll show*

GERALDINE: Certo! Ma lasciami continuare. La seconda avventura ci è
capitata° a Messina. Mentre giravamo per cercare un albergo, — *happened*
un vigile ci ha fermato.

_____
* Read **bi-emme-vu.**

La Fiat 500: una macchina
perfetta per il traffico cittadino

MARCO: Scommetto che avevi superato° il limite di velocità!   *exceeded*

GERALDINE: Nossignore.° Ci ha fermato perchè non avevamo allacciato le   *Not so*
cinture di sicurezza.

MARCO: Quanto avete pagato di multa?

GERALDINE: Nemmeno un soldo! Il vigile ci ha detto: « Dovrei darvi la
multa (sarebbero 12.000 lire), ma dato che siete due giovani
simpatiche, per questa volta chiudo un occhio. Ma mi
raccomando, rispettate i regolamenti! »

MARCO: Siete state fortunate!

GERALDINE: Ma non è finita. Due giorni dopo ci trovavamo a Palermo e ci
siamo fermate per fare un po' di shopping. Abbiamo trovato
subito un posto libero ed abbiamo parcheggiato.

MARCO: Sarà stato un parcheggio riservato.

GERALDINE: Questa volta hai quasi indovinato: era un parcheggio con
divieto di sosta nei giorni pari° e per combinazione quel giorno   *even*
lo era proprio.

MARCO: Come ve la siete cavata°?   Come... *How did*
                                                                                you get out
GERALDINE: Abbiamo dovuto pagare. Venticinquemila lire! Però abbiamo   *of it*
avuto il tempo di comprarci due magliette che sono un sogno!

▮ VARIAZIONI SUL TEMA _____

Working with two or three classmates, imagine that you have been involved
in a minor traffic accident (**un incidente stradale**) or have committed a
minor traffic violation. The **vigili** arrive and demand to know what has
happened. What excuses can you invent? How can you convince them not to
give you a **multa?** Be original!

PICCOLO RIPASSO

A. Completate.

Nella mia _____,¹ se qualcuno lascia una macchina in divieto di _____,² anche solo per _____³ ora, può essere sicuro di prendere una _____.⁴ Per il vigile, tutti gli _____⁵ sono uguali. Ed è inutile __gli__⁶ di non essere cattivo...

B. Find out from a classmate the following information:

1. a che età è possibile prendere la patente nel suo stato
2. se l'esame per la patente è difficile
3. a che età ha preso la patente
4. com'è il traffico nella sua città
5. se ha mai cambiato le gomme da sè e se le cambierebbe per un amico (un'amica) in difficoltà
6. se ha mai preso una multa per divieto di sosta
7. se nel suo stato è obbligatorio allacciare le cinture di sicurezza

C. Restate each command with a question that starts with the conditional of **potere.**

ESEMPIO: Prestami l'automobile! → Potresti prestarmi l'automobile?

1. Dimmi dove sono i soldi!   2. Fammi una fotografia!   3. Dammi qualcosa da bere!   4. Accompagnatemi a casa!   5. Compratemi una bicicletta!
6. Scrivimi una lettera!

D. Answer each question by stating that you'd be glad to do what you are asked to do. Whenever possible, use an object pronoun (or **ne** or **ci**) in your answers.

ESEMPIO: Parleresti all'avvocato? → Sarei contento/a di parlargli.

1. Andresti nel Giappone?   2. Prenderesti quell'appartamento?
3. Mangeresti questa carne?   4. Lavoreresti per i signori Verdi?
5. Parleresti delle feste italiane?   6. Telefoneresti alla nonna?
7. Parcheggeresti qui?   8. Noleggeresti una Volkswagen?

E. Express in Italian.

CLIENTE: Good afternoon. I'd like to speak to the lawyer.
SEGRETARIO: I'm sorry, but the lawyer isn't in. He's in a conference (**in conferenza**) in another office. Can you wait, or would you prefer to return later?
CLIENTE: I'd rather (I would prefer to) wait. I need to talk to him.
SEGRETARIO: OK, but he might not come back here. He might go home to eat.

LETTURA CULTURALE

I MEZZI DI TRASPORTO

Il sistema dei trasporti pubblici in Italia è piuttosto buono. Nelle città i mezzi pubblici sono numerosi e frequenti, nei paesi un po' meno. A Roma e a Milano oltre ai mezzi tradizionali (autobus, filobus e tram) c'è anche la metropolitana.

In alcune città lo stesso biglietto è valido per circa un'ora e permette di prendere mezzi diversi. Gli abbonamenti° costano poco, soprattutto quelli speciali per studenti ed anziani. In Italia, di solito, non vendono i biglietti sui mezzi di trasporto: bisogna comprarli prima, in un bar o in un'edicola.

passes

Comoda e veloce, la metropolitana è il mezzo pubblico preferito dai milanesi.

I treni delle Ferrovie dello Stato collegano tutta l'Italia. I treni che vanno in Sicilia sono caricati° su traghetti° e trasportati dalla Calabria fino alla costa siciliana. In generale, in Italia i treni costano molto meno che negli Stati Uniti. Chi viaggia in treno può scegliere tra prima e seconda classe e per viaggi lunghi può prendere il vagone letto.°

loaded / ferries

vagone... sleeping car

Gli aerei, invece, sono molto cari e non sono usati molto per voli interni. Anche i pullman sono meno usati che negli Stati Uniti per lunghi viaggi: il treno e la macchina sono i mezzi di trasporto preferiti. Viaggiare in automobile in Italia è più caro che negli Stati Uniti dove la

benzina costa di meno. In Italia le tasse di circolazione per le automobili sono alte e le autostrade sono gratis solo in pochi casi; quasi sempre bisogna pagare un pedaggio° molto alto. Nonostante questo, ci sono moltissime macchine in Italia e molti preferiscono viaggiare in automobile anche perchè sulle autostrade si può guidare molto velocemente, in media sui 100–120 chilometri all'ora (65–80 miglia all'ora). Gli italiani amano le auto veloci e ne producono molte, come le Ferrari e le Alfa Romeo. Le automobili più comuni sono le Fiat: un'automobile su due in Italia è una Fiat! I mezzi di trasporto preferiti dai giovani sono i motorini e le biciclette.

toll

Troppi italiani amano le auto veloci!

Le ore di punta, naturalmente, sono un incubo° dappertutto, soprattutto nelle grandi città. Questo problema è diventato più grave di recente in seguito alla chiusura al traffico dei grandi centri culturali (a Roma e a Firenze, per esempio) per proteggere gli edifici storici dalle emissioni delle automobili.

nightmare

PRATICA

A.   Vero o falso? Se è falso, spiegate perchè.

1. Per andare da un posto all'altro a Milano è meglio usare un tassì.   2. In Italia non è possibile comprare il biglietto sull'autobus.   3. Non si può andare in treno da Firenze a Palermo in Sicilia.   4. Gli italiani usano molto la macchina perchè la benzina in Italia costa pochissimo.   5. Bisogna pagare un pedaggio molto alto sulle autostrade italiane.

B. Rispondete alle seguenti domande.

1. In quali città italiane c'è la metropolitana?   2. Dove bisogna andare per comprare i biglietti del tram?   3. Per dormire bene in viaggio, che tipo di treno è meglio prendere?   4. Perchè gli italiani guidano più velocemente degli americani?   5. Quali sono alcune famose automobili italiane?

PAROLE DA RICORDARE

VERBI

allacciare to buckle
andare**/venire a prendere** to pick up (*a person*)
chiedere/dare un passaggio to ask for / give a lift
controllare to check
fare benzina to get gas
fare l'autostop to hitchhike
fare il pieno to fill it up (*gas tank*)
indovinare to guess
parcheggiare to park
prendere una multa to get a ticket, fine
***rimanere** (*p.p.* **rimasto**) to remain, stay
   ***rimanere senza benzina** to run out of gas
rispettare to respect

rispettare i segnali to obey traffic signs
vietare to prohibit

NOMI

l'automobilista (*m./f.; m. pl.* **gli automobilisti**) motorist, driver
l'autostrada highway
l'autoveicolo motor vehicle
la benzina (**normale/super/verde**) gas (regular/super/unleaded)
il biglietto ticket (*theater, train*)
le chiavi della macchina car keys
la cintura belt
   la cintura di sicurezza seat belt
il controllo tune-up
il distributore di benzina gas pump

il divieto di sorpasso no-passing section
il divieto di sosta no-parking zone
la gomma tire
il limite di velocità speed limit
il meccanico mechanic
la multa ticket, fine
l'olio oil
la patente license
il pazzo lunatic, crazy person
il segnale sign
la targa license plate
il/la vigile traffic officer

AGGETTIVI

matto da legare raving lunatic
pazzo crazy
vietato prohibited

ALTRE PAROLE ED ESPRESSIONI

mi raccomando! I beg of you!

Lingua viva

In Italia il treno è un mezzo di trasporto comodo, efficiente ed economico. Guardate questo orario di una delle linee più frequentate e cercate di rispondere alle domande che seguono.

11 ROMA-(Foligno-Terontola)-TERONTOLA-FIRENZE-BOLOGNA-(Verona)-(Venezia)-(Milano)

Stazione	2960 D	11680 L	12186 L	548 EXP	200 D	3314	526 D	2962 L	7152 EXP	754	528	554	11686 L	7154 D	3316	530 D	532 D	2888 EC	2964	412 EXP	534	270	11690 D	3316 L	12186	7156 L
ROMA TERM. p.			1200	1207	1225	1300			1320	1340	1400	1410	1413	1425		1600				1700	1710		1625	1645		
— Tiburtina		1120						1338					1435	1431	1502									1659		
Monterotondo		1151						1403					1459											1724		
Poggio Mirt.		1214						1422					1518											1745		
Stimigliano		1224						1433					1528											1757		
ORTE		1315			1306			1519					1555	1506									1706	1827	1810	
Attigliano		1331			1317			1532						1517									1717		1824	
Orvieto		1405			1337			1559						1537									1737		1853	
Ficulle		1431			1353			1620						1553									1753		1915	
CHIUSI		1450			1406	1502		1635					1630	1606									1806		1940	
Castiglion L.					1418								1643	1618									1732	1818	1956	
Foligno p.	1200	1046					1400			1235	1512		1336	1512		1600								1632		
Assisi p.	1212	1103					1412			1256	1528		1352	1528		1612								1651		
Perugia p.	1234	1130					1434			1343	1558		1417	1558		1634								1721		
Terontola a.	1316	1208					1516			1432						1716								1806		
Terontola	1321	1326			1426		1521		1527		1651	1626				1721			Solo CC	1742	1826			2010		
Cortona		1332	1678		1437		1525	1604			1656					1725				1749			1682	2015		
Castiglion Fior.	1332	1341	L		1437		1532	L	1553		1704	1637				1732				1759	1847		L	2023		
Arezzo	1350	1405	1327		1450		1545	1559		1636	1727	1650				1745				1827	1850	1945		2100		
Montevarchi	1416	1434	1359		1516		1611	1627		1705	1758	1716				1811				1856	1916	2020		2133		
S. Giov. Vald.	1422	1439	1404		1522		1617	1632		1710	1803	1722				1817				1902	1922	2026		2138		
Figline	1429	1446	1411		1529		1624	1638		1717	1809	1729				1824				1909	1929	2033		2145		
Incisa		1451	1416							1722	1814									1916		2039		2150		
Pontassieve		1508	1434							1733	1832									1934		2057		2208		
FIRENZE SMN. a.	1450	1528	1457	1410	1434	1550	1510	1645	1721	1751	1851	1750		1710	1810	1845			1910	1933	1957	1950	2122	2232		
FIRENZE SMN. p.				1419	1443		1519				1700	1619	1629	1805	1719	1819	1825		1900	1919	1942					
Rifredi		2944								1644				1810												
Sesto Fiorent.			1545			1501								1819				2004								
PRATO			1545		1501									1847			1842	2013								
Vaiano										1753				1856				2022								
Vernio										1801				1905				2039								
Grizzana										1818				1927				2056								
Pianoro										1834				1944												
BOLOGNA C. a.			1639	1522	1551		1622		1852	1816	1722	1732	2001		1822	1922	1935	2112	2007	2022	2054					
Bologna C. 97 p.																										
Verona P. N. 97 a.																										
Bologna C. 98 p.			1531							1844		1752				1944										
Venezia S. L. 98 a.			1705							2044		1932				2144										
Bologna C. 10 p.			1556		1626					1726				1826	1926			2012	2026	2059						
Milano C. 10 a.			1745		1810					1910				2010	2110			2220	2210	2255						

⊙ Tr. 200 - In 2ª cl. da Roma e Chiusi solo per Prato e oltre; da Firenze solo per Parma e oltre.
◊ Milano P. Garibaldi.   X Roma Trastevere.   Ⓡ Prenotazione obbligatoria.
♦ Milano Lambrate.   ◁ Roma Ostiense.   ■ Carrozze per Trieste e per Villa Op.

Legenda:

- ⧉ Trans Europ Express
- **R** Treno rapido
- **EC** Treno Intercity rapido in servizio interno e internazionale
- Ⓡ Prenotazione obbligatoria
- **EXP** Treno espresso
- **D** Treno diretto
- **L** Treno locale
- ① Servizio di 1ª classe
- ② Servisio di 2ª classe
- ✕ Treno con carrozza ristorante
- ▨ Treno con servizio di pasto su vassolo o di ristoro
- ⌁ Carrozza letti
- **CC** Carrozza cuccette
- ✕ Treno che si effettua nei giorni feriali
- ▨ Treno che si effettua nei giorni feriali escluso sabato
- ✳ Treno che si effettua nei giorni festivi
- 🚌 Servizio automobilistico
- x Fermata facoltativa a richiesta da effettuarsi al Capostazione o al Capotreno
- ◉ Esclusioni o limitazioni di servizio del treno

A. Impariamo ad usare l'orario dei treni. Buon viaggio!

1. Sei a Roma e dovresti essere a Firenze oggi pomeriggio alle 3,30. Vorresti rimanere a Roma quanto più possibile. Che treno dovresti prendere?

   Il treno numero _____ che parte da Roma alle _____ e arriva a Firenze alle _____.

2. È possibile comprare qualcosa da mangiare sul treno che parte da Roma a mezzogiorno?

   a. No, non è possibile perchè non è un treno con carrozza ristorante.

   b. Sì, è possibile perchè è un treno con carrozza ristorante.

3. A che ora parte da Firenze il treno che arriva a Milano alle 7,10 di sera? Alle _____ .
4. È possibile viaggiare in seconda classe sul treno che si chiama « Marco Polo » che arriva a Bologna alle 5,32?
   a. Sì, perchè è un treno di prima e di seconda classe.
   b. No, perchè è un treno solo di prima classe.
5. La domenica non è possibile prendere il treno 2944 che parte da Prato alle 15,45 e arriva a Bologna alle 16,39. Perchè?
   Perchè è un treno che _____ .

Molti giovani si spostano con motociclette o motorini.

B. Immaginate di essere a Roma. Con un compagno o una compagna che fa la parte del bigliettaio (*ticket clerk*), fate le domande e rispondete, riferendovi (*referring*) all'orario dei treni. Usate le destinazioni e le condizioni indicate o inventate altre situazioni.

Destinazioni: Venezia, solo quando c'è la carrozza ristorante; Assisi, e dovete arrivare prima dell'una; Bologna, e volete partire da Roma il più tardi possibile; Arezzo, solo quando c'è il servizio di prima classe, e volete partire da Roma il più tardi possibile

ESEMPIO: —Domani andiamo a Milano. Dovremmo arrivare prima delle sette di sera.
—Vediamo, allora potrebbero partire a mezzogiorno e sette o all'una.
—E se vogliamo comprare qualcosa da mangiare sul treno?
—Allora solo all'una.

307

IL BEL CANTO E IL GRANDE SCHERMO

Il teatro Farnese a Parma

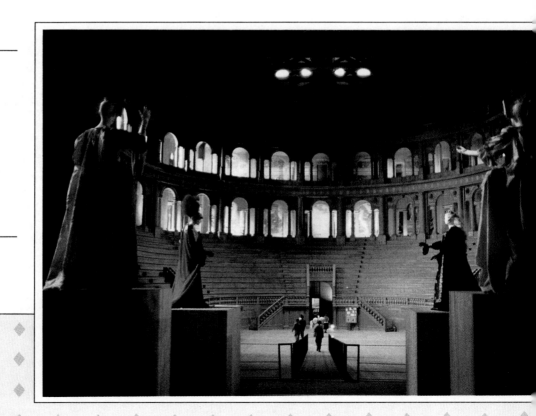

VOCABOLARIO PRELIMINARE

Dialogo-lampo

ROBERTO: Judy, hai voglia di andare al cinema stasera?
All'Astor danno *Casablanca* in versione originale.

JUDY: Che bello! Sono stanca di vedere
sempre film doppiati!

Cinema e musica

CINEMA

l'attore, l'attrice actor, actress
la colonna sonora sound track
il produttore, la produttrice
    producer
il/la protagonista protagonist
il/la regista director
il sottotitolo subtitle
la trama plot

doppiare to dub
girare to shoot (*a film*)
produrre to produce

MUSICA

l'aria aria
il/la cantante singer
    il baritono baritone
    il basso bass
    la soprano soprano
    il tenore tenor
il cantautore, la cantautrice
    singer-songwriter
la canzone song
la canzonetta popular song
il compositore composer
l'opera opera
il ritmo rhythm

ALTRE PAROLE ED ESPRESSIONI

l'autore, l'autrice author
il balletto ballet
la commedia comedy
la rappresentazione teatrale play
la tragedia tragedy

applaudire to applaud
    l'applauso applause
fischiare to boo (*lit.* to whistle)
    il fischio boo (*lit.* whistle)

ANCORA OGGI È IL FILM PREFERITO

TITOLO	PERCENTUALE
1° Via col vento	26%
2° L'ultimo imperatore	19,6%
3° Il padrino	11%
4° Ben Hur	10,9%
5° Il cacciatore	10,5%
6° Casablanca	10,5%
7° Qualcuno volò sul nido del cuculo	9,5%
8° Dottor Zivago	9,5%
9° La mia Africa	9,3%
10° Ladri di biciclette	9,3%

ESERCIZI

A. I film preferiti. Ecco la graduatoria (*ranking order*) dei primi dieci film preferiti dagli spettatori italiani. Sapete trovare i corrispondenti titoli dei film in inglese?

Ora domandate a un compagno (una compagna) quali sono le sue preferenze e riferite questa graduatoria alla classe.

B. Domande.

1. Cosa fa la gente a teatro per mostrare che non è contenta? 2. E per mostrare che è contenta? 3. Che cosa leggiamo quando non capiamo la lingua di un film? 4. Come chiamiamo la storia di un film o di un romanzo? 5. Chi scrive parole e musica per le canzonette? 6. Quali sono le voci da uomo?

GRAMMATICA

A. Condizionale passato

GIANCARLO: Ciao, Paolo, speravo di vederti a Spoleto:* come mai non sei venuto?

PAOLO: Sarei venuto molto volentieri, ma purtroppo non ho trovato posto all'albergo.

GIANCARLO: Peccato! Avresti dovuto prenotare la camera un anno fa, come ho fatto io.

1. The **condizionale passato** (conditional perfect: *I would have sung, they would have left*) is formed with the conditional of **avere** or **essere** + *past participle*.

CONDIZIONALE PASSATO CON **avere**	CONDIZIONALE PASSATO CON **essere**
avrei avresti avrebbe avremmo } lavorato avreste avrebbero	sarei saresti } partito/a sarebbe saremmo sareste } partiti/e sarebbero

GIANCARLO: Hi, Paolo, I was hoping to see you in Spoleto. How come you didn't show up?
PAOLO: I would have been happy to come, but unfortunately I didn't find room at the hotel.
GIANCARLO: Too bad! You should have reserved a room a year ago like I did.

*The Festival of the Two Worlds, started by the Italian-American composer Giancarlo Menotti in 1958, takes place in Spoleto in June and July. It attracts the international avant-garde of music, theater, ballet, cinema, and the arts.

2. The Italian conditional perfect corresponds to English *would have* + *verb*.

Avrei preferito vedere un film senza sottotitoli.

Saremmo andati volentieri alla Scala, ma non abbiamo potuto.

I would have preferred to see a movie without subtitles.

We would gladly have gone to La Scala, but we weren't able to.

3. The conditional perfect of **dovere** + *infinitive* is equivalent to English *should have* or *ought to have* + *past participle*.

Avreste dovuto invitarlo.

Non sarei dovuto arrivare in ritardo.

You ought to have invited him.

I shouldn't have arrived late.

4. The conditional perfect of **potere** + *infinitive* is equivalent to English *could (might) have* + *past participle*.

Avrei potuto ballare tutta la notte.

Sarebbe potuto arrivare prima.

I could have danced all night.

He might have arrived earlier.

5. In Italian, the conditional perfect (instead of the present conditional, as in English) is used in indirect discourse to express a future action seen from a point in the past.

Ha detto, « **Comprerò** i biglietti per tutti. »
Ha detto che **avrebbe comprato** i biglietti per tutti.

Hanno scritto, « **Arriveremo** a teatro prima delle otto. »
Hanno scritto che **sarebbero arrivati** a teatro prima delle otto.

He said, "I'll get tickets for everyone."
He said that he would get tickets for everyone.

They wrote, "We'll arrive at the theater before eight o'clock."
They wrote that they would arrive at the theater before eight o'clock.

—La mia maestra me lo diceva che la pittura mi avrebbe portato in alto.[a]

[a]portato... *take me places*

ESERCIZI

A. Replace the subject with each subject in parentheses and make all other necessary changes.

1. Io avrei voluto vedere una commedia. (i ragazzi / anche tu / Claudia / tu e Gino)
2. Mirella sarebbe andata volentieri al cinema. (i signori Neri / tu, Piera / anche noi / io)
3. Tu hai detto che non ci avresti rivelato la trama. (Giorgio / voi / Lei / le ragazze)

4. Franco ha telefonato che sarebbe andato al festival. (le signore / noi / io / Laura)

B.   Complete each sentence by indicating what you would have done but couldn't do because of the indicated circumstances.

ESEMPIO: ...ma ho dovuto studiare. →
Sarei andato al cinema ma ho dovuto studiare.

1. ...ma era troppo tardi.
2. ...ma non ricordavo il suo numero di telefono.
3. ...ma non avevo fame.
4. ...ma sono arrivato/a in ritardo.
5. ...ma non ho avuto tempo.

C.   Le ultime parole famose. Mauro is not terribly scrupulous about keeping his promises. Following the example, tell what he said he would do, and explain what prevented him.

ESEMPIO: Finirò presto. →
Ha detto che avrebbe finito presto ma sono arrivati gli amici.

1. Scriverò una volta alla settimana.   2. Ritornerò a casa prima di mezzanotte.   3. Berrò solo acqua minerale.   4. Non mangerò più gelati.
5. Mi alzerò presto ogni giorno.   6. Non mi arrabbierò.   7. Farò la doccia.
8. Andrò sempre a piedi.

D.   Tell four things you could have done yesterday. Then tell four things you should have done yesterday.

B. Pronomi relativi

ANGELA: Vittoria, ben tornata! Ti sei divertita al Festival? Ho saputo che eri sempre in compagnia di un bellissimo ragazzo che fa l'attore, un Don Giovanni di cui tutte le donne s'innamorano.
VITTORIA: I soliti pettegolezzi! Non bisogna credere a tutto quello che dice la gente!
ANGELA: È vero. Però in ciò che dice la gente c'è spesso un granello di verità.

ANGELA: Vittoria, welcome back! Did you have a good time at the Festival? I heard you were always seen with a very handsome young man who is an actor, a Don Juan that all the women fall in love with.   VITTORIA: The usual gossip! You shouldn't believe everything people say!   ANGELA: That's true. However, there's often a grain of truth in what people say.

1. Relative pronouns (*who, whose, whom, which, that*) link one clause to another.

> What's the name of the girl? The girl is playing the piano.
> What's the name of the girl *who* is playing the piano?

Whom or *that* can often be omitted in English (*the man I love = the man whom I love*), but they must be expressed in Italian. The clause that contains the relative pronoun is called the relative clause. The Italian relative pronouns are **che, cui,** and **quello che** or **ciò che.**

2. **Che** corresponds to *who, whom, that,* and *which;* it is the most frequently used relative pronoun. It is invariable, it can refer to people or things, and it functions as either a subject or an object.

Come si chiama la ragazza che suona il piano?	*What's the name of the girl who is playing the piano?*
Abbiamo comprato il libro che volevamo.	*We bought the book (that) we wanted*

3. **Cui** is used instead of **che** after a preposition. It is also invariable.

È un film di cui tutti parlano.	*It's a movie everyone is talking about (about which everyone is talking).*
Ecco la signora a cui devi dare il libretto.	*Here's the lady you must give the libretto to (to whom you must give the libretto).*
Giorgio è il signore con cui andiamo all'opera.	*Giorgio is the gentleman with whom we go to the opera.*

—Finalmente una volta in cui non mi chiedi cosa c'è a pranzo!

4. **Quello che** (or the short form, **quel che**) and **ciò che** correspond to *what,* with the meaning *that which.* **Quello di cui** and **ciò di cui** correspond to *that of which.*

quello che quel che ciò che	} *what, that which*	quello di cui ciò di cui	} *that of which*
tutto quello che tutto quel che tutto ciò che	} *all that, everything that*		

Andremo a vedere quello che vuoi.	*We'll go see what you want.*
Non raccontatemi tutto quello che succede nel film!	*Don't tell me everything that happens in the film!*
Era proprio quello di cui avevo paura.	*It was exactly what I was afraid of.*

ESERCIZI

A. Complete the conversations with a relative pronoun, using a preposition where needed.

1. A: Non è quella la cantautrice _____ hanno dato il premio (*prize*)?
   B: Sì, e mi piacciono molto le canzoni _____ canta.
2. A: Come si chiama l'attore _____ hai conosciuto?
   B: Si chiama Bertoli. È quello _____ tutti parlano.
3. A: La donna _____ esce Paolo è regista.
   B: Allora _____ avevo sentito dire era vero!
4. A: Il paese _____ abitano i nonni è molto noioso. Che ne dici di andare a fargli visita?
   B: Hai ragione. _____ hanno bisogno è un po' di distrazione (*entertainment*) e di compagnia.

B. Giochiamo a Jeopardy! Construct the answer, then give the corresponding question. Use the information given and follow the example.

> ESEMPIO: persona / vendere salame e prosciutto →
> —È la persona che vende salame e prosciutto.
> —Che cos'è un salumiere?

1. la persona / dirigere un film
2. la cabina / trasportare le persone da un piano all'altro
3. la donna / recitare nei teatri o nei film
4. la rappresentazione teatrale / cominciare bene e finire male
5. la persona / servire a tavola in ristoranti, trattorie e caffè
6. la musica / accompagnare un film
7. l'uomo / scrivere e cantare le proprie (*his own*) canzoni
8. la rappresentazione teatrale / cominciare male e finire bene
9. la donna / scrivere libri e commedie
10. la persona / avere la responsabilità finanziaria della produzione di un film

Now answer each question.

1. Che cos'è un aperitivo?
2. Che cos'è una parolaccia?
3. Che cosa sono i sottotitoli?
4. Che cos'è l'antipasto?
5. Che cos'è l'opera?
6. Che cos'è il balletto?

C. Answer each question, using **ecco**.

> ESEMPIO: Con che cosa scrive? →
> Ecco la matita con cui scrivo.

1. A chi dice «Ciao!»? 2. Chi conosce bene? 3. Dove ha scritto il Suo nome? 4. Che cosa guarda? 5. Quale libro è Suo? 6. Da chi impara l'italiano? 7. Con chi prende il caffè? 8. A chi vorrebbe dare un bacio?

—Quello che più mi indispettisce,[a] è che gli unici spettatori sono entrati con un biglietto omaggio[b]!

[a]*bugs* [b]*free*

D. Completate in italiano.

1. Quello che non capisco è perchè...
2. Le sere in cui non ho niente da fare...
3. Non dimenticherò mai quello che...
4. Conosco un'attrice che...
5. Mi piace la colonna sonora che...

E. Express in Italian.

1. Say what you want, Pietro!   2. Did you like the present I gave you?
3. The room I study in is small.   4. They'll do all they can to (**per**) help us.
5. The cheese I like is Bel Paese.

C. Chi

—Litigano per chi deve portare il simbolo della pace...

1. **Chi** can substitute for **la persona che** and **le persone che** and for **quello che** and **quelli che** when they refer to people. It is *always* used with a singular verb. It can translate into English as *the one(s) who, he/she who,* or *those who.* **Chi** is frequently used in proverbs and in making generalizations.

Chi sta attento capisce.	*Those who pay attention understand.*
Chi dorme non piglia pesci.	*He who sleeps doesn't catch any fish. (The early bird catches the worm.)*
Non parlare con chi non conosci.	*Don't talk to (those) people (whom) you don't know.*

2. As you already know, **chi** can also be used as an interrogative pronoun, alone or after a preposition.

Suona il telefono. Chi sarà?	*The phone is ringing. Who could it be?*
Con chi studi?	*With whom do you study?*

ESERCIZI

A. Restate the following sentences, using **chi.**

ESEMPIO: Quelli che scrivono bene avranno successo. →
Chi scrive bene avrà successo.

1. Non approvo quelli che fischiano a teatro.   2. Quelli che non capiscono il giapponese possono leggere i sottotitoli.   3. Ricordi il nome di quello che ha girato il film sui gorilla?   4. Quelli che hanno parcheggiato in divieto di sosta hanno preso la multa.   5. Le persone che cantano danno l'impressione di non avere preoccupazioni.   6. Cosa succede a quelli che mangiano troppo e non fanno abbastanza esercizio?   7. L'opera sarà più interessante per le persone che hanno già letto il libretto.

B. Rispondete alle seguenti domande.

1. Quando è al cinema, che cosa dice a chi parla ad alta voce?   2. Che cosa pensa di chi mangia il popcorn vicino a Lei?   3. Secondo Lei, dovrebbe essere vietato l'ingresso a chi arriva in ritardo a teatro?   4. Chi ha il raffreddore dovrebbe stare a casa ed evitare di andare nei locali pubblici?   5. Chi fuma dovrebbe avere il permesso di fumare al cinema, a teatro, in un ristorante, sull'aereo?

Now ask the same questions of a classmate and report to the class the answers that differ from your own.

DIALOGO

Lettera di Beppino da Spoleto

12 luglio 19___

Cara mamma,

avrei voluto scriverti prima ma non ne ho avuto proprio il tempo. Una settimana fa sono partito con Marcella, Pietro, Vittoria ed altri amici che ho conosciuto a Firenze per il campeggio di cui ti avevo parlato nella mia lettera precedente.° Ci troviamo ora in campagna, vicino a Spoleto, che è *last* una piccola città molto interessante dell'Italia centrale.

In questi giorni a Spoleto c'è il Festival dei due Mondi, di cui forse avrai sentito parlare dai giornali americani. Ogni sera c'è uno spettacolo diverso: un'opera o una commedia o un balletto, e di solito gli autori sono giovani e molto originali. La città intera è diventata un teatro: c'è gente di tutto il mondo, tra cui molti personaggi° famosi, e ciò che mi sorprende° soprat- *personalities / surprises* tutto è il modo stravagante in cui tutti si vestono. Le boutique di moda° cre- *di... fashionable* ano infatti dei modelli speciali per quest'occasione e ognuno cerca di mettersi in mostra° e di attirare l'attenzione su di sè. La città è piena come un'uovo° ed *cerca... tries to show* è impossibile trovare una camera, ma noi per fortuna abbiamo la nostra tenda. *off / piena... jam-packed*

Vicino al campeggio c'è una fattoria che appartiene° a una famiglia   *belongs*
texana. Non ci credi? Ma è la verità, te lo giuro°! Questi texani si chiamano   *swear*
Joe e Sally Brown, ma i contadini li hanno ribattezzati° «sale e pepe».*   *renamed*
Durante il giorno noi li aiutiamo coi lavori della «farm» e così ci guada-
gniamo il pranzo.

Fra tre giorni partiremo per la Calabria e appena potrò ti scriverò di
nuovo.

Un abbraccio affettuoso a te, papà e la sorellina.   *Beppino*

P.S. Accludo° una foto del nostro gruppo: quei due al centro sono Joe e Sally   *I'm enclosing*
e quella accanto a me è Vittoria. Non è carina?

Rovine di teatro a Pompei

■ VARIAZIONI SUL TEMA

E ora fate i registi voi! Working in small groups, prepare your own
interpretation of a short scene from a famous movie. Don't worry about
being too precise and *don't* translate—just make up a condensed version
that generally reflects the characters, situation, and plot of the original

---

* **Sale e pepe** (*Salt and pepper*) sounds very much like *Sally and Beppe* (the nickname for
Giuseppe [*Joseph*]).

movie. Avoid scenes that require very specialized vocabulary (from military or science fiction films, for example). Use a narrator if you wish, and see if your classmates can guess what film or scene you are acting out!

PICCOLO RIPASSO

A. Use a relative pronoun to combine each pair of sentences. Use a preposition if necessary.

> ESEMPIO: Questo è il titolo. Non dovete dimenticarlo. →
> Questo è il titolo **che** non dovete dimenticare.

1. È arrivata molta gente. Tra la gente ci sono personalità famose.   2. Mi è piaciuta la commedia. Nella commedia ha recitato Roberto Benigni.
3. Non ricordo il cantante. Gli ho prestato la partitura (*score*).   4. Spiegaci la ragione. Hai lasciato il concerto per questa ragione.   5. Avrebbero dovuto vendere quel teatro. Il teatro aveva bisogno di molte riparazioni (*repairs*).
6. È una sinfonia molto interessante. Ne parla spesso la professoressa.
7. Vi faccio vedere (*show*) un film importante. Dovete fare attenzione a questo film.   8. Vorrei conoscere il baritono. Il baritono è entrato in questo momento.

B. Working with a partner, explain why the following people were unable to do the things listed below. Use the **condizionale passato** in your response.

> ESEMPIO: Mara / venire al festival →
> —Non è venuta al festival Mara?
> —Ha detto che sarebbe venuta, ma si è sentita male.

1. Maurizio / girare un film
2. il signor Crespi / produrre il film di Maurizio
3. Gino e Silvio / accompagnarvi al cinema
4. Patrizia e Anna / andare alla Scala
5. Mirella / arrivare presto a teatro
6. Mariangela / cantare l'aria

C. Express in Italian.

Dear Abby,

I need your advice. I never know what to say when someone asks me a question I prefer not to answer—for example, personal questions like: What happened between your sister and her husband? or: Why doesn't your son marry that girl he's been living with for so long?

Other questions that aren't too personal also irritate me, such as: How much did you pay for those shoes?

I could say, It's none of your business (**Non sono affari vostri**), but I don't have the nerve, so I answer a lot of questions I don't really want to answer.

If you have a solution for my problem, please put it in your column (**rubrica**), because I'm sure there are other people who would like to know.

Now imagine that you are "Dear Abby," and answer the letter in Italian.

D. Conversazione.

1. Lei dice sempre quello che pensa?   2. Che cosa farebbe Lei per attirare l'attenzione su di sè?   3. Lei crede a quel che dice la gente? A quello che legge sui giornali? All'oroscopo? Alle previsioni del tempo? Agli UFO?
4. Le piacerebbe potere mangiare sempre quello che vuole?   5. Quali personalità famose (del cinema, del teatro, della televisione) si vestono in modo stravagante secondo Lei?

LETTURA CULTURALE

LA MUSICA IN ITALIA

Musica e Italia: è quasi impossibile parlare di musica senza pensare alla vasta produzione musicale italiana. La musica italiana è particolarmente famosa per l'opera, di cui il genio° più prolifico è Giuseppe Verdi, compositore° di ventisei opere.

genius
composer

I grandi interpreti dell'opera italiana: Katia Ricciarelli, Maria Callas, Luciano Pavarotti...

Nato in Emilia nel 1813 da umili° contadini, Giuseppe dimostra presto le sue doti° musicali e, giovanissimo, diventa organista del suo villaggio, Le Roncole. A vent'anni è a Milano, al famoso Teatro alla Scala che era ed ancora è la meta° più ambita° di tanti cantanti e compositori. È qui che Verdi comincia la sua carriera di compositore che lo porterà a strepitosi° successi ed è qui che egli° presenterà la sua ultima opera, il *Falstaff*, all'età° di ottant'anni.

humble
gifts

goal / sought-after

resounding / he
age

Musica a Trinità dei Monti a Roma

Ma non è stato solamente il suo genio musicale (*Aida, La traviata, Rigoletto, Otello* e tante altre opere) che ha suscitato° l'affetto° degli italiani per Verdi. Bisogna tener presente° che il grande compositore era anche profondamente patriota e che con la sua musica ha ispirato gli italiani durante il difficile e glorioso Risorgimento, il periodo delle lotte° d'indipendenza dalla dominazione austriaca.° Verdi, infatti, ha infuso d'amor di patria molte delle sue opere, a cominciare dal *Nabucco* in cui, nella tragica storia degli ebrei° in prigione,° gli italiani, stanchi della tirannia° austriaca, riconoscevano facilmente la loro schiavitù.° Per i patrioti il nome Verdi significava «Vittorio Emanuele, Re d'Italia», il re del Piemonte che finalmente riunificò° tutta l'Italia nel 1861; e il grido° «Viva Verdi!» esprimeva° il loro desiderio d'indipendenza dallo straniero.

aroused / affection
tener... keep in mind

struggles
Austrian

Jews / captivity
tyranny / enslavement

united / cry
expressed

PRATICA

A.   Rispondete alle seguenti domande.

1. In quale regione è nato Giuseppe Verdi?   2. Quali sono alcune delle sue opere?   3. Perchè ha ispirato i patrioti italiani il *Nabucco*?   4. Che cos'è il Risorgimento?   5. Perchè esclamavano «Viva Verdi» gli italiani?

B.   Completate secondo la lettura.

1. Verdi era un prolifico compositore che ha messo in musica...
2. I genitori di Verdi erano...
3. Gli italiani erano stanchi...
4. La Scala rappresenta ancora oggi la meta...
5. Il re piemontese che riunificò l'Italia si chiamava...

C.   Chiedete a un compagno (una compagna):

1. se ha mai visto un'opera, e quale   2. se conosce qualche cantante d'opera   3. se guarda mai le opere alla TV   4. se ascolta la musica classica o solo quella contemporanea   5. come trova l'opera: interessante, noiosa, stupida o bella, e perchè   6. se gli (le) piacerebbe ascoltare o vedere un'opera in classe

PAROLE DA RICORDARE

VERBI

applaudire to applaud
attirare to attract
cercare di (+ *inf.*) to try to (*do something*)
creare to create
doppiare to dub
fischiare to boo (*lit.* to whistle)
girare to shoot (*a film*)
innamorarsi di to fall in love with
produrre (*p.p.* **prodotto**) to produce
sperare di (+ *inf.*) to hope to (*do something*)

NOMI

l'applauso applause
l'aria aria
l'attore, l'attrice actor, actress
l'autore, l'autrice author
il balletto ballet
il baritono baritone
il basso bass
il/la cantante singer

il cantautore, la cantautrice singer-songwriter
il canto song
la canzone song
la canzonetta popular song
la colonna sonora sound track
la commedia comedy
il compositore composer
il contadino farmer
il dramma (*pl.* **i drammi**) drama
la fattoria farm
il fischio boo (*lit.* whistle)
la moda fashion
  di moda fashionable
il modello model
il modo manner, way
l'opera opera
il personaggio famous person; character (*in a play*)
il pettegolezzo gossip
il produttore, la produttrice producer
il/la protagonista (*m. pl.* **i protagonisti**) protagonist

la rappresentazione teatrale play
il/la regista film or theater director
il ritmo rhythm
lo schermo screen
la soprano soprano
il sottotitolo subtitle
lo spettacolo show
il tenore tenor
la tragedia tragedy
la trama plot

AGGETTIVI

originale original
stravagante extravagant

ALTRE PAROLE ED ESPRESSIONI

ben tornato welcome back
bisogna it is necessary
di nuovo again
infatti in fact
peccato too bad
soprattutto above all

Lingua viva

Cosa c'è da vedere al cinema questa settimana? Guardate attentamente la classifica dei film tratta dalla rivista *Oggi* e rispondete alle domande che seguono.

CINEMA

CLASSIFICA FILM

1	NEW YORK STORIES (1) con *Woody Allen* 46.130		**6**	NUOVO CINEMA PARADISO (7) con *Philippe Noiret* 25.178	
2	MERY PER SEMPRE (3) con *Michele Placido* 32.457		**7**	MARRAKECH EXPRESS (10) con *D. Abatantuono* 20.774	
3	RAIN MAN (4) con *D. Hoffman* 32.163		**8**	LE RELAZIONI PERICOLOSE ● con *Glenn Close* 20.743	
4	UN GRIDO NELLA NOTTE (2) con *Meryl Streep* 30.680		**9**	TURISTA PER CASO ● con *William Hurt* 20.136	
5	IL LIBRO DELLA JUNGLA (5) *Cartoni animati* 25.424		**10**	IN FUGA PER TRE (6) con *Nick Nolte* 19.642	

DUE RITORNI Dopo essere usciti di classifica, due graditi ritorni: «Le relazioni pericolose» e «Turista per caso». I pallini indicano i nuovi entrati, i numeri tra parentesi le posizioni precedenti, le altre cifre gli spettatori settimanali. (Dati Agis).

A. Domande.

1. Cosa indicano i numeri in parentesi che seguono i titoli dei film?
2. Quante persone hanno visitato *Mery per sempre* questa settimana? E *Marrakech express?*   3. Quali film sono rientrati in classifica questa settimana?   4. Qual è il titolo in inglese del film *Turista per caso?* E di *Relazioni pericolose?*   5. C'è un film di Walt Disney tra i primi dieci questa settimana?   6. Quale posizione aveva *Un grido nella notte* la settimana precedente? C'è un film che non ha cambiato posizione?

B. Chiedete a un compagno (una compagna):

1. il miglior film visto negli ultimi due o tre mesi   2. dove vede più spesso i film: al cinema, alla TV, sul video e perchè   3. cosa mangia e cosa beve quando va al cinema   4. il suo regista (la sua regista) preferito/a   5. se ha mai visto un film muto (*silent*), e quale   6. se ha una colonna sonora preferita, e quale

I film stranieri in Italia sono doppiati oppure no?

IL MONDO DELL'ARTE

In breve

Grammatica
A. Passato remoto
B. Ripasso dei tempi del passato
C. Avverbi

Lettura culturale
L'arte in Italia

Sandro Botticelli, *La nascita di Venere,* circa 1480 (Firenze, Uffizi; foto: Scala/Art Resource, New York)

VOCABOLARIO PRELIMINARE

Dialogo-lampo

GUIDA: Signore e signori, questo è il culmine della nostra visita di oggi. Alzate gli occhi e ammirate gli stupendi affreschi di Michelangelo ma state attenti a dove mettete i piedi...

Arte e artisti

ARTE

affrescare to fresco
  l'affresco fresco
l'archeologia archeology
l'architettura architecture
il capolavoro masterpiece
costruire (isc) to build
dipingere (*p.p.* **dipinto**) to paint
il mosaico mosaic
il paesaggio landscape
la pittura painting (*art form*)
il quadro painting (*individual work*)

il ritratto portrait
le rovine, i ruderi ruins
lo scavo archeologico
  archeological dig
scolpire (isc) to sculpt
  la scultura sculpture
il soffitto ceiling
la statua statue

ARTISTI

l'archeologo, l'archeologa
  archeologist

l'architetto, l'architetta architect
il pittore, la pittrice painter
lo scultore, la scultrice sculptor

I PERIODI

il Medioevo the Middle Ages
il Rinascimento the Renaissance

ESERCIZI

A. Domande.

1. Che cosa fa un pittore? 2. Che cosa scolpisce lo scultore? 3. Che cosa può costruire un architetto? 4. Chi fa gli scavi? 5. Come chiamiamo un'opera molto ben riuscita?

B. Identificazioni.

1. È un famoso ritratto di una donna che sorride. 2. È una statua che rappresenta il giovane che ha combattuto contro Golia. 3. È il quadro che rappresenta la nascita (*birth*) della dea dell'amore. 4. È una chiesa che è il centro spirituale della religione cattolica. 5. È una statua che rappresenta il dolore (*grief*) della madre di Gesù.

GRAMMATICA

A. Passato remoto

La professoressa Marcenaro, docente di storia dell'arte al liceo Cristoforo Colombo di Genova, inizia la sua lezione su Michelangelo.

« Oggi vi parlerò di Michelangelo, di questo grandissimo artista che si affermò come pittore, scultore, architetto ed anche come poeta. Giovanissimo studiò con il Ghirlandaio e poi lavorò per principi, duchi, vescovi e papi. La sua opera più famosa sono gli affreschi della volta della Cappella Sistina. Pensate: questo immane lavoro che Michelangelo volle eseguire senza alcun aiuto durò ben quattro anni (1508–1512). Gli affreschi illustrano episodi tratti dal Vecchio Testamento e culminano con il Giudizio Universale... »

Michelangelo, *Sibilla libica*, circa 1510: affresco sul soffitto della Cappella Sistina (Roma, Vaticano; foto: Scala/Art Resource, New York)

Professor Marcenaro, instructor of art history at Cristoforo Colombo High School in Genoa, begins her lesson on Michelangelo. "Today I will tell you about Michelangelo, about this great artist who excelled as a painter, a sculptor, an architect, and also as a poet. As a very young man, he studied with Ghirlandaio, then he worked for princes, dukes, bishops, and popes. His most famous works are the frescoes on the ceiling of the Sistine Chapel. Just think: this immense work that Michelangelo insisted on completing with no help took four full years (1508–1512). The frescoes illustrate episodes drawn from the Old Testament and culminate with the Last Judgment. . . ."

1. The **passato remoto** (**lavorai**: *I worked, I did work*) is another past tense that reports actions completed in the past. Unlike the **passato prossimo**, the **passato remoto** is a simple tense (consisting of one word).

   With the exception of the third person singular, all persons of the tense retain the characteristic vowel of the infinitive. To form the third person singular, **-are** verbs add **-ò** to the infinitive stem, **-ere** verbs add **-è,** and **-ire** verbs add **-ì.**

lavorare	credere	finire
lavorai	credei	finii
lavorasti	credesti	finisti
lavorò	credè	finì
lavorammo	credemmo	finimmo
lavoraste	credeste	finiste
lavorarono	crederono	finirono

Giotto affrescò la Cappella Arena intorno al 1305.

I Pellegrini arrivarono in America nel 1620.

Giotto frescoed the Arena Chapel around 1305.

The Pilgrims arrived in America in 1620.

2. The **passato remoto** of **essere, dare, dire, fare,** and **stare** is irregular in all persons.

essere	dare	dire	fare	stare
fui	diedi	dissi	feci	stetti
fosti	desti	dicesti	facesti	stesti
fu	diede	disse	fece	stette
fummo	demmo	dicemmo	facemmo	stemmo
foste	deste	diceste	faceste	steste
furono	diedero	dissero	fecero	stettero

3. Many other verbs that are irregular in the **passato remoto** follow a 1–3–3 pattern: they are irregular only in the first person singular and the third person singular and plural. Their irregular forms follow a similar pattern: the *irregular stem* + **-i, -e,** and **-ero.**

avere *(Irregular stem:* **ebb-***)*	
ebbi	avemmo
avesti	aveste
ebbe	**ebbero**

COMMON VERBS THAT FOLLOW THE 1–3–3 PATTERN			
avere	ebbi	*rispondere*	risposi
chiedere	chiesi	*scrivere*	scrissi
conoscere	conobbi	*succedere*	successi
decidere	decisi	*vedere*	vidi
leggere	lessi	*venire*	venni
mettere	misi	*vincere*	vinsi
nascere	nacqui	*vivere*	vissi
prendere	presi	*volere*	volli

ESERCIZI

A. Replace the subject with each subject in parentheses and change the verb accordingly. Make any other necessary changes.

1. Io visitai le mostre più importanti. (i turisti / anche noi / Giuliana / voi)
2. Agli Uffizi Mara vide molti quadri di Botticelli. (io / tu e Paolo / le signore / noi)
3. Seguimmo un corso di archeologia molti anni fa. (il nonno / io / i signori Mauri / anche voi)
4. Prendesti il caffè in Piazza del Duomo. (noi / Guido / le ragazze / anch'io)

B. Restate the following sentences, replacing the **passato prossimo** with the **passato remoto**.

ESEMPIO: Quando ha visto il quadro l'ha comprato subito. →
Quando vide il quadro lo comprò subito.

1. Dove è nato e dove è morto Raffaello? 2. Hanno preso l'autobus per andare agli scavi; non ci sono andati a piedi. 3. A chi ha dato il biglietto d'ingresso (*entrance*)? 4. Abbiamo cercato di entrare nel museo ma non abbiamo potuto. 5. La guida ha aperto la porta e noi abbiamo guardato gli affreschi. 6. Hanno avuto molti problemi prima della mostra.

—Allora dissi risoluto a mia moglie: o fuori il cane, o fuori tu!

C. Qualche domanda di storia e di cultura generale. Con un compagno (una compagna), domandate e rispondete. (*The answers appear on page 330.*)

ESEMPIO: chi / scrivere / *La Divina Commedia* →
—Chi scrisse *La Divina Commedia*?
— Dante scrisse *La Divina Commedia*.

1. in che anno / scoprire (*to discover*) l'America / Cristoforo Colombo
2. chi / essere / il primo presidente americano
3. in che anno / esserci / la grande crisi economica americana
4. chi / scrivere / *Amleto*
5. chi / dire / « La sola cosa di cui dobbiamo aver paura è la paura stessa. »
6. quale grande pittore italiano / fare / il celebre ritratto *La Gioconda*

7. quale grande pittore italiano / affrescare / la Cappella Sistina
8. chi / scoprire / il principio della legge di gravità

D.   Restate the following anecdote by changing the verbs from the present to the **passato remoto.** Leave the direct quotations in the present tense.

Una coppia° aristocratica   *Couple*

Due signori di mezz'età° arrivano in un albergo di   *di... middle-aged*
montagna e chiedono una camera. « Mi dispiace », dice
loro il proprietario dell'albergo, « ma siamo al
completo.° » I due insistono per ottenere una   *siamo... we are filled*
sistemazione° almeno per quella notte e promettono°   *up*
una mancia generosa. L'albergatore ha finalmente   *ottenere... to obtain*
un'idea. « Io ho le chiavi della chiesa del paese, di cui   *accommodations /*
sono custode », dice. « Questa notte i signori   *they promise*
potrebbero dormire là,° nella stanza dove dorme il   *there*
curato° quando viene per le funzioni°... »   *parish priest /*
                                                             services
    I due signori accettano volentieri.

    Il giorno dopo, di mattina presto, le campane° della   *bells*
chiesa cominciano a suonare. « Vai a vedere cosa
succede! » ordina l'albergatore a una cameriera.
Questa torna poco dopo e spiega: « Sono i signori della
chiesa: hanno suonato per ordinare la colazione. »

B. Ripasso dei tempi del passato

Due uomini viaggiavano insieme. Uno trovò una scure e l'altro
disse: « Abbiamo trovato una scure. » « No », osservò il primo,
« perchè dici *abbiamo trovato*? Devi dire *hai trovato*. » Poco dopo
si videro inseguiti da quelli che avevano perduto la scure, e quello
che l'aveva disse al compagno, « Siamo rovinati! » « Non devi dire
siamo rovinati », rispose il compagno, « devi dire *sono* rovinato. »

Two men were traveling together. One found an axe and the other said, "We've found an axe." "No," said the first, "why do you say *we've* found? You should say *you've* found." Soon afterward they found themselves pursued by those who had lost the axe, and the one who had it said to his partner: "We are in trouble!" "You shouldn't say *we're* in trouble," replied his partner, "you should say *I'm* in trouble."

RISPOSTE: 1. 1492 2. George Washington 3. 1929 4. Shakespeare 5. Franklin D. Roosevelt 6. Leonardo da Vinci 7. Michelangelo 8. Sir Isaac Newton

1. The **passato remoto** and the **passato prossimo** do not differ in meaning, but they are used differently. If the action occurred in the past and is completely finished (that is, if it is without reference to the present), the **passato remoto** is used.

L'anno scorso **andai** a Londra. *Last year I went to London.*
Dante **morì** nel 1321. *Dante died in 1321.*

If the action took place during a period of time that is not yet over (today, this month, this year), or if the effects of the action are continuing into the present, the **passato prossimo** should be used.

Oggi **ho studiato.** *Today I studied.*
In questo mese **ho guadagnato** *This month I've earned a lot.*
  molto.
Dio **ha creato** il mondo. *God created the world.*

2. Those are the formal rules, but in spoken Italian the **passato remoto** is seldom used except in certain areas of the country. However, it is commonly used in writing to narrate historical events, the lives of people who are no longer living, fables, tales, and the like.

3. To describe a habitual action or an ongoing action in the past, the **imperfetto** is used with the **passato remoto** exactly as it is used with the **passato prossimo.**

Non **comprai** il quadro perchè *I didn't buy the painting because*
  non **avevo** abbastanza soldi. *I didn't have enough money.*
Non **ho comprato** il quadro
  perchè non **avevo** abbastanza
  soldi.

Mi **chiesero** come **stavo.** *They asked me how I was.*
Mi **hanno chiesto** come **stavo.**

—Secondo me guardavano la televisione!

ESERCIZI

A. Replace the subject with each word or phrase in parentheses, and make all other necessary changes.

1. Non le scrissi perchè non avevo il suo indirizzo. (noi / tu / i ragazzi / Paolo)
2. Si fermò a Ravenna perchè voleva vedere i mosaici. (io / i signori / anche noi / tu e Giulia)
3. Franco disse che non sapeva dipingere. (anche tu / le signore / voi / io)
4. Vedemmo *Il Cenacolo* (*The Last Supper*) quando visitammo Milano. (Cesare / i nostri amici / voi / anche tu)

B. Restate each sentence in the past, using first the **passato prossimo** plus the **imperfetto,** then the **passato remoto** plus the **imperfetto.**

ESEMPIO: Piera non va alla mostra perchè è troppo stanca. →
Piera non è andata alla mostra perchè era troppo stanca.
Piera non andò alla mostra perchè era troppo stanca.

1. Non visitiamo Santa Croce perchè è troppo tardi.   2. Gli chiedo se ha l'orario del museo.   3. Mi rispondono che non conoscono l'arte del Rinascimento.   4. Telefona a Cinzia perchè vuole qualche informazione.
5. Non puoi vedere bene gli affreschi perchè c'è poca luce.

C.   In the following anecdote, put the verbs in parentheses in the **imperfetto** or the **passato remoto,** as needed.

Un'idea luminosa°   Un'idea... *A Bright Idea*

Un giorno, Bridges, famoso organista e compositore
inglese, (trovarsi) a Mosca° col suo amico romanziere°   *Moscow / novelist*
Player.
     I due (dovere) andare a Pietroburgo e dato che
(essere) già tardi, (prendere) una carrozza e (gridare)
al cocchiere° di portarli alla stazione. Ma il cocchiere   *coachman*
non (capire) una parola d'inglese, e loro non (conoscere)
il russo. Finalmente (avere) un'idea luminosa. Uno
(cominciare) a fare con la bocca il rumore di un treno
che parte, mentre l'altro (fischiare°) con tutta la sua   *to whistle*
forza. Il cocchiere (fare) segno d'aver capito e
(spronare°) il cavallo. « È stata una bella idea, la   *to spur*
nostra! » (esclamare) Player. « Oh, era una cosa tanto
semplice! » (dire) Bridges, tutto soddisfatto. Dieci
minuti dopo, la carrozza (fermarsi) davanti a un
manicomio.°   *asylum*

C. Avverbi

—Non vedo chiaramente[a] le immagini.   [a]*clearly*

1. Adverbs are words that modify verbs, adjectives, or other adverbs. You have already learned a number of common adverbs: **bene, sempre, troppo,** and so on.

Stanno bene.	*They are well.*
Sofia è molto intelligente.	*Sofia is very intelligent.*
Parlate troppo rapidamente.	*You talk too fast.*

2. Many adverbs are formed by attaching **-mente** to the feminine form of the adjective. They correspond to English adverbs ending in **-ly**.

vero	→	vera	→	veramente	*truly*
fortunato	→	fortunata	→	fortunatamente	*fortunately*

If the adjective ends in **-le** or **-re** preceded by a vowel, the final **-e** is dropped before adding **-mente**.

genti**le**	→	gentil-	→	gentilmente	*kindly*
regola**re**	→	regolar-	→	regolarmente	*regularly*

3. Adverbs are usually placed directly after a simple verb form.

Parla sempre dell'arte gotica.	*He always talks about Gothic art.*
La vedo raramente.	*I rarely see her.*

4. In sentences with compound tenses, most adverbs are placed after the past participle. However, some common adverbs (**già, mai, ancora, sempre**) are placed between the auxiliary verb and the past participle.

Sei arrivata tardi alla galleria.	*You arrived at the gallery late.*
Non avevo capito bene la conferenza.	*I hadn't understood the lecture well.*
Avete già visto la Cappella Sistina?	*Have you already seen the Sistine Chapel?*
Il nostro professore non ha mai parlato del manierismo.	*Our professor never spoke about mannerism.*

ESERCIZI

A. Talk about the following people, completing each sentence with the adverb that corresponds to the adjective in the first half.

ESEMPIO: La signora Crespi è elegante: si veste sempre *elegantemente.*

1. Luigino è un bambino molto attento: ascolta tutto _____ .
2. Rita e Mario sono persone tranquille: fanno tutto _____ .
3. A Gina non danno fastidio (*bother*) le visite inaspettate (*unexpected*): è contenta anche quando gli amici arrivano _____ .
4. Le lettere di Gregorio sono molto rare: scrive _____ .

5. Mara è una persona molto onesta: mi risponde sempre _____ .
6. Sandro è una persona molto gentile: tratta tutti _____ .
7. La mia amica Carla è molto intelligente: risponde _____ alle domande.
8. Gianpaolo e Gustavo sono delle persone stravaganti: si vestono _____ .

B. Working with a partner, imagine that you are in Italy and have just returned from a class trip to Spoleto. Ask questions using the words given below and answer using the adverbs in parentheses.

ESEMPIO: tu / leggere / tutte le guide (diligentemente) →
—Tu hai letto tutte le guide?
—Sì, ho letto diligentemente tutte le guide.

1. essere / facile / l'esame (abbastanza)
2. tu / studiare / l'arte del Medioevo (già)
3. come / rispondere / la guida (freddamente)
4. essere / preoccupata / la professoressa Luti (sempre)
5. voi / stare / a Spoleto (mai)
6. piacere / a te / gli affreschi (molto)

C. Conversazione.

1. Preferisce le persone che parlano adagio (*slowly*) o quelle che parlano rapidamente? Come parlo io? 2. Spiegano chiaramente i Suoi professori? 3. Di che cosa parliamo spesso in classe? Ci sono cose di cui non parliamo mai? 4. Conosce qualcuno che si veste stravagantemente?

DIALOGO

Chiaro di luna a Taormina

Quando sono state in Sicilia, Geraldine e Nancy hanno visitato anche Catania. A Catania Geraldine ha conosciuto Salvatore, un ragazzo siciliano che studia lettere all'università e scrive poesie. Un giorno, Geraldine e Salvatore sono andati insieme a Taormina e verso sera sono saliti° fino all'anfiteatro greco-romano.   sono... *went up*

GERALDINE: Che panorama incantevole! Sembra proprio un paesaggio da fiaba.°   un... *a fairyland*
SALVATORE: Mia cara, la Sicilia è un paese di fiabe e di tragedie. E io stasera vorrei raccontarti una piccola fiaba. Vuoi sentirla?
GERALDINE: Volentieri. Ma dimmi: finisce bene o male?
SALVATORE: Le fiabe di solito finiscono bene; ma questa, non so. La fine dovrai sceglierla tu... E ora ascoltami! C'era una volta una principessa bionda che viveva in un paese lontano lontano. Aveva un carattere allegro e voleva conoscere il mondo. Così un giorno salì su una grande aquila° e   *eagle*
attraversò l'oceano. Arrivò in un'isola dove la gente era molto diversa

Arte a Pompei: statua in bronzo tra i resti dell'eruzione del Vesuvio (79 d.C.)

ma, per fortuna, parlava una lingua che lei aveva imparato da bambina. Nell'isola incontrò un giovane nè bello nè brutto, un po' timido, che passava il tempo a leggere grossi libri. Il giovane s'innamorò di lei ma non aveva il coraggio di dirglielo. E intanto il tempo passava... Come finisce la fiaba, Geraldine? La bella principessa tornò al suo paese e il giovane restò triste e solo con i suoi libri... o la fanciulla ricambiò° il suo   *reciprocated* amore e i due si sposarono e vissero felici e contenti per tutta la vita?

GERALDINE: Mio caro Salvatore, la tua fiaba è molto romantica e va bene per questa notte di luna; ma domani ci rideremo sopra tutt'e due!

■ VARIAZIONI SUL TEMA

C'era una volta... Working in small groups, prepare an Italian version of a favorite fairy tale (*Snow White, Goldilocks, Little Red Riding Hood,* etc.). Don't agonize over translating the story or including every last detail. Just put together a simple narration that conveys the main points. Use the **passato remoto** for the narration and prepare the other parts as a **dialogo** to be read aloud—or acted out in front of the class.

PICCOLO RIPASSO

A.   Restate each sentence in the past, using first the **passato prossimo** plus the **imperfetto,** then the **passato remoto** plus the **imperfetto.**

ESEMPIO: Non esco perchè sono stanca. →
Non sono uscita perchè ero stanca.
Non uscii perchè ero stanca.

1. Gli chiedo quanti anni ha.   2. Mi risponde che non vuole dirmelo.
3. Non andiamo alla festa perchè non abbiamo niente da metterci.
4. Non mangiano gelati perchè stanno a dieta.   5. Luisa dice che si annoia.
6. Mi domandate perchè sto sempre zitto.

B.   Complete the following passage with the **imperfetto** or the **passato remoto** of the verbs in parentheses, as needed.

Lo zio Pasquale (chiamare) il nipote Luigino che, come al solito, non (fare) niente e gli (cominciare) a fare una lezione di letteratura italiana.

« Oggi ti parlerò di un grande commediografo italiano. » Luigino (esclamare) subito: « Vuoi dire Carlo Goldoni! » Lo zio (apprezzare, *to appreciate*) l'intervento del nipote e (continuare): « Figlio di un medico, Carlo Goldoni (nascere) a Venezia nel 1707. (Studiare) prima a Perugia, poi a Rimini e poi all'Università di Pavia. (Laurearsi) in legge a Padova ma non (esercitare, *to practice*) la professione di avvocato perchè (avere) una grande passione per il teatro. La sua prima opera importante (essere) *La vedova scaltra,*° a cui (seguire) rapidamente molte altre, come *La bottega*° *del caffè, La famiglia dell'antiquario, La locandiera.*° »

La... The Shrewd Widow
shop
innkeeper

« Nel 1762 (trasferirsi) a Parigi, dove nel 1787 (pubblicare) i tre volumi di *Mémoirs* con cui (finire) la sua carriera di scrittore. »

C.   Express in Italian.

1. A: Who built this church?
   B: I don't remember the name of the architect, but I know that there was more than one.
   A: Do you know when they built it?
   B: Probably during the Renaissance.
2. What a beautiful statue! Every time (that) I come to this museum I stop to look at it. It is one of the masterpieces we should all know and appreciate.

LETTURA CULTURALE

L'ARTE IN ITALIA

Leonardo da Vinci, *Autoritratto*, circa 1514 (Torino, Biblioteca Reale; foto: Scala/Art Resource, New York)

Molti ragazzi americani seguono corsi d'italiano perchè si specializzano nella storia dell'arte e vogliono andare in Italia a studiare i capolavori di artisti come Leonardo, Michelangelo, Raffaello e tantissimi altri.

Il Rinascimento fu un periodo di eccezionale creatività, un periodo in cui l'arte italiana raggiunse il massimo splendore, non solo nella pittura e nella scultura, ma anche nell'architettura. Le città più ricche di queste opere sono Firenze e Roma, ma tutta l'Italia ha i suoi tesori° artistici. Ogni città vanta° un particolare capolavoro: un dipinto, una chiesa, un palazzo, dei ruderi romani... per questo molti considerano l'Italia stessa un museo vivente.° È solo una questione di scelta e di interessi. Pochi sanno, ad esempio, che in Sicilia ci sono dei bellissimi templi greci. Per vedere splendidi mosaici bisogna andare a Ravenna. Non dimentichiamo poi Pompei ed Ercolano, così ricche di arte romana. La lista dei tesori artistici italiani è lunghissima e potrebbe continuare per pagine e pagine... da Venezia a Palermo, da Mantova a Taormina...

treasures / boasts

living

I Re Magi nei mosaici di Sant'Apollinare in Classe, vicino a Ravenna (secolo VI)

L'Italia è oggi famosa anche per l'originalità e la bellezza di un nuovo tipo di arte che produce oggetti di uso quotidiano. Il design italiano è inconfondibile° e riscuote° grande successo ovunque. Anche negli Stati Uniti ormai si possono comprare facilmente scarpe, vestiti, oggetti per la cucina e l'arredamento... « Made in Italy ».

unique
enjoys

L'originalità degli oggetti di uso quotidiano (La Jolla Museum of Contemporary Art; foto: SFMOMA)

PRATICA

A. Rispondete alle seguenti domande.

1. Che cosa fanno molti studenti americani dopo aver studiato la storia dell'arte?
2. Qual è il periodo più conosciuto della storia dell'arte italiana?
3. In quali città si possono vedere molti capolavori rinascimentali?
4. Perchè è famosa Ravenna?
5. Dopo Roma dove si può andare per ammirare i capolavori dell'arte romana?

B.   Associazioni. Perchè sono insieme queste parole?

1. Sicilia, templi
2. Michelangelo, Raffaello
3. arredamento italiano, Stati Uniti
4. design, Italia

PAROLE DA RICORDARE

VERBI

affermarsi to establish oneself
affrescare to fresco
ammirare to admire
attraversare to cross
costruire (isc) to build
eseguire (isc) to execute, do
illustrare to illustrate
ridere (*p.p.* **riso**) to laugh
***salire** to go up
scolpire (isc) to sculpt
sorridere (*p.p.* **sorriso**) to smile

NOMI

l'affresco fresco
l'archeologia archeology
l'archeologo, l'archeologa
   archeologist

l'architetto, l'architetta
   architect
l'architettura architecture
l'artista (*m./f.; m. pl.* **gli artisti**)
   artist
il capolavoro masterpiece
il dipinto painting (*individual work*)
la guida guide; guidebook
il Medioevo Middle Ages
il mosaico mosaic
la mostra exhibit
l'opera artwork; opera
il paesaggio landscape
il panorama (*pl.* **i panorami**)
   panorama
il pittore, la pittrice painter
la pittura painting (*art form*)

il quadro painting (*individual work*)
il Rinascimento Renaissance
il ritratto portrait
le rovine, i ruderi ruins
lo scavo archeologico
   archeological dig
lo scultore, la scultrice sculptor
la scultura sculpture
il soffitto ceiling
la statua statue

AGGETTIVI

archeologico archeological
diverso different
stupendo stupendous

ALTRE PAROLE ED ESPRESSIONI

per fortuna luckily

Lingua viva

Come sapete, l'Italia vanta una ricchezza incredibile di musei, gallerie, mostre e pubblicazioni dedicate alle belle arti. Date un'occhiata all'articolo che segue e poi cercate di rispondere alle domande.

mostre

dal
25
genn.

Van Gogh

● Quaranta dipinti e quaranta disegni di Vincent Van Gogh (1853-1890). Questa mostra, dedicata al grande pittore olandese, è stata realizzata grazie a un accordo bilaterale del governo olandese e di quello italiano. Un'occasione da non perdere.
Roma. Galleria Nazionale d'Arte Moderna. Dal 26 gennaio.

De Pisis

● Una mostra, organizzata dalla Galleria dello Scudo di Verona e dalla Galleria dell'Oca di Roma (dove si terrà dall'11 febbraio al 13 marzo), propone un'analisi inedita della ricerca che Filippo De Pisis (1896-1956) condusse durante la lunga esperienza parigina; non esclusi i soggiorni in Italia, a Londra e nella Francia meridionale avvenuti in quel periodo. Titolo: "De Pisis. Gli anni di Parigi 1925-1939".
Verona. Galleria dello Scudo, via Scudo di Francia 2. Chiude il 24 gennaio.

A. Vero o falso? Se è falso spiegate perchè.

1. Vincent Van Gogh è un pittore olandese del secolo XX.
2. A metà gennaio a Roma si potrà andare a vedere una mostra di Van Gogh.
3. L'Italia e l'Olanda hanno lavorato insieme per la mostra di Van Gogh.
4. Il pittore italiano Filippo De Pisis visse in Francia molti anni.
5. A febbraio sarà possibile vedere la mostra di De Pisis a Verona.
6. A Roma la mostra di De Pisis chiude a marzo.
7. Tra il 1925 ed il 1939 De Pisis è rimasto a Parigi.
8. La mostra di De Pisis a Roma sarà alla Galleria Nazionale d'Arte Moderna.

Bernini, *Apollo e Dafne,* 1622–1624 (Roma, Galleria Borghese; foto: Scala/Art Resource, New York)

B. Piccolo quiz sulle belle arti. Potete identificare gli artisti che crearono questi capolavori?

1. La Madonnina dal collo (*neck*) lungo
2. La Cappella Medicea a Firenze
3. gli affreschi sulla vita di San Francesco ad Assisi
4. *La Primavera*
5. *Il Cenacolo* (*L'Ultima Cena*)
6. il baldacchino (*canopy*) nella Basilica di San Pietro

a. Bernini
b. Giotto
c. Parmigianino
d. da Vinci
e. Michelangelo
f. Botticelli

RISPOSTE: 1, c; 2, e; 3, b; 4, f; 5, d; 6, a

341

IL MONDO DELLA POLITICA

Un comizio elettorale del partito comunista italiano

VOCABOLARIO PRELIMINARE

Dialogo-lampo

TERESA: Come mai i negozi sono chiusi? C'è uno sciopero?

CLAUDIO: No, una volta tanto, non ci sono scioperi! I negozi sono chiusi per ferie!

La politica

LO STATO

la Camera dei Deputati Chamber of Deputies (*lower house of Parliament*)

il deputato representative (*in the Chamber of Deputies*)

il governo government

il ministro minister (*in government*)

il primo ministro prime minister

il partito politico political party

il presidente della Repubblica president of the Republic

il Senato Senate (*upper house of Parliament*)

il senatore senator

I PROBLEMI SOCIALI

aumentare to raise

l'aumento raise, increase

diminuire (isc) to reduce

disoccupato unemployed

la disoccupazione unemployment

l'impiegato, l'impiegata white-collar worker

l'operaio, l'operaia (*m. pl.* **gli operai**) blue-collar worker

la riduzione reduction

il salario wage

lo sciopero strike

*****essere in sciopero** to be on strike

fare sciopero, scioperare to strike

lo stipendio salary

le tasse taxes

ESERCIZI

A. Definizioni. Trovate la parola o l'espressione che corrisponde alle seguenti definizioni.

1. senza lavoro   2. il capo dello stato italiano   3. membro del Senato
4. la paga degli impiegati   5. la paga degli operai   6. non lavorare
7. associazione di persone per una comune attività politica   8. rendere più grande

B.   Nel futuro. Ecco alcuni titoli di un giornale dell'anno 2050.

Il presidente della Repubblica in vacanza sulla luna

È morta l'ultima balena°   *whale*

ABOLITI GLI STIPENDI DEI SENATORI

La settimana lavorativa ridotta a tre giorni

1. Che cosa è cambiato rispetto ad oggi?   2. Che cosa succede?   3. Che cosa succederà?   4. Cosa pensate delle notizie: sono buone/cattive?

GRAMMATICA

A. Congiuntivo presente

PENSIONATO 1: Tutti i giorni c'è uno sciopero; ho l'impressione che in Italia nessuno abbia più voglia di lavorare.

PENSIONATO 2: Però con gli scioperi i lavoratori ottengono gli aumenti di salario. Peccato che i pensionati non possano scioperare anche loro!

PENSIONATO 1: È necessario che i partiti ascoltino anche la nostra voce: dobbiamo organizzare una dimostrazione e farci sentire. Non siamo ancora morti!

1. Verbs in both Italian and English have several essential qualities: tense (the time of action), voice (active or passive), and mood, which conveys the perception of the speaker. All the verb forms you have learned so far (except the conditional and imperative) belong to the *indicative* mood, which states facts and conveys an idea of certainty or objectivity.

Gli studenti **organizzano** una dimostrazione.	*Students are organizing a demonstration.*
Anche gli insegnanti **faranno** sciopero.	*Instructors, too, will strike.*
Il governo non **ha applicato** le riforme.	*The government didn't enforce the reforms.*

RETIRED MAN 1: Every day there's a strike. I have the feeling that in Italy nobody feels like working anymore.   RETIRED MAN 2: With strikes, however, workers get wage increases. Too bad retired people can't strike too!   RETIRED MAN 1: It's necessary for (political) parties to listen to our voices too. We should organize a demonstration and make ourselves heard. We're not dead yet!

The *subjunctive* mood (**il congiuntivo**), introduced in this chapter, expresses uncertainty, doubt, possibility, or personal feelings rather than fact. It conveys the opinions and attitudes of the speaker.

Credo che **organizzino** una dimostrazione.	*I believe they are organizing a demonstration.*
È probabile che anche gli insegnanti **facciano** sciopero.	*It's probable that instructors, too, will strike.*
È male che il governo non **abbia applicato** le riforme.	*It's bad that the government didn't enforce the reforms.*

The subjunctive is generally preceded by a main (independent) clause and the conjunction **che.**

INDICATIVO				CONGIUNTIVO
independent clause	+	**che**	+	*dependent clause*
Credo		che		organizzino una dimostrazione.

In English, the subjunctive is used infrequently: *I move that the meeting* **be** *adjourned; We suggest that he* **go** *home immediately.* In Italian, however, the subjunctive is used often in both speaking and writing.

The subjunctive mood has four tenses: present, past, imperfect, and pluperfect.

2. The present subjunctive (**il congiuntivo presente**) is formed by adding the appropriate endings to the verb stem. Verbs ending in **-ire** that insert **-isc-** in the present indicative follow the same pattern in the present subjunctive.

	lavorare	**scrivere**	**dormire**	**capire**
che io	lavori	scriva	dorma	capisca
che tu	lavori	scriva	dorma	capisca
che lui/lei	lavori	scriva	dorma	capisca
che	lavoriamo	scriviamo	dormiamo	capiamo
che	lavoriate	scriviate	dormiate	capiate
che	lavorino	scrivano	dormano	capiscano

Since (within each of the three conjugations) the singular endings are the same, singular subject pronouns are generally used to avoid confusion.

Vogliono che **io voti.**	*They want me to vote.*

3. Verbs with infinitives ending in **-care** and **-gare** have an **h,** in all persons, between the stem and the present subjunctive endings.

È bene che il governo appli**chi** le riforme.

It's good that the government is enforcing the reforms.

Purtroppo, bisogna che tutti pag**hi**no le tasse!

Unfortunately, it's necessary for everyone to pay taxes!

4. Verbs ending in **-iare** drop the **-i-** from the stem before the present subjunctive endings are added.

È necessario che comin**ci**ate a farvi sentire!

It's necessary for you to start making yourselves heard!

Senatore, crede che la gente ci man**gi** con questi stipendi?

Senator, do you think (that) people can eat on these salaries?

5. The following verbs have irregular present subjunctive forms:

VERBI CON FORME IRREGOLARI DEL CONGIUNTIVO	
andare	vada, andiamo, andiate, vadano
avere	abbia, abbiamo, abbiate, abbiano
dare	dia, diamo, diate, diano
dire	dica, diciamo, diciate, dicano
dovere	debba, dobbiamo, dobbiate, debbano
essere	sia, siamo, siate, siano
fare	faccia, facciamo, facciate, facciano
potere	possa, possiamo, possiate, possano
sapere	sappia, sappiamo, sappiate, sappiano
stare	stia, stiamo, stiate, stiano
uscire	esca, usciamo, usciate, escano
venire	venga, veniamo, veniate, vengano
volere	voglia, vogliamo, vogliate, vogliano

—Sì, penso che una gita in gondola non sia sempre necessariamente romantica.

ESERCIZI

A. Restate each sentence, replacing the italicized word with each word or phrase in parentheses and making all other necessary changes.

1. Credo che *tu* non capisca la politica italiana. (voi / Giulia / gli americani / lui)
2. È necessario che *tutti* votino. (ognuno / anche tu / Lei / io)
3. Peccato che *gli insegnanti* siano ancora in sciopero! (voi / tu / il signore / noi)
4. Ho paura che *noi* dobbiamo pagare più tasse quest'anno. (i pensionati / mia madre / voi / tu)
5. Mi pare che *il governo* non faccia abbastanza per i pensionati. (i deputati / voi giornalisti / Lei, senatore / noi tutti)
6. Credete che *nessuno* venga alla dimostrazione? (i senatori / Marco / io / anche noi)

B.   Consigli. Your roommate has just had an annual check-up and finds that he/she needs to change some habits. Working with a partner, create exchanges using **vuole che** and **bisogna che.**

> ESEMPIO: usare poco sale →
> —Il dottore vuole che io usi poco sale.
> —Ha ragione; bisogna che tu usi poco sale.

1. mangiare molta frutta   2. fare un po' di footing   3. andare anche in palestra   4. bere meno caffè   5. stare più tranquillo   6. avere più pazienza   7. passeggiare all'aria aperta   8. alzarsi presto   9. cercare di diminuire lo stress   10. prendere un po' di sole

C.   Mention three things you have to do today, using the subjunctive. Begin each sentence with **Bisogna che.**

> ESEMPIO: Bisogna che io studi il congiuntivo...

D.   Find out from a classmate the following information.

1. quali cose spera che succedano oggi   2. quali cose ha paura che succedano quest'anno   3. se crede che i pensionati debbano scioperare   4. se pensa che i lavoratori ottengano aumenti di salario con gli scioperi

B. Verbi ed espressioni che richiedono il congiuntivo

CAMERIERE: Professore, vuole che Le porti il solito caffè o preferisce un poncino?*

PROFESSORE: Fa un po' fresco... Forse è meglio che prenda un poncino. Scalda di più.

CAMERIERE: Speriamo che questo sciopero finisca presto, professore.

PROFESSORE: Certo; ma bisogna che prima gli insegnanti abbiano un miglioramento delle loro condizioni di lavoro.

When two conjugated verbs are connected by **che,** it is necessary to decide whether the second verb should be in the indicative or the subjunctive. The verb in the independent clause determines whether the indicative or the subjunctive should be used in the dependent clause.

WAITER: Professor, do you want me to bring you the usual cup of coffee or would you prefer a **poncino?**   PROFESSOR: It's a bit chilly. Maybe it's better for me to have a **poncino.** It warms you up more.   WAITER: Let's hope that this strike will end soon, Professor. PROFESSOR: It will, but first it's necessary for teachers to obtain better working conditions.

***Poncino** is a hot drink made with water, sugar, and rum or other liqueurs. The word is an adaptation of the English word *punch*.

1. When the verb or expression in the independent clause denotes certainty, the indicative is used in the dependent clause. When the verb or expression in the independent clause expresses emotion, opinion, doubt, or uncertainty, the subjunctive is used in the dependent clause. Compare these sentences.

So che vot**ate** oggi.	*I know you are voting today.*
Ho l'impressione che vot**iate** oggi.	*I have the impression you are voting today.*
È vero che **c'è** lo sciopero degli autobus.	*It's true that there is a bus strike.*
È probabile che **ci sia** lo sciopero degli autobus.	*It's likely that there is a bus strike.*

Expressions that denote certainty and that are therefore followed by the indicative include **so che, è vero che, sono sicuro/a che, sono certo/a che, vedo che, è ovvio che, riconosco che, dimostra che.**

2. The following verbs and expressions are normally followed by the subjunctive.

EXPRESSIONS INDICATING EMOTION

Sono contento/felice
Mi (dis)piace
Ho paura   } che il presidente e i senatori siano d'accordo.
Preferisco
Spero

EXPRESSIONS INDICATING OPINION, DOUBT, UNCERTAINTY

Credo
Dubito
Ho l'impressione } che il primo ministro vada in Cina.
Immagino
Penso

EXPRESSIONS INDICATING A COMMAND OR WISH

Chiedo
Desidero } che i professori abbiano migliori condizioni di lavoro.
Esigo
Voglio

<table>
<tr><td colspan="2" align="center">IMPERSONAL VERBS AND EXPRESSIONS</td></tr>
<tr><td>
(Non) è bene
(Non) bisogna
(Non) è importante
(Non) è (im)possibile
(Non) è (im)probabile
È incredibile
(Non) è male
È ora (*It's time*)
Pare
Peccato (*It's too bad*)
Può darsi (*It's possible*)
Sembra
È strano
</td>
<td>
che riprendano le discussioni con i lavoratori.
</td></tr>
</table>

ESERCIZI

A. La famiglia Cesarini. Complete the following paragraph with the correct form of the present indicative or subjunctive.

Sembra che Davide e Paola non _____¹ (avere) abbastanza soldi e che non _____² (potere) mandare il figlio Matteo all'università. Peccato che lui non _____³ (desiderare) lavorare! È certo che lui _____⁴ (avere) intenzione di frequentare l'università. Può darsi che la nonna lo _____⁵ (aiutare) finanziariamente. Speriamo che la famiglia _____⁶ (potere) risolvere questo problema. Matteo è un po' difficile come carattere ma è anche vero che _____⁷ (essere) un ragazzo molto intelligente e che _____⁸ (meritare) di essere aiutato!

B. Complete the conversations with the correct form of the indicative or the subjunctive.

1. A: Senti, vuoi che io ti _____ (dare) una mano in giardino?
   B: No, Franco, ma grazie lo stesso. So che tu _____ (essere) molto occupato: è ora che io _____ (aiutare) te, una volta tanto!
2. A: Sai, ho saputo che Maria e Antonio non _____ (andare) in Italia quest'estate.
   B: Davvero? Peccato che Maria non _____ (potere) andare a trovare la madre: credo che lei _____ (stare) poco bene.

C. Conversazione.

1. Che cosa vuol fare dopo la laurea?   2. I Suoi genitori che cosa vogliono che Lei faccia?   3. Spera che non ci siano esami d'italiano questa settimana?

D.   Express in Italian.

1. My friend doesn't want me to learn how to drive.   2. I know she wants to spend her vacation in Sicily this year.   3. I don't want you to pay for everyone.   4. Why don't you want her to go out with him?   5. We want the children to be quiet.   6. Aren't you glad I have a job?

C. Congiuntivo passato

—Sono proprio contento che sia venuto anche Lei a questo ricevimento[a]!

[a]*reception*

1. The past subjunctive (**il congiuntivo passato**) is formed with the present subjunctive of **avere** or **essere** plus the past participle of the main verb.

VERBI CONIUGATI CON **avere**		VERBI CONIUGATI CON **essere**	
che io abbia		che io sia	
che tu abbia		che tu sia	partito/a
che lui/lei abbia	lavorato	che lui/lei sia	
che abbiamo		che siamo	
che abbiate		che siate	partiti/e
che abbiano		che siano	

2. The past subjunctive is used in place of either the **passato prossimo** or the **passato remoto** of the indicative whenever the subjunctive is required.

Hanno ripreso le discussioni.   *They resumed discussions.*
Credo che **abbiano ripreso** le   *I think they resumed*
   discussioni.   *discussions.*

Anche i pensionati **scioperarono.**	*The retirees also went on strike.*
Ho l'impressione che anche i pensionati **abbiano scioperato.**	*I think that the retirees also went on strike.*

3. The chronological relationship between the action in the dependent clause and the action in the independent clause determines whether the present or the past subjunctive should be used.

RELATIONSHIP TO ACTION IN INDEPENDENT CLAUSE
Dependent clause: action at the same time or later → present subjunctive
Dependent clause: action earlier → past subjunctive

Credo che **facciano** sciopero.	*I think they're on strike (now).* *I think they'll go on strike (later).*
Credo che **abbiano fatto** sciopero.	*I think they went on strike (previously).*
Siamo contenti che **vengano.**	*We're glad they are coming (today).* *We're glad they will come (later).*
Siamo contenti che **siano venuti.**	*We're glad they came.*

ESERCIZI

A. Replace the subject of the dependent clause with each subject in parentheses, and make all necessary changes.

1. Credo che i signori abbiano votato. (il dottore / tu / voi / Lei)
2. Ci dispiace che Renata non si sia fatta sentire. (i tuoi cugini / voi / tu / le signore)
3. È strano che le tue amiche non siano venute alla dimostrazione. (l'avvocato / voi due / tu / gli altri)

B. Dopo una festa. You and your partner are commenting on the latest big party. React to what he/she reports to you by stating that you are glad about it.

ESEMPIO: Franca / andare via molto presto →
—Sai, Franca è andata via molto presto.
—Lo so e sono contento/a che sia andata via molto presto!

1. Claudio e Paolo / non bere niente
2. Gino / non dire le solite sciocchezze (*nonsense*)
3. Renata / venire con Samuele
4. Riccardo / invitare anche i Brambilla
5. Franca / offrire anche piatti vegetariani
6. le tue paste / piacere a tutti

C. Una telefonata dalla mamma. Restate each of Mom's statements using the past subjunctive.

> ESEMPIO: È bene che tu non mangi troppi dolci. →
> È bene che tu non abbia mangiato troppi dolci.

1. Ho paura che tu non dorma abbastanza. 2. Siamo contenti che tu non compri la moto. 3. Speriamo che tu scriva alla nonna. 4. Ho l'impressione che tu e Paolo usciate troppo spesso. 5. Peccato che i tuoi amici bevano tanto. 6. Mi pare che tu non telefoni mai alla zia Lilli. 7. Può darsi che lei ti faccia un bel regalo. 8. Credo che tu non mi ascolti!

D. Congiuntivo o infinito?

NUCCIA: Valentina, come mai in giro a quest'ora? Non sei andata in ufficio?

VALENTINA: Non lo sapevi? Mi sono licenziata sei mesi fa per avere più tempo per mio figlio.

NUCCIA: Sei contenta di fare la casalinga?

VALENTINA: Contentissima! E tutti in casa sono felici che io non vada fuori a lavorare!

The subjunctive and the conjunction **che** are used when the subject of the verb in the independent clause and the subject of the verb in the dependent clause are different: *Io voglio che tu voti!* When the subject is the same for both verbs, there are two different possibilities.

1. As you already know, the infinitive alone follows verbs indicating preference (**desiderare, preferire, volere**) when the subject is the same. Compare:

Voglio **votare** presto.	*I want to vote early.*
Voglio **che votiate** presto.	*I want you to vote early.*

NUCCIA: Valentina, how come you're around at this hour? Didn't you go to work?
VALENTINA: Didn't you know? I quit six months ago to have more time for my son.
NUCCIA: Are you happy being a housewife? VALENTINA: Really happy! And everyone at home is glad that I don't go out to work.

2. After most other verbs and expressions, **di** + *infinitive* is used when the subject is the same.

Spero **di votare** presto.	*I hope to vote early.*
Voglio **che votiate** presto.	*I hope you vote early.*
Sono contenta **di aiutare** i pensionati.	*I'm glad to help retired people.*
Sono contenta **che il governo aiuti** i pensionati.	*I'm glad the government helps retired people.*

The past infinitive (**avere** or **essere** + *past participle*) is used to refer to an action that has already occurred. In the case of past infinitives with **essere**, the past participle agrees with the subject in gender and number.

—Dottore, ho la sensazione che tutti mi ignorino...

VERBI CONIUGATI CON **avere**	VERBI CONIUGATI CON **ẹssere**
present infinitive:　votare *past infinitive:*　avere votato	andare ẹssere andato/a/i/e

Ho paura **di non aver capito.**	*I'm afraid I didn't understand.*
Ho paura che non abbiate capito.	*I'm afraid you didn't understand.*
Sono contenti **di esser venuti.**	*They are happy they came (to have come).*
Sono contenti che tu sia venuta.	*They are happy you came.*

3. After impersonal expressions that take the subjunctive, the subjunctive is used if the verb of the dependent clause has an expressed subject. But if no subject is expressed, the infinitive alone is used.

Non è possibile **che lui ricordi** tutto.	*It isn't possible for him to remember everything.*
Non è possibile **ricordare** tutto.	*It isn't possible to remember everything.*

ESERCIZI

A. Create new sentences by beginning with each of the expressions given in parentheses. Use **che** + *indicative*, **che** + *subjunctive*, or the infinitive with or without **di.**

ESEMPIO: Vi fate sentire. (sembra / è vero / non credete) →
Sembra che vi facciate sentire.
È vero che vi fate sentire.
Non credete di farvi sentire.

1. Ho un aumento. (voglio / non vogliono / è probabile)
2. Conoscono bene la teoria marxista. (pare / credono / sono sicuro)
3. Organizzate lo sciopero. (sperate / può darsi / è importante)
4. Riprendo il lavoro tra poco. (è vero / non credo / siete contenti)
5. Hanno uno stipendio piuttosto basso. (sembra / ho saputo / non vogliono)
6. Glielo dico prima della dimostrazione. (è meglio / non voglio / sperano)

B.   Complete each sentence in a logical manner.

1. È vero che...
2. È ora che...
3. Non credo di...
4. Non credo che...
5. Spero che...
6. Sono contento/a di...
7. Non sono felice di...
8. Mi dispiace che...

C.   Express in Italian.

I'm glad I went to Giulio's party, but I'm not glad that they invited Paola too! She and her boyfriend behaved (**comportarsi**) very badly. I think they drank too much! I don't know why people think they have to get drunk (**ubriacarsi**) in order to have a good time! At my house, I prefer to serve fewer alcoholic drinks (**alcolici**), and I like my guests to enjoy (**gustare**) the food and desserts.

E. Nomi e aggettivi in -a

—Pare che la prima ballerina sia un'accesa^a femminista.   ^a*ardent*

1. You have already learned that nouns ending in **-a** are generally feminine and that the **-a** changes to **-e** in the plural. There are a few nouns ending in **-a** that are masculine. Their plural ends in **-i**.

SINGOLARE	PLURALE
il poet**a** *poet*	i poet**i**
il programm**a** *program*	i programm**i**
il panoram**a** *view*	i panoram**i**
il pap**a** *pope*	i pap**i**
il problem**a** *problem*	i problem**i**

—Paesaggista[a]?
—No, ritrattista.

[a]*Landscape artist*

2. Nouns ending in **-ista** can be either masculine or feminine, depending on whether they indicate a male or a female. The plural ends in **-isti** (*m.*) or **-iste** (*f.*).

SINGOLARE	PLURALE
il tur**ista**	i tur**isti**
la tur**ista**	le tur**iste**
l'artista	{ gli art**isti** { le art**iste**

3. You already know that adjectives that end in **-o** can have four endings (**rosso/a/i/e**) and that adjectives that end in **-e** can have two endings (**difficile/i**). There are a few adjectives ending in **-ista** (for example, **ottimista, femminista, comunista, entusiasta**) that have three endings: **-a, -i** and **-e**. The singular ending for both masculine and feminine is **-a**. The plural endings are **-i** for masculine and **-e** for feminine.

SINGOLARE	PLURALE
il ragazzo ottim**ista**	i ragazzi ottim**isti**
la ragazza ottim**ista**	le ragazze ottim**iste**

ESERCIZI

A. Give the plural of each phrase.

1. il grand'artista
2. la famosa pianista
3. il movimento femminista
4. il programma socialista
5. quel poeta pessimista
6. l'intellettuale comunista

B. Express in Italian.

1. Do you know that man? I think he's a famous pianist. 2. We've studied the great poets of the nineteenth century (**secolo**). 3. She thinks she's a great artist. 4. Do you understand the program of the Socialist party?

5. Not all the popes have been Italian.   6. We don't believe many people voted for the Communist party in our town.

C. Conversazione.

1. Si considera pessimista o ottimista? Perchè?
2. È femminista? Per esempio, crede che una donna sposata debba stare in casa e occuparsi dei bambini? Crede che una donna debba guadagnare tanto quanto un uomo per lo stesso lavoro? Crede che un uomo debba collaborare alle faccende domestiche?
3. Ci sono cose di cui Lei è entusiasta, per esempio, del Suo videoregistratore? Della Sua nuova automobile? Della Sua casa? Dei Suoi corsi? Del Suo lavoro?

DIALOGO

È autunno. Le vacanze sono finite, i turisti sono partiti, la gente è tornata al lavoro, nelle città la vita ha ripreso° il suo ritmo normale... o quasi. Oggi, per esempio, non ci sono lezioni all'Università di Firenze: gli studenti sono in sciopero. Dappertutto si parla° di politica. Pietro e Beppino, seduti al tavolino di un caffè, ascoltano le discussioni animate di un gruppo di studenti italiani.

resumed

si... one talks

PRIMO STUDENTE: Dite quello che volete, ma io credo che la DC,* con tutti i suoi difetti, sia l'unico partito capace di garantire la democrazia in Italia.

SECONDO STUDENTE: Ma cosa dici! La DC garantisce solo gli interessi dei ricchi. Fa le riforme ma poi non le applica! Bisogna che anche il partito comunista entri a far parte del governo!

TERZO STUDENTE: Neanche per idea! È meglio che il PCI* resti all'opposizione!

QUARTO STUDENTE: È ora che gli italiani capiscano che ci sono altre alternative. A me pare che gli altri partiti abbiano qualcosa da dire anche loro!

SECONDO STUDENTE: Quali altri partiti? Gli ultra-sinistra° o quei fascisti del MSI?*

far left

QUARTO STUDENTE: Ma no! Parlo del partito socialista e del partito repubblicano; e, anche se tu non sei d'accordo, sono convinto che anche il vecchio partito liberale possa esercitare° un suo ruolo.

play

UNA STUDENTESSA: Cari miei, sono stufa dei° vostri grandi partiti che si

stufa... fed up with

* DC: Democrazia Cristiana (read "**dicì**"); PCI: Partito Comunista Italiano (read "**picì**"); MSI: Movimento Sociale Italiano (read "**mis**").

ricordano delle donne soltanto quando vogliono il
nostro voto: mio padre vuole che voti DC, il mio
ragazzo esige che voti PCI; e io invece alle prossime
elezioni voto radicale. È l'unico partito che abbia fatto
qualcosa per noi donne!

BEPPINO: (Sottovoce a Pietro) Com'è complicata la politica in
Italia! Non ti pare che negli Stati Uniti le cose siano
più semplici?

Tempo di elezioni europee:
manifesti elettorali a Firenze

■ VARIAZIONI SUL TEMA

Un dibattito politico. Agree on a topic of current political or social interest
to debate in class, with the class divided either into two teams or into
several smaller groups. Prepare a short list of new terms necessary to
discuss that item. (For example, to talk about an oil spill: **la perdita di
petrolio grezzo** [*oil spill*], **l'oleodotto** [*pipeline*], **la petroliera** [*oil tanker*],
etc.) Debate among yourselves, prefacing your remarks with expressions
such as: **Ho l'impressione che, (Non) è giusto che, È bene/male che, È
incredibile che,** etc.

PICCOLO RIPASSO

A. Complete the conversations with either the **passato prossimo dell'indicativo** or the **congiuntivo passato** of the verbs in parentheses.

1. A: Carlo, hai visto i messaggi? Non ti pare strano che i ragazzi _____ (cercare) di telefonarci?
   B: Speriamo che non _____ (succedere) nulla!
2. A: Sono contenta che la torta ti _____ (piacere)!
   B: Sì, tanto! Grazie di nuovo. So che ti _____ (volerci) molto tempo per prepararla.
3. A: Laura, non ti preoccupare! Sono sicuro che gli zii _____ (partire) alle nove e non alle sette.
   B: Può darsi, ma è strano che loro non _____ (telefonare) per avvertirci che sarebbero arrivati più tardi.
4. A: Ragazzi, è incredibile che la vostra cartolina dalle Hawaii _____ (arrivare) così tardi!
   B: Beh, l'importante è che _____ (arrivare). Questo vi dimostra che _____ (ricordarsi) di voi anche in vacanza!

B. Reazioni. Working with a partner, react positively to all the news you hear. Start with **sono contento/a che** + *present* or *past subjunctive*, or **sono contento/a di** + *present* or *past infinitive*.

ESEMPI: tu / votare per il partito vincente (*winning*) →
—Hai votato per il partito vincente.
—Sì, e sono contenta di avere votato per il partito vincente.

molte persone / votare ieri →
—Molte persone hanno votato.
—Sì, e sono contenta che molte persone abbiano votato ieri.

1. lo sciopero dei treni / finire domani
2. il governo / approvare la riforma delle scuole
3. tu / avere un aumento di stipendio la settimana scorsa
4. tu / andare alle urne (*polls*) molto presto ieri
5. gli insegnanti / riprendere il lavoro domani
6. tu / conoscere bene la costituzione

C. Express in Italian.

1. I don't want you to go out in (**con**) this weather. It's better for you to wait.   2. Is it possible you always repeat the same things to me?   3. It is necessary for you to read some other books if you want the professor to approve (**approvare**) your work.   4. Phone him! We don't think he has left yet.   5. Mother hopes this medicine will be good for you.   6. Aren't you glad you use Dial?   7. I'm sorry you were unable to come to my party.   8. She thinks she knows everything.

LETTURA CULTURALE

LA POLITICA IN ITALIA

Nonostante° abbia tradizioni antichissime, l'Italia, come la conosciamo oggi, è in realtà uno stato molto giovane. L'Italia fu infatti
unificata sotto il regno° dei Savoia* nel 1861. Prima era un mosaico di
tanti stati diversi, molti sotto dominazione straniera. Nel 1946, dopo la
seconda guerra mondiale e la dittatura fascista di Mussolini, l'Italia con
un referendum popolare abolì la monarchia e nel 1948, con una nuova
costituzione,° diventò una repubblica.

Anche se

*sotto... under the
reign*

constitution

Raccolta di firme a Roma:
un'occasione per discutere di
politica

Benchè siano entrambi° repubbliche, il governo degli Stati Uniti e
quello dell'Italia sono molto diversi. Gli Stati Uniti sono una repubblica
presidenziale: il presidente ha il massimo potere ed è eletto dai cittadini.
Gli italiani, invece, scelgono i loro rappresentanti in Parlamento sulla
base di liste di candidati presentate dai partiti politici. Il presidente della
Repubblica Italiana è eletto dalle due Camere del Parlamento. Il
presidente, a sua volta, nomina il primo ministro, che è il vero capo del
governo. Il governo è l'espressione della coalizione di quei partiti che si
mettono insieme per raggiungere° la maggioranza (il 51%) in Parlamento.
Ci sono moltissimi partiti politici in Italia. I maggiori sono la Democrazia Cristiana e il Partito Comunista, che insieme ricevono circa il 60%
dei voti. Altri partiti importanti sono i partiti socialista, repubblicano,

both

to attain

---

*The royal family of Savoy, originally from Savoy (which is now part of France).

socialista democratico, liberale, e radicale, il movimento sociale, e altri minori che rappresentano varie tendenze politiche. Il movimento dei cosiddetti « Verdi » ha assunto una certa importanza negli ultimi anni.

Nessun partito è mai riuscito a raggiungere la maggioranza da solo. Per questo il potere è sempre stato diviso fra più partiti. Se i partiti della maggioranza non sono d'accordo su una questione importante, basta° che uno dei partiti si opponga e ritiri il suo voto di fiducia° nel governo perchè venga a mancare° la maggioranza e cada il governo. Se il governo non riesce a formare una nuova coalizione, è necessario ricorrere° alle elezioni anticipate. È per questo che l'Italia continua a cambiare governo! In realtà, però, in Italia c'è una democrazia stabile e l'interesse per la politica e l'affluenza° alle urne° in occasione delle elezioni sono molto più alti che negli Stati Uniti.

it's enough
ritiri... withdraw its support
perchè...to withhold
to resort

attendance / polls

ELEZIONE DEI RAPPRESENTANTI DELL'ITALIA AL PARLAMENTO EUROPEO
Circoscrizione Elettorale IV · ABRUZZI · MOLISE · CAMPANIA · PUGLIA · BASILICATA · CALABRIA
Liste dei candidati

Gli italiani partecipano in massa alle elezioni per esprimere le proprie preferenze.

PRATICA

A. Associazioni. Spiegate perchè queste parole sono insieme.

1. Savoia, 1861   2. Referendum, 1946   3. Democrazia Cristiana, Partito Comunista   4. Voto di fiducia, crisi di governo

B. Rispondete con frasi complete.

1. Qual è la differenza principale fra il presidente italiano e quello degli Stati Uniti?   2. Chi è il vero capo del governo italiano?   3. Quando si ricorre alle elezioni anticipate in Italia?   4. La costituzione italiana è più vecchia di quella americana?   5. Chi era Mussolini?

PAROLE DA RICORDARE

VERBI

applicare to apply; to enforce
aumentare to raise
diminuire (isc) to reduce
dubitare to doubt
esigere (*p.p.* **esatto**) to expect; to demand
farsi sentire to make oneself heard
organizzare to organize
riprendere (*p.p.* **ripreso**) to resume
scioperare to strike
  *****essere in sciopero** to be on strike
  fare sciopero to go on strike
votare to vote

NOMI

l'aumento raise
la Camera Chamber (*House*)
  la Camera dei Deputati Chamber of Deputies (*lower house of Parliament*)
la democrazia democracy
il deputato representative, member of lower house of Parliament

la diminuzione reduction
la dimostrazione demonstration
la discussione discussion
la disoccupazione unemployment
l'elezione (*f.*) election
il governo government
l'impiegato, l'impiegata white-collar worker
il ministro minister (*in government*)
  il primo ministro prime minister
l'operaio, l'operaia (*m. pl.* **gli operai**) blue-collar worker
il papa pope
il partito (political) party
il pensionato retired person
il poeta, la poetessa poet
la politica politics
il presidente president
il programma program
la repubblica republic
la riduzione reduction
la riforma reform
il salario wage

lo sciopero strike
il Senato Senate (*upper house of Parliament*)
il senatore senator
lo stato state
lo stipendio salary
la tassa tax
il/la turista tourist
il voto vote

AGGETTIVI

chiuso closed
comunista communist
disoccupato unemployed
entusiasta enthusiastic
femminista feminist
incredibile incredible
ottimista optimistic
pessimista pessimistic
politico political
sociale social

ALTRE PAROLE ED ESPRESSIONI

è ora it's time
pare it seems
può darsi maybe, it's possible

Lingua viva

In Italia, come negli Stati Uniti, le donne devono ancora combattere per farsi sentire. Guardate attentamente questi manifesti (*posters*) politici e cercate di capire i punti essenziali. Poi rispondete alle domande.

Sopra:
manifesto della
Commissione
parità, per
le elezioni
amministrative
del 12 maggio
1985.

Manifesto della
campagna
elettorale
del Pci
alle elezioni
politiche del
giugno 1987.

A. Vero o falso? Se è falso, spiegate perchè.

1. Le donne in Italia non possono votare.   2. Il 12 maggio 1985 ci sono state delle elezioni in Italia.   3. La donna nel manifesto della Commissione parità pensa che solo gli uomini debbano interessarsi di politica.
4. Secondo il manifesto del Partito Comunista, bisognerebbe eleggere meno uomini per avere meno discriminazione in Italia.   4. Ai politici italiani non interessano i voti delle donne.   6. Non ci sono state elezioni in Italia nel 1987.

B.   Domande. Fate le domande e rispondete secondo l'esempio. Usate il verbo **credere** e spiegate le risposte.

> ESEMPIO: Le donne e gli uomini hanno raggiunto l'uguaglianza
> (*reached equality*) dal punto di vista della legge. →
> —Credi che le donne e gli uomini abbiano raggiunto
> l'uguaglianza dal punto di vista della legge?
> —No, non credo che abbiano raggiunto l'uguaglianza perchè
> gli stipendi delle donne sono ancora più bassi. (Sì, credo
> che abbiano raggiunto l'uguaglianza.)

1. Il movimento femminista è diventato più forte in questi tempi.   2. Le donne, quando votano, hanno priorità diverse da quelle degli uomini.
3. Gli uomini d'oggi hanno paura delle donne forti e decise.   4. È giusta l'idea di una "*mommy track*" sul posto di lavoro.

C. Identificazioni.

1. autrice canadese del romanzo *The Handmaid's Tale*
2. oratrice stupenda ed ex-deputata dallo stato del Texas
3. la prima donna a far parte della Corte Suprema degli Stati Uniti
4. presidente della Camera italiana
5. famosa ambasciatrice, scrittrice e donna politica americana
6. attrice, femminista ed entusiasta di ginnastica aerobica

a. Sandra Day O'Connor
b. Nilde Jotti
c. Margaret Atwood
d. Jane Fonda
e. Barbara Jordan
f. Clare Boothe Luce

Il voto delle donne è sempre più importante.

Capitoli 13–16

A. Circle the letter of the item that best fits the blank.

1. Voi parlate francese _____ di me.
   a. migliore   b. migliori   c. meglio

2. Conosci la signora _____ è seduta al tavolino?
   a. chi   b. che   c. quale

3. È la mia sorella maggiore: ha tre anni _____ di me.
   a. più   b. meno   c. come

4. Avete capito _____ che abbiamo detto?
   a. quale   b. quello   c. questo

5. Questo è l'appartamento in _____ abitano.
   a. che   b. qui   c. cui

6. Chi avrebbe potuto _____ tutta la notte?
   a. ballare   b. ballato   c. balla

7. Il mio amico è _____ che parla con l'avvocato.
   a. quel   b. quell'   c. quello

8. Non parli così rapidamente _____ la professoressa.
   a. quanto   b. di quel che   c. come

9. San Pietro è la chiesa più grande _____ Roma.
   a. a   b. in   c. di

10. Il tuo esame è stato _____ di tutti.
    a. il migliore   b. l'ottimo   c. il meglio

B. Complete the conversations with the appropriate form of **avere** or **essere** (indicative or subjunctive).

1. A: _____ occupata l'avvocatessa oggi?
   B: Ho l'impressione che _____ molto occupata.

2. A: È chiaro che i nonni non _____ contenti di passare l'inverno qui.
   B: Sì, credo che _____ intenzione di trasferirsi in Florida.

3. A: Mi dispiace che tu _____ triste.
   B: Non sono triste, ma non _____ voglia di uscire con te!

4. A: Non posso credere che loro _____ avuto un incidente.
   B: Neanch'io (*Neither can I*): _____ sempre così prudenti!

5. A: È incredibile che ci _____ stati tanti scioperi in Italia!
   B: Sì. Sono contenta che voi non _____ andati in Europa quest'anno.

C. Restate the following anecdote in the past, using the **imperfetto** and the **passato remoto** as appropriate.

Una brava allieva°

Pupil

Un giorno il grande pianista Paderewsky arriva in una piccola città americana. Pranza e poi decide di fare una passeggiata per le vie della città. Mentre cammina, sente qualcuno suonare il piano. Segue° il suono e arriva a una casa su cui c'è un cartello° che dice: « Miss Jones. Lezioni di piano: venticinque centesimi all'ora. » Paderewsky si ferma ad ascoltare. La signorina cerca di suonare uno dei notturni di Chopin, ma non lo fa molto bene. Paderewsky bussa° alla porta e la signorina Jones viene ad aprire. Riconosce subito il grande pianista e lo invita ad entrare. Paderewsky suona il notturno come solo lui sa fare e poi passa un'ora a correggere gli errori della signorina. La signorina Jones lo ringrazia caldamente e Paderewsky va via. Alcuni mesi dopo, Paderewsky ritorna alla piccola città e fa la stessa passeggiata. Arriva alla casa della signorina Jones, guarda il cartello e legge: « Miss Jones. Lezioni di piano: un dollaro all'ora (Allieva di Paderewsky). »

He follows
sign

knocks

D. Interview a classmate to find out the following information.

1. which year has been the best for him/her
2. where he/she would like to go on vacation and how he/she would travel
3. which Italian political party he/she thinks does the most for women
4. what he/she thought he/she would learn in this class
5. what things he/she is glad to have done this year

Add any other questions you can think of and take notes during the interview. Report what you have learned to the class.

IL MONDO DEL LAVORO

Lo stabilimento della Olivetti a
Ivrea

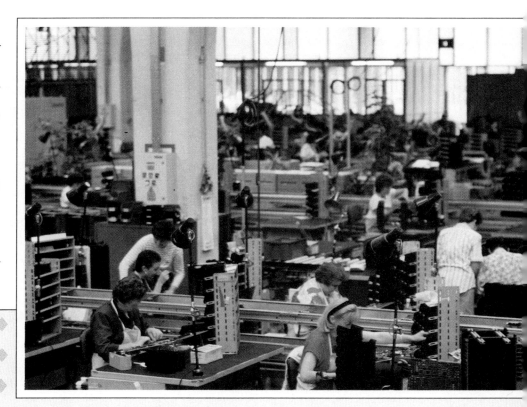

VOCABOLARIO PRELIMINARE

Dialogo-lampo

CLAUDIA: E tu, sei soddisfatta del tuo lavoro?

GIULIA: Sì, molto; però a volte penso che sarebbe stato meglio il matrimonio invece della carriera!

Il lavoro

assumere (*p.p.* **assunto**) to hire
avere un colloquio, un'intervista to have an interview
cercare lavoro to look for a job
fare il/la + *professione* to be a + *professione*
  fare la dirigente to be an executive
fare domanda to apply
fissare un colloquio, una intervista to set up an interview

licenziare to fire
licenziarsi to quit
partecipare a un concorso to take a civil service exam
riempire un modulo to fill out a form
rispondere a un annuncio to answer an ad

l'assistenza medica, la mutua health insurance
l'azienda firm

il commercio business, finance
il costo della vita cost of living
il/la dirigente executive, manager
l'industria industry
l'inflazione (*f.*) inflation
il lavoratore, la lavoratrice worker
l'offerta offer
la richiesta demand
il sindacato union

ESERCIZI

A. A caccia di lavoro. Complete the story of Bruno Pirelli with words from this chapter's **Vocabolario preliminare** and with expressions you already know.

Bruno Pirelli era senza lavoro; era _____[1] da quasi tre mesi. Le cose andavano male: non aveva abbastanza _____[2] per pagare l'affitto e senza _____[3] costava troppo andare dal dottore o dal dentista. Ogni giorno leggeva _____[4] sul giornale ma non c'era mai nulla per lui. Si considerava proprio sfortunato. Poi, un giorno ha visto un'_____[5] di lavoro adatta per lui. Ha _____[6] all'annuncio, ha riempito _____[7] e ha _____[8] per il giorno seguente. Tutto è andato benissimo. Lo hanno _____[9] subito, gli hanno offerto uno _____[10] molto alto e lo hanno presentato agli altri _____[11] dell'_____.[12] Com'è cambiata la sua vita!

—Papà, cosa farai da grande?

B. Fate domanda a un'azienda italiana. Sapete riempire il modulo?

Dati personali e di famiglia: _____

Interessi personali: _____

Istruzione: _____

Esperienze professionali (attuali e precedenti): _____

C. Cosa farete da grandi? Cosa dicevate che avreste fatto da grandi 10 anni fa? Quando avevate 5 anni?

GRAMMATICA

A. Congiunzioni che richiedono il congiuntivo

Telefonata dagli Stati Uniti ad un'oreficeria di Arezzo

SIGNOR GIANNINI: Pronto, pronto... è Lei la rappresentante di Maya Jewelers? Non deve preoccuparsi, ho già spedito le catene d'oro, arriveranno in settimana... a meno che la posta non abbia ritardi!

SIGNORA MAURI: Sarebbe possibile una seconda spedizione prima che finisca l'anno?

SIGNOR GIANNINI: Cara signora, non glielo posso promettere: per quanto i miei operai siano degli ottimi lavoratori, c'è sempre la possibilità di qualche sciopero...

SIGNORA MAURI: E il costo, sarà lo stesso?

SIGNOR GIANNINI: Be', no, in leggero aumento. Capirà i motivi senza che glieli spieghi: il prezzo dell'oro, il costo della mano d'opera, l'inflazione...

1. A conjunction (**una congiunzione**) is a word that connects other words or phrases. None of the conjunctions you have learned so far require the subjunctive.

A Telephone Call from the United States to a Goldsmith's Shop in Arezzo MR. GIANNINI: Hello, hello . . . are you the agent for Maya Jewelers? You needn't worry; I already shipped the gold chains; they'll arrive within the week . . . unless there is a delay in the mail! MRS. MAURI: Would a second shipment be possible before the year is over? MR. GIANNINI: My dear lady, I can't promise. Though my employees are excellent workers, there's always the possibility of a strike. MRS. MAURI: And the cost, will it be the same? MR. GIANNINI: Well, no, a slight increase. You probably understand the reasons without my explaining them to you: the price of gold, the cost of labor, inflation . . .

Ti telefonerò **appena** usciranno gli annunci.	*I'll call you as soon as the ads come out.*
Fa la dirigente **ma** non guadagna molto.	*She's an executive but she doesn't earn much.*
Ero nervoso **mentre** avevo il colloquio!	*I was nervous while I was having the interview!*
Si è licenziata **perchè** era insoddisfatta del lavoro.	*She quit because she was unhappy with her job.*

2. Some conjunctions *always* take the subjunctive. The most common are

affinchè perchè }	*so that*
a meno che... non	*unless*
prima che	*before (someone doing something)*
senza che	*without (someone doing something)*
benchè per quanto quantunque sebbene }	*although*
a condizione che a patto che purchè }	*provided that*

Danno dei corsi **perchè** gli impiegati **siano** aggiornati.	*They offer courses so that their employees are up-to-date.*
Non posso darti un passaggio **a meno che** mio marito **non riporti** la macchina.	*I can't give you a ride unless my husband brings back the car.*
Telefonale **prima che assuma** un altro!	*Call her before she hires someone else!*
Dovresti fare domanda **senza che** lui lo **sappia.**	*You should apply without his knowing.*
Farò quel lavoro **purchè** tu lo **voglia.**	*I'll do that job if you want me to.*

3. The subjunctive is used after **prima che, senza che,** and **perchè** (in the sense of *so that*) *only* when the subjects of the two connected clauses are different. When they are the same, use **prima di** + *infinitive*, **senza** + *infinitive,* or **per** + *infinitive.* Compare:

Fa' domanda **prima che parta** la signora Bruni!	*Apply before Mrs. Bruni leaves!*
Fa' domanda **prima di partire!**	*Apply before you leave!*

Partirai **senza che** Giulia ti
  saluti?
Partirai **senza salutare** Giulia?

*Will you leave without Giulia's
  saying good-bye to you?*
*Will you leave without saying
  good-bye to Giulia?*

Lavora **perchè** i figli **possano**
  frequentare l'università.
Lavora **per poter** frequentare
  l'università.

*She works so that her children
  can go to college.*
*She works so that she can go
  to college.*

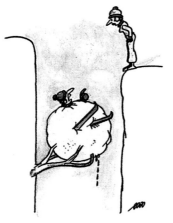

—Vai a chiamare gente, prima
che spunti[a] il sole!

[a]*rises*

ESERCIZI

A.   Replace the subject of the dependent clause with each subject in parentheses and make all necessary changes.

1. Vanno in ufficio prima che io mi alzi. (tu / voi / i bambini / Mario)
2. Starò zitta purchè tu cerchi lavoro. (Eduardo / i ragazzi / voi / Maria e Chiara)
3. Si licenzierà a meno che tu non le dia un aumento. (voi / l'azienda / i padroni (*bosses*) / io)

B.   Complete each sentence according to your own life and interests.

1. Farò un viaggio a condizione che...
2. Farò un viaggio per...
3. Oggi sono uscito/a di casa senza...
4. Oggi sono uscito/a di casa senza che...
5. Dopo la laurea, cercherò un lavoro a meno che non...
6. Sarò felice purchè...

C.   Le vacanze. Talk about everyone's vacation plans, using the word in parentheses or choosing between the two forms given. Make all necessary changes.

ESEMPIO: Pagherò in contanti. Ho la carta di credito. (sebbene) →
           Pagherò in contanti sebbene abbia la carta di credito.

1. I nonni vanno al mare. La nonna si riposa (riposarsi [*to rest*]) un po'. (affinchè)
2. Gilda e Daniele vogliono noleggiare una macchina. Vanno in Italia. (prima di / prima che)
3. Marco va da solo in montagna. Nessuno lo sa. (senza / senza che)
4. Andiamo nel Messico. Voi imparate un po' di spagnolo. (a condizione che)
5. Lui vi ha prenotato una camera due mesi fa. Non dovete preoccuparvi. (per / perchè)
6. I miei genitori faranno una crociera. Mia madre deve lavorare. (a meno che... non)

D. Express in Italian.

1. A: Your husband does the dishes without your asking him?
   B: He never leaves the house without doing them!
2. A: Franco, put on a tie before you go to the agency (**agenzia**).
   B: Okay. I hope they don't hire someone else before I arrive.
3. A: Giulia, are you going to see the Costas this week?
   B: Yes, I'll go see them unless I'm too busy.

B. Altri usi del congiuntivo

—Mi porti lo stesso, qualunque cosa sia!

In addition to the uses you studied in **Capitolo 16,** the subjunctive is also used in the following situations:

1. in a dependent clause introduced by an indefinite word or expression

> chiunque *whoever, whomever*
> comunque *however, no matter how*
> dovunque *wherever*
> qualunque *whatever, whichever (adjective)*
> qualunque cosa *whatever, no matter what (pronoun)*

Chiunque tu **sia,** parla!	*Whoever you are, speak!*
Comunque vadano le cose, devi avere pazienza.	*No matter how things work out, you must have patience.*
Dovunque tu **vada,** troverai lavoro.	*Wherever you go, you'll find a job.*
Qualunque azienda Anna **visiti,** riesce sempre a far colpo.	*Whatever firm Anna visits, she always manages to make a big impression.*
Qualunque cosa succeda, informateci!	*Whatever happens, let us know!*

2. in a relative clause introduced by a relative superlative

È l'azienda **più grande** che ci **sia.**	*It's the largest firm that there is.*
È il lavoro **più difficile** che io **abbia** mai **fatto.**	*It's the most difficult work I've ever done.*

3. in a relative clause introduced by a negative

Non c'è **nessuno** che tu **possa** assumere?	*Isn't there anyone you can hire?*
Mi dispiace, ma non c'è **niente** che io **possa** fare.	*I'm sorry, but there's nothing I can do.*

4. in a relative clause that follows an indefinite or negative expression (someone or something that is hypothetical, unspecified, or nonexistent). Compare:

Abbiamo una segretaria che **conosce** il francese e l'inglese.	*We have a secretary who knows French and English.*
Cerchiamo una segretaria che **conosca** il francese e l'inglese.	*We're looking for a secretary who knows French and English.*
Ha un lavoro che **è** poco faticoso.	*He has a job that's not too tiring.*
Ha bisogno di un lavoro che **sia** poco faticoso.	*He needs a job that's not too tiring.*

ESERCIZI

A. In ufficio. Restate each of your colleague's sentences, substituting an indefinite word for the words in italics. Make all necessary changes.

ESEMPIO: Il nuovo impiegato legge *tutto quello che* gli do. →
Il nuovo impiegato legge qualunque cosa io gli dia.

1. *Quelli che* vogliono possono esaminare i miei libri. 2. *Non importa chi* è, la padrona non può vederlo. 3. *Non importa dove* andate, non dimenticate di scrivere! 4. *Non importa come si veste*, il signor Cammisa è sempre elegante. 5. Voglio trovare *la persona che* sa riparare il mio computer!
6. *La persona che* arriva più tardi di tutti deve chiudere il negozio.

B. Franco il fortunato e Stefano lo sfortunato. Everything goes well for Franco, but Stefano is one unfortunate fellow. Take the part of Stefano and restate Franco's sentences.

ESEMPIO: C'è qualcuno che mi ama. → Non c'è nessuno che mi ami.

1. C'è qualcuno che mi vuole fare un regalo.
2. C'è qualcuno che va al cinema con me.
3. C'è qualcosa che mi interessa.

4. C'è qualcosa che mi piace in frigo.
5. C'è qualcuno che mi parla volentieri.
6. C'è qualcosa che tu puoi fare per rallegrarmi (*cheer me up*).

C.   Marco thinks you are unfamiliar with Italian culture. Respond to his questions as in the example, using the words in parentheses.

> ESEMPIO: chiedere... se conosce Sofia Loren (l'attrice / bravo) →
> —Conosci Sofia Loren?
> —Certo! È l'attrice più brava che io conosca!

chiedere...
1. se ha mai visitato Milano (la città / interessante)
2. se ha mai provato il tiramisù (il dolce / squisito)
3. se conosce il *Corriere della sera* (il giornale / buono)
4. se ha mai visto gli affreschi di Giotto (gli affreschi / bello)
5. se ha mai sentito *La traviata* di Verdi (l'opera / commovente [*moving*])

D.   Complete each conversation with the appropriate indicative or subjunctive form of the verb in parentheses.

1. A: Abbiamo bisogno di qualcuno che ci _____ (dare) una mano con questo lavoro.
   B: Perchè non telefoni a Renata? È una delle persone più responsabili che io _____ (conoscere), e ha studiato al M.I.T.
2. A: Gino, sei proprio fortunato. Hai degli amici che _____ (essere) buoni e intelligenti.
   B: Lo so, ma adesso cerco un'amica che _____ (essere) buona e intelligente!
3. A: Sandro, alla cassa (*cash register*) c'è qualcuno che _____ (avere) bisogno di aiuto.
   B: Non c'è nessun altro che lo _____ (potere) aiutare? Adesso sono molto occupato anch'io.
4. A: Voglio portare Paolo in un ristorante che non _____ (costare) troppo. Vediamo... Conosci le Quattro Stagioni?
   B: Certo! È ottimo, ma è anche il ristorante più caro che _____ (esserci)!

C. Costruzioni con l'infinito

—Te lo avevo detto di non iscriverti alla società protettrice degli animali!...

The infinitive is used in many constructions in Italian. It can be the subject of a sentence, the object of another verb, or the object of a preposition.

1. In Italian, *only* the infinitive form of a verb can function as a subject or direct object. This is in contrast to English, where either the infinitive or the gerund (the *-ing* form) can be used.

Cercare lavoro è molto faticoso.	*Looking for a job is very tiring.*
È vietato **fumare.**	*Smoking is prohibited.*
Preferisco **sciare.**	*I prefer skiing (to ski).*

2. When an infinitive follows a conjugated verb, it may be used without a preposition, or it may be preceded by **a** or **di.** You have already learned many verbs that take these prepositions with the infinitive. The following tables summarize the most common verbs.

verbo + infinito	
amare *to love*	potere *to be able to, can, may*
desiderare *to wish*	preferire *to prefer*
dovere *to have to, must*	sapere *to know how*
piacere *to like*	volere *to want*

Also: Impersonal expressions with **essere,** such as **è bene, è giusto**
Impersonal expressions, such as **bisogna, sembra, pare,** and **basta** (*it's enough*)

Non **voglio licenziarlo;** è un ottimo lavoratore!	*I don't want to fire him; he's an excellent worker!*
Basta telefonarmi se vuole accettare l'offerta.	*It's enough (You have only) to call me if you want to accept our offer.*

*verbo + **di** + infinito*		
accettare *to accept*	chiedere *to ask*	pensare *to plan*
avere bisogno *to need*	credere *to believe*	permettere *to allow, permit*
avere il piacere *to have the pleasure*	decidere *to decide*	promettere *to promise*
avere intenzione *to intend*	dimenticare *to forget*	ricordare *to remember*
avere paura *to be afraid*	dire *to say, tell*	smettere *to stop, cease*
avere voglia *to feel like*	finire *to finish*	sperare *to hope*
cercare *to try*		

Ha accettato di collaborare con la nostra azienda.	*She agreed to work with our firm.*
Hanno intenzione di assumere una nuova interprete.	*They're planning to hire a new interpreter.*
Ho deciso di rispondere all'annuncio.	*I've decided to answer the ad.*

verbo + **a** + *infinito*	
abituarsi *to get used to*	imparare *to learn*
aiutare *to help*	insegnare *to teach*
cominciare (incominciare) *to begin*	invitare *to invite*
continuare *to continue*	riuscire *to succeed*
convincere *to convince*	stare attento *to be careful*
Also: Verbs of motion, such as **andare, fermarsi, passare,** and **venire**	

L'abbiamo invitata a partecipare al concorso.	*We invited her to take part in the competition.*
Vi insegnerò ad usare i computer.	*I'll teach you how to use the computers.*
Sono passata a salutare un mio vecchio collega.	*I stopped by to say hello to an old colleague of mine.*

3. You already learned about the use of the infinitive with **prima di, senza,** and **per** earlier in this chapter. **Dopo** (*after,* used only with the past infinitive) and **invece di** (*instead of*) are also used with the infinitive. Note that in English these prepositions usually take the *-ing* form of the verb.

Dopo aver battuto le lettere, telefoni alla professoressa Pieri.	*After typing the letters, call Professor Pieri.*
Dopo essersi licenziato, Giulio è tornato a fare il falegname.	*After quitting, Giulio went back to being a carpenter.*
Invece di non fare nulla, perchè non rispondi a qualche annuncio?	*Instead of doing nothing, why don't you answer a few ads?*

Remember that when an infinitive is used in English to express purpose (implying *in order to*), **per** must always be used in Italian.

Ha fissato un appuntamento **per parlare** dell'assistenza medica.	*She made an appointment (in order) to talk about health insurance.*

ESERCIZI

A. Complete the conversations, using **a** or **di** or leaving the space blank, as necessary.

1. A: Signora Marino, ho il piacere _____ presentarLe il dottor Guidotti.
   B: Piacere! Finalmente sono riuscita _____ conoscerLa di persona, dopo tanti anni!
2. A: Piera, i tuoi figli sanno _____ giocare a tennis?
   B: Sì, hanno cominciato _____ prendere lezioni l'estate scorsa.

3. A: Ragazzi, mi potete aiutare _____ lavare la macchina?

  B: Un attimo, papà; dobbiamo _____ finire _____ scrivere i compiti.

4. A: Signori, desiderano _____ mangiare sul terrazzo?

  B: Grazie, Giorgio, ma questa volta no: la signora Barsanti ci ha detto _____ aspettare al bar.

B. Elencate tre cose che la maggior parte della gente fa:

1. prima di andare a letto
2. prima di fare colazione
3. prima di uscire di casa

C. Explain what you don't have enough of by composing three sentences based on the example.

> ESEMPIO: Non ho abbastanza soldi per comprarmi un cappotto.

D. Complete each sentence in a logical manner.

1. Ho passato una settimana senza...
2. Molta gente fuma una sigaretta dopo...
3. Invece di andare in macchina...
4. Prima di mangiare, molte persone...
5. Non ho abbastanza tempo per...

D. Le forme **Lei** e **Loro** dell'imperativo

SEGRETARIA: Dottoressa, il signor Biondi ha bisogno urgente di parlarLe: ha già telefonato tre volte.

DOTTORESSA CADOPPI: Che seccatore! Gli telefoni Lei, signorina, e gli dica che sono già partita per Chicago.

SEGRETARIA: Pronto!... Signor Biondi?... Mi dispiace, la dottoressa è partita per un congresso a Chicago... Come dice?... L'indirizzo? Veramente, non glielo saprei dire: abbia pazienza e richiami tra dieci giorni!

1. You already learned the **tu, voi,** and **noi** forms of the imperative in **Capitolo 11.** The **Lei** and **Loro** imperative forms are identical to those of the present subjunctive. The negative imperative is formed by placing **non** before the affirmative form.

SECRETARY: Doctor, Mr. Biondi needs to speak to you urgently. He has already called three times. DR. CADOPPI: What a nuisance! You call him, Miss, and tell him that I already left for Chicago. SECRETARY: Hello! Mr. Biondi? I'm sorry, but the doctor left for a conference in Chicago. . . . What was that? The address? Really, I couldn't tell you. Be patient and call back in 10 days!

	lavorare	scrivere	dormire	finire
(Lei)	(non) lavori	(non) scriva	(non) dorma	(non) finisca
(Loro)	(non) lavorino	(non) scrivano	(non) dormano	(non) finiscano

Signora, **aspetti! Non entri** ancora!	*Ma'am, wait! Don't come in just yet!*
Signori, **finiscano** di mangiare e **paghino** alla cassa!	*Gentlemen, finish eating and pay at the cash register!*

2. Verbs that are irregular in the present subjunctive have the same irregularity in the **Lei** and **Loro** imperatives.

Venga quando vuole.	*Come when you wish.*
Signori, Li prego, **siano** pronti alle nove!	*Gentlemen, please be ready at nine!*

3. Unlike pronouns used with **tu, noi,** and **voi** commands, pronouns used with **Lei** and **Loro** commands must always *precede* the verb.

Le telefoni subito!	*Call her immediately!*
Non **gli dica** quello che abbiamo deciso.	*Don't tell him what we've decided.*
Signori, **si accomodino.**	*Ladies and gentlemen, make yourselves comfortable.*
Non **si preoccupi**, professore.	*Don't worry, professor.*

4. Note that the infinitive often replaces the imperative in directions, public notices, recipes, and so on.

Ritirare lo scontrino alla cassa.	*Get a receipt at the cash register.*
Cuocere per un'ora.	*Cook for an hour.*

—...Presto, venga: c'è l'auto del mio maestroª in sosta vietata!

ªinsegnante

ESERCIZI

A.   A cena. Tonight you have both Tommaso and your art history professor over for dinner. Tell the professor the same things you tell Tommaso.

ESEMPIO: Vieni a tavola! →
Professoressa, venga a tavola!

1. Aspettami in salotto!
2. Dimmi come stai!
3. Bevi un po' di vino!
4. Non preoccuparti per il cane!
5. Finisci pure i ravioli!
6. Prendi una fetta di torta!
7. Guarda questo quadro!
8. Va' in giardino!
9. Non dimenticare il cappotto!
10. Salutami tua madre!

—Pieghi[a] un po' la testa a sinistra, prego...

[a]*Turn*

Now repeat the exercise, addressing the commands to the professor and her husband.

ESEMPIO: Signori, vengano a tavola!

B. Working with a partner, imagine that you are both urging a timid business colleague to do certain things. Use the expressions given below.

ESEMPIO: comprarlo →
—Perchè non lo compra?
—Su, lo compri!

1. dircelo
2. rispondergli
3. parlarne
4. andarci
5. reglarglielo
6. invitarla
7. raccontarcela
8. ritornarci

C. Imagine that you are a guide traveling with a group of tourists through Italy. Tell them to do or not to do each of the following:

1. non lasciare niente sull'autobus
2. non comprare nulla in questo negozio
3. fermarsi a bere qualcosa
4. bere acqua minerale
5. mettersi delle scarpe comode (*comfortable*)
6. dare una buona mancia
7. essere puntuali

D. Give four commands you don't like to hear.

ESEMPIO: Stia zitto/a!

E. La formazione dei nomi femminili

CLAUDIO: Ieri al ricevimento dai Brambilla c'era un sacco di gente interessante.

MARINA: Ah sì? Chi c'era?

CLAUDIO: Il pittore Berardi con la moglie, pittrice anche lei; dicono che è più brava del marito... la professoressa di storia dell'arte Stoppato, il poeta Salimbeni con la moglie scultrice, un paio di scrittori e scrittrici di cui non ricordo i nomi...

MARINA: Che ambiente intellettuale! Ma i Brambilla cosa fanno?

CLAUDIO: Beh, lui è un grosso industriale tessile e lei è un'ex-attrice.

CLAUDIO: Yesterday at the party at the Brambillas' there were a lot of interesting people. MARINA: Were there? Who was there? CLAUDIO: The painter Berardi and his wife, who is also a painter. They say she's better than her husband. . . . The art history teacher Stoppato, the poet Salimbeni and his sculptor wife, and several writers whose names I don't remember. MARINA: What an intellectual atmosphere! What do the Brambillas do? CLAUDIO: Well, he's a big textile tycoon and she's a former actress.

1. Most nouns referring to people or animals have one form for the masculine and one for the feminine.

   a. Generally, the feminine is formed by replacing the masculine ending with **-a.**

   ragazzo → ragazza   cameriere → cameriera
   signore → signora   gatto   → gatta

   b. A few nouns, especially those indicating a profession or a title, use the ending **-essa** for the feminine.

   dottore   → dottoressa   poeta   → poetessa
   professore → professoressa   principe (*prince*) → principessa

   c. Most nouns ending in **-tore** in the masculine end in **-trice** in the feminine.

   pittore   → pittrice   sciatore (*skier*) → sciatrice
   lettore (*reader*) → lettrice   attore   → attrice

   d. Nouns ending in **-e, -ga,** and **-ista** are masculine or feminine, depending on the person referred to.

   il cantante   → la cantante   il regista   → la regista
   il mio collega → la mia collega   il dentista → la dentista

   e. Some nouns have a completely different form for the masculine and feminine.

   fratello   sorella
   marito   moglie
   maschio   femmina
   re   regina
   uomo   donna

ESERCIZI

A. Change these phrases from the feminine to the masculine.

1. un'operaia comunista
2. una moglie stanca
3. una vecchia attrice
4. delle vecchie amiche
5. una principessa straniera
6. una poetessa pessimista
7. le grandi pittrici
8. delle donne simpatiche

B. Express in Italian.

1. A: How many actors and actresses do you recognize at this festival?
   B: I don't recognize anyone. . . . Wait! There's the famous director Lina Wertmüller!

2. A: Did you see the paper? Prince Charles and Princess Diana are coming next week!
   B: I know. The singer Grace Bumbry is giving a concert in their honor (**onore,** *m.*).
3. A: Mary's a good skier; she's been skiing for years.
   B: They're all athletic in that family: both her parents are excellent tennis players.

DIALOGO

È un sabato pomeriggio. Benchè il sole splenda° e il cielo sia senza nuvole,°   *is shining / clouds*
fa piuttosto fresco. Marcella e Vittoria sono uscite a far compere.

MARCELLA: Ormai° l'inverno è vicino; vorrei comprarmi un cappotto prima   *By now*
che incominci a fare veramente freddo.

VITTORIA: Io ho bisogno di tante cose: un paio° di camicette, una gonna,   *couple*
una giacca di lana;° ma soprattutto vorrei un paio di stivali...   giacca... *wool jacket*
purchè non costino troppo!

MARCELLA: C'è un negozio in Via Calzaioli che ha gli stivali più belli che
abbia mai visto. Ma i prezzi...

VITTORIA: Non me ne parlare! Io in quel negozio non ci metto piede... a
meno che non trovi lavoro e faccia un po' di quattrini.° Sai, c'è   *money*
la possibilità che dei compratori° americani mi assumano come   *buyers*
interprete per la prossima sfilata° di moda a Palazzo Pitti.   *show*

MARCELLA: Davvero? Come hai saputo di questo lavoro?

VITTORIA: Me l'ha detto una zia che lavora in una casa di moda a Roma;
figurati che, senza che io glielo abbia chiesto, ha fatto il mio
nome a questi compratori.

MARCELLA: Che fortuna! Speriamo che ti vada bene!

(Mentre le due ragazze continuano a camminare, quasi si scontrano con°   si... *they run into*
Beppino che esce da un negozio di abbigliamento° per uomo, con un   *clothing*
pacchetto in mano.)

VITTORIA: Anche tu a far compere? Caspita! Questo è un negozio da
miliardari.° Su chi vuoi far colpo?   un... *a fancy store (lit., a store*
    for billionaires)

BEPPINO: Te lo dirò a patto che tu non lo dica in giro.°   in... *around*

VITTORIA: Bionda o bruna?

BEPPINO: Biondissima e fatale! Domani vado a Milano a trovarla... Sul
serio,° ragazze, a Milano ci vado davvero per un colloquio con   Sul... *Seriously*
una ditta° di arredamenti° che esporta negli Stati Uniti. Può   *firm / furnishings*
darsi che mi assumano come fotografo. Così ho comprato una
cravatta per l'occasione. Eccola! Vi pare che sia adatta?

MARCELLA: Pura seta,° disegno di buon gusto ma non chiassoso.° Ottima   *silk / gaudy*
scelta,° Beppino. Allora buon viaggio e in bocca al lupo!   *choice*

Il mercato del lavoro richiede continuamente esperti di computer.

■ VARIAZIONI SUL TEMA

Cosa dovrebbero portare? Working in small groups, choose appropriate clothing for the following people to wear to their job interviews. Use words and expressions you have learned in this and previous chapters and from the list below. Explain your choices briefly.

ESEMPIO: Nicoletta Mauri, 22 anni. È specialista di computer e d'informatica; ha un colloquio oggi all'IBM/Italia. →

Dovrebbe portare una giacca e una gonna di lana grigia, molto eleganti; una semplice camicetta bianca; delle scarpe nere, di ottimo gusto; e un foulard di Gucci. Se piove, un impermeabile London Fog. È molto giovane, ma deve sembrare seria e non troppo «alla moda».

Parole utili: un foulard (*scarf*), un abito (*suit*), un impermeabile (*raincoat*), una maglia (*sweater*), un maglione (*pullover*), una tuta (*jumpsuit*)...

1. Piero Giacomelli, 37 anni. Cerca lavoro come parrucchiere (*hair stylist*) in uno dei *salon* più chic e stravaganti di Roma.
2. Anna Costa, 32 anni. Ha già trovato lavoro come maestra e direttrice di un asilo d'infanzia (*day-care center*). Oggi incontra non solo i suoi colleghi ma anche i quarantacinque bambini che avrà sotto la sua cura.
3. Mario Biondi, 28 anni. Cerca lavoro come psicologo in una clinica di campagna. Si occuperà soprattutto di persone anziane.
4. Silvia Duranti, 23 anni. Cerca lavoro come assistente di uno dei compratori di una casa di moda famosissima.

CURIOSITÀ

Italian has two words for pants: **calzoni** and **pantaloni.**
Calzoni derives from **calze** (*socks*), to which the suffix
-one has been added (with the requisite change of gender):
calze → **calzoni** (*big socks*).

Pantaloni (*pantaloons*) comes from **Pantalone,** a
masked character in Italian comedy. He is the foolish old
doctor from Venice who wears a tight-fitting combination
of trousers and stockings. The French called his trousers
a *pantalon* and adopted the term to describe the long
trousers that became popular in the eighteenth century.
The Italians took the French word *pantalon* and italianized
it to **pantaloni.**

PICCOLO RIPASSO

A. Complete each line in column A with a conclusion from column B.

A	B
Non prenderete un buon voto	prima di andare a letto.
Benchè siano ricchi	abbiamo fatto colazione.
Potete restare qui	non aprire la porta.
Chiunque suoni	che sia di lana.
Bevo sempre qualcosa	a meno che non studiate.
Dopo esserci alzati	sono infelici.
Ho bisogno di una giacca	purchè non facciate rumore.

B. **Una letterina.** Complete Carlo's letter to Elena using the prepositions
a or **di** or leaving the space blank, as necessary.

Cara Elena,

belle queste vacanze! Ci vuole poco per abituarsi _____[1] vivere
all'italiana!

Siamo arrivati a Firenze senza difficoltà e poi siamo andati subito _____[2]
trovare i genitori di Franco. Che simpatici! Sua madre mi ha insegnato
_____[3] fare le tagliatelle e altre cose buone. Quando torno penso _____[4]
prepararti una cena proprio indimenticabile.

Dato che ero già stato a Firenze, Franco mi ha convinto _____[5] noleggiare
una macchina e _____[6] andare un po' in giro. Abbiamo deciso _____[7] fare il

campeggio invece _____⁸ stare in una pensione. Il primo giorno ci siamo fermati _____⁹ vedere le torri di San Gimignano. Non ti preoccupare, non ho dimenticato _____¹⁰ fare le foto! È un posto così bello, così tranquillo. Mia cara, spero che mi permetterai _____¹¹ portarti in Italia l'anno prossimo. I genitori di Franco mi hanno invitato _____¹² tornare. Che ne dici?

Abbiamo continuato _____¹³ viaggiare in campagna per vari giorni, ma ora Franco deve _____¹⁴ tornare per lavorare. Io ho intenzione _____¹⁵ passare qualche giorno in Umbria e poi mi piacerebbe _____¹⁶ andare a Roma.

Promettimi _____¹⁷ non dimenticarti di me! Scriverò di nuovo al più presto.

Carlo

LETTURA CULTURALE

IL MONDO DEL LAVORO

Le prime parole della Costituzione italiana sono: « L'Italia è una Repubblica democratica fondata sul lavoro. » L'importanza del lavoro e la protezione dei diritti dei lavoratori sono due elementi essenziali nella vita italiana. I sindacati sono un'organizzazione fortissima ed i lavoratori sono molto più protetti che negli Stati Uniti. In Italia è molto difficile perdere il proprio lavoro, e lo Stato garantisce a tutti i lavoratori una pensione in caso d'invalidità° permanente e l'assistenza medica gratuita a tutti i cittadini. *disability*

Anche in Italia, come negli Stati Uniti, esiste il problema della disoccupazione, soprattuto per i giovani e per i laureati. Il fatto che in Italia le università non abbiano il numero chiuso° ha prodotto un *numero... limited enrollment* grandissimo numero di laureati che rimangono disoccupati. Cambiare carriera in Italia non è facile come negli Stati Uniti: di solito una persona rimane nel campo della sua specializzazione accademica per tutta la vita.

Chi cerca lavoro lo trova più facilmente in certi settori del campo scientifico. Sembra che ci sia sempre bisogno di nuovi ingegneri e di esperti di computer. Di medici, invece, ce ne sono troppi perchè moltissimi studenti scelgono la facoltà di medicina. La figura del medico italiano è però molto diversa da quella del medico americano. In Italia i dottori di solito guadagnano poco perchè molti dottori lavorano per lo Stato. Solo gli specialisti molto rinomati° guadagnano a livello dei *famosi* medici americani.

Gli impieghi statali° sono molto ambiti° in Italia perchè pagano *Gli... civil service jobs /* abbastanza bene, hanno un buon orario e sono posti sicuri. Tra i *coveted*

Le donne hanno da tempo ottenuto la parità di diritti sul lavoro.

Lo Stato garantisce l'assistenza medica gratuita e la pensione d'invalidità.

lavoratori statali ci sono gli impiegati dei Ministeri, delle Poste e gli insegnanti delle scuole elementari e secondarie. Per ottenere un lavoro di questo tipo bisogna sempre fare un concorso a cui spesso partecipano moltissime persone per pochissimi posti disponibili.° *available*

L'agricoltura era una volta l'occupazione principale degli italiani ma, dopo la seconda guerra mondiale, l'Italia ha subito° un processo rapidis- *ha... underwent* simo di industrializzazione. Il commercio e l'industria dominano il mercato del lavoro in Italia che nella seconda metà degli anni ottanta ha goduto° di un inaspettato boom economico che molti hanno definito « il *ha... enjoyed* miracolo italiano ».

PRATICA

A.   Queste cose sono vere in Italia, negli Stati Uniti oppure sia in Italia che negli Stati Uniti?

1. La maggior parte dei lavoratori appartiene ad un sindacato.   2. Solo gli studenti migliori possono andare all'università.   3. Moltissimi studenti si laureano in medicina.   4. Per molti giovani è difficile trovare un lavoro dopo aver finito l'università.   5. I lavoratori che si ammalano continuano a ricevere il loro stipendio.

B.   Rispondete con frasi complete.

1. Perchè ci sono moltissimi laureati in Italia?   2. Cosa bisogna fare per insegnare alle elementari?   3. Quali sono le differenze principali tra un medico americano ed un medico italiano?   4. Fino a quando è stata l'Italia un paese principalmente agricolo?   5. Che cos'è stato il « miracolo italiano »?

PAROLE DA RICORDARE

VERBI

abituarsi a (+ *inf.*) to get used to (*doing something*)
assumere (*p.p.* **assunto**) to hire
avere un colloquio, un'intervista to have an interview
cercare lavoro to look for a job
esportare to export
fare il/la + *professione* to be a + *profession*
fare colpo (su qualcuno) to impress (someone)
fare domanda to apply
fissare un colloquio, un'intervista to set up an interview
licenziare to fire
licenziarsi to quit
mettere piede to set foot
partecipare a un concorso to take a civil service exam
promettere (*p.p.* **promesso**) (**di** + *inf.*) to promise (*to do something*)
riempire un modulo to fill out a form
rispondere a un annuncio to answer an ad
*riuscire a (+ *inf.*) to succeed in (*doing something*); to manage to (*do something*)
scontrarsi con to bump into
smettere (*p.p.* **smesso**) (**di** + *inf.*) to stop, quit (*doing something*)
volare to fly

NOMI

l'abbigliamento clothing
l'annuncio ad
l'arredamento furnishings
l'assistenza medica, la mutua health insurance
l'azienda firm
il cappotto coat
la catena chain
il colloquio interview
il commercio business
il costo della vita cost of living
il/la dirigente executive, manager
la ditta firm
la giacca jacket
l'industria industry
l'inflazione (*f.*) inflation
l'interprete (*m./f.*) interpreter
l'intervista interview
la lana wool
il lavoratore, la lavoratrice worker
la mano d'opera labor
l'offerta offer
l'oro gold
il pacco package
la possibilità possibility, chance
la posta mail; post office
i quattrini (*m. pl.*) money
la richiesta request, demand
la scelta choice
il seccatore bore, nuisance
la seta silk
la sfilata show, parade
il sindacato labor union
lo stivale boot

AGGETTIVI

adatto suitable
chiassoso loud, gaudy
leggero slight
puro pure

ALTRE PAROLE ED ESPRESSIONI

a condizione che provided that
affinchè so that
a meno che... non unless
a patto che provided that
benchè although
chiunque whoever, whomever
comunque no matter how
dovunque wherever
in giro around
ormai by now
per quanto although
perchè + *subjunctive* so that
prima che before
purchè provided that
qualunque cosa whatever
quantunque although
sebbene although
senza che without
sul serio seriously

Lingua viva

Guardate la pubblicità per il sistema « Professional Data-Bank » e rispondete alle domande che seguono.

Vi presentiamo Professional Data-Bank.

1. Vi placerebbe migliorare il vostro livello professionale? E iniziare una nuova carriera? E vi piacerebbe essere voi a selezionare l'azienda più adatta alle vostre caratteristiche ed essere voi a "stabilire" il vostro stipendio? Se avete risposto sì almeno a una di queste domande, Professional Data-Bank® fa per voi.

2. Professional Data-Bank® è un sistema computerizzato per la ricerca del personale. È un sistema rivolto a tutti: donne e uomini. Che già lavorino o che siano neo-laureati o neo-diplomati. Che siano dirigenti, impiegati, liberi professionisti o liberi sognatori.

3. Oggi, dentro a questo stesso giornale, trovate il questionario di Professional Data-Bank®, una rivoluzionaria iniziativa di Repubblica e Somea Informatica. La differenza tra compilare, spedire, far parte di Professional Data-Bank® e rispondere a un'inserzione di ricerca di personale pubblicata su un quotidiano è una differenza enorme.

La vostra nuova carriera comincia da qui.

4. Professional Data-Bank® vi garantisce la riservatezza, vi mette ai vertici delle richieste di mercato per sei mesi e vi pone al centro del meccanismo di ricerca. Saranno le aziende a esporsi in prima persona e a contattarvi personalmente. E sarete voi, stavolta, a dire sì o no.

PROFESSIONAL DATA-BANK
Sistema computerizzato per la ricerca di lavoro qualificato.

PROFESSIONAL DATA-BANK®   **la Repubblica**

OGGI, AL CENTRO DELL'ESPRESSO, TROVATE IL QUESTIONARIO PROFESSIONAL DATA-BANK.

A. Sono vere o false queste informazioni sul Professional Data-Bank?

1. Utilizza i computer.   2. Lo può usare una persona che ha appena finito l'università.   3. Chi lo usa deve sapere esattamente che tipo di lavoro cerca. 4. Chi lo usa deve essere pronto ad accettare qualsiasi stipendio.   5. È molto diverso dai metodi tradizionali per cercare lavoro.   6. Dura meno di un anno.

Qual è il lavoro dei due italiani in bicicletta?

B. Avete finito l'università e cercate lavoro. Compilate (*Fill out*) il seguente questionario.

A - CONDIZIONI RICHIESTE

1 AREA DI LAVORO
Indichi in quale area desidera lavorare (barrare minimo una casella, massimo cinque caselle):

01 ☐ Amministrativa	07 ☐ Commerciale	13 ☐ Tecnica
02 ☐ Finanziaria	08 ☐ Marketing	14 ☐ Ricerca
03 ☐ Personale	09 ☐ Vendita	15 ☐ Logistica
04 ☐ Affari generali	10 ☐ Produzione	16 ☐ Documentazione
05 ☐ Organizzazione	11 ☐ Manutenzione	17 ☐ Didattica
06 ☐ Elaborazione dati	12 ☐ Servizi	

2 SETTORE DI ATTIVITÀ
Indichi per esteso in quale (uno o due) settore di attività desidera lavorare (se non ha preferenze non scriva nulla):

Alcuni esempi di settori di attività: agricoltura, industria (petrolifera, elettronica, alimentare, ecc.), costruzioni edili, pubblici esercizi (ristoranti, alberghi ecc.), commercio al dettaglio (negozi, grandi magazzini, ecc.), comunicazioni, riparazioni, trasporto stradale, banca, assicurazione, spettacolo (tv, cinema, teatro, ecc.), servizi alle imprese (pubblicità, elaborazione dati, studi, ricerche, ecc.), editoria e stampa, intermediazione di commercio (rappresentanti, agenti), ecc. ecc.

3 POSIZIONE CONTRATTUALE
Indichi quali posizioni contrattuali è disposto ad accettare (possono essere barrate una o più caselle):

01 ☐ Lavoro dipendente	03 ☐ Lavoro autonomo
02 ☐ Lavoro a termine	04 ☐ Lavoro a orario ridotto (part-time)

4 QUALIFICA PROFESSIONALE RICHIESTA
Indichi quali qualifiche professionali è disposto ad accettare (possono essere barrate una o più caselle):

01 ☐ Operaio	03 ☐ Funzionario o Quadro	05 ☐ Consulente
02 ☐ Impiegato	04 ☐ Dirigente	

5 SEDE DI LAVORO RICHIESTA
Indichi in quali sedi di lavoro è disposto a lavorare (possono essere barrate non più di 2 caselle):

01 ☐ Nel comune in cui risiedo	04 ☐ Ovunque in Italia
02 ☐ Nella provincia in cui risiedo	05 ☐ All'estero
03 ☐ Nella regione in cui risiedo	

B - REQUISITI OFFERTI

6 PATENTE DI GUIDA:

01 ☐ Con patente di guida tipo B   02 ☐. Con altro tipo di patente

7 TRASFERTE (numero e destinazione)
Indichi, barrando la casella corrispondente, la sua disponibilità a effettuare trasferte che comportino complessivamente un numero di giorni pari a quello indicato, per le destinazioni indicate. Barrare una casella per il numero dei giorni e una per la destinazione:

a) Numero:
01 ☐ NON sono disponibile a compiere trasferte
02 ☐ Sono disponibile a trasferte di durata non superiore a 20 gg/anno
03 ☐ Sono disponibile a trasferte di durata non superiore a 45 gg/anno
04 ☐ Sono disponibile a trasferte di durata superiore a 45 gg/anno

b) Destinazione:
05 ☐ Sono disponibile a compiere trasferte in Italia
06 ☐ Sono disponibile a compiere trasferte in tutto il mondo

8 LINGUE STRANIERE
Indichi, barrando la casella corrispondente, se conosce una o più lingue straniere indicandone anche il grado di conoscenza

GRADO DI CONOSCENZA:

Lingua conosciuta		Scolastico	Professionale*	Madrelingua o equivalente
Francese	=	11 ☐	12 ☐	13 ☐
Inglese	=	21 ☐	22 ☐	23 ☐
Spagnolo	=	31 ☐	32 ☐	33 ☐
Portoghese	=	41 ☐	42 ☐	43 ☐
Tedesco	=	51 ☐	52 ☐	53 ☐
Altra**	=	61 ☐	62 ☐	63 ☐

*Per conoscenza a livello professionale si intende una conoscenza tale che permetta al candidato di effettuare una conversazione telefonica con una persona di madre lingua.

**Si indichi nelle caselle predisposte il nome dell'altra lingua.

9 CONOSCENZE INFORMATICHE
Se conosce qualche linguaggio di programmazione e/o qualche procedura di software applicativo ne indichi per esteso i nomi. In caso contrario non scriva nulla.

10 TITOLO DI STUDIO CONSEGUITO
Indichi il titolo di studio più elevato da lei conseguito:

01 ☐ Licenza di scuola media   02 ☐ Diploma   03 ☐ Laurea

I GIOVANI D'OGGI

È importante avere amici con cui discutere interessi e problemi.

VOCABOLARIO PRELIMINARE

Dialogo-lampo

MAURIZIO: Ho dei problemi con i miei genitori: non mi capiscono.
STEFANO: Cosa intendi dire?
MAURIZIO: Sai che m'interesso della protezione dell'ambiente...
STEFANO: E allora?
MAURIZIO: Loro dicono che dovrei pensare solo alla mia carriera e a non perdere tempo in tante attività inutili.

Temi e problemi

l'alcolismo alcoholism
l'amicizia friendship
il consumismo consumerism
la droga drugs
la giustizia justice
l'ingiustizia injustice
l'inquinamento pollution
il materialismo materialism
la povertà poverty

la protezione dell'ambiente environmentalism (*lit.,* protection of the environment)
il razzismo racism
la ricchezza wealth
l'uguaglianza equality
la violenza violence

apprezzare to appreciate

assicurare to ensure
eliminare to eliminate
* **essere a favore di** to be in favor of
* **essere contro** to be against
fidarsi di to trust
giudicare to judge
proteggere (*p.p.* **protetto**) to protect
risolvere (*p.p.* **risolto**) to resolve

ESERCIZI

A.   Il futuro. Che cos'è che vi aspettate dal futuro? Esprimete le vostre idee usando le frasi seguenti ed i soggetti indicati.

Soggetti: la legge, il governo, i miei genitori, i giovani, la società

1. Bisogna che...
2. Spero che...
3. Dubito che...
4. Ho paura che...
5. Voglio fare qualcosa affinchè...

B.   D'accordo? Dite se siete d'accordo o no con le seguenti affermazioni.

1. Il materialismo distruggerà i nostri valori spirituali.   2. Diamo troppa importanza alla ricerca (*pursuit*) della felicità.   3. Non esiste ancora la parità di diritti (*rights*) tra donne e uomini nella società d'oggi.   4. I giovani d'oggi sono più consumisti dei giovani degli anni '60.   5. Il problema più grave nella nostra società è quello dell'alcolismo e non quello della droga.

—Sono gli idoli delle ultime generazioni.

C. Chiedete ad un compagno (una compagna)...

1. se i suoi genitori lo/la capiscono e apprezzano le sue idee   2. se i suoi genitori si fidano di lui/lei, e come lo dimostrano   3. se i suoi genitori lo/la giudicano in un modo molto severo, e cosa dicono   4. se i suoi genitori cercano ancora di proteggere i figli, e se è contento/a o no di questo

GRAMMATICA

A. L'imperfetto del congiuntivo

CINZIA: Così tuo padre voleva che tu facessi l'ingegnere?
MAURIZIO: Sì, perchè sperava che poi lavorassi con lui nella sua azienda.
CINZIA: E tua madre?
MAURIZIO: Mia madre, invece, desiderava che studiassi medicina.
CINZIA: E tu cosa hai deciso di fare?
MAURIZIO: Sono diventato scultore!

1. The imperfect subjunctive (**l'imperfetto del congiuntivo**) is formed by adding the characteristic vowel and the appropriate endings to the infinitive stem. The endings for all verbs are the same.

	lavorare	**scrivere**	**dormire**	**capire**
che io	lavora**ssi**	scrive**ssi**	dormi**ssi**	capi**ssi**
che tu	lavora**ssi**	scrive**ssi**	dormi**ssi**	capi**ssi**
che lui/lei/Lei	lavora**sse**	scrive**sse**	dormi**sse**	capi**sse**
che	lavora**ssimo**	scrive**ssimo**	dormi**ssimo**	capi**ssimo**
che	lavora**ste**	scrive**ste**	dormi**ste**	capi**ste**
che	lavora**ssero**	scrive**ssero**	dormi**ssero**	capi**ssero**

2. The verbs at the top of page 392 have irregular stems in the imperfect subjunctive. Note that **bere, dire,** and **fare** form the imperfect subjunctive from the same stem they use for the **imperfetto.**

CINZIA: So, your father wanted you to be an engineer? MAURIZIO: Yes, because he hoped I would go to work for him in his company. CINZIA: And your mother? MAURIZIO: My mother wanted me to study medicine instead. CINZIA: And what *did* you decide to do? MAURIZIO: I became a sculptor!

ẹssere	dare	stare	bere (**bev**evo)	dire (**dic**evo)	fare (**fac**evo)
fossi	dessi	stessi	bevessi	dicessi	facessi
fossi	dessi	stessi	bevessi	dicessi	facessi
fosse	desse	stesse	bevesse	dicesse	facesse
fọssimo	dẹssimo	stẹssimo	bevẹssimo	dicẹssimo	facẹssimo
foste	deste	steste	beveste	diceste	faceste
fọssero	dẹssero	stẹssero	bevẹssero	dicẹssero	facẹssero

3. The conditions that determine the use of the present subjunctive
   (**Capitoli 16** and **17**) also apply to the use of the imperfect subjunctive.
   The imperfect subjunctive is used when the verb in the independent
   clause is in some *past tense* or the *conditional*, and when the action of
   the dependent clause takes place *simultaneously with,* or *later than,* the
   action of the independent clause.

Credo che **abbia** ragione.	*I think she's right.*
Credevo che **avesse** ragione.	*I thought she was right.*
Non **è** probabile che **prendano** una decisione.	*It isn't likely they'll make a decision.*
Non **era** probabile che **prendessero** una decisione.	*It wasn't likely they would make a decision.*
Non c'**è** nessuno che mi **capisca.**	*There's no one who understands me.*
Non c'**era** nessuno che mi **capisse.**	*There was no one who understood me.*
Il razzismo **è** il peggior problema che ci **sia.**	*Racism is the worst problem there is.*
Il razzismo **era** il peggior problema che ci **fosse.**	*Racism was the worst problem there was.*

ESERCIZI

A. Replace the indicated verb with the correct form of each verb in
parentheses.

1. Bisognava che io *camminassi.* (riposarsi / prendere una decisione /
   finire / guadagnarsi da vivere)
2. Preferiresti che *tornassero?* (rimanere / non bere / dare una mano / dire
   la verità)
3. Speravamo che voi *pagaste.* (fare la spesa / non interferire / avere
   ragione / scegliere bene)

B. Complete each conversation with the appropriate imperfect subjunctive form of the verb in parentheses.

1. A: Non credevo che Giuseppe _____ (essere) così avaro (*stingy*).
   B: Neanch'io; preferirei che lui non _____ (venire) più al ristorante con noi.
2. A: Ho aperto la finestra perchè _____ (entrare) un po' d'aria.
   B: Se hai bisogno d'aria, sarebbe meglio che tu _____ (andare) fuori: io ho freddo e sto poco bene.
3. A: Mi pareva che voi _____ (annoiarsi) alla festa venerdì sera.
   B: Beh, speravamo che Marco e Silvio non _____ (raccontare) le solite sciocchezze.
4. A: Cercavamo qualcuno che ci _____ (potere) aiutare.
   B: Vorrei che voi mi _____ (chiamare) quando avete bisogno di aiuto!
5. A: Il dottore voleva che io _____ (bere) otto bicchieri d'acqua al giorno. Che noia!
   B: Invece, era importante che tu _____ (seguire) il suo consiglio.

C. Complete each sentence according to your opinions and desires.

1. Vorrei che il governo...
2. Sarebbe meglio che i giovani...
3. Da bambino/a, avevo paura che...
4. Era bene che i miei genitori...
5. Preferirei che i miei genitori...

—Ma a te piacerebbe che noi venissimo a curiosare[a] in casa tua?   [a]*snoop around*

D. Conversazione.

1. Le piace che gli studenti parlino italiano in classe?   2. Le piacerebbe che tutti parlassero solo l'italiano in classe?   3. Vorrebbe che le vacanze di Natale e di Pasqua fossero più lunghe?   4. È contento/a di aver scelto quest'università?   5. I Suoi genitori avrebbero preferito che Lei ne scegliesse un'altra?   6. Preferirebbe che l'insegnamento delle lingue nelle università americane fosse obbligatorio o no? Perchè?

B. Il trapassato del congiuntivo

—Capitano, ma io credevo che avesse dato l'ordine di abbandonare la nave per restar solo con me!

1. The pluperfect subjunctive (**il trapassato del congiuntivo**) is formed with the imperfect subjunctive of **avere** or **essere** + *past participle* of the verb.

VERBI CONIUGATI CON **avere**	VERBI CONIUGATI CON **ẹssere**
che io avessi che tu avessi che lui/lei avesse che avẹssimo che aveste che avẹssero } lavorato	che io fossi che tu fossi che lui/lei fosse } partito/a che fọssimo che foste che fọssero } partiti/e

2. The pluperfect subjunctive is used in place of the **trapassato** indicative whenever the subjunctive is required.

Avevano capito.   *They had understood.*
Speravo che **avessero capito.**   *I was hoping they had understood.*

3. The pluperfect subjunctive is used in a dependent clause when the verb in the independent clause is in a *past tense* or in the *conditional* and the action of the dependent clause occurred *before* the action of the independent clause.

Ho paura che non **abbiano risolto** quel problema.   *I'm afraid they didn't resolve that problem.*
Avevo paura che non **avessero risolto** quel problema.   *I was afraid they hadn't resolved that problem.*

È impossibile che **abbiano trovato** quella situazione divertente.

It's impossible that they found that situation amusing.

Era impossibile che **avessero trovato** quella situazione divertente.

It was impossible that they had found that situation amusing.

È il più bel paesaggio che io **abbia** mai **visto.**

It's the most beautiful landscape I have ever seen.

Era il più bel paesaggio che io **avessi** mai **visto.**

It was the most beautiful landscape I had ever seen.

—Mi chiedevo perchè non mi avessi restituito la mia scalaª a pioliª...

ªscala... *ladder*

ESERCIZI

A. Pettegolezzi. Restate this week's hot gossip, using the pluperfect subjunctive.

ESEMPIO: È strano che Giovanna sia venuta sola! →
Era strano che Giovanna fosse venuta sola!

1. Può darsi che Pino e Anna abbiano litigato.   2. Sembra che Mara si sia licenziata.   3. Barbara è molto felice che loro si siano divorziati!   4. Credo che Alberto abbia dovuto vendere la nuova macchina.   5. È incredibile che tu non abbia ballato con lui.   6. È possibile che Laura sia uscita anche con Gino!   7. Sperano che non abbia trovato la lettera di Giulia.   8. È impossibile che lui abbia detto una bugia!

B. Complete the conversations, using the imperfect and pluperfect subjunctive as appropriate.

1. A: Vorrei che Marco e Paolo non _____ (bere) tanto alla festa ieri!
   B: Hai ragione. Sarebbe meglio che la prossima volta noi _____ (offrire) meno alcolici.
2. A: Scusa, Gina, vorrei che tu _____ (stare) un po' zitta. Cerco di studiare.
   B: Studi ancora? Credevo che tu _____ già _____ (finire).
3. A: Zio Leo, che spaghetti buoni! Non sapevo che ti _____ (piacere) cucinare.
   B: Come! Non li hai ancora finiti! Mi aspettavo (aspettarsi [*to expect*]) che a questo punto li _____ già _____ (mangiare) tutti!
4. A: Non sono ancora arrivati i ragazzi? Pensavo che ormai _____ (arrivare).
   B: E io, invece, credevo che _____ (partire) domani mattina.
5. A: Sarebbe stato meglio che tu non _____ (dire) nulla.
   B: Lo so, ma non pensavo che Giacomo _____ (offendersi) così facilmente.

C. Correlazione dei tempi nel congiuntivo

LAURA: Mamma, ho deciso di accettare quel lavoro a New York.
MADRE: Ma non sarebbe meglio che tu restassi qui a Torino, vicino alla famiglia, agli amici? A New York c'è il problema della violenza e della droga: non voglio che ti capiti qualcosa di brutto...
LAURA: Mamma, vorrei che tu non interferissi così! Ormai le decisioni me le devo prendere da me: non ho bisogno di qualcuno che mi protegga.
MADRE: Cara, voglio solo che tu sia felice!

As you know, the tense of the subjunctive is determined by the tense of the verb in the independent clause and the time relationship between the actions or states expressed by the verbs in the two clauses.

1. This chart shows the sequence of tenses when the verb in the independent clause is in the present, future, or imperative.

IL PRESENTE, IL FUTURO O L'IMPERATIVO NELLA PROPOSIZIONE INDIPENDENTE	
Dependent clause action at the same time or later →	present subjunctive
Dependent clause action earlier →	past subjunctive

Spero che non **interferisca.**	*I hope he doesn't interfere.*
Non **vorranno** che **interferisca.**	*They won't want him to interfere.*
Spero che non **abbia interferito.**	*I hope he didn't interfere.*
Sii contento che non **abbia interferito!**	*Be glad he didn't interfere!*

2. The chart at the top of page 397 shows the sequence of tenses when the verb in the independent clause is in any past tense or in the conditional.

LAURA: Mom, I've decided to accept that job in New York.   MOTHER: But wouldn't it be better for you to stay here in Turin, close to your family, your friends? In New York there are the problems of violence and drugs: I don't want something bad to happen to you.
LAURA: Mom, I wish you wouldn't interfere like this! I have to make my own decisions now: I don't need anyone to protect me.   MOTHER: Darling, I only want you to be happy!

QUALSIASI TEMPO DEL PASSATO O IL CONDIZIONALE NELLA PROPOSIZIONE INDIPENDENTE	
Dependent clause action at the same time or later →	imperfect subjunctive
Dependent clause action earlier →	pluperfect subjunctive

Credevo che **rimanessero** a casa.	*I thought they were staying home.*
Avevo sperato che **rimanessero** a casa.	*I had hoped they would stay home.*
Credevo che **fossero rimasti** a casa.	*I thought they had stayed home.*
Vorrei che **fossero rimasti** a casa!	*I wish they had stayed home!*

—Abbiamo visto la luce accesa:[a] abbiamo pensato che foste in casa...   [a]*on (lit)*

3. As in English, the expression **come se** (*as if*) is always followed by the imperfect or pluperfect subjunctive, regardless of the tense of the main verb.

Lo amano **come se fosse** il loro figlio.	*They love him as if he were their son.*
Parlavano **come se** non **fosse successo** niente.	*They were talking as if nothing had happened.*

ESERCIZI

A.   Create new sentences, replacing the indicated words with the words or phrases in parentheses and changing the verb forms as necessary.

1. *Spero* che abbiano risolto il problema dell'inquinamento. (Vorrei / Bisogna / Era bene / Sperava)

2. *Sono contenta* che i miei genitori si fidino di me. (Preferirei / È bene / Non credi / Non credevi)
3. *Credevo* che il senatore fosse a favore di quella legge. (Mi pare / Sarebbe meglio / Non vorranno / Siate contenti)
4. *Vorrei* che avessero parlato dell'alcolismo. (Dubito / È bene / Non credeva / Era possibile)

B.   Complete each conversation with the correct form of the verb in parentheses.

1. A: Paolo vuole che suo figlio _____ (fare) il medico.
   B: Come se _____ (potere) decidere lui!
2. A: Ci aiutò senza che noi glielo _____ (chiedere).
   B: Com'è stato gentile! Sono contenta che voi lo _____ (ringraziare [*to thank*])
3. A: Vorrei che noi non _____ (litigare [*to argue*]) ieri.
   B: Non ti preoccupare, Anna: non è possibile che tu e Franco _____ (andare) sempre d'accordo!
4. A: Bisognerebbe che tu _____ (imparare) una lingua straniera.
   B: Hai ragione; ma credi che _____ (essere) possibile?
5. A: È strano che Lisa _____ (andare) a far compere ieri invece di venire alla manifestazione.
   B: Già, credevo che _____ (essere) contro il consumismo e il materialismo!

C.   Your roommate is always trying to wriggle out of the household chores. Set him/her straight, as in the example.

> ESEMPIO: bisognava / Beppino / passare l'aspirapolvere (*vacuum cleaner*) →
> —Bisognava che Beppino passasse l'aspirapolvere.
> —No, bisognava che tu passassi l'aspirapolvere!

1. è necessario / Cinzia e Gina / fare la spesa
2. bisogna / voi / pulire il frigo
3. bisognava / Gina / lavare i piatti
4. era necessario / tu / mettere la macchina in garage
5. bisogna / tu e Cinzia / chiamare la padrona (*landlady*)
6. era necessario / Cinzia e Gina / stare zitto ieri sera

D.   Express in Italian.

1. A: My parents still treat (**trattare**) me as if I were a child.
   B: Wouldn't it be better for you (*pl.*) to talk about this problem openly?
2. A: Didn't you think they were coming tomorrow?
   B: Yes, but I was glad to see them anyway (**lo stesso**).

D. Riassunto dei plurali irregolari

GUIDO: Dimmi, Alberto: hai molti amici a Firenze?
ALBERTO: Sì, ne ho diversi; e alcuni molto simpatici.
GUIDO: E... amiche?
ALBERTO: Certo; e una, specialmente, tanto carina, intelligente
e simpatica.
GUIDO: Ho capito: l'amica del cuore!

1. The plural of certain nouns and adjectives depends on where the stress falls in the word.

   a. Masculine nouns and adjectives ending in **-io** end in **-i** in the plural when the **-i** of the singular is not stressed.

negozio → negozi	bacio	→ baci
operaio → operai	vecchio	→ vecchi
viaggio → viaggi	grigio (*gray*)	→ grigi

   If the **-i** of the singular is stressed, however, the plural ends in **-ii**.

zio	→ zii
invio (*mailing*)	→ invii
natio (*native*)	→ natii

   b. Masculine nouns and adjectives ending in **-co** form their plural with **-chi** if the stress is on the syllable preceding **-co**. They form their plural with **-ci** if the stress is two syllables before **-co.**

   GUIDO: Tell me, Alberto, do you have many friends in Florence?   ALBERTO: Yes, I have several—a few very nice ones.   GUIDO: And . . . girlfriends?   ALBERTO: Sure. And one, especially, so good-looking and intelligent, with a good personality.   GUIDO: I see. A sweetheart!

		Eccezioni:
pacco → pacchi	medico → medici	amico → amici
disco → dischi	politico → politici	nemico (*enemy*) → nemici
antico → antichi	magnifico → magnifici	greco (*Greek*) → greci

c. Masculine nouns and adjectives ending in **-go** usually end in **-ghi** in the plural, regardless of where the stress falls.

> dialogo → dialoghi
> lago   → laghi
> lungo   → lunghi

2. You already know that feminine nouns and adjectives ending in **-ca** form their plural with **-che** (amica → amiche). Similarly, feminine nouns and adjectives ending in **-ga** change **-ga** to **-ghe** in the plural.

> strega (*witch*) → streghe
> toga   → toghe
> lunga   → lunghe

3. Nouns and adjectives ending in **-cia** and **-gia** form their plural with **-ce** and **-ge** if the **-i** of the singular is not stressed, or with **-cie** and **-gie** if the **-i** of the singular is stressed.

pioggia (*rain*) → piogge	farmacia → farmacie
mancia → mance	bugia (*fib, lie*) → bugie
grigia → grige	allergia → allergie

ESERCIZI

A. Give the plural of each phrase.

1. vecchio disco   2. marca (*brand*) francese   3. operaio stanco   4. amico simpatico   5. amica simpatica   6. papa polacco   7. parco pubblico 8. vecchia pelliccia (*fur coat*)   9. giacca lunga   10. programma politico 11. occhio grigio   12. paese natio   13. greco antico   14. valigia grigia

B. Express in Italian.

1. A: What beautiful eyes you have!
   B: You probably say that to all your girlfriends!
2. A: These dialogues are too long.
   B: You're right. And the exercises are difficult.
3. A: I think all the stores are closed.
   B: Are all the pharmacies closed too?

C. Conversazione.

1. Dice mai bugie?   2. Quanti zii e quante zie ha?   3. Soffre di qualche allergia?   4. Conosce qualcuno che abbia gli occhi verdi?   5. Conosce persone che portino pellicce? Le piacciono le pellicce?

DIALOGO

Si avvicina° il ritorno di Pietro in America. Marcella ha aiutato Pietro a scegliere dei regali per la sua famiglia e, dopo gli acquisti,° i due si riposano° seduti a un piccolo caffè vicino al Ponte Vecchio.

Si... *is approaching*
purchases
si... *rest*

Non è sempre facile esser giovani.

MARCELLA: Speriamo che il libro sui disegni° di Leonardo piaccia al tuo   *sketches*
babbo: dato che è ingegnere, dovrebbe interessargli.

PIETRO: Già,° lui crede che i pittori siano una razza a parte da scienziati   *Sure*
e ingegneri. Lo sai che si era messo in testa che facessi
l'ingegnere come lui?

MARCELLA: E tu invece cosa vuoi fare? Il pittore?

PIETRO: Non lo so ancora: è per questo che sono venuto in Italia... Mi
pareva che mio padre fosse un tipo troppo autoritario e avevo
paura che prendesse tutte le decisioni per me.

MARCELLA: E io che credevo che i padri americani fossero diversi da quelli
italiani e non interferissero nella vita dei figli...

PIETRO: Ma lui è d'origine siciliana; benchè sia vissuto negli Stati Uniti
trent'anni, è rimasto° un padre all'antica,° un «padre padrone».*   *è... he has remained /*
        old-fashioned

MARCELLA: Ma a te piacerebbe rimanere in Italia?

PIETRO: Magari fosse possibile! Ma ormai ho finito i miei risparmi.°   *savings*
L'Italia è stata per me un'esperienza straordinaria: nessuno che
mi dicesse quello che dovevo fare; ho dipinto, ho viaggiato, ho
letto i libri che mi interessavano senza che nessun professore mi
obbligasse a scrivere «papers» e poi mi desse un voto!

MARCELLA: Insomma, un bell'interludio, una fuga° dal quotidiano.° Potessi   *escape / everyday things*
farlo anch'io! Ma lo sai dove vorrei andare io? A New York!

PIETRO: Dici sul serio? E allora andiamoci insieme!

MARCELLA: Magari! Ma tu cosa farai quando torni a casa?

PIETRO: Chi lo sa! Può darsi che finisca° per fare l'ingegnere...   *I end up*

■ VARIAZIONI SUL TEMA _____

Genitori e figli. Working in small groups, look over these questions from a
recent Italian survey entitled "Orientamenti (*Directions*), speranze e
conoscenze dei giovani." Discuss the questions among yourselves, record
your answers, and then compile the answers of the entire class on the
blackboard. Talk about the results.

1. Molti ragazzi pensano che oggi i rapporti (*interaction*) tra genitori e figli
   siano più difficili che nel passato; tu cosa ne pensi?
   □ non sono d'accordo
   □ sono d'accordo—almeno in parte—e queste difficoltà nascono
     soprattutto:
     □ dalla differenza di età
     □ dalle differenze di mentalità
     □ dalla diversa formazione scolastica e culturale
     □ dalle modificazioni del sistema sociale

---

*The words **padre** and **padrone** have recently been combined to form an expression
describing a very authoritarian figure—a "boss."

2. Se hai difficoltà di rapporto con i genitori, pensi che questo dipenda soprattutto:
   ☐ da loro   ⊐ da me   ☐ da tutti e due
3. Come valuteresti (*assess*) i tuoi rapporti con la famiglia?
   ☐ sostanzialmente buoni, c'è rispetto riciproco e dialogo
   ☐ piuttosto formali, si parla poco dei problemi importanti
   ☐ piuttosto difficili, c'è contrasto abbastanza aperto
   ☐ molto difficili, i miei genitori sono intolleranti e repressivi
4. Parli *spesso* con tuo padre di:
   ☐ problemi politici, sindacali
   ☐ questioni economiche e sociali
   ☐ religione
   ☐ rapporti con l'altro sesso (*opposite sex*)
   ☐ il tuo futuro, il tuo lavoro
   ☐ il suo passato, la vita di tuo padre da giovane
5. Parli *spesso* con tua madre di:
   ☐ problemi politici, sindacali
   ☐ questioni economiche e sociali
   ☐ religione
   ☐ rapporti con l'altro sesso
   ☐ il tuo futuro, il tuo lavoro
   ☐ il suo passato, la vita di tua madre da giovane

PICCOLO RIPASSO

A.   Rimpianti. It was a rough week. Tell everything that you were distressed about, using the imperfect or pluperfect subjunctive, or the present or past infinitive.

ESEMPI: Laura non mi aveva chiamato. →
Mi dispiaceva che Laura non mi avesse chiamato.

Non avevo molti soldi. →
Mi dispiaceva di non avere molti soldi.

1. Tutti i negozi erano chiusi.   2. C'era lo sciopero dei treni.   3. Non avevo trovato lavoro.   4. Neanche Marco aveva trovato lavoro.   5. Voi eravate partiti.   6. Non facevo molto sport.   7. Nessuno aveva risposto al mio annuncio.   8. Ero rimasto/a senza benzina.

B.   La famiglia Rosario. Tell about the Rosarios. Combine each pair of sentences by using the word in parentheses or by choosing between the two forms given. Make all necessary changes.

ESEMPIO: Giulia era ancora snella. Aveva più di 40 anni.
(benchè) →
Giulia era ancora snella benchè avesse più di 40 anni.

1. Uscivano di casa. Non chiudevano la porta. (senza / senza che)
2. Roberto parlava benissimo l'inglese. Nessuno gliel'aveva insegnato. (sebbene)
3. Giulia ha ripreso il lavoro. I bambini avevano 4 anni. (prima di / prima che)
4. La suocera faceva l'aerobica. Aveva quasi 70 anni. (quantunque)
5. Andavano dappertutto a piedi. Non usavano troppa benzina. (per / perchè)
6. Si trasferirono in Australia. Non lo dissero a nessuno. (senza / senza che)

C. Express in Italian.

My old friend Mirella was a strange type! One time she came running back (**tornare di corsa**) from her mother's house because she thought she had forgotten to close the windows before she left. She was always afraid that someone would break into (**entrare in**) her house. She used to fret over (**agitarsi per**) every little thing. Poor thing (**poverina**). Perhaps she had a bad experience as a (**da**) child. I'm sorry she moved (**andare via**), but I hope the change brings her some peace of mind (**pace**).

D. Conversazione.

1. Secondo Lei, i genitori dovrebbero essere autoritari o permissivi? 2. È bene che prendano decisioni per i figli? Quali? 3. Lei interferirebbe nella vita dei Suoi figli? 4. Ci sono cose che non è riuscito/a a fare prima dei diciotto anni e Le piacerebbe tanto che riuscisse a farle Suo figlio (Sua figlia)?

LETTURA CULTURALE

I GIOVANI E LE DONNE NELLA SOCIETÀ ITALIANA

Dal 1968 fino alla metà degli anni '70 sembrava che tutti i giovani italiani fossero contestatori.° Contestavano tutto: la scuola, le *protesters* istituzioni, la società. Oggi invece le cose sono molto cambiate. In Italia, come negli Stati Uniti, gli anni '80 sono stati gli anni del riflusso,° del *settling back*

Una certa fase di ribellione contro i genitori esiste anche in Italia.

ritorno ai valori tradizionali. Ultimamente, molti ragazzi e ragazze sono tornati ad interessarsi ai problemi sociali, in modi diversi dagli anni precedenti ma con grande decisione. L'interesse per i problemi sociali e politici è infatti molto radicato° nella tradizione italiana e sembra sopravvivere° ad ogni riflusso. *deeply rooted / to survive*

    Esistono alcune differenze tra il modo di vita dei giovani italiani e quelli americani. I giovani italiani rimangono molto più legati° alle loro famiglie, in particolare ai genitori. Questo è dovuto principalmente al fatto che in Italia a 18 anni pochi figli lasciano la famiglia per andare all'università o a lavorare. Quelli che decidono di lavorare non possono permettersi° una casa da soli e quelli che vanno all'università possono spesso continuare ad abitare a casa con i genitori. In Italia ci sono università in quasi tutte le principali città e non esistono i campus come negli Stati Uniti. *attached / afford*

    Naturalmente, una certa fase di ribellione contro i genitori esiste anche in Italia (soprattutto verso i 18 anni), ma è quasi sempre piuttosto contenuta. Le mamme italiane viziano° molto i figli, che in casa non *spoil*

fanno quasi mai nulla. Le mamme cucinano, lavano, stirano e sono sempre pronte a consolare o lodare i propri figli. Questo tipo di mamma italiana però sta cambiando. Le donne delle nuove generazioni spesso lavorano fuori casa e hanno meno tempo da dedicare alla famiglia.

La situazione della donne in Italia non è arretrata° come molti *backward* stranieri immaginano. La Costituzione della Repubblica Italiana del 1947 stabilisce che « la donna lavoratrice ha gli stessi diritti e, a parità di lavoro, le stesse retribuzioni che spettano al lavoratore ». Dichiara, inoltre, che « le condizioni di lavoro devono consentire l'adempimento° *fulfillment* della sua essenziale funzione familiare e assicurare alla madre e al bambino una speciale adeguata protezione ».

Avere un bambino è considerato un servizio alla società; in Italia le donne per legge non possono lavorare per i 2 mesi precedenti al parto° e *delivery* per i primi 3 mesi dopo la nascita del bambino; in questi 5 mesi, continuano a percepire° il loro stipendio. La legge vieta° anche il *to receive / forbids* licenziamento di qualsiasi lavoratrice con un bambino di età inferiore ai 12 mesi e permette sia al padre che alla madre di stare a casa a curare i figli quando si ammalano. Gli uomini italiani stanno diventando più autosufficienti e ormai moltissimi aiutano con il lavoro di casa e l'educazione dei figli.

PRATICA

A.   Vero o falso? Se è falso, spiegate perchè.

1. Una volta in Italia la contestazione politica era abbastanza diffusa nelle scuole.   2. I campus delle università italiane sono molto interessanti.
3. A 18 anni quasi tutti i ragazzi italiani vanno a vivere da soli.   4. I figli in Italia aiutano molto in casa.   5. La legge italiana stabilisce che non ci devono essere differenze di stipendio tra uomini e donne che fanno lo stesso lavoro.   6. In Italia una donna che ha un bambino resta a casa almeno 5 mesi.   7. Per curare i propri figli gli italiani devono usare i loro giorni di vacanza.   8. Pochissimi padri italiani aiutano con l'educazione dei figli.

B.   Date un sinonimo o un contrario, o definite le seguenti parole.

	SINONIMO	CONTRARIO	DEFINIZIONE
1. riflusso	_____	_____	_____
2. arretrato	_____	_____	_____
3. retribuzione	_____	_____	_____
4. consentire	_____	_____	_____
5. percepire	_____	_____	_____
6. autosufficiente	_____	_____	_____

PAROLE DA RICORDARE

VERBI

apprezzare to appreciate
assicurare to ensure
avvicinarsi to approach, get
    near
chiudere (*p.p.* **chiuso**) to close
eliminare to eliminate
* **essere a favore di** to be in
    favor of
* **essere contro** to be against
fidarsi di qualcuno to trust,
    have faith in someone
finire per (+ *inf.*) to end up
    (*doing something*)
giudicare to judge
guadagnarsi da vivere to earn a
    living
interferire (**isc**) to interfere
obbligare a (+ *inf.*) to oblige,
    force to (*do something*)
prendere una decisione to
    make a decision
proteggere (*p.p.* **protetto**) to
    protect

riposarsi to rest
risolvere (*p.p.* **risolto**) to resolve
soffrire (**di**) (*p.p.* **sofferto**) to
    suffer (from)
ubbidire (**isc**) to obey

NOMI

l'acquisto purchase
l'alcolismo alcoholism
l'ambiente (*m.*) environment
l'amicizia friendship
la bugia fib, lie
il consumismo consumerism
la droga drugs
l'esperienza experience
la fuga escape
la giustizia justice
l'ingegnere (*m./f.*) engineer
l'ingiustizia injustice
l'inquinamento pollution
il materialismo materialism
il nemico, la nemica enemy
la pioggia rain
la povertà poverty

la protezione dell'ambiente
    environmentalism
il razzismo racism
la ricchezza wealth
i risparmi savings
lo scienziato scientist
la testa head
l'uguaglianza equality
la violenza violence

AGGETTIVI

autoritario strict, authoritarian
convenzionale conventional
diversi/diverse several, various
greco Greek
straordinario extraordinary

ALTRE PAROLE ED ESPRESSIONI

all'antica old-fashioned
come se as if

Lingua viva

Non solo l'immagine della donna è cambiata negli ultimi anni in Italia (almeno per certi aspetti), ma anche quella dell'uomo. Esaminate attentamente la pubblicità dei prodotti Nipiol e cercate di rispondere alle domande che seguono.

A. Rispondete alle seguenti domande.

1. Che cosa suggeriscono l'immagine ed il testo di questa pubblicità?
2. Nel testo quale espressione vuol dire «parlare molto»?   3. Quali parole indicano che gli omogeneizzati Nipiol non contengono prodotti chimici per conservarne la freschezza?   4. Il bambino di questa pubblicità mangia volentieri?   5. Quale parola si usa di solito per definire quello che mangiano i bambini?

B.   Quali sono cinque cose che fanno molti papà moderni che prima facevano solo le mamme?

Nuove parole utili: fare il bagno a (*to give a bath*), pannolini (*diapers*), biberon (*baby bottle*), curare (*to take care of*), passeggino (*stroller*), carrozzina (*baby carriage*)

Altre parole utili: giocare, vestire, alzarsi di notte...

La maternità è protetta sul posto di lavoro ed esistono asili economici ed efficienti.

LINGUA E LETTERATURA

In breve

Grammatica
A. Il periodo ipotetico con l'indicativo
B. Il periodo ipotetico con il congiuntivo
C. **Fare** + *infinito*
D. **Lasciare** e i verbi di percezione + *infinito*
E. Plurali irregolari e nomi invariabili

Lettura culturale
Usare parole straniere è decisamente « in »!

Dante e Beatrice (1883) di Henry Holiday (Liverpool, National Museums and Galleries on Merseyside, Walker Art Gallery)

VOCABOLARIO PRELIMINARE

Dialogo-lampo

GIORNALISTA: A che cosa si è ispirato per la trama del Suo romanzo?

SCRITTORE: Tutti credono che sia solo frutto della mia fantasia. Invece no: è stata un'esperienza di vita vera.

La letteratura

l'argomento subject, topic
il brano extract, selection
la citazione quotation
l'indagine (*f.*) survey
l'intervista interview
la novella short story
il/la protagonista protagonist

il racconto short story
la recensione review
la relazione paper, report
il riassunto summary
la ricerca research
il romanzo novel
il soggetto subject

il tema theme

citare to quote
recensire (**isc**) to review
riassumere (*p.p.* **riassunto**)
    to summarize

ESERCIZI

A. Definizioni-lampo.

1. ricapitolare i fatti e gli avvenimenti di un articolo, di un libro o di un film   2. un colloquio con qualcuno   3. una breve opera narrativa
4. un'analisi generale   5. il personaggio principale   6. riportare brani o parole di altre persone

B. Leggere. In risposta alla domanda « Qual è la cosa che vi rilassa di più? » gli italiani intervistati (*interviewed*) hanno dato le seguenti risposte: al primo posto, « ascoltare la musica »; poi « leggere », « guardare la TV », « dormire », « passeggiare » e « lavorare a maglia [*to knit*] ». Alla domanda « Cosa preferite leggere? » le risposte sono state: i gialli (*detective stories*), i romanzi d'amore, i libri d'avventure, i libri storici, i libri di fantascienza (*science fiction*) e i fumetti (*comics*).

Ora chiedete a un compagno (una compagna):

1. cosa preferisce leggere, scegliendo tra le seguenti categorie:

    ☐ narrativa, romanzi, poesia, testi teatrali
    ☐ saggistica (*essays*) (economia, storia, scienza politica, sociologia, psicologia, ecc.)
    ☐ saggistica di attualità
    ☐ manuali e libri specialistici per i propri hobbies
    ☐ gialli, fantascienza
    ☐ letteratura d'evasione
    ☐ altro (specificare)

2. quanti libri legge in un anno (esclusi quelli scolastici):

    ☐ più di quindici
    ☐ da dieci a quindici
    ☐ da cinque a dieci
    ☐ tre o quattro
    ☐ meno di tre
    ☐ nessuno

3. se legge dei giornali, e quando:

    ☐ tutti i giorni
    ☐ quattro o cinque volte alla settimana
    ☐ due o tre volte alla settimana
    ☐ un giorno alla settimana
    ☐ quasi mai
    ☐ mai

4. se legge riviste settimanali o mensili più o meno regolarmente:

    ☐ più di una alla settimana
    ☐ una alla settimana
    ☐ una ogni due a quattro settimane
    ☐ qualche volta
    ☐ quasi mai
    ☐ mai

C.   Citazioni. Potete identificare queste citazioni dai più famosi capolavori italiani? (Le risposte sono in basso.)

1. « Tutti li stati, tutti 'e dominii che hanno avuto et hanno imperio (*power*) sopra li uomini, sono stati o sono o repubbliche o principati... »
2. « Lasciate ogni speranza, voi ch'entrate. »
3. « Chiare fresche e dolci acque ove (dove) le belle membra (*limbs*) pose colei (quella) che solo a me par donna... »

RISPOSTE: 1. Machiavelli, *Il principe;* 2. Dante, *L'inferno;* 3. Petrarca, *Il canzoniere.*

GRAMMATICA

A. Il periodo ipotetico con l'indicativo

Secondo molte persone, i proverbi non sono pure e semplici curiosità; sono una forma di letteratura. I proverbi riflettono la filosofia, la cultura e le esperienze di intere generazioni e rappresentano una chiave per la comprensione d'un popolo.

Un proverbio cinese dice: « Se vuoi essere felice per un'ora, ubriacati. Se vuoi essere felice per tre giorni, sposati. Se vuoi essere felice per otto giorni, uccidi il tuo maiale e mangialo. Ma se vuoi essere felice per sempre, diventa giardiniere. »

Conditional sentences consist of two clauses: an *if* clause that indicates a condition and a main clause that indicates the result of that condition: *If I don't sleep, I become irritable. If they arrive early, we'll go to the beach.*

1. In Italian, **se** introduces the clause with the condition. When the conditions presented are real or possible, the **se** clause is in an indicative tense (present, future, or past), and the main clause is in either the indicative or the imperative.

se CLAUSE	MAIN CLAUSE
Indicative	*Indicative or Imperative*
se + present tense / future tense / past tenses	present tense future tense past tenses imperative

Se gli **piacciono** le novelle, gli **potete** regalare il *Decameron.*

If he likes short stories, you can give him the Decameron.

Se non l'**hai** ancora **vista, non leggere** la recensione!

If you haven't seen it yet, don't read the review!

Many people feel that proverbs aren't mere curiosities, they're a form of literature. Proverbs reflect the philosophy, culture, and experiences of entire generations and are a key to understanding a group of people. A Chinese proverb says: "If you want to be happy for an hour, get drunk. If you want to be happy for three days, get married. If you want to be happy for eight days, kill your pig and eat it. But if you want to be happy forever, become a gardener."

Se **vai** in centro, **comprami**
    quel nuovo romanzo.

*If you go downtown, buy me
    that new novel.*

2. The only tense pattern that differs from English is **se** + *future*. When the main clause is in the future, the **se** clause must *also* be in the future. This corresponds to *if* + *present* in English.

Se **leggerete** il romanzo,
    apprezzerete di più il film.

*If you read the novel, you will
    appreciate the film more.*

ESERCIZI

—Se trovate un orologio d'oro
nella polenta, è del cuoco.[a]

[a]*cook*

A. Abitudini (*Habits*). Working with a partner, ask and answer questions as in the example.

ESEMPIO: avere sonno →
    —Se hai sonno, cosa fai?
    —Se ho sonno, bevo un espresso. E tu?
    —Se ho sonno, vado a dormire.

1. avere bisogno di dimagrire   2. sentirsi solo/a (*lonely*)   3. non avere voglia di cucinare   4. non potere dormire   5. non trovare un parcheggio   6. vedere una bella ragazza (un bel ragazzo)

B.   Complete each sentence in a logical manner.

1. Se leggerai quel romanzo...
2. Se non hanno scritto il riassunto...
3. Se faranno un'indagine...
4. Se non conoscete quella citazione...
5. Se l'autrice farà una conferenza...
6. Se tu hai fatto molte ricerche...

C.   Express in Italian.

1. A: Guys, what are you going to do tomorrow?
   B: If it's nice, we'll go to the beach. If not, we'll go to the movies.
   C: And if there aren't any interesting movies, we'll stay home.
2. A: If you've finished your paper, why are you so worried?
   B: If my professor doesn't like it, I'll be in hot water (**essere nei guai**).

D.   Conversazione.

1. Se Le consigliano di leggere un romanzo, Lei lo legge?   2. Se Le danno un buon consiglio, lo segue?   3. Se parlo adagio, mi capisce?   4. Se non dorme otto ore per notte, diventa nervoso/a?   5. Si offende se qualcuno paga per Lei il caffè (il biglietto del cinema, ecc.)? O Le piace che qualcuno paghi per Lei? O preferisce fare alla romana (*to go dutch*)?   6. Che cosa fa se vuole essere felice per un'ora?

B. Il periodo ipotetico con il congiuntivo

—Se fosse per me, non darei mai un passaggio a nessuno.

1. In conditional sentences in which imaginary situations (likely or unlikely to happen) are described, the **se** clause is in the *imperfect subjunctive* and the main clause is in the *conditional*.

se CLAUSE	MAIN CLAUSE
Subjunctive	*Conditional*
se + imperfect subjunctive	present conditional conditional perfect

Se **avessi** più tempo, **leggerei** tutti i romanzi di Calvino.
If I had more time, I would read all of Calvino's novels.

Se tu non **fossi** tanto pigro, **avresti** già **finito** la relazione.
If you weren't so lazy, you would have finished your paper already.

2. Imaginary, contrary-to-fact situations in the past are expressed by a **se** clause in the *pluperfect subjunctive* with the main clause in the *conditional*.

se CLAUSE	MAIN CLAUSE
Pluperfect Subjunctive	*Conditional*
se + pluperfect subjunctive	present conditional conditional perfect

Se **avessi avuto** più tempo, **avrei letto** tutti i romanzi di Calvino.
If I had had more time, I would have read all of Calvino's novels.

Se tu non **fossi stato** tanto pigro,   *If you hadn't been so lazy, you*
   avresti già **finito** la relazione.   *would have finished your*
                                     paper already.

3. In contrast to English, the present and past conditional are used *only* in the main clause, *never* in the **se** clause. Only the imperfect or pluperfect subjunctive (never the present or past subjunctive) may be used in the **se** clause of a hypothetical sentence.

ESERCIZI

A. Replace the subject of the main clause with each subject in parentheses, and make other necessary changes.

1. Se tu potessi essere un personaggio, chi vorresti essere? (Lei / voi / Marco / Loro)
2. Se io avessi letto la recensione, non sarei andata a vedere quel film. (Paola / i miei genitori / tu / noi)
3. Se Giulio avesse letto l'articolo, avrebbe potuto scrivere il riassunto. (voi / tu / gli studenti / io)

B.   Fantasie. Complete each sentence according to your own hopes and desires.

1. Se avessi un sacco di soldi...
2. Se ci fosse la pace nel mondo...
3. Se potessi andare in qualsiasi paese...
4. Se fossi bello come Cary Grant (bella come Ingrid Bergman)...
5. Se potessi risolvere un solo problema sociale...
6. Se fossi intelligente come Einstein (Madame Curie)...

C. Your university's Italian department recently sponsored a major literary conference. Talk about it with a classmate, following the example on page 417.

—Sarebbe stato un bel viaggio di nozze[a] se mia moglie non avesse preferito andarsene per conto suo[b]!

[a]viaggio... *honeymoon*
[b]per... *on her own*

ESEMPIO: venire / Maria (vedere il programma) →
—Perchè non è venuta Maria?
—Sarebbe venuta se avesse visto il programma.

1. parlare / il professor Pisani (non perdere gli appunti [*notes*])
2. partecipare alla discussione / tu (leggere i racconti)
3. scrivere un articolo / Anna (andare alla conferenza)
4. venire / Paolo e Franco (non dover lavorare)
5. citare il tuo articolo / signora Bruni (leggerlo)

D. Express in Italian.

1. If you need me, call me. 2. If you had spoken more slowly, I would have understood you. 3. If they wanted to, they could do it. 4. If they had wanted to, they could have done it. 5. If Marisa wants to come, she will come. 6. If I drank too much, I would get drunk. 7. If there were a bus strike, we would rent a car.

E. Conversazione.

1. Se io Le chiedessi un favore, me lo farebbe? 2. Se vedesse un extraterrestre, scapperebbe? 3. Se avesse un appartamento più grande, inviterebbe i Suoi amici più spesso? 4. Se potesse imparare un'altra lingua, quale sceglierebbe? Perchè? 5. Se potesse rinascere, chi o che cosa vorrebbe essere? Perchè?

C. **Fare** + *infinito*

MICHELE: L'hai poi finita quella traduzione tecnica dal giapponese?
LINA: Non me ne parlare! Mi ha fatto diventare matta!
MICHELE: Lo so che sei sempre stata una perfezionista...
LINA: Perfezionista fino a un certo punto. Ci ho lavorato due settimane, ma mi sono resa conto che ancora non va: dovrò farmi aiutare da qualcun altro più bravo di me.
MICHELE: Sta' tranquilla: te la faccio riguardare dalla mia amica Ako che è un'ottima traduttrice.

MICHELE: Well, then, have you finished that technical translation from the Japanese?
LINA: Don't talk to me about it! It drove me crazy. MICHELE: I know you've always been a perfectionist... LINA: A perfectionist up to a certain point. I worked on it for two weeks, but I realized that it's not there yet: I'll have to get some help from someone who's better than I am. MICHELE: Don't worry. I'll have it looked over for you by my friend Ako, who's an excellent translator.

1. **Fare** + *infinitive* is used to convey the idea of *having something done* or *having someone do something*. Noun objects follow the infinitive. Compare these sentences.

L'editore **scrive** una recensione.	*The editor writes a review.*
L'editore **fa scrivere** una recensione.	*The editor has a review written.*
Lavo la macchina.	*I'm washing the car.*
Faccio lavare la macchina.	*I'm having the car washed.*

2. Object pronouns normally precede the form of **fare**. They are attached to **fare** only when **fare** is in the infinitive form or in the first or second person of the imperative.

Faccio lavare la macchina; **la faccio lavare** ogni sabato.	*I'm having the car washed; I have it washed every Saturday.*
Fa' riparare il televisore; **fallo riparare** al più presto!	*Have the TV set repaired; have it repaired as soon as possible!*
Desidero far mettere il telefono; desidero **farlo mettere** nel mio studio.	*I wish to have a phone put in; I wish to have it put in my study.*

3. When the sentence has only one object, it is a direct object. When there are two objects, the *thing* is the direct object and the *person* is the indirect object. The preposition **a** turns a noun or a disjunctive pronoun into an indirect object.

Fanno leggere **Marco.**	*They make Marco read.*
Lo fanno leggere.	*They make him read.*
Fanno leggere i racconti **a Marco.**	*They make Marco read the stories.*
Fanno leggere i racconti **a lui.**	*They make him read the stories.*
Gli fanno leggere i racconti.	
Glieli fanno leggere.	*They make him read them.*

4. When the use of **a** can cause ambiguity, **a** + *person* is replaced by **da** + *person*.

TWO POSSIBLE MEANINGS

Ho fatto scrivere una lettera **a Mario.**	*I had Mario write a letter.* *I had a letter written to Mario.*

ONE MEANING ONLY

Ho fatto scrivere una lettera **da Mario.**	*I had Mario write a letter.*

5. **Farsi** + *infinitive* + **da** + *person* means *to make oneself heard/understood/be seen by someone*. **Essere** is used in compound tenses.

Come possiamo **farci capire da** tutti?

How can we make ourselves understood by everyone?

Si sono fatti arrestare.

They had themselves arrested.

—Diamola da costruire all'impresaᵃ che ci farà spendere meno.   ᵃazienda

ESERCIZI

A. Replace the words in italics with each word or phrase in parentheses.

1. Devo far riparare *il televisore.* (la macchina / l'orologio / l'ascensore / la bicicletta)
2. Hai fatto *piangere* (*to cry*) la bambina? (ridere / dormire / giocare / mangiare / bere)
3. Non mi faccia *aspettare!* (uscire / pagare / cantare / guidare / ripetere)

B. Quanto costa? Working with a partner, find out how much the following services cost in your city. (Make up an answer or use the **futuro di probabilità** if you're not sure.)

ESEMPIO: installare / il telefono →
—Quanto costa far installare il telefono in questa città?
—Costerà cento dollari.

1. lavare a secco (*dry clean*) / una maglia
2. riparare / un orologio
3. installare / il cavo (*cable TV*)
4. cambiare / l'olio della macchina
5. stirare / i pantaloni

C. Cosa gli faresti fare? Advise your friend about what he should have these people do at his next party.

ESEMPIO: Paolo parla troppo. → Fallo stare zitto!

1. Gina ha una bella voce. 2. Antonio è un ottimo cuoco. 3. Lina e Stefano sanno ballare il tango e il valzer. 4. Marco e Bruno hanno molti dischi nuovi. 5. Chiara e Stefania hanno dello champagne.

D. La nuova manager. Your new boss is making lots of changes in the office. Tell what she is having everyone do. Follow the example.

ESEMPIO: imparare il BASIC / tu →
   La nuova manager fa imparare il BASIC a te.
   Ti fa imparare il BASIC.

1. scrivere dei programmi / me
2. spedire tutto per espresso / noi
3. richiamare puntualmente i clienti / Marco
4. leggere il *Wall Street Journal* / gli impiegati
5. tenere (*to keep*) pulite le scrivanie / noi
6. fare il caffè / la sua segretaria

E. Un miracolo. You managed to have all your housemates do their chores last week. Answer each question in the affirmative, using the double object pronouns in your response.

ESEMPIO: lavare i piatti (Claudio) →
   —Hai fatto lavare i piatti a Claudio?
   —Sì, glieli ho fatti lavare.

1. preparare la cena / Gina
2. annaffiare (*to water*) le piante / Claudio e Gina
3. pulire il frigo / Anna
4. apparecchiare la tavola / Antonio
5. lavare la macchina / Antonio e Gina
6. fare la spesa / Claudio e Anna

—Ho sentito che avete fatto mettere il caminetto.

F. Conversazione.

1. Chi o che cosa La fa ridere?   2. Le piace che il Suo professore (la Sua professoressa) d'italiano Le faccia ripetere le parole nuove? Lo trova utile per la pronuncia?   3. Che cosa farebbe per farsi ammirare dai Suoi genitori? E dai Suoi compagni?   4. Quale poesia americana farebbe tradurre in italiano?   5. Immagini di avere un appuntamento con una persona che non ha mai visto. Che cosa farebbe per farsi riconoscere?

D. **Lasciare** e i verbi di percezione + *infinito*

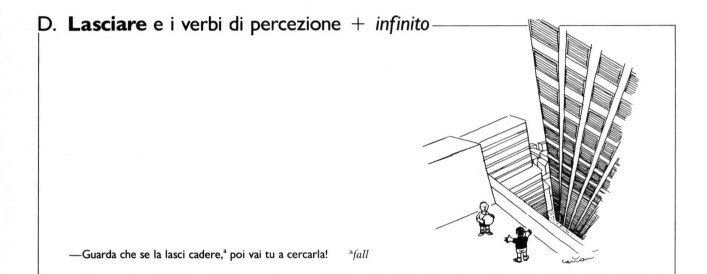

—Guarda che se la lasci cadere,[a] poi vai tu a cercarla!   [a]*fall*

1. Just like **fare,** the verb **lasciare** (*to let, allow, permit*) and verbs of perception (**vedere, guardare, sentire,** etc.) are followed directly by the infinitive.

Non ci **lascia scrivere** a mano.	He doesn't allow us to write by hand.
Abbiamo sentito leggere la scrittrice.	We heard the author read.

2. Noun objects generally follow the infinitive, while pronoun objects precede the main verb. Pronouns are attached to the main verb only when it is in the infinitive or in the first or second person of the imperative.

Hai sentito piangere la mamma? —Sì, **l'ho sentita** piangere.	*Did you hear Mother cry?* *—Yes, I heard her cry.*
Perchè non lasci giocare i bambini? **Lasciali** giocare!	*Why don't you let the children play? Let them play!*
Non voglio **vederti** correre.	*I don't want to see you run.*

3. **Lasciare** may also be followed by **che** + *subjunctive.*

Perchè non **lo** lasciate **parlare?**   *Why don't you let him talk?*
Perchè non lasciate **che lui
   parli?**

ESERCIZI

—E io ti ripeto che ho sentito la terra muoversi...

A.   Il fratellino. Giulia's little brother is getting into trouble, as usual. Restate each of her commands to him.

ESEMPIO: Lascia che il gatto mangi! → Lascia mangiare il gatto!

1. Lascia che Annuccia dorma!   2. Lascia che la nonna legga in pace!
3. Lascia che io parli!   4. Lascia che gli zii guardino la TV!   5. Lascia che Maria prepari la cena!   6. Lascia che entri il postino (*mailman*)!

Now restate each command, using the appropriate pronoun.

ESEMPIO: Lascialo mangiare!

B.   Find out from a friend who has **genitori all'antica whether his/her parents allow the following things, and imagine the answers.

ESEMPIO: (fumare) Ti lasciano fumare? →
                Sì, mi lasciano fumare. (No, non mi lasciano fumare.)

1. uscire ogni sera
2. portare ragazzi/e in casa
3. ritornare a casa dopo mezzanotte
4. spendere i soldi come vuole
5. mangiare quello che vuole
6. dormire fino a tardi

Now list three things your parents didn't allow you to do when you were little. Begin with **I miei genitori non mi lasciavano...**

**C.   C'è stato un incidente stradale (*traffic accident*). Un poliziotto interroga un uomo che ha visto l'incidente. Descrivete quello che dice l'uomo utilizzando le espressioni elencate (*listed*).

ragazzo / attraversare (*to cross*) la strada / col rosso (*against the light*)
due macchine / arrivare a tutta velocità
la prima macchina / frenare (*to brake*) / investire (*to run over*) il ragazzo
la seconda macchina / non potere frenare / scontrarsi con la prima macchina
un'ambulanza / arrivare / trasportare il ragazzo all'ospedale

E. Plurali irregolari e nomi invariabili

GABRIELLA: Come stai, nonna?

NONNA: Male, figlia mia! Il solito attacco di artrite; mi fanno male le braccia, le giunture delle ginocchia, le dita delle mani. Insomma, ho le ossa rotte!

GABRIELLA: E il dottore, che dice?

NONNA: Ah, quell'uomo è impossibile! Dice di prendere un paio di aspirine e di mangiare frutta e verdura, poca carne e poche uova. Bella vita!

1. Some masculine nouns are feminine in the plural and end in **-a.**

il braccio *arm*   le bracci**a**
il dito *finger; toe* le dit**a**
il ginocchio *knee* le ginocchi**a**
il labbro *lip*   le labbr**a**
il miglio *mile*   le migli**a**
l'osso *bone*   le oss**a**
il paio *pair*   le pai**a**
l'uovo *egg*   le uov**a**

Con quante dita scrivi a
  macchina?
Queste uova non sono fresche.

*With how many fingers do you
  type?*
These eggs are not fresh.

2. The following nouns have irregular plurals:

l'uomo *man*   gli uomini
il Dio (dio) *God (god)* gli dei *(note the irregular article)*

Hai letto il romanzo *Uomini
  e topi?*
Gli antichi credevano in molti
  dei.

Have you read the novel Of Mice
  and Men?
*The ancients believed in many
  gods.*

3. Some nouns are invariable in the plural. You have already learned many nouns of this type. Some of the most common include the following:

GABRIELLA: How are you, Grandma? GRANDMOTHER: Not well, dear! My usual bout of arthritis. My arms hurt, my knee joints hurt, my fingers hurt. I ache all over! (*lit.,* In short, I have broken bones.) GABRIELLA: What does the doctor say? GRANDMOTHER: Oh, that man is impossible! He says to take a couple of aspirin and to eat fruit and vegetables, very little meat, and few eggs. Some life!

a. nouns ending in a consonant

   il fil**m** → i fil**m**, lo spor**t** → gli spor**t**

b. nouns ending in an accented vowel

   l'universi**tà** → le universi**tà**, il lune**dì** → i lune**dì**

c. nouns ending in **-i**

   la cris**i** → le cris**i**

d. nouns ending in **-ie**

   la spec**ie** → le spec**ie**

   but

   la mog**lie** → le mog**li**

e. nouns of one syllable

   il **re** → i **re**

f. family names

   i Brambill**a** (*the Brambillas*)

g. abbreviations

   il cinem**a** → i cinem**a**, il frig**o** → i frig**o**

ESERCIZI

A. Give the plural of each phrase.

1. il dito lungo	5. il labbro rosso	9. il film storico
2. il braccio stanco	6. il vecchio paio	10. il re greco
3. il dio romano	7. la vecchia città	11. il piccolo caffè
4. l'uovo fresco	8. il cinema e il teatro	12. la moglie stanca

B. Conversazione.

1. Quante paia di scarpe Le piacerebbe avere?   2. Mangia spesso uova a colazione? Crede che sia bene mangiare poche uova?   3. Conosce l'espressione «essere pelle e ossa»? Cosa crede che significhi?   4. Quante miglia al giorno sarebbe capace di fare a piedi? E con la macchina?

C. Express in Italian.

1. There have been many crises in my family this year.   2. Do you play (**praticare**) these sports in your country?   3. The Colombos are very numerous in Milan.   4. The Centaros went to the opera with two men I don't know.

DIALOGO

Geraldine si è iscritta° a Roma a un corso accelerato di lingua italiana. In   si... *enrolled*
casa sua ha sempre sentito parlare italiano perchè sua madre è italiana,
ma, dato che non ha mai studiato la grammatica, ora si è resa conto che il
suo italiano non è sempre perfetto. Una mattina, dopo una lezione,
s'incontra con Paolo alla mensa dello studente.

PAOLO: Come vanno gli studi? Fai progressi?

GERALDINE: Così così: ora studiamo l'uso del condizionale e del congiuntivo
nel periodo ipotetico; questa grammatica italiana è più difficile
di quanto credessi.

PAOLO: Se vuoi, ti aiuto io. Ecco subito un bell'esempio: Se Geraldine
mi amasse, sarei un uomo felice.

GERALDINE: Il solito spiritoso! Se davvero vuoi aiutarmi, sii più serio!

PAOLO: Tu non ricordi le regole di grammatica perchè le frasi dei libri
di testo sono noiose. Ora t'illustro io la regola con una poesia
che pare fatta apposta. Stammi a sentire:°   Stammi... *Listen to me*

    S'io fossi foco,° arderei° 'l mondo;   *fire (archaic)* / *I would burn*
    S'io fossi vento,° lo tempesterei;°   *wind* / *I would batter*
    S'io fossi acqua, i' l'annegherei;°   *I would drown*
    S'io fossi Dio, lo manderei in profondo...

Oh Dio, non ricordo il resto! Solo l'ultima terzina° che è un   *tercet*
capolavoro:

    S'io fossi Cecco, come sono e fui,
    Torrei° le donne giovani e leggiadre°   *I'd take* / *pretty*
    E vecchie e laide° lascerei altrui.°   *ugly* / *for the others*

GERALDINE: Tipico maschio italiano anche questo poeta... Chi era?

PAOLO: Un senese° naturalmente: un certo Cecco Angiolieri che visse   *person from Siena*
nel tredicesimo secolo e scherzava° su tutto per non piangere.   *joked*

GERALDINE: Mi pare che sia una vostra abitudine anche oggi.

PAOLO: Già,° noi non vogliamo sembrare sentimentali e così   *Sure*
prendiamo in giro° tutto ciò che gli altri prendono sul serio.   prendiamo... *we make fun of*

GERALDINE: Ma non siete mai seri?

PAOLO: Certo! Più si scherza e più° si è seri!   Più... *The more we joke the more*

GERALDINE: Ah, se vi capissi, sarei contenta!

PAOLO: Brava! Vedi che hai già imparato la regola di grammatica? Se
continuerai a stare in mia compagnia, imparerai tutte le
regole! E anche a trasgredirle...

GERALDINE: Buffone°! S'io fossi Geraldine, com'io sono e fui, tutti i maschi   *Fool*
italiani impiccherei°... Ciao, scappo!   *I would hang*

PAOLO: Ciao, bella! E se hai bisogno di altre lezioni, telefonami!

Ritratto di Petrarca (1304–1374) in un manoscritto del secolo XIV (foto: The Granger Collection)

■ VARIAZIONI SUL TEMA

E ora fate voi i poeti! Working individually or in small groups, come up with your own witty endings for Cecco Angiolieri's verses (your creation needn't rhyme) on page 427.

S'io fossi foco...	S'io fossi papa...
S'io fossi vento...	S'io fossi imperatore (*emperor*)...
S'io fossi acqua...	S'io fossi morte...
S'io fossi Dio...	S'io fossi vita...

PICCOLO RIPASSO

A. Complete each line in column A by choosing the appropriate conclusion from column B.

A
1. Se parlasse chiaramente,
2. Se tieni la finestra aperta,
3. Avreste chiamato il dottore
4. Se tu non mi lasciassi uscire,
5. Se voleva pagare lui,
6. Io vado al mare
7. Se avevi capito la poesia,

B
a. se non vi foste sentiti bene?
b. perchè me l'hai fatta tradurre?
c. perchè non l'avete lasciato pagare?
d. si farebbe capire.
e. se continua il bel tempo.
f. fai entrare le zanzare (*mosquitoes*).
g. starei a casa.

B. Complete each conversation with the appropriate form of the verb in parentheses.

1. A: Se tu _____ (studiare), prenderesti dei voti migliori.
   B: E se non dovessi lavorare, io _____ (potere) studiare di più!
2. A: Se _____ (avere) fame, mangia!
   B: Non ti preoccupare, nonna. Mangerò se _____ (avere) fame.
3. A: Andrei volentieri in Inghilterra se _____ (sapere) parlare inglese.
   B: Allora, se ci vuoi andare, perchè non _____ (seguire) un corso d'inglese?
4. A: Se _____ (finire) ieri, avreste potuto accompagnarci.
   B: Anche se avessimo lavorato fino a tardi tanto per finire, _____ (essere) troppo stanchi per accompagnarvi.

C. Express in Italian.

1. A: We were hoping you would let us go in without paying.
   B: Don't make me laugh!
2. A: If you go to the festival, could you write a review?
   B: I'll have Biondi write it if I can't do it.
3. A: And what if (**E se**) I hadn't given you the gold chain?
   B: I would have had my other boyfriend give it to me!

LETTURA CULTURALE

USARE PAROLE STRANIERE È DECISAMENTE «IN»!

In Italia si sono sempre usate delle parole straniere per definire cose che a volte non avevano un equivalente in italiano, come, ad esempio: il bar, lo sport, il tennis, l'hobby, il manager, il ranch, i jeans.

Alcune parole sono state trasformate ed hanno mantenuto il significato ma non la forma o la pronuncia dell'originale, per esempio: il basket (per *basketball*), l'hamburger (pronunciato senza la *h* e con l'accento sulla *u*).

L'inglese nella pubblicità

Altre volte le parole straniere assumono un significato diverso in italiano e sostituiscono parole che già esistevano nella lingua. Quando si parla di giocare a football, ad esempio, ci si riferisce al calcio; per indicare, invece, il gioco preferito degli americani bisogna specificare che si sta parlando del football americano! Quando un italiano mette la macchina nel box, non la mette in una scatola° ma in un garage dove c'è   *box* posto per una macchina.

Molti prodotti stranieri mantengono° i nomi originali in italiano ma   *retain* vengono pronunciati all'italiana e nessuno capisce il significato originale

delle parole. Il Tide, ad esempio, è un detersivo famoso ma nessuno sa che *tide* si pronuncia **taid** e significa « marea ». Il nome del dentifricio Colgate e quello del sapone Palmolive sembrano italiani: finiscono persino con una vocale e vengono pronunciati lettera per lettera come una parola italiana!

Negli ultimi anni molte parole straniere, soprattutto americane, sono diventate molto di moda in Italia.

Negli ultimi anni molte parole straniere, soprattutto americane, sono diventate molto di moda in Italia. Queste nuove espressioni vengono diffuse dalla pubblicità e usate dai giovani. Generalmente, quando creano una nuova parola basata su un verbo straniero, gli italiani tendono a creare un verbo regolare della prima coniugazione. Così negli ultimi anni sono nati verbi come: stressare o stressarsi (usati nel senso di porre o essere sotto pressione), testare (usato nel senso di fare una prova, un test), finalizzare (usato nel senso di portare a termine o concludere). Agli italiani piacciono molto espressioni come « avere un nuovo look » (nel senso di « avere una nuova immagine »), « essere in » (essere popolare, alla moda) o « essere single » (il single o la single sono un uomo o una donna non sposati).

Anche in inglese esistono parole « importate » da altre lingue. Qualche esempio dell'influenza dell'italiano sull'inglese? Eccolo! Nel mondo della musica: **adagio, allegro, da capo;** quando si parla di cibi: **pasta, spaghetti, broccoli.** Esistono nell'inglese parole che provengono da molte lingue: dal francese, per esempio, si usano parole come *cul de sac* e *à la mode*, e ne esistono molte altre; basta pensarci e ne viene fuori un bell'elenco!

PRATICA

A. Inserite le parole necessarie scegliendole dall'elenco.

basket
box
finalizzato
hamburger
in
nuovo look
popcorn
single
testato

A: Ciao, Daniela, come stai?

B: Non troppo bene. Ieri sera sono andata da Burghy, quel ristorante molto _____, di cui parlano tutti, ho mangiato due _____ ma non li ho digeriti. Così ho dormito male tutta la notte.

A: Avresti dovuto prendere quel nuovo prodotto per digerire per cui fanno tanta pubblicità.

B: Non mi fido delle medicine nuove.

A: Ma questo prodotto è clinicamente _____! Comunque, con chi sei andata da Burghy?

B: Con Riccardo.

A: Riccardo? Credevo che non ti piacesse!

B: È vero, ma ora ha un _____: è cambiato molto. E tu cos'hai fatto?

A: Sono andata a vedere la partita di _____ con i soliti amici. C'era anche un cugino di Carla.

B: Quello che si è sposato il mese scorso?

A: No, un altro cugino che è un _____ .

B. Trovate dieci parole straniere usate in inglese e spiegatene il loro significato in italiano.

ESEMPIO: mozzarella = formaggio italiano

PAROLE DA RICORDARE

VERBI

citare to quote
fare progressi to make progress
impiccare to hang (*a person*)
incontrarsi con to meet
iscriversi a to enroll in
piangere (*p.p.* **pianto**) to cry, weep
prendere in giro to make fun of
recensire (isc) to review
riassumere (*p.p.* **riassunto**) to summarize
riparare to repair, fix
scherzare to joke
*stare a sentire** to listen to
tradurre (*p.p.* **tradotto**) to translate

ubriacarsi to get drunk
uccidere (*p.p.* **ucciso**) to kill

NOMI

l'abitudine (*f.*) habit
l'argomento subject, topic
il braccio (*pl.* **le braccia**) arm
il brano extract, selection
la citazione quotation
la crisi (*inv.*) crisis
il dio (*pl.* **gli dei**) god
il dito (*pl.* **le dita**) finger
il ginocchio (*pl.* **le ginocchia**) knee
l'indagine (*f.*) survey
il labbro (*pl.* **le labbra**) lip
il miglio (*pl.* **le miglia**) mile

la novella short story
l'osso (*pl.* **le ossa**) bone
il paio (*pl.* **le paia**) pair
il proverbio proverb
la recensione review
la relazione paper, report
il riassunto summary
la ricerca research
il romanzo novel
il soggetto subject
la specie (*inv.*) type; species
il tema theme
l'uovo (*pl.* **le uova**) egg

ALTRE PAROLE ED ESPRESSIONI

serio serious
spiritoso witty

Lingua viva

Leggiamo attentamente! Guardate attentamente queste pubblicità. A che tipo di persona potrebbero piacere questi libri? Rispondete alle domande che seguono.

La donna inglese nel secolo di Cromwell
Un saggio di accurata documentazione e appassionante lettura che identifica nel Seicento inglese il momento storico della nascita del fenomeno sociale più rilevante della nostra epoca: l'emancipazione femminile.

Antonia Fraser
L'OMBRA DI EVA
RUSCONI

La testimonianza autobiografica di un grande interprete diventa testo indispensabile per lo studio del violino.

Salvatore Accardo
L'arte del violino
RUSCONI

Attraverso gli occhi del protagonista, bambino poi adolescente, le trasformazioni talvolta crudeli della società e del mondo così come si vivevano, tra gli anni Trenta e Cinquanta, nella Milano della borghesia.

Alberto Vigevani
UN'EDUCAZIONE BORGHESE
RUSCONI

Un libro che ha divertito i lettori di tutto il mondo
LISA ST. AUBIN
L'ACCELERATO PER MILANO
Negli anni Settanta, quattro giovani abitano su un treno che porta in giro per l'Europa la loro fantasia.
Agostini

ANDRÉ FROSSARD
IL VANGELO SECONDO RAVENNA
Una guida artistico-contemplativa fra gli stupendi mosaici delle chiese di Ravenna. L. 37.000
Collana CAPOLAVORI DELLA FEDE

ESERCIZI

A. Bisogna comprare dei libri per fare dei regali. Quali libri vanno bene per queste persone?

1. Pietro studia al conservatorio da cinque anni, è un bravo violinista. Gli regaliamo _____ .
2. Justin andrà in Italia quest'estate con una borsa di studio per studiare la storia dell'arte. Gli regaliamo _____ .
3. Stefania è un avvocato che si specializza nella difesa dei diritti delle donne. Le regaliamo _____ .
4. Carla è molto stanca ed ha bisogno di leggere un libro allegro e rilassante. Le regaliamo _____ .
5. Marina vive a Venezia però è nata a Milano nel 1938. Le regaliamo _____ .

B. Rispondete con frasi complete.

1. Ha mai studiato una letteratura straniera? Se sì, quale? Se no, quale Le piacerebbe studiare?
2. Qual è l'ultimo libro che ha letto? Le è piaciuto?
3. Di solito perchè sceglie di leggere un certo libro?
4. Quando deve leggere un libro in che posizione si mette? Seduto/a, sdraiato/a sul divano, a letto, su un prato, o dove?
5. Di solito i libri li compra, li prende in biblioteca, glieli regalano o glieli prestano?

Alberto Moravia, famoso scrittore italiano

ITALIANI E AMERICANI

In breve

Grammatica
A. La forma passiva del verbo
B. Il **si** impersonale
C. Il gerundio e i tempi progressivi

Lettura culturale
Costumi ed usanze

I mezzi di comunicazione di massa accorciano le distanze culturali tra popolazioni diverse.

433

VOCABOLARIO PRELIMINARE

Dialogo-lampo

IMPIEGATO: Vediamo... Lei si chiama Paul Richardson. Come mai parla tanto bene l'italiano, signor Richardson? Lei non è d'origine italiana...

PAUL: E invece lo sono. Mio padre è d'origine inglese, ma i miei nonni materni erano italiani. Studio l'italiano da un anno all'università, negli Stati Uniti.

Le culture

gli antenati ancestors
l'origine (*f.*) origin
il pregiudizio prejudice
le radici roots

il retaggio heritage
lo stereotipo stereotype
la tradizione tradition

*immigrare to immigrate
ricordare to remember
sognare to dream

ESERCIZI

A. Immagini dell'Italia e degli italiani. The following questions are taken from a poll conducted in EEC (European Economic Community) countries. (In Italian, it is called the CEE, for **Comunità Economica Europea.**) Answer the questions with your own responses.

1. Quale personaggio Le viene in mente quando si parla dell'Italia?
2. Quale prodotto Le viene in mente quando si parla dell'Italia?
3. Che cosa ammira soprattutto dell'Italia?

    gli artisti   i politici
    gli scienziati   gli imprenditori (*entrepreneurs*)
    gli atleti   altri?

4. Secondo Lei, gli italiani sono soprattutto:

    romantici   pigri
    presuntuosi (*presumptuous*)   buongustai (*gourmets*)
    sexy   paurosi (*cowardly*)
    rumorosi (*noisy*)   altro?
    simpatici

5. Secondo Lei, l'Italia è soprattutto:

    il centro della cultura Europea   un paese poco sicuro (*safe*)
    un centro turistico   altro?

B. In a small group, discuss your own cultural and ethnic roots or those of a particular group in your community. Use the following outline as a guide.

	LA MIA FAMIGLIA	ALTRO GRUPPO DELLA COMUNITÀ
1. Di dove sono?	____	____
2. Perchè sono venuti negli Stati Uniti?	____	____
3. Quale lingua parlavano?	____	____
4. Quali tradizioni culturali hanno conservato?	____	____
5. Altro	____	____

C. Stereotipi. Secondo voi, negli Stati Uniti, qual è lo stereotipo dell'italiano? E in Italia dell'americano? Secondo voi, hanno un elemento di verità queste immagini?

GRAMMATICA

A. La forma passiva del verbo

GIACOMO: Signora Bertucci, che buon pasto! Le tagliatelle erano squisite. Mi dica, dove le ha comprate?

SIGNORA BERTUCCI: Figlio mio, da noi, la pasta è sempre fatta in casa...

GIACOMO: E la tavola! Proprio un sogno.

ANGELA: Sai, Giacomo, la tovaglia l'ha fatta la nonna. E i tovaglioli...

SIGNORA BERTUCCI: Sono stati ricamati dalla zia Maria quando aveva solo quindici anni.

GIACOMO: Che belle queste tradizioni di famiglia!

GIACOMO: Mrs. Bertucci, what a good meal! The noodles were wonderful. Tell me, where did you buy them?   MRS. BERTUCCI: My boy, with us, the pasta is always made at home.
GIACOMO: And the table! Just beautiful.   ANGELA: You know, Giacomo, my grandmother made the tablecloth. And the napkins . . .   MRS. BERTUCCI: They were embroidered by Aunt Maria when she was only fifteen.   GIACOMO: How beautiful these family traditions are!

1. All the verb tenses you have studied so far have been in the active voice; the subject of the verb performed the action. In the passive voice (**la forma passiva**), the subject of the verb is acted upon. Compare these sentences.

> ACTIVE VOICE: *She made the noodles.*
> PASSIVE VOICE: *The noodles were made by her.*

2. The passive voice in Italian is formed exactly as in English. It consists of **essere** in the desired tense + *past participle.* If an agent (the person performing the action) is expressed, it is preceded by **da**. All past participles must agree with the subject in gender and number.

—Sono stato investito mentre facevo l'autostop!

---

soggetto + **essere** + *participio passato* (+ **da**)

Le tagliatelle **sono mangiate da** Giacomo.	*The noodles are eaten by Giacomo.*
Le tagliatelle **sono state mangiate da** Giacomo.	*The noodles were eaten by Giacomo.*
Le tagliatelle **saranno mangiate da** Giacomo.	*The noodles will be eaten by Giacomo.*

Note that the passive voice can consist of two words (simple tenses) or three words (compound tenses). In compound tenses, both participles agree with the subject.

ESERCIZI

A. Replace the italicized word with the appropriate form of the verbs in parentheses.

1. La casa è stata *costruita* nel 1950. (cominciare / dipingere / finire / vendere / comprare)
2. Quando volete essere *pagati?* (svegliare / chiamare / invitare / servire / assumere)

B. You are a person with expensive tastes and habits! Answer your partner's questions, as in the example.

> ESEMPIO: scarpe →
> —Che belle scarpe! Dove sono state fatte?
> —Sono state fatte in Italia.

1. stivali
2. borsa
3. camicia

4. jeans (*m. pl.*)
5. cappotto

—A che ora vuoi essere svegliata?

Now your partner will ask who made the same items.

ESEMPIO: scarpe →
—Da chi sono state fatte?
—Sono state fatte da Gucci.

C. Piccolo quiz. Per ogni domanda scegliete la risposta corretta e rispondete con una frase completa.

ESEMPIO: Chi ha scritto l'*Amleto?* Dickens? Shakespeare? Milton? →
L'*Amleto* è stato scritto da Shakespeare.

1. Chi ha costruito le Piramidi? I greci? I romani? Gli egiziani?
2. Chi ha dipinto *La Gioconda?* Da Vinci? Michelangelo? Raffaello?
3. Chi ha inventato la radio? Volta? Marconi? Bell?
4. Chi ha mandato il primo uomo nello spazio? I russi? I giapponesi? Gli americani?
5. Chi ha musicato *Falstaff?* Rossini? Puccini? Verdi?
6. Chi ha diretto *Amarcord?* Bertolucci? Fellini? Antonioni?

D. Conversazione.

1. In quanti giorni è stato creato il mondo secondo la Bibbia (*Bible*)? 2. In che anno è stato pubblicato questo libro? 3. In che anno è stata fondata la Sua università? 4. In che anno è stata scoperta l'America? 5. Quando è stato eletto l'attuale presidente degli Stati Uniti? 6. Ricorda in che anno è stato assassinato il presidente Kennedy?

B. Il **si** impersonale

ADA: Nonna, sei arrivata negli Stati Uniti nel 1930?
Com'eri giovane! E avevi già un bambino!
NONNA LILÌ: Figlia mia, erano tempi diversi... Ci si sposava giovani, e si doveva lavorare sodo per guadagnarsi il pane.
ADA: Povera nonna! Non sarai stata molto felice.
NONNA LILÌ: No, cara, tutt'altro: ci si voleva bene in famiglia e ci si divertiva con cose semplici. Certi valori si sono perduti con il passar degli anni...

ADA: Grandma, you came to the United States in 1930? How young you were! And you already had a baby! GRANDMA LILÌ: My girl, those were different times. You got married young, and you had to work hard to earn a living. ADA: Poor Grandma! You probably weren't very happy. GRANDMA LILÌ: No, darling, on the contrary: families were close and had fun in simple ways. Certain values have been lost with the passing of the years. . . .

1. The **si** construction is often used in Italian to express the passive voice, particularly when an agent is not expressed. The *active* voice of the verb is in the third person singular or plural, depending on whether the subject is singular or plural. Compound tenses always take the auxiliary **essere.** The subject usually follows the verb.

Si fa ancora il pane in casa?	*Is bread still made at home?*
Si fanno ancora le tagliatelle in casa?	*Are noodles still made at home?*
Si sono venduti molti biglietti.	*Many tickets were sold.*

2. The **si** construction can also be used to express an impersonal or unspecified subject. There are several English equivalents of this use: *one, you, we, they,* or *people + verb.*

Si mangia bene in Italia.	*People (They) eat well in Italy.*

The impersonal **si** construction employs a third person verb in the singular or plural. The verb is in the third person plural when used with a plural direct object.

A che ora **si mangia?**	*What time are we eating?*
Si mang**ia la pasta?**	*Are we eating pasta?*
Si mang**iano gli spaghetti?**	*Are we eating spaghetti?*

3. The phrase **ci si** must be used when a *reflexive* verb is used impersonally.

In campagna **ci si alza** presto.	*People get up early in the country.*

4. Compound tenses of both the passive and impersonal **si** constructions are formed using **essere.** If the verb is normally conjugated with **essere,** the past participle always ends in **-i,** even though the verb is singular. If the verb is normally conjugated with **avere** and the sentence has a direct object, the past participle agrees with the direct object in gender and number.

Si è partit**i** subito.	*We left immediately.*
Ci si è alzat**i** presto.	*We got up early.*
Si è mangiat**o** bene.	*People ate well.*
Si è mangiat**a la pasta.**	*We ate pasta.*
Si sono mangiat**i gli spaghetti.**	*They ate spaghetti.*

—Bisogna proprio dire che una volta si sapeva apprezzare la vera bellezza.

ESERCIZI

A. Restate each sentence, using the **si** construction.

ESEMPIO: Non accettiamo mance. → Non si accettano mance.

1. A chi paghiamo il conto?   2. In Italia mangiamo troppa pasta.   3. Aspettavamo i risultati delle elezioni.   4. Non usiamo più questa parola.   5. Non abbiamo sentito nessun rumore.   6. Conosciamo le buone maniere.   7. Non accetteremo prenotazioni (*reservations*).   8. Non leggiamo molti libri.

B.   Dove si fanno queste cose? Answer the questions, forming complete sentences based on the items in column B.

A	B
1. Dove si compra il prosciutto?	in farmacia
2. Dove si vedono i film?	in un museo
3. Dove si comprano le medicine?	al cinema
4. Dove si vede una partita di calcio?	dal salumiere
5. Dove si vedono le opere d'arte?	allo stadio
6. Dove si comprano i biglietti del treno?	alla biglietteria

C.   Informazioni. Imagine that a friend has just arrived from Italy and needs help learning the ropes of getting around. Ask and answer questions as in the example.

ESEMPIO: comprare / gli stivali →
—Dove si comprano gli stivali?
—Si comprano alla Wild Sierra.

1. mangiare bene
2. dare (*to show*) / film stranieri
3. trovare / una buona libreria (*bookstore*)
4. vendere / i biglietti dell'autobus
5. andare a ballare
6. noleggiare / le bici

C. Il gerundio e i tempi progressivi

—Sono l'unico abitante del paese: tutti gli altri sono morti cercando di attraversare[a] la strada!   [a]*to cross*

1. The gerund (**il gerundio**) is one of the Italian verb forms that correspond to the *-ing* verb form in English. The simple gerund is formed by adding **-ando** to the stem of **-are** verbs and **-endo** to the stem of **-ere** and **-ire** verbs. The compound gerund (**il gerundio composto**) is formed with **avendo** or **essendo** + *past participle* of the main verb. The gerund's form is invariable.

GERUNDIO		GERUNDIO COMPOSTO	
cant**ando**	*singing*	**avendo** cantato	*having sung*
scriv**endo**	*writing*	**avendo** scritto	*having written*
part**endo**	*leaving*	**essendo** partito/a/i/e	*having left*

2. Use the imperfect stem to form the gerunds of **bere** (**bevendo**), **dire** (**dicendo**), and **fare** (**facendo**).

3. The gerund is used alone to indicate the circumstances associated with an action (time, condition, cause, and means). It usually refers to the subject of the sentence. Note that this use of the gerund in Italian has many possible English equivalents.

Imparo l'inglese **ascoltando** le lezioni alla TV.	*I learn English by listening to the lessons on TV.*
Volendo, potresti laurearti l'anno prossimo.	*If you wanted, you could graduate next year.*
Leggendo la mia lettera, hanno pianto.	*While reading my letter, they cried.*
Avendo dimenticato la chiave, non abbiamo potuto aprire la porta.	*Having forgotten our key, we couldn't open the door.*

4. A form of **stare** in the present tense can be combined with the gerund to form the *present progressive* tense (**il presente progressivo**), used to describe an action in progress: **sto cantando** (*I am singing*). This tense is used only to stress that an action is occurring at the present moment. Otherwise, the simple present (**canto**) is used.

Che cosa **state facendo?** —**Stiamo mangiando.**	*What are you doing?* —*We're eating.*

Similarly, a form of **stare** in the **imperfetto** can be combined with the gerund to form the *imperfect progressive* (**l'imperfetto progressivo**), which describes an action in progress at one point in the past: **stavo cantando** (*I was singing*).

Quando hai telefonato, **stavamo mangiando.**	*When you called, we were eating.*

5. Reflexive and object pronouns follow the gerund and are attached to it to form one word. In the compound gerund they are attached to **avendo** and **essendo.**

> **Vestendosi,** ascoltava Mozart.
>
> *While getting dressed, he was listening to Mozart.*
>
> **Avendola** letta, bruciò la lettera.
>
> *Having read it, he burned the letter.*

6. In Italian, the gerund can *never* be used as the subject of a sentence or as a direct object. As you have already learned (**Capitolo 17**), the Italian infinitive is used instead in these cases.

> **Imparare** bene una lingua è difficile.
>
> *Learning a language well is difficult.*
>
> Preferisci **cantare** o **ballare?**
>
> *Do you prefer singing or dancing?*

ESERCIZI

A. Replace the italicized word with the appropriate form of the verbs in parentheses.

1. *Sbagliando* s'impara. (leggere / scrivere / osservare / viaggiare / ripetere)
2. Che cosa state *facendo?* (mangiare / guardare / pensare / finire / dire)

B. Una giornata difficile. Tell about Giulia's rough day, replacing the italicized words with the gerund.

> ESEMPIO: *Mentre lavava* i piatti, ha rotto (rompere [*to break*]) un bicchiere. →
> Lavando i piatti, ha rotto un bicchiere.

1. *Dato che aveva dimenticato* la tessera (*bus pass*), ha dovuto pagare.
2. *Mentre faceva il footing,* ha perso le chiavi.
3. *Dato che non l'aveva scritto* sul calendario, ha dimenticato l'appuntamento con il dentista.
4. *Mentre beveva il caffè,* se n'è ricordata.
5. *Poichè aveva perso le chiavi,* ha dovuto chiamare il padrone di casa.
6. *Se fosse meno distratta,* potrebbe evitare (*avoid*) giornate come queste!

C. Create sentences according to your own opinions and experiences.

> ESEMPIO: viaggiare →
> Viaggiando, ho imparato gli usi e i costumi di altri paesi.

1. sbagliare   2. leggere   3. guardare la TV   4. essere piuttosto timido/a (estroverso/a)   5. avere studiato l'italiano per un anno

—Stai diventando sempre più distratto...

D.   A una festa. Using the present progressive, report what the following people are doing right now.

> ESEMPIO: Claudio balla con Mara. →
> Claudio sta ballando con Mara.

1. Silvia e Patrizia ascoltano i dischi.
2. Marco fa le pizzette.
3. Tu bevi una Coca-Cola.
4. Voi suonate la chitarra.
5. Noi parliamo con Lina.
6. Io ballo sul tavolo.

E.   Express in Italian.

While coming to school this morning I ran into Giorgio. He told me that he had lost weight (**dimagrire**) by running and by not eating desserts: "If you wanted to, you could lose weight too." I told him that I never liked running. He said, "Running, swimming, playing tennis—they're all good. But you'll never get in shape by doing nothing!"

F.   Conversazione.

1. Ha incontrato qualcuno uscendo di casa stamattina?   2. Che cosa dice il professore (la professoressa) d'italiano entrando in classe?   3. È mai caduto/a sciando o correndo?

DIALOGO

Geraldine è sull'aereo che la riporta° negli Stati Uniti. Seduta accanto° a lei   *bringing back / next to*
c'è una ragazza che legge un romanzo italiano. Geraldine è un po' triste e
ha voglia di chiacchierare.

GERALDINE: Scusa se ti interrompo, mi chiamo Geraldine. Sei italiana?
   SILVIA: Piacere, sono Silvia. Sì, sono italiana ma studio in California
           da sei anni.
GERALDINE: E ogni anno torni in Italia?
   SILVIA: Sì, voglio vedere i miei amici e la mia famiglia almeno° una   *at least*
           volta all'anno. Abbiamo sempre tante cose da raccontarci...
           come si sta negli Stati Uniti... cos'è cambiato in Italia... gli
           americani sono così... gli italiani invece...
GERALDINE: Ho capito... e tu ti trovi nel mezzo a dire: « Ma no, non è vero
           che gli americani sono superficiali, individualisti, che pensano
           solo ai soldi e a divertirsi. Ci sono anche gli americani che
           pensano ai problemi sociali e che non si occupano solo della°   *si... are concerned only about*
           loro carriera... »
   SILVIA: Esattamente, e quando sono qui è la stessa cosa con gli
           italiani. Molti americani pensano che gli italiani siano tutti
           Latin lovers pronti ad assaltare le turiste, senza rispetto per la

vita privata, estroversi, sempre pronti a ridere e a cantare...
Tantissimi italiani invece sono introversi, odiano le feste e le
canzonette, non si occupano della moda e non hanno mai fatto
la pasta in casa.

GERALDINE: Sembra che gli stereotipi e i miti siano duri a morire.°   *siano... die hard*

SILVIA: Secondo me è tutta questione di pigrizia.° Invece di cercare di   *laziness*
conoscere le persone è più facile dire: «Ah! È americano, allora
si occuperà solo di sport. È italiano, allora la sua passione sarà
la cucina.» Se poi si fanno i confronti:° «Le donne americane   *comparisons*
sono più emancipate delle donne italiane!» «Ma scherzi? Le
donne italiane sono molto più emancipate delle donne
americane!»

GERALDINE: Beh, su questo punto credo che potremmo discutere per
qualche ora!

SILVIA: Di sicuro. Infatti io veramente penso che le donne italiane
siano molto più indipendenti delle donne americane... per
esempio...

GERALDINE: Ah, no!... Su questo io non sono assolutamente d'accordo!

Gli americani sono così... gli
italiani sono così...

■ VARIAZIONI SUL TEMA

Form two groups, "**gli italiani**" and "**gli americani**." Prepare yourselves by
coming to class dressed as stereotyped Italians and Americans: **la mamma
italiana,** the typical American tourist, etc. Put on a skit or a debate in which
(all in good fun) you accuse each other of representing these various
stereotypes. Defend yourselves!

PICCOLO RIPASSO

A.   Rispondete alle seguenti domande scegliendo una delle alternative suggerite o offrendo un'alternativa migliore.

1. Come si può imparare bene una lingua straniera?
   a.   vivendo nel paese
   b.   studiando molto
   c.   frequentando persone che parlano quella lingua
2. Come si può dimagrire?
   a.   facendo ginnastica
   b.   stando a dieta
   c.   prendendo pillole
3. Come si combatte il terrorismo?
   a.   trattando con i terroristi
   b.   restaurando la pena di morte (*capital punishment*)
   c.   non facendo niente
4. Come si può risparmiare benzina?
   a.   obbligando la gente a prendere l'autobus
   b.   fabbricando macchine più piccole
   c.   riducendo il limite di velocità
5. Come si potrebbero evitare tanti incidenti?
   a.   guidando più piano
   b.   rispettando i cartelli stradali
   c.   tenendo la distanza regolamentare

B.   Tell about the latest conference at your university, substituting the **si** construction for the passive voice.

ESEMPIO: Molti articoli sono stati letti. → Si sono letti molti articoli.

1. Le professoresse sono state intervistate.   2. Molti libri sono stati venduti.   3. È stato presentato anche un film.   4. Molti racconti sono stati discussi.   5. Molti romanzi sono stati recensiti.

C.   Express in Italian.

CLAUDIO: Last Saturday I was invited to dinner by Dave. I thought he didn't know how to cook and was expecting (**aspettarsi**) a very simple meal.
EMANUELA: Well, what did he fix?
CLAUDIO: An exquisite meal! Antipasto, ravioli, roast veal, baked potatoes, salad, and an apple pie.
EMANUELA: Dave made all that? You must be joking!
CLAUDIO: No, really! He attended a cooking school (**istituto culinario**) in the East (**est**) before enrolling in this university.

D. Conversazione.

1. Cosa stava sognando quando è suonata la sveglia (*alarm clock*) stamattina? 2. A che cosa stava pensando quando è andato a letto ieri sera? 3. Di che cosa stava parlando quando sono entrato/a in classe oggi? 4. Cosa stava facendo quando è esploso lo shuttle *Challenger?*

LETTURA CULTURALE

COSTUMI ED USANZE

Gli italiani... gli italiani... gli italiani... È difficile cercar di parlare delle abitudini culturali di un popolo senza cadere in simili generalizzazioni che possono essere assolutamente false. Così, per esempio, dire che gli italiani «tengono alle° apparenze» è verissimo per alcuni italiani ma non è vero, ed anzi può essere offensivo, per altri. Può essere vero, in generale, che gli italiani si vestono bene perchè l'industria della moda è così diffusa in Italia che in qualsiasi mercato si possono trovare,

tengono... *care about*

Abbracciarsi per la strada

a basso prezzo, cose belle e di buona qualità; ma questo è diverso dal «tenere alle apparenze» che è un atteggiamento psicologico e sociale di certi italiani, come di certi americani, o svedesi, o francesi.

Difficile è anche generalizzare sui comportamenti° sociali. Ad esempio è vero che molti italiani non si spostano per lavoro dalle loro città d'origine, restano legati alla famiglia, hanno rapporti di amicizia con le stesse persone per la maggior parte della loro vita. Ma è anche vero che nel secolo scorso, come nel Novecento, moltissimi italiani hanno dovuto emigrare per lavoro all'estero e dal sud al nord lasciando, a volte per sempre, parenti e amici. Le condizioni economiche sono quindi spesso determinanti per le «abitudini» sociali, per l'Italia come per gli altri paesi. È vero che molti italiani, per tradizione culturale, si occupano molto di politica, si informano quotidianamente sugli avvenimenti° interni ed esterni al paese, discutono e prendono posizione° pubblicamente. Ma esistono anche molti che non lo fanno.

behavior

events / prendono... *take sides*

Insomma le «generalizzazioni» sono sempre inaccurate, e quindi inutili, soprattutto quando riguardano caratteristiche psicologiche o comportamenti.

Invece di parlare degli «italiani» o degli «americani», proviamo a parlare di Maria, di Rossana, di Marco, di John, di Marion, di Michael... E per capire la cultura e le usanze, leggiamo la storia, leggiamo i giornali e, potendo, facciamo un viaggio in Italia, dimenticando tutto quello che abbiamo sentito sull'Italia e sugli italiani.

Il potere dei gesti

PRATICA

A. Vero o falso? Se è falso, spiegate perchè.

1. In Italia, l'industria della moda attira (*attracts*) solo i ricchi.
2. Gli italiani ci tengono molto alla moda.
3. Molti italiani hanno dovuto emigrare per lavoro.
4. Gli italiani non si occupano molto di politica estera.

B. Completate con vocaboli adatti.

1. In Italia, l'industria della moda è molto _____ .
2. « Tenere alle apparenze » è un _____ psicologico.
3. Per capire la cultura di un paese si deve _____ .
4. Molti italiani hanno lasciato _____ per trovare lavoro.

C. Create frasi usando i seguenti vocaboli.

1. tenere alle apparenze
2. anzi
3. qualsiasi
4. secolo scorso
5. a volte
6. condizioni economiche
7. occuparsi
8. quotidianamente
9. esistere
10. discutere

PAROLE DA RICORDARE

VERBI	**l'origine** (*f.*) origin	**le tagliatelle** noodles
***emigrare** to emigrate	**il pregiudizio** prejudice	**la tovaglia** tablecloth
***immigrare** to immigrate	**le radici** roots	**il tovagliolo** napkin
	il retaggio heritage	**la tradizione** tradition
NOMI	**lo stereotipo** stereotype	**il valore** value
gli antenati ancestors		

Lingua viva

il telefono: un collaboratore sempre pronto
114
SVEGLIA
1669*
DISCHI
DELLA SETTIMANA
198
SPETTACOLI
CINEMATOGRAFICI
161
ORA ESATTA
190
ULTIME
NOTIZIE RAI
1991
RICETTE
REGIONALI
162
NOTIZIARIO
DELLA NEVE*
1911
PREVISIONI
METEOROLOGICHE
1992
RICETTE
DIETETICHE
1631
NOTIZIE SPORTIVE
192
FARMACIE
DI TURNO
1993
RICETTE
INTERNAZIONALI
1635
IPPOTEL
NOTIZIARIO IPPICO
193-1 (MILANO)
193-2 (ROMA)
BORSA
1994
RICETTE SPRINT
1637
TELESPRINT
194
PERCORRIBILITÀ
STRADE
1995
RICETTE
ANTICHE
1661
1662...
INFORMAZIONI
SANITARIE
1951
OROSCOPO
DI OGGI
1952
OROSCOPO
DELLA SETTIMANA
1996
RICETTE
DI RISO
1664
FIABE DELLA
BUONANOTTE
196
BOLLETTINO
NAUTICO
1997
RICETTE
VEGETARIANE
1665
YES! CORSO BASE
DI LINGUA INGLESE
1666
HELLO - CORSO AVANZATO
DI LINGUA INGLESE
197
CHIAMATE
URGENTI
1999
DRINKS
* In via di attivazione
Per l'utilizzazione nelle diverse città
consultare l'avantielenco
Servizi 1
SIP

A. I numeri di telefono elencati nell'illustrazione sono numeri di servizi offerti dalla SIP, la compagnia dei telefoni italiana. Quali numeri devono fare le seguenti persone?

1. Francesca ha invitato a cena degli amici che non mangiano mai carne e non sa che cosa cucinare per loro. Francesca può telefonare al _____.
2. L'orologio di Anna è rotto. Come fa Anna per sapere che ore sono? Anna può telefonare al _____.
3. Carlo è un appassionato di calcio. Mentre era a scuola la sua squadra ha giocato una partita importantissima e lui vuole sapere il risultato. Carlo può telefonare al _____.
4. Un'amica americana di Rita arriverà tra una settimana e Rita vuole imparare qualche parola d'inglese per darle il benvenuto. Rita può telefonare al _____.
5. Paolo e Giorgio vogliono andare al cinema stasera ma non hanno il giornale e non sanno che film danno nei cinema vicino a casa. Paolo e Giorgio possono telefonare al _____.
6. Domani Alfonso e Pia vorrebbero andare al mare ma non sanno che tempo farà. Alfonso e Pia possono telefonare al _____.
7. I bambini vogliono ascoltare una favola al telefono prima di andare a dormire. I bambini possono telefonare al _____.
8. Teresa vuole dimagrire un poco. Deve imparare delle ricette speciali. Teresa può telefonare al _____.
9. Cinzia ha bisogno di parlare con suo fratello Luca immediatamente ma il telefono di Luca è sempre occupato. Cinzia può telefonare al _____.
10. Graziella non si sente bene. Suo marito deve andare a prendere una medicina ma sono le dieci di sera e non sa quali farmacie sono aperte. Il marito di Graziella può telefonare al _____.

Capitoli 17–20

A. Circle the letter of the item that best fits the blank.

1. Se non me lo vuole dire, non me lo _____!
   a. dire   b. dia   c. dica
2. Andremo in campagna se _____ bello.
   a. faccia   b. farà   c. farebbe
3. Si _____ appartamenti.
   a. affitta   b. affittano   c. affittino
4. Dobbiamo fare _____ l'olio.
   a. cambiare   b. cambiato   c. cambiamo
5. Benchè Gastone _____ ricco, non era felice.
   a. sia   b. sia stato   c. fosse
6. Se voi voleste, _____ venire.
   a. potrete   b. potreste   c. poteste
7. Fa' entrare il regista: non possiamo _____ aspettare!
   a. farla   b. farlo   c. fargli
8. È uscito di casa senza _____ niente.
   a. mangiando   b. mangiato   c. mangiare
9. Se tu _____ preso il rapido, saresti arrivato prima.
   a. avresti   b. avessi   c. avesti

B. Express in Italian.

***Charity* (beneficenza) *and Gratitude* (riconoscenza)**

One day God decided to give a party in his palace. All the Virtues (**Virtù,** *f.*) were invited. Many of them went, big and small. The tiny Virtues were prettier and more likable than the others, but they all appeared very cheerful and were chatting among themselves as if they were old friends. Then God noticed two beautiful women who did not seem to know each other. He took one by the hand (**per mano**) and led her to the other. "Charity," he said, pointing at the former (**la prima**). "Gratitude," replied the latter (**la seconda**). The two Virtues were quite surprised. It was the first time they had met (*were meeting*) since the beginning of the world (**da che mondo è mondo**).

C. Conversazione.

1. Si è vestito/a prima di fare colazione o dopo aver fatto colazione stamattina? Che cosa si è messo/a e in quale ordine?
2. Chi ha incontrato uscendo di casa stamattina?
3. Secondo Lei, cosa succederebbe se si guidasse più piano?
4. Lei lascerebbe fumare le persone al cinema? Perchè sì o perchè no?
5. Cosa sarebbe successo se Lei fosse stato/a più intelligente?
6. Che cosa ha detto o che cosa ha fatto l'ultima volta che ha fatto ridere una persona?
7. Se il dottore Le dicesse di non mangiare più carne e uova, Lei che cosa farebbe?

APPENDIX

AVERE AND **ESSERE**
Conjugation of the Verb **avere**
Conjugation of the Verb **essere**

REGULAR VERBS
Conjugation of the Verb **cantare**
Conjugation of the Verb **ripetere**
Conjugation of the Verb **dormire**
Conjugation of the Verb **capire**

IRREGULAR VERBS
Irregular Verbs of the First Conjugation: **-are** Verbs
Irregular Verbs of the Second Conjugation: **-ere** Verbs
Irregular Verbs of the Third Conjugation: **-ire** Verbs
Verbs with Irregular Past Participles
Verbs Conjugated with **essere** in Compound Tenses

AVERE AND ESSERE

Conjugation of the Verb *avere*

Infinitive
PRESENT: avere   PAST: avere avuto

Participle
PAST: avuto

Gerund
SIMPLE: avendo   COMPOUND: avendo avuto

INDICATIVE

PRESENT	IMPERFECT	PASSATO REMOTO	FUTURE
ho	avevo	ebbi	avrò
hai	avevi	avesti	avrai
ha	aveva	ebbe	avrà
abbiamo	avevamo	avemmo	avremo
avete	avevate	aveste	avrete
hanno	avevano	ẹbbero	avranno

PASSATO PROSSIMO	TRAPASSATO	TRAPASSATO REMOTO	FUTURE PERFECT
ho	avevo	ebbi	avrò
hai	avevi	avesti	avrai
ha ⎫ avuto	aveva ⎫ avuto	ebbe ⎫ avuto	avrà ⎫ avuto
abbiamo ⎬	avevamo ⎬	avemmo ⎬	avremo ⎬
avete ⎭	avevate	aveste	avrete
hanno	avẹvano	ẹbbero	avranno

CONDITIONAL

PRESENT	PERFECT
avrẹi	avrẹi
avresti	avresti
avrebbe	avrebbe ⎫ avuto
avremmo	avremmo ⎬
avreste	avreste
avrẹbbero	avrẹbbero

SUBJUNCTIVE

PRESENT	PAST
abbia	abbia
abbia	abbia
abbia	abbia ⎫ avuto
abbiamo	abbiate ⎬
abbiate	ạbbiano
ạbbiano	

IMPERFECT	PLUPERFECT
avessi	avessi
avessi	avessi
avesse	avesse ⎫ avuto
avẹssimo	avẹssimo ⎬
aveste	aveste
avẹssero	avẹssero

IMPERATIVE

abbi (non avere)
abbia
abbiamo
abbiate
ạbbiano

Conjugation of the Verb *essere*

Infinitive
PRESENT: ẹssere   PAST: ẹssere stato/a/i/e

Participle
PAST: stato/a/i/e

Gerund
SIMPLE: essendo   COMPOUND: essendo stato/a/i/e

INDICATIVE

PRESENT	IMPERFECT	PASSATO REMOTO	FUTURE
sono	ero	fui	sarò
sei	eri	fosti	sarai
è	era	fu	sarà
siamo	eravamo	fummo	saremo
siete	eravate	foste	sarete
sono	ẹrano	furono	saranno

PASSATO PROSSIMO	TRAPASSATO	TRAPASSATO REMOTO	FUTURE PERFECT
sono ⎫ stato/a	ero ⎫ stato/a	fui ⎫ stato/a	sarò ⎫ stato/a
sei ⎬	eri ⎬	fosti ⎬	sarai ⎬
è ⎭	era ⎭	fu ⎭	sarà ⎭
siamo ⎫ stati/e	eravamo ⎫ stati/e	fummo ⎫ stati/e	saremo ⎫ stati/e
siete ⎬	eravate ⎬	foste ⎬	sarete ⎬
sono ⎭	ẹrano ⎭	furono ⎭	saranno ⎭

CONDITIONAL

PRESENT	PERFECT
sarẹi	sarẹi ⎫ stato/a
saresti	saresti ⎬
sarebbe	sarebbe ⎭
saremmo	saremmo ⎫ stati/e
sareste	sareste ⎬
sarẹbbero	sarẹbbero ⎭

SUBJUNCTIVE

PRESENT	PAST
sia	sia ⎫ stato/a
sia	sia ⎬
sia	sia ⎭
siamo	siamo ⎫ stati/e
siate	siate ⎬
sịano	sịano ⎭

IMPERFECT	PLUPERFECT
fossi	fossi ⎫ stato/a
fossi	fossi ⎬
fosse	fosse ⎭
fọssimo	fọssimo ⎫ stati/e
foste	foste ⎬
fọssero	fọssero ⎭

IMPERATIVE

sii (non ẹssere)
sia
siamo
siate
sịano

Conjugation of the Verb *cantare*

Infinitive
PRESENT: cantare   PAST: avere cantato

Participle
PAST: cantato

Gerund
SIMPLE: cantando   COMPOUND: avendo cantato

INDICATIVE

PRESENT	IMPERFECT	PASSATO REMOTO	FUTURE
canto	cantavo	cantai	canterò
canti	cantavi	cantasti	canterai
canta	cantava	cantò	canterà
cantiamo	cantavamo	cantammo	canteremo
cantate	cantavate	cantaste	canterete
cantano	cantavano	cantarono	canteranno

PASSATO PROSSIMO	TRAPASSATO	TRAPASSATO REMOTO	FUTURE PERFECT
ho	avevo	ebbi	avrò
hai	avevi	avesti	avrai
ha } cantato	aveva } cantato	ebbe	avrà } cantato
abbiamo	avevamo	avemmo } cantato	avremo
avete	avevate	aveste	avrete
hanno	avevano	ebbero	avranno

CONDITIONAL

PRESENT
canterei
canteresti
canterebbe
canteremmo
cantereste
canterebbero

PERFECT
avrei
avresti
avrebbe } cantato
avremmo
avreste
avrebbero

SUBJUNCTIVE

PRESENT	PAST	IMPERFECT	PLUPERFECT
canti	abbia	cantassi	avessi
canti	abbia	cantassi	avessi
canti	abbia } cantato	cantasse	avesse } cantato
cantiamo	abbiamo	cantassimo	avessimo
cantiate	abbiate	cantaste	aveste
cantino	abbiano	cantassero	avessero

IMPERATIVE

—
canta (non cantare)
canti
cantiamo
cantate
cantino

Conjugation of the Verb *ripetere*

Infinitive
PRESENT: ripetere   PAST: avere ripetuto

Participle
PAST: ripetuto

Gerund
SIMPLE: ripetendo   COMPOUND: avendo ripetuto

INDICATIVE

PRESENT	IMPERFECT	PASSATO REMOTO	FUTURE
ripeto	ripetevo	ripetei	ripeterò
ripeti	ripetevi	ripetesti	ripeterai
ripete	ripeteva	ripeté	ripeterà
ripetiamo	ripetevamo	ripetemmo	ripeteremo
ripetete	ripetevate	ripeteste	ripeterete
ripetono	ripetevano	ripeterono	ripeteranno

PASSATO PROSSIMO	TRAPASSATO	TRAPASSATO REMOTO	FUTURE PERFECT
ho	avevo	ebbi	avrò
hai	avevi	avesti	avrai
ha } ripetuto	aveva } ripetuto	ebbe	avrà } ripetuto
abbiamo	avevamo	avemmo } ripetuto	avremo
avete	avevate	aveste	avrete
hanno	avevano	ebbero	avranno

CONDITIONAL

PRESENT
ripeterei
ripeteresti
ripeterebbe
ripeteremmo
ripetereste
ripeterebbero

PERFECT
avrei
avresti
avrebbe } ripetuto
avremmo
avreste
avrebbero

SUBJUNCTIVE

PRESENT	PAST	IMPERFECT	PLUPERFECT
ripeta	abbia	ripetessi	avessi
ripeta	abbia	ripetessi	avessi
ripeta	abbia } ripetuto	ripetesse	avesse } ripetuto
ripetiamo	abbiamo	ripetessimo	avessimo
ripetiate	abbiate	ripeteste	aveste
ripetano	abbiano	ripetessero	avessero

IMPERATIVE

—
ripeti (non ripetere)
ripeta
ripetiamo
ripetete
ripetano

Conjugation of the Verb *dormire*

Infinitive — PRESENT: dormire PAST: avere dormito
Participle — PAST: dormito
Gerund — SIMPLE: dormendo COMPOUND: avendo dormito

INDICATIVE

PRESENT	IMPERFECT	PASSATO REMOTO	FUTURE
dormo	dormivo	dormii	dormirò
dormi	dormivi	dormisti	dormirai
dorme	dormiva	dormì	dormirà
dormiamo	dormivamo	dormimmo	dormiremo
dormite	dormivate	dormiste	dormirete
dọrmono	dormivano	dormirono	dormiranno

PASSATO PROSSIMO		TRAPASSATO		TRAPASSATO REMOTO		FUTURE PERFECT	
ho		avevo		ebbi		avrò	
hai		avevi		avesti		avrai	
ha	dormito	aveva	dormito	ebbe	dormito	avrà	dormito
abbiamo		avevamo		avemmo		avremmo	
avete		avevate		aveste		avrete	
hanno		avẹvano		ẹbbero		avranno	

CONDITIONAL

PRESENT	PERFECT	
dormirẹi	avrẹi	
dormiresti	avresti	
dormirebbe	avrebbe	dormito
dormiremmo	avremmo	
dormireste	avreste	
dormirẹbbero	avrẹbbero	

SUBJUNCTIVE

PRESENT	PAST		IMPERFECT	PLUPERFECT	
dorma	abbia		dormissi	avessi	
dorma	abbia		dormissi	avessi	
dorma	abbia	dormito	dormisse	avesse	dormito
dormiamo	abbiamo		dormissimo	avẹssimo	
dormiate	abbiate		dormiste	aveste	
dọrmano	ạbbiano		dormịssero	avẹssero	

IMPERATIVE

—
dormi (non dormire)
dorma
dormiamo
dormite
dọrmano

Conjugation of the Verb *capire*

Infinitive — PRESENT: capire PAST: avere capito
Participle — PAST: capito
Gerund — SIMPLE: capendo COMPOUND: avendo capito

INDICATIVE

PRESENT	IMPERFECT	PASSATO REMOTO	FUTURE
capisco	capivo	capii	capirò
capisci	capivi	capisti	capirai
capisce	capiva	capì	capirà
capiamo	capivamo	capimmo	capiremo
capite	capivate	capiste	capirete
capịscono	capịvano	capịrono	capiranno

PASSATO PROSSIMO		TRAPASSATO		TRAPASSATO REMOTO		FUTURE PERFECT	
ho		avevo		ebbi		avrò	
hai		avevi		avesti		avrai	
ha	capito	aveva	capito	ebbe	capito	avrà	capito
abbiamo		avevamo		avemmo		avremmo	
avete		avevate		aveste		avrete	
hanno		avẹvano		ẹbbero		avranno	

CONDITIONAL

PRESENT	PERFECT	
capirẹi	avrẹi	
capiresti	avresti	
capirebbe	avrebbe	capito
capiremmo	avremmo	
capireste	avreste	
capirẹbbero	avrẹbbero	

SUBJUNCTIVE

PRESENT	PAST		IMPERFECT	PLUPERFECT	
capisca	abbia		capissi	avessi	
capisca	abbia		capissi	avessi	
capisca	abbia	capito	capisse	avesse	capito
capiamo	abbiamo		capịssimo	avẹssimo	
capiate	abbiate		capiste	aveste	
capịscano	ạbbiano		capịssero	avẹssero	

IMPERATIVE

—
capisci (non capire)
capisca
capiamo
capiate
capịscano

IRREGULAR VERBS

Irregular Verbs of the First Conjugation: *-are* Verbs

There are only four irregular **-are** verbs: **andare, dare, fare,** and **stare.***

andare to go
PRESENT INDICATIVE: vado, vai, va; andiamo, andate, vanno
PRESENT SUBJUNCTIVE: vada, vada, vada; andiamo, andiate, vadano
IMPERATIVE: va' (vai), vada; andiamo, andate, vadano
FUTURE: andrò, andrai, andrà; andremo, andrete, andranno
CONDITIONAL: andrei, andresti, andrebbe; andremmo, andreste, andrebbero

dare to give
PRESENT INDICATIVE: do, dai, dà; diamo, date, danno
PRESENT SUBJUNCTIVE: dia, dia, dia; diamo, diate, diano
IMPERATIVE: da' (dai), dia; diamo, date, diano
IMPERFECT SUBJUNCTIVE: dessi, dessi, desse; dessimo, deste, dessero
PASSATO REMOTO: diedi (detti), desti, diede (dette); demmo, deste, diedero (dettero)
FUTURE: darò, darai, darà; daremo, darete, daranno
CONDITIONAL: darei, daresti, darebbe; daremmo, dareste, darebbero

fare to do; to make
PRESENT INDICATIVE: faccio, fai, fa; facciamo, fate, fanno
PRESENT SUBJUNCTIVE: faccia, faccia, faccia; facciamo, facciate, facciano
IMPERATIVE: fa' (fai), faccia; facciamo, fate, facciano
IMPERFECT: facevo, facevi, faceva; facevamo, facevate, facevano
IMPERFECT SUBJUNCTIVE: facessi, facessi, facesse; facessimo, faceste, facessero
PAST PARTICIPLE: fatto
PASSATO REMOTO: feci, facesti, fece; facemmo, faceste, fecero
FUTURE: farò, farai, farà; faremo, farete, faranno
CONDITIONAL: farei, faresti, farebbe; faremmo, fareste, farebbero
GERUND: facendo

stare to stay
PRESENT INDICATIVE: sto, stai, sta; stiamo, state, stanno
PRESENT SUBJUNCTIVE: stia, stia, stia; stiamo, stiate, stiano
IMPERATIVE: sta' (stai), stia; stiamo, state, stiano
IMPERFECT SUBJUNCTIVE: stessi, stessi, stesse; stessimo, steste, stessero
PASSATO REMOTO: stetti, stesti, stette; stemmo, steste, stettero
FUTURE: starò, starai, starà; staremo, starete, staranno
CONDITIONAL: starei, staresti, starebbe; staremmo, stareste, starebbero

---

*The forms or tenses not listed here follow the regular pattern.

Irregular Verbs of the Second Conjugation: -ere Verbs

accludere to enclose
        PAST PARTICIPLE: accluso
        PASSATO REMOTO: acclusi, accludesti, accluse; accludemmo, accludeste, acclusero

assumere to hire
        PAST PARTICIPLE: assunto
        PASSATO REMOTO: assunsi, assumesti, assunse; assumemmo, assumeste, assunsero

bere to drink
    PRESENT INDICATIVE: bevo, bevi, beve; beviamo, bevete, bevono
   PRESENT SUBJUNCTIVE: beva, beva, beva; beviamo, beviate, bevano
          IMPERATIVE: bevi, beva; beviamo, bevete, bevano
           IMPERFECT: bevevo, bevevi, beveva; bevevamo, bevevate, bevevano
IMPERFECT SUBJUNCTIVE: bevessi, bevessi, bevesse; bevessimo, beveste, bevessero
       PAST PARTICIPLE: bevuto
       PASSATO REMOTO: bevvi, bevesti, bevve; bevemmo, beveste, bevvero
             FUTURE: berrò, berrai, berrà; berremo, berrete, berranno
        CONDITIONAL: berrei, berresti, berrebbe; berremmo, berreste, berrebbero
            GERUND: bevendo

cadere to fall
       PASSATO REMOTO: caddi, cadesti, cadde; cademmo, cadeste, caddero
             FUTURE: cadrò, cadrai, cadrà; cadremo, cadrete, cadranno
        CONDITIONAL: cadrei, cadresti, cadrebbe; cademmo, cadreste, cadrebbero

chiedere to ask   **richiedere** to require
       PAST PARTICIPLE: chiesto
       PASSATO REMOTO: chiesi, chiedesti, chiese; chiedemmo, chiedeste, chiesero

chiudere to close
       PAST PARTICIPLE: chiuso
       PASSATO REMOTO: chiusi, chiudesti, chiuse; chiudemmo, chiudeste, chiusero

conoscere to know   **riconoscere** to recognize
       PAST PARTICIPLE: conosciuto
       PASSATO REMOTO: conobbi, conoscesti, conobbe; conoscemmo, conosceste, conobbero

convincere to convince
       PAST PARTICIPLE: convinto
       PASSATO REMOTO: convinsi, convincesti, convinse; convincemmo, convinceste, convinsero

correre to run
       PAST PARTICIPLE: corso
       PASSATO REMOTO: corsi, corresti, corse; corremmo, correste, corsero

cuocere to cook
    PRESENT INDICATIVE: cuocio, cuoci, cuoce; cociamo, cocete, cuociono
   PRESENT SUBJUNCTIVE: cuocia, cuocia, cuocia; cociamo, cociate, cuociano
          IMPERATIVE: cuoci, cuocia; cociamo, cocete, cuociano
       PAST PARTICIPLE: cotto
       PASSATO REMOTO: cossi, cocesti, cosse; cocemmo, coceste, cossero

decidere to decide
    PAST PARTICIPLE: deciso
    PASSATO REMOTO: decisi, decidesti, decise; decidemmo, decideste, decisero

dipendere to depend
    PAST PARTICIPLE: dipeso
    PASSATO REMOTO: dipesi, dipendesti, dipese; dipendemmo, dipendeste, dipesero

dipingere to paint
    PAST PARTICIPLE: dipinto
    PASSATO REMOTO: dipinsi, dipingesti, dipinse; dipingemmo, dipingeste, dipinsero

discutere to discuss
    PAST PARTICIPLE: discusso
    PASSATO REMOTO: discussi, discutesti, discusse; discutemmo, discuteste, discussero

distinguere to distinguish
    PAST PARTICIPLE: distinto
    PASSATO REMOTO: distinsi, distinguesti, distinse; distinguemmo, distingueste, distinsero

dividere to divide
    PAST PARTICIPLE: diviso
    PASSATO REMOTO: divisi, dividesti, divise; dividemmo, divideste, divisero

dovere to have to
    PRESENT INDICATIVE: devo (debbo), devi, deve; dobbiamo, dovete, devono (debbono)
    PRESENT SUBJUNCTIVE: debba, debba, debba; dobbiamo, dobbiate, debbano
    FUTURE: dovrò, dovrai, dovrà; dovremo, dovrete, dovranno
    CONDITIONAL: dovrei, dovresti, dovrebbe; dovremmo, dovreste, dovrebbero

leggere to read
    PAST PARTICIPLE: letto
    PASSATO REMOTO: lessi, leggesti, lesse; leggemmo, leggeste, lessero

mettere to put   **promettere** to promise   **scommettere** to bet
    PAST PARTICIPLE: messo
    PASSATO REMOTO: misi, mettesti, mise; mettemmo, metteste, misero

muovere to move
    PAST PARTICIPLE: mosso
    PASSATO REMOTO: mossi, muovesti, mosse; muovemmo, muoveste, mossero

nascere to be born
    PAST PARTICIPLE: nato
    PASSATO REMOTO: nacqui, nascesti, nacque; nascemmo, nasceste, nacquero

offendere to offend
    PAST PARTICIPLE: offeso
    PASSATO REMOTO: offesi, offendesti, offese; offendemmo, offendeste, offesero

parere to seem

PRESENT INDICATIVE:	paio, pari, pare; paiamo, parete, paiono
PRESENT SUBJUNCTIVE:	paia, paia, paia; paiamo, paiate, paiano
PAST PARTICIPLE:	parso
PASSATO REMOTO:	parvi, paresti, parve; paremmo, pareste, parvero
FUTURE:	parrò, parrai, parrà; parremo, parrete, parranno
CONDITIONAL:	parrei, parresti, parrebbe; parremmo, parreste, parrebbero

piacere to please

PRESENT INDICATIVE:	piaccio, piaci, piace; piacciamo, piacete, piacciono
PRESENT SUBJUNCTIVE:	piaccia, piaccia, piaccia; piacciamo, piacciate, piacciano
IMPERATIVE:	piaci, piaccia; piacciamo, piacete, piacciano
PAST PARTICIPLE:	piaciuto
PASSATO REMOTO:	piacqui, piacesti, piacque; piacemmo, piaceste, piacquero

piangere to cry

PAST PARTICIPLE:	pianto
PASSATO REMOTO:	piansi, piangesti, pianse; piangemmo, piangeste, piansero

potere to be able

PRESENT INDICATIVE:	posso, puoi, può; possiamo, potete, possono
PRESENT SUBJUNCTIVE:	possa, possa, possa; possiamo, possiate, possano
FUTURE:	potrò, potrai, potrà; potremo, potrete, potranno
CONDITIONAL:	potrei, potresti, potrebbe; potremmo, potreste, potrebbero

prendere to take **riprendere** to resume **sorprendere** to surprise

PAST PARTICIPLE:	preso
PASSATO REMOTO:	presi, prendesti, prese; prendemmo, prendeste, presero

produrre to produce **tradurre** to translate

PRESENT INDICATIVE:	produco, produci, produce; produciamo, producete, producono
PRESENT SUBJUNCTIVE:	produca, produca, produca; produciamo, produciate, producano
IMPERFECT:	producevo, producevi, produceva; producevamo, producevate, producevano
IMPERFECT SUBJUNCTIVE:	producessi, producessi, producesse; producessimo, produceste, producessero
PAST PARTICIPLE:	prodotto
PASSATO REMOTO:	produssi, producesti, produsse; producemmo, produceste, produssero

rendere to give back

PAST PARTICIPLE:	reso
PASSATO REMOTO:	resi, rendesti, rese; rendemmo, rendeste, resero

ridere to laugh

PAST PARTICIPLE:	riso
PASSATO REMOTO:	risi, ridesti, rise; ridemmo, rideste, risero

rimanere to remain

PRESENT INDICATIVE:	rimango, rimani, rimane; rimaniamo, rimanete, rimangono
PRESENT SUBJUNCTIVE:	rimanga, rimanga, rimanga; rimaniamo, rimaniate, rimangano
IMPERATIVE:	rimani, rimanga; rimaniamo, rimanete, rimangano
PAST PARTICIPLE:	rimasto

PASSATO REMOTO: rimasi, rimanesti, rimase; rimanemmo, rimaneste, rimasero
FUTURE: rimarrò, rimarrai, rimarrà; rimarremo, rimarrete, rimarrano
CONDITIONAL: rimarrei, rimarresti, rimarrebbe; rimarremmo, rimarreste, rimarrebbero

rispondere to answer
PAST PARTICIPLE: risposto
PASSATO REMOTO: risposi, rispondesti, rispose; rispondemmo, rispondeste, risposero

rompere to break **interrompere** to interrupt
PAST PARTICIPLE: rotto
PASSATO REMOTO: ruppi, rompesti, ruppe; rompemmo, rompeste, ruppero

sapere to know
PRESENT INDICATIVE: so, sai, sa; sappiamo, sapete, sanno
PRESENT SUBJUNCTIVE: sappia, sappia, sappia; sappiamo, sappiate, sappiano
IMPERATIVE: sappi, sappia; sappiamo, sappiate, sappiano
PASSATO REMOTO: seppi, sapesti, seppe; sapemmo, sapeste, seppero
FUTURE: saprò, saprai, saprà; sapremo, saprete, sapranno
CONDITIONAL: saprei, sapresti, saprebbe; sapremmo, sapreste, saprebbero

scegliere to choose
PRESENT INDICATIVE: scelgo, scegli, sceglie; scegliamo, scegliete, scelgono
PRESENT SUBJUNCTIVE: scelga, scelga, scelga; scegliamo, scegliate, scelgano
IMPERATIVE: scegli, scelga; scegliamo, scegliete, scelgano
PAST PARTICIPLE: scelto
PASSATO REMOTO: scelsi, scegliesti, scelse; scegliemmo, sceglieste, scelsero

scendere to descend
PAST PARTICIPLE: sceso
PASSATO REMOTO: scesi, scendesti, scese; scendemmo, scendeste, scesero

scrivere to write **iscriversi** to enroll
PAST PARTICIPLE: scritto
PASSATO REMOTO: scrissi, scrivesti, scrisse; scrivemmo, scriveste, scrissero

sedere to sit
PRESENT INDICATIVE: siedo, siedi, siede; sediamo, sedete, siedono
PRESENT SUBJUNCTIVE: sieda, sieda, sieda (segga); sediamo, sediate, siedano (seggano)
IMPERATIVE: siedi, sieda (segga); sediamo, sedete, siedano (seggano)

succedere to happen
PAST PARTICIPLE: successo
PASSATO REMOTO: successi, succedesti, successe; succedemmo, succedeste, successero

tenere to hold **appartenere** to belong **ottenere** to obtain
PRESENT INDICATIVE: tengo, tieni, tiene; teniamo, tenete, tengono
PRESENT SUBJUNCTIVE: tenga, tenga, tenga; teniamo, teniate, tengano
IMPERATIVE: tieni, tenga; teniamo, tenete, tengano
PASSATO REMOTO: tenni, tenesti, tenne; tenemmo, teneste, tennero
FUTURE: terrò, terrai, terrà; terremo, terrete, terranno
CONDITIONAL: terrei, terresti, terrebbe; terremmo, terreste, terrebbero

uccìdere to kill
    PAST PARTICIPLE: ucciso
    PASSATO REMOTO: uccisi, uccidesti, uccise; uccidemmo, uccideste, uccìsero

vedere to see
    PAST PARTICIPLE: visto *or* veduto
    PASSATO REMOTO: vidi, vedesti, vide; vedemmo, vedeste, vìdero
    FUTURE: vedrò, vedrai, vedrà; vedremo, vedrete, vedranno
    CONDITIONAL: vedrei, vedresti, vedrebbe; vedremmo, vedreste, vedrèbbero

vìncere to win
    PAST PARTICIPLE: vinto
    PASSATO REMOTO: vinsi, vincesti, vinse; vincemmo, vinceste, vìnsero

vìvere to live
    PAST PARTICIPLE: vissuto
    PASSATO REMOTO: vissi, vivesti, visse; vivemmo, viveste, vìssero
    FUTURE: vivrò, vivrai, vivrà; vivremo, vivrete, vivranno
    CONDITIONAL: vivrei, vivresti, vivrebbe; vivremmo, vivreste, vivrèbbero

volere to want
    PRESENT INDICATIVE: voglio, vuoi, vuole; vogliamo, volete, vogliono
    PRESENT SUBJUNCTIVE: voglia, voglia, voglia; vogliamo, vogliate, vogliano
    IMPERATIVE: voglia; vogliamo, vogliate, vogliano
    PASSATO REMOTO: volli, volesti, volle; volemmo, voleste, vollero
    FUTURE: vorrò, vorrai, vorrà; vorremo, vorrete, vorranno
    CONDITIONAL: vorrei, vorresti, vorrebbe; vorremmo, vorreste, vorrèbbero

Irregular Verbs of the Third Conjugation: *-ire* Verbs

aprire to open
    PAST PARTICIPLE: aperto

dire to say, tell
    PRESENT INDICATIVE: dico, dici, dice; diciamo, dite, dìcono
    PRESENT SUBJUNCTIVE: dica, dica, dica; diciamo, diciate, dìcano
    IMPERATIVE: di', dica; diciamo, dite, dìcano
    IMPERFECT: dicevo, dicevi, diceva; dicevamo, dicevate, dicèvano
    IMPERFECT SUBJUNCTIVE: dicessi, dicessi, dicesse; dicessimo, diceste, dicèssero
    PAST PARTICIPLE: detto
    PASSATO REMOTO: dissi, dicesti, disse; dicemmo, diceste, dìssero
    GERUND: dicendo
morire to die
    PRESENT INDICATIVE: muoio, muori, muore; moriamo, morite, muoiono
    PRESENT SUBJUNCTIVE: muoia, muoia, muoia; moriamo, moriate, muoiano
    IMPERATIVE: muori, muoia; moriamo, morite, muoiano
    PAST PARTICIPLE: morto

offrire to offer   **soffrire** to suffer
    PAST PARTICIPLE: offerto

salire to climb
PRESENT INDICATIVE: salgo, sali, sale; saliamo, salite, salgono
PRESENT SUBJUNCTIVE: salga, salga, salga; saliamo, saliate, salgano
IMPERATIVE: sali, salga; saliamo, salite, salgano

scoprire to discover
PAST PARTICIPLE: scoperto

uscire to go out **riuscire** to succeed
PRESENT INDICATIVE: esco, esci, esce; usciamo, uscite, escono
PRESENT SUBJUNCTIVE: esca, esca, esca; usciamo, usciate, escano
IMPERATIVE: esci, esca; usciamo, uscite, escano

venire to come **avvenire** to happen
PRESENT INDICATIVE: vengo, vieni, viene; veniamo, venite, vengono
PRESENT SUBJUNCTIVE: venga, venga, venga; veniamo, veniate, vengano
IMPERATIVE: vieni, venga; veniamo, venite, vengano
PAST PARTICIPLE: venuto
PASSATO REMOTO: venni, venisti, venne; venimmo, veniste, vennero
FUTURE: verrò, verrai, verrà; verremo, verrete, verranno
CONDITIONAL: verrei, verresti, verrebbe; verremmo, verreste, verrebbero

Verbs with Irregular Past Participles

accludere *to enclose*	accluso	morire *to die*	morto
aprire *to open*	aperto	muovere *to move*	mosso
assumere *to hire*	assunto	nascere *to be born*	nato
avvenire *to happen*	avvenuto	offendere *to offend*	offeso
bere *to drink*	bevuto	offrire *to offer*	offerto
chiedere *to ask*	chiesto	parere *to seem*	parso
chiudere *to close*	chiuso	perdere *to lose*	perso *or* perduto
convincere *to convince*	convinto	piangere *to weep, cry*	pianto
correre *to run*	corso	prendere *to take*	preso
cuocere *to cook*	cotto	produrre *to produce*	prodotto
decidere *to decide*	deciso	promettere *to promise*	promesso
dipendere *to depend*	dipeso	rendere *to return, give back*	reso
dipingere *to paint*	dipinto	richiedere *to require*	richiesto
dire *to say, tell*	detto	riconoscere *to recognize*	riconosciuto
discutere *to discuss*	discusso	ridere *to laugh*	riso
distinguere *to distinguish*	distinto	rimanere *to remain*	rimasto
dividere *to divide*	diviso	riprendere *to resume*	ripreso
esistere *to exist*	esistito	risolvere *to solve*	risolto
esprimere *to express*	espresso	rispondere *to answer*	risposto
essere *to be*	stato	rompere *to break*	rotto
fare *to do, make*	fatto	scegliere *to choose*	scelto
interrompere *to interrupt*	interrotto	scendere *to get off*	sceso
iscriversi *to enroll*	iscritto	scommettere *to bet*	scommesso
leggere *to read*	letto	scoprire *to discover*	scoperto
mettere *to put*	messo	scrivere *to write*	scritto

soffrire *to suffer*   sofferto
sorprendere *to surprise*   sorpreso
succedere *to happen*   successo
uccidere *to kill*   ucciso
vedere *to see*   visto *or* veduto
venire *to come*   venuto
vincere *to win*   vinto
vivere *to live*   vissuto

Verbs Conjugated with *essere* in Compound Tenses

andare *to go*   ingrassare *to put on weight*
arrivare *to arrive*   morire *to die*
avvenire *to happen*   nascere *to be born*
bastare *to suffice, be enough*   parere *to seem*
bisognare *to be necessary*   partire *to leave, depart*
cadere *to fall*   passare† *to stop by*
cambiare* *to change, become different* piacere *to like, be pleasing*
campare *to live*   restare *to stay*
cominciare* *to begin*   rimanere *to remain*
costare *to cost*   ritornare *to return*
crepare *to die*   riuscire *to succeed*
dipendere *to depend*   salire‡ *to go up; to get in*
dispiacere *to be sorry*   scappare *to run away*
diventare *to become*   scendere* *to get off*
durare *to last*   sembrare *to seem*
entrare *to enter*   stare *to stay*
esistere *to exist*   succedere *to happen*
essere *to be*   tornare *to return*
finire* *to finish*   uscire *to leave, go out*
fuggire *to run away*   venire *to come*

In addition to the verbs listed above, all reflexive verbs are conjugated with **essere**.

---

*Conjugated with **avere** when used with a direct object.
†Conjugated with **avere** when the meaning is *to spend* (*time*), *to pass*.
‡Conjugated with **avere** when the meaning is *to climb*.

VOCABULARY

This vocabulary contains contextual meanings of most words used in this book. Active vocabulary is indicated by the number of the chapter in which the word first appears (the designation P refers to the **Capitolo preliminare**). Proper and geographical names are not included in this list. Exact cognates do not appear unless they have an irregular plural or irregular stress.

The gender of nouns is indicated by the form of the definite article, or by the abbreviation *m.* or *f.* if the article does not reveal gender. Adjectives are listed by their masculine form. Irregular stress is indicated by a dot under the stressed vowel. Idiomatic expressions are listed under the major word in the phrase, usually a noun or a verb. An asterisk (*) before a verb indicates that the verb requires **essere** in compound tenses. Verbs ending in -**si** always require **essere** in compound tenses and are therefore not marked. Verbs preceded by a dagger (†) usually take **essere** in compound tenses unless followed by a direct object, in which case they require **avere.** Verbs followed by (**isc**) are third conjugation verbs that insert -**isc**- in the present indicative and subjunctive and in the imperative. The following abbreviations have been used:

abbr.	abbreviation	*inf.*	infinitive	*pl.*	plural
adj.	adjective	*inv.*	invariable	*prep.*	preposition
adv.	adverb	*lit.*	literally	*pron.*	pronoun
art.	article	*m.*	masculine	*p.r.*	**passato remoto**
conj.	conjunction	*n.*	noun	*s.*	singular
f.	feminine	*p.p.*	past participle	*subj.*	subjunctive
ind.	indicative				

ITALIAN–ENGLISH VOCABULARY

A

a, ad (*before vowels*) (1) at, in, to
abbandonare to abandon
abbastanza (*inv.*) (11) enough;
  abbastanza bene (P) pretty well
l'abbigliamento (17) clothing
l'abbonamento subscription
l'abbonato subscriber
abbracciare (6) to embrace
l'abbraccio (*pl.* **gli abbracci**) embrace
abbronzarsi to get tanned, to tan
l'abitante (*m., f.*) inhabitant, resident
abitare (3) to live, reside
l'abitazione (*f.*) dwelling, house
l'abito suit; outfit
abitualmente usually
abituarsi a (+ *n. or inf.*) (17) to get
  used to (*something/doing something*)
l'abitudine (*f.*) (19) habit
abolire (**isc**) to abolish
l'accademia academy
accademico (*m. pl.* **accademici**)
  academic (*adj.*)
accanto a next to
accelerato accelerated
l'accento accent
acceso turned on (*light*); ardent
l'accesso access
gli accessori (*m. pl.*) accessories
accettare (**di** + *inf.*) to accept (*doing
  something*)
accidenti! darn!
l'acciuga (*pl.* **le acciughe**) anchovy
accludere (*p.p.* **accluso**) to enclose
accomodarsi to come in; to make
  oneself at home
accompagnare to accompany
accorciare to shorten
l'accordo agreement; **d'accordo**
  agreed; ***essere d'accordo** to agree,
  be in agreement
accurato precise, accurate
l'acqua (5) water; **acqua minerale** (5)
  mineral water
acquistare to acquire
l'acquisto (18) purchase
acustico acoustic
adagio slowly
l'addattamento adaptation
adatto (17) suitable, appropriate
l'adempimento fulfillment; completion
adesso (12) now
adorabile adorable
adorare to adore
l'adulto adult

adulto adult (*adj.*)
l'aereo (*pl.* **gli aerei**) (1) airplane
l'aerobica (4) aerobics; **fare l'aerobica**
  (4) to do aerobics
l'aeroplano (1) airplane
l'aeroporto (1) airport
l'affare (*m.*) business; **fare un affare**
  (11) to get/make a deal; **per affari**
  on business; **uomo/donna d'affari**
  businessman/businesswoman
affermare to affirm; to assert
affermarsi (15) to establish oneself; to
  assert oneself
affermativamente affirmatively
l'affermazione (*f.*) statement
l'affetto affection
affettuoso affectionate
affezionato a fond of (*a person*)
affinchè (17) so that
affittare (10) to rent (*a house,
  apartment*); **affittasi** for rent
l'affitto rent; **in affitto** (12) for rent;
  rented
l'affluenza affluence
affollato (5) crowded
affrescare (15) to (paint in) fresco
l'affresco (*pl.* **gli affreschi**) (15) fresco
l'agente (*m.*) agent; **agente di viaggio**
  travel agent; **agente di polizia**
  police officer; **agente della finanza**
  tax collector; fiscal agent
l'agenzia agency; **agenzia di viaggi**
  travel agency
l'aggettivo adjective
aggiornato current, up to date
aggiungere (*p.p.* **aggiunto**) to add
aggressivo aggressive
agile agile
agitarsi to fret; to get upset
l'agnello lamb
agosto (P) August
agricolo agricultural
l'agricoltura agriculture
aiutare (**a** + *inf.*) (7) to help (*do
  something*)
l'aiuto help, aid; **avere bisogno
  d'aiuto** to need help
l'alba dawn
l'albergatore (*m.*) hotelkeeper
l'albergo (*pl.* **gli alberghi**) (1) hotel
l'albero tree
l'album (*m.*) album
l'alcolico (*pl.* **gli alcolici**) alcoholic
  drink
alcolico alcoholic (*adj.*)
l'alcolismo (18) alcoholism

alcuni/alcune (12) some
l'alfabeto alphabet
l'algebra algebra
l'alibi (*m.*) (*pl.* **gli alibi**) alibi
gli alimentari (*m. pl.*) (11) foods;
  negozio di alimentari (11) grocery
  store
allacciare (13) to fasten; to buckle
l'allegria happiness
allegro (2) happy
allenarsi to train (*in a sport*)
l'allergia allergy
allergico (*m. pl.* **allergici**) allergic
allettante alluring, attractive
l'allievo/l'allieva pupil
alloggiare to lodge; to find lodging
allontanare to put off; to repel, drive
  away
allontanarsi (10) to walk away
allora (1) then
almeno at least
alt! stop!
l'alternativa alternative
alto (2) tall; high; **ad alta voce** (P) out
  loud
l'altopiano (*pl.* **gli altipiani**) plateau
altotiberino of the Upper Tiber
  region
altrettanto likewise
altrimenti otherwise
altro (2) other; anything else,
  something else; **un altro / un'altra**
  another
altrochè! you bet!; you can say that
  again!
altrui (*pron.*) to others
alzare to raise, lift; **alzarsi** (7) to get
  up
amare to love
amato cherished, loved
l'ambasciatore/l'ambasciatrice
  ambassador
l'ambiente (*m.*) (18) environment
ambito coveted
ambizioso ambitious
l'ambulanza ambulance
l'americano/l'americana American
  person
americano (2) American (*adj.*)
l'amicizia (18) friendship
l'amico/l'amica (*pl.* **gli amici / le
  amiche**) (1) friend
ammalarsi to become sick, ill
ammalato (5) sick, ill
amministrativo administrative
l'amministrazione (*f.*)

administration, management
ammirare (15) to admire
ammobiliato furnished
l'amore (*m.*) love
ampio ample
l'anagrafe (*f.*) census registry office
l'analisi (*f.*) (*pl.* **le analisi**) analysis
anche (2) also, too; even; **anche prima** (8) even before; **anche se** even if
ancora still; even; **non... ancora** (12) not yet
* **andare** (3) to go; *andare (**a** + *inf.*) (3) to go (*to do something*); *andare in aeroplano (3) to fly, go by plane; *andare in automobile, macchina / bicicletta / treno (3) to go by car/ bicycle/train; *andare in campeggio to go camping; *andare a cavallo (9) to go horseback riding; *andare a dormire to go to bed, retire; *andare a far compere (17) to go shopping; *andare a piedi (3) to walk; *andare in piscina to go swimming; *andare (venire) a prendere (13) to pick up; *andare a trovare (6) to visit; *andare alle urne to vote; *andare in vacanza (10) to go on vacation; *andare via (5) to go away; *andarsene to leave, go away
andata e ritorno round trip
l'anfiteatro amphitheater
anglosassone Anglo-Saxon (*adj.*)
l'animale (*m.*) animal
animatamente animatedly, excitedly
animato animated, lively
† **annaffiare** to water
† **annegare** to drown
l'anniversario (*pl.* **gli anniversari**) anniversary
l'anno (P) year; **Capo d'Anno** New Year's Day; **buon anno!** happy New Year!; **avere... anni** to be . . . years old
annoiarsi (7) to get bored, be bored
l'annotazione (*f.*) comment, note, annotation
annunciare to announce
l'annuncio (*pl.* **gli annunci**) (17) ad; announcement
annuo annual
l'antenato (20) ancestor
l'antenna antenna
anteriore anterior
anticipato advanced, moved forward
antico (*m. pl.* **antichi**) ancient, antique; **all'antica** (18) old-fashioned
antidroga anti-drug (*adj.*)
l'antipasto (6) hors d'oeuvre

antipatico (2) disagreeable, unpleasant
l'antiquariato antiques; antique trade; **mostra dell'antiquariato** antique show
l'antiquario antiquarian
anzi and even; but rather; on the contrary
anziano elderly
l'aperitivo (5) aperitif, before-dinner drink
apertamente openly
aperto (5) open; **all'aperto / all'aria aperta** outdoors, outside, in the open
apparecchiare to set, lay; **apparecchiare la tavola** to set the table
l'apparenza appearance; **tenere alle apparenze** to care about appearances
l'appartamento (1) apartment
appartenere to belong
appassionante enrapturing, inspiring passionate feelings
l'appassionato/a fan, admirer
appena as soon as
l'appetito appetite; **buon appetito!** enjoy your meal!
applaudire (14) to applaud
l'applauso (14) applause
applicare (16) to apply; to enforce
apposta on purpose, deliberately
apprezzare (18) to appreciate
approfittare di to take advantage of; to exploit
approvare to approve of; to ratify
l'appuntamento (4) date, appointment
gli appunti (*m. pl.*) notes; **prendere appunti** to take notes
aprile (*m.*) (P) April
aprire (*p.p.* **aperto**) (4) to open
l'aquila eagle
l'aragosta lobster
l'arancia (5) orange (*fruit*)
l'aranciata (1) orangeade, orange soda
l'archeologia (15) archeology
archeologico (*m. pl.* **archeologici**) (15) archeological
l'archeologo/l'archeologa (*pl.* **gli archeologi / le archeologhe**) (15) archeologist
l'architetto/l'architetta (15) architect
l'architettura (15) architecture
ardere (*p.p.* **arso**) to burn
l'area area; field
l'argomento (19) subject, topic
l'aria (14) aria; air; appearance; **l'aria condizionata** (10) air-conditioning; **avere l'aria preoccupata** to look worried; **avere l'aria romantica/scema** (8) to look

romantic/silly
aristocratico (*m. pl.* **aristocratici**) aristocratic
l'aroma (*m.*) (*pl.* **gli aromi**) aroma
arrabbiarsi (10) to get mad
arrabbiato angry
arrangiarsi to manage
l'arredamento (17) furnishings
arrestare to arrest
arrestarsi to pause; to stop
arretrato backward; narrow-minded
arrivare (3) to arrive
arrivederci, arrivederLa (P) good-bye
l'arrivo arrival
l'arrosto (6) roast
arrosto (*inv.*) roasted (*adj.*)
l'arte art; **le belle arti** fine arts; **l'opera d'arte** work of art; **la storia dell'arte** (3) art history
articolato articulated
l'articolo article
l'artista (*m., f.*) (*pl.* **gli artisti / le artiste**) (15) artist
artistico artistic
l'artrite (*f.*) arthritis
arzillo lively
l'ascensore (*m.*) (12) elevator
ascoltare (4) to listen to
l'asilo (**d'infanzia**) day-care center
aspettare to wait for
aspettarsi to expect
l'aspirapolvere (*m.*) vacuum cleaner
l'aspirina aspirin
assaggiare to taste
assaltare to assault
assassinato assassinated
l'assegno (10) check
assicurare (18) to ensure; to insure
l'assicurazione (*f.*) insurance
l'assistenza assistance; **assistenza medica** (17) health insurance
associare to associate
l'associazione (*f.*) association
assolutamente absolutely
assoluto absolute (*adj.*)
assonnato sleepy
assumere (*p.p.* **assunto**) (17) to hire; to assume
l'Assunzione (*f.*) Feast of the Assumption (*August 15*)
l'astrologia astrology
l'astronauta (*m., f.*) (*pl.* **gli astronauti / le astronaute**) astronaut
l'atleta (*m., f.*) (*pl.* **gli atleti / le atlete**) athlete
l'atletica athletics
attaccato attached
l'attacco (*pl.* **gli attacchi**) attack, bout
l'atteggiamento attitude
attentamente attentively
attento careful; attentive; *stare

attento/a (3) to pay attention; to be careful

l'attenzione (*f.*) attention; **fare attenzione** to pay attention; **attenzione!** (P) careful!; pay attention!

l'attimo moment; **aspettare un attimo** to wait a second

attirare (14) to attract

l'attività (*f.*) activity

attivo active

l'atto record, document

l'attore/l'attrice (14) actor/actress

attraversare (15) to cross

attraverso across

attrezzato equipped

attribuire (isc) to attribute

attuale actual; present, current

l'attualità current event; **le attualità** current affairs

audiovisivo audio-visual

l'augurio (*pl.* **gli auguri**) wish; **fare gli auguri** to give greetings, best wishes

† **aumentare** (16) to increase

l'aumento (16) raise; **in leggero aumento** slightly higher

l'ausilio help, aid

l'australiano/l'australiana Australian person

austriaco (*m. pl.* **austriaci**) Austrian (*adj.*)

l'auto (*f.*) (*pl.* **le auto**) (1) car

autobiografico (*m. pl.* **autobiografici**) autobiographical

l'autobus (*m.*) (*pl.* **gli autobus**) (1) bus

automatico (*m. pl.* **automatici**) automatic

l'automobile (*f.*) (1) automobile, car

l'automobilista (*m., f.*) (*pl.* **gli automobilisti** / **le automobiliste**) (13) driver

automobilistico (*m. pl.* **automobilistici**) pertaining to cars

autonomo autonomous

l'autore (*m.*) / **l'autrice** (*f.*) (14) author

autoritario (*m. pl.* **autoritari**) (18) authoritarian (*adj.*)

l'autostop (*m.*) hitchhiking; **fare l'autostop** (13) to hitchhike

l'autostrada (13) highway

autosufficiente self-sufficient

l'autoveicolo motor vehicle

l'autunno (P) autumn, fall

avanti forward; in front; **avanti!** go on!; move forward!

avaro stingy

avere (1) to have; **avere... anni** (1) to be . . . years old; **avere l'aria** (8) to appear, seem; **avere bisogno di** (1) to need; **avere caldo** (1) to feel hot,

warm; **avere fame** (1) to be hungry; **avere una fame da lupi** to be ravenous; **avere freddo** (1) to feel cold; **avere fretta** (1) to be in a hurry; **avere l'impressione** to have the impression; **avere intenzione** (**di** + *inf.*) to intend (*to do something*); **avere paura** (**di**) (1) to be afraid (of); **avere pazienza** to be patient; **avere il piacere** (**di** + *inf.*) (9) to be delighted (*to do something*); **avere ragione** to be right; **avere sete** (1) to be thirsty; **avere sonno** (1) to be sleepy; **avere successo** to be successful; **avere voglia** (**di** + *n. or inf.*) (1) to feel like (*doing something*)

l'avvenimento event, action

* **avvenire** (*p.p.* **avvenuto**) to happen

l'avventura adventure

avventuroso adventuresome

l'avverbio (*pl.* **gli avverbi**) adverb

avvertire to warn, forewarn

avvicinarsi (18) to approach, get near

avvincente riveting

l'avvocato/l'avvocatessa (*m. title used for women also*) lawyer

l'azienda (17) firm

l'azione (*f.*) activity, action

azzurro sky blue; **gli Azzurri** *nickname for the Italian national soccer team*

B

il babbo dad (*in Tuscany*)

il baccano ruckus; **fare baccano** to carry on loudly, make a ruckus

baciare (7) to kiss

il bacio (*pl.* **baci**) kiss

i baffi (*m. pl.*) moustache

bagnato wet

il bagno (4) bathroom; bathtub; **fare il bagno** (7) to take a bath; **costume da bagno** swimming suit

il baldacchino canopy

la balena whale

ballare (3) to dance

il ballerino / **la ballerina** ballet dancer

il balletto (14) ballet

il ballo (3) dance; dancing; **festa da ballo** ball; **lezioni di ballo** (4) dancing lessons; **scuola di ballo** dancing school

il bambino / **la bambina** (2) baby; child, little boy/girl

la banca (1) bank

la bancarella stall, booth

il banco (*pl.* **i banchi**) (11) counter

il bar (*pl.* **i bar**) (1) bar; café, coffee shop

la barba beard; **farsi la barba** (7) to shave

il barbiere barber

la barca boat

il barista bartender

il baritono (14) baritone

il barocco Baroque (*period of art*)

barocco Baroque (*adj.*)

la barzelletta joke

basato based

la base base

il baseball (9) baseball

la basilica basilica

il basket, basketball (9) basketball

il basso (14) bass (*singer*) (*n.*)

basso (2) short; low (*adj.*); **in basso** below

* **bastare** to suffice, be enough

battere to beat; **battere a macchina** to type

battuto beaten; surpassed

be', beh well

beato: beato lui! lucky him!

la Befana Epiphany (*January 6*)

le belle arti (*f. pl.*) fine arts

la bellezza beauty

bello (2) beautiful; handsome; **fare bello** (P) to be nice weather; **ciao, bella!** bye, dear!

il belvedere scenic overlook, lookout point

benché (17) although

bene (P) well, fine; **benissimo!** very well!; very good!; **benone!** great!; **ben tornato!** (14) welcome back!; **fare bene a** to be good for; * **stare bene** (3) to be well, fine; **va bene** (P) OK, fine

il benvenuto welcome, greeting

la benzina (13) gasoline; **benzina normale/super/verde** (13) regular/super/unleaded gasoline; **distributore di benzina** (13) gas pump; **fare benzina** (13) to get gas

bere (*p.p.* **bevuto**) (4) to drink

il berretto cap

la bestia animal, beast

bianco (*m. pl.* **bianchi**) (5) white

la Bibbia Bible

il biberon feeding-bottle

la bibita (5) soft drink, soda; beverage

la biblioteca (4) library; **in biblioteca** (4) at/in/to the library

il bicchiere (1) (drinking) glass

la bicicletta, la bici (*pl.* **le bici**) (1) bicycle; * **andare in bicicletta** (3) to ride a bike

il bigliettaio ticket vendor

la biglietteria ticket office

il biglietto (13) ticket; **biglietto di andata e ritorno** round-trip ticket; **biglietto da visita** business card

bilaterale bilateral

la **biologia** (3) biology
biondo (2) blond (*adj.*)
la **birra** (1) beer
la **birreria** pub, tavern
il **biscotto** cookie
*bisognare to be necessary; **bisogna** (14) it is necessary
il **bisogno** need; **avere bisogno di** (1) to need, have need of
la **bistecca** (6) steak
bloccare to block
blu (*inv.*) blue
la **bocca** mouth; **in bocca al lupo!** (4) good luck!
il **bocconcino** morsel, nugget
boh well
il **bollettino** bulletin, news
il **bollito** boiled, poached meat
la **borsa** purse; la **borsa di studio** scholarship
il **bosco** (*pl.* i **boschi**) (8) woods
la **bottega** shop, store
la **bottiglia** bottle
la **boutique** (*pl.* le **boutique**) boutique, shop
braccetto: a braccetto arm-in-arm
il **braccio** (*pl.* le **braccia**) (19) arm
la **braciola** cutlet
il **brandy** (*inv.*) brandy
il **brano** (19) extract, excerpt, selection
bravo (2) good, able; **bravo in** (3) good at
breve brief, short
la **brioche** (*pl.* le **brioche**) brioche, sweet roll
i **broccoli** (*m. pl.*) broccoli
il **brodo** broth; **in brodo** (6) in broth
bruciare to burn
bruno (2) dark-haired
brutto (2) ugly; bad; **fare brutto** (P) to be bad weather
buffo (2) funny, comical
il **buffone** buffoon, clown, fool
la **bugia** (18) lie; **dire una bugia** to lie, tell a lie
il **buio** darkness
il **buongustaio** (*pl.* i **buongustai**) / la **buongustaia** gourmet
buono (1) good; **buon anno!** happy New Year!; **buon appetito!** enjoy your meal!; **buon compleanno!** happy birthday!; **buon divertimento!** have fun!; **buona fortuna!** good luck!; **buon giorno!** (P) good morning!; good afternoon!; **buona giornata!** have a good day!; **buon lavoro!** enjoy your work!; **buon Natale!** Merry Christmas!; **buona notte!** (P) good night!; **buona Pasqua!** happy Easter!; **buona sera!** (P) good

evening!; **buon viaggio!** have a nice trip!; **di buon umore** (*m.*) in a good mood
il **burro** (11) butter
bussare to knock
buttare to throw; **buttare giù la pasta** to place the pasta in boiling water; **buttare via** to throw away

C

la **cabina** cabin; small enclosure
la **caccia** hunt; *andare a caccia to go hunting
*cadere to fall
la **caduta** fall
il **caffè** (1) coffee; café, coffee shop; **caffè macchiato/ristretto/corretto/ lungo/nero** coffee with milk / concentrated / with liqueur / diluted / black
il **caffellatte** coffee and milk
il **calamaro** squid
la **calamità** calamity, misfortune, disaster
il **calciatore** soccer player
il **calcio** (9) soccer, football
il **caldo** heat; **avere caldo** (1) to feel hot, warm; **fare caldo** (P) to be hot (*weather*)
caldo hot, warm
il **callo** callus
calmare to calm
i **calzoncini** (*m. pl.*) shorts
†**cambiare** (9) to change, become different; to exchange; **cambiare casa** (12) to move
il **cambio: l'ufficio cambio** (currency) exchange
la **camera** (4) room; **camera da letto** (12) bedroom; il **compagno** / la **compagna di camera** roommate
la **Camera** (dei **Deputati**) (16) Chamber (of Deputies) (*lower house of Parliament*)
il **cameriere** / la **cameriera** (1) waiter/waitress
la **camicetta** (11) blouse
la **camicia** shirt
il **caminetto** fireplace
il **camino** chimney
camminare (9) to walk
la **campagna** (10) country, countryside; **in campagna** in/to the country; la **campagna elettorale** election campaign
la **campana** bell
il **campanello** doorbell; **suonare il campanello** to ring the doorbell; **suona il campanello** the doorbell is ringing

il **campanile** bell tower
il **campeggio** (*pl.* i **campeggi**) camping; campsite; *andare in campeggio to go camping
il **campionato** match; championship; **campionato mondiale** world championship, world cup
il **campo** field; **campo da tennis** tennis court
il/la **canadese** Canadian person
canadese (2) Canadian (*adj.*)
il **canale** channel
il **candidato** / la **candidata** candidate
il **cane** (1) dog
il **canguro** kangaroo
il **canile** kennel, doghouse
canone: l'equo canone rent control
il/la **cantante** (14) singer
cantare (3) to sing
cantarellare to hum; to sing softly (to oneself)
il **cantautore** / la **cantautrice** (14) singer-songwriter
la **cantina** (12) cellar; basement
il **canto** (14) singing; il **bel canto** bel canto (*operatic vocal technique*)
la **canzone** (14) song
la **canzonetta** (14) popular song
il **canzoniere** collection of songs or lyrical poetry
caotico chaotic
capace (**di**) capable (of)
capire (**isc**) (4) to understand
la **capitale** capital
il **capitano** captain
*capitare to happen
il **capitolo** chapter
il **capo** head; boss; **Capo d'Anno** New Year's Day; **capo cabina** chief steward; **da capo a piedi** from head to toe
il **capolavoro** (15) masterpiece
il **caposaldo** (*pl.* i **capisaldi**) stronghold; bulwark
il/la **capostazione** (*m. pl.* i **capistazione** / *f. pl.* le **capostazione**) stationmaster
il **capotreno** conductor
il/la **capoufficio** (*m. pl.* i **capi ufficio** / *f. pl.* le **capoufficio**) boss; office manager
la **cappella** chapel
il **capello** strand of hair, i **capelli** (2) hair
il **cappotto** (17) coat
cappuccetto: Cappuccetto Rosso Little Red Riding Hood
il **cappuccino** (5) cappuccino (*espresso coffee and steamed milk*), i **Cappuccini** Capuchin monks

la capra goat
caprese: insalata caprese *salad with tomatoes, mozzarella, and olives*
il carabiniere traffic cop; police officer
la caramella hard candy
il carattere character, disposition
la caratteristica characteristic, quality
caratteristico (*m. pl.* **caratteristici**) typical, characteristic
carbonara: alla carbonara (6) *sauce made of cream, bacon, and eggs*
il carcere (*pl.* **le carceri**) prison, jail
il carciofo artichoke
cardinale cardinal (*adj.*)
il caribù caribou
caricare to load
carino (2) pretty, cute; nice
la carità charity; **per carità!** no way!; God forbid!
la carne (3) meat
caro (2) expensive; dear
la carota (5) carrot
il carrello serving cart
la carriera career; **fare carriera** to be successful; to rise in the ranks
la carrozza carriage; rail coach, car
la carrozzina baby carriage
la carta paper; playing card; map; **carta di credito** (10) credit card; **carta d'identità** ID card; **giocare a carte** to play cards
il cartello sign; **cartello stradale** traffic sign
la cartolina postcard; greeting card
la casa (3) house, home; **a casa** (3) at home; **a casa di** (3) at the home of; *andare a casa to go home; **cambiare casa** (12) to move; **in casa** at home; home; *uscire di casa to leave the house
la casalinga housewife; **la cucina casalinga** home cooking; **fare la casalinga** to stay at home, look after the house
casareccio homemade
la casella box
il caso chance; **per caso** by chance
caspita! (10) good heavens!; you don't say!
la cassa cash register; **alla cassa** at the cashier
il cassiere / la cassiera cashier
castano brown (*hair, complexion*)
il catalogo (*pl.* **i cataloghi**) catalogue
la categoria category
la catena (17) chain
cattivo (2) bad; naughty
cattolico (*m. pl.* **cattolici**) Catholic (*adj.*)
il cavallo horse; **a cavallo** on

horseback; *andare a cavallo (9) to ride a horse
cavarsela to manage, pull through
il cavo cable
celebrare to celebrate
celebre famous
celibe (8) single (*said of a man*) (*adj.*)
la cena (5) supper
il Cenacolo the depiction of the Last Supper
cenare to have supper
il centesimo cent
cento one hundred; **per cento** percent
centrale central
il centro (5) center; **in centro** (5) downtown; **al centro** (12) in the center
cercare (6) to seek, look for; **cercare lavoro** (17) to look for a job; **cercare di** (+ *inf.*) (14) to try, attempt (*to do something*); **in cerca di** searching for; **cercasi** wanted (*in want ads*)
il certificato certificate
certo sure; certain; **certo!** of course!; **certo che** of course
il cervello brain
lo champagne (*pl.* **gli champagne**) champagne
che who, whom, which, that; **che... ?** (4) what . . . ?; what kind of . . . ?; **che cosa?** (3) what?
chè (**perchè**) because
chi he who, she who, the one who; **chi?** (1) who?, whom?; **di chi?** whose?
la chiacchiera chat; **scambiare quattro chiacchiere** to have a chat
chiacchierare to chat
chiamare to call; **chiamarsi** (7) to be named, called
chiaro clear
chiassoso (17) loud, gaudy
la chiave (4) key
chiedere (*p.p.* **chiesto**) (5) to ask (for)
la chiesa (1) church
il chilo (11) kilogram
il chilometro kilometer
la chimica (3) chemistry
chissà who knows
la chitarra (3) guitar
chiudere (*p.p.* **chiuso**) (18) to close
chiunque (17) anyone, anybody, whoever, whomever
chiuso (16) closed
ci there (*adv.*); **c'è / ci sono** there is / there are
ciao (P) hello, hi; bye
ciascuno each, each one
il cibo food
il ciclismo (9) cycling
il cielo sky; **santo cielo!** (9) good heavens!
il cigno swan
il cinema (*pl.* **i cinema**),

cinematografo (1) movie theater
cinematografico (*m. pl.* **cinematografici**) film, movie (*adj.*)
il/la cinese Chinese person; **il cinese** (3) Chinese language
cinese (2) Chinese (*adj.*)
la cintura belt; **cintura di sicurezza** (13) seat belt
ciò this, that; **tutto ciò** all that; **ciò che** that which
cioè that is
la cioccolata (5) chocolate; chocolate bar; **cioccolata (calda)** (hot) chocolate; **alla cioccolata** chocolate-flavored
circa (10) approximately, about
circolazione: la tassa di circolazione highway toll
circondare to surround
citare (19) to quote
la citazione (19) quote, excerpt
la città (1) city; **città d'origine** hometown
la cittadinanza citizenship
il ciuffo lock of hair
civico civic
civile civil; **stato civile** marital status
la classe class; classroom
classico (*m. pl.* **classici**) classic, classical
la classifica classification, listing; ratings
il/la cliente (11) client, customer
il clima climate
clinicamente clinically
la coalizione coalition
il cocchiere coachman
il cognato / la cognata (8) brother/sister-in-law
il cognome (1) last name
la colazione (5) breakfast; lunch; **la prima colazione** breakfast; **fare colazione** (5) to have breakfast/lunch
collaborare to collaborate
il colle hill
il/la collega (*pl.* **i colleghi / le colleghe**) colleague
collegare to link
il collo neck
il colloquio (*pl.* **i colloqui**) (17) interview; **avere/fissare un colloquio** (17) to have / to set up an interview
la colonia colony
colonna: la colonna sonora (14) sound track
il colore color
coloro those (people); **coloro che** those who
colpo: fare colpo (su) (17) to make an impression (on), make a splash

il coltello knife
coltivare to cultivate
il comandamento commandment
il comandante commander
combattere to fight
combinazione: per combinazione by coincidence, as it happened
come (2) how; like; as; **come?** (P) what?; how's that?; **come mai?** how come?; **come se** (18) as if; **come stai/sta?** (P) how are you?; **come va?** (1) how is it going?; **com'è... ? come sono... ?** (2) how is/are ... ?
†**cominciare** (3) to begin, start; **cominciare (a** + *inf.*) (9) to begin (*to do something*)
la commedia (14) comedy; play
il commediografo / la commediografa playwright
il commento comment
commerciale commercial
il/la commerciante businessperson; merchant; wholesaler
il commercio (17) commerce, trade
il commesso / la commessa (11) salesperson, clerk
la commissione commission
commovente moving, touching
comodo convenient, comfortable
la compagnia company; **in compagnia** with friends
il compagno / la compagna companion, mate; **compagno/ compagna di camera** roommate
il comparativo comparative
compere: fare compere (11) to go shopping
compilare to fill out
il compito (3) homework; assignment
il compleanno (5) birthday; **buon compleanno!** happy birthday!
complementare complimentary
il complemento complement
il complesso complex
completare to complete
completo complete; *essere al completo** to be full (*hotel*)
complicato complicated
il complimento (10) compliment; **fare un complimento** to pay a compliment; **complimenti!** congratulations!, well done!
il componente component
comporre (*p.p.* **composto**) to compose
il comportamento behavior
comportarsi to behave
il compositore / la compositrice composer
la composizione composition
composto (di) composed (of)
comprare (3) to buy
il compratore / la compratrice buyer

comprensibile understandable
la comprensione understanding
compreso included
computerizzato computerized
comunale municipal
il comune city, municipality
comune common
il comunismo communism
il/la comunista (*pl.* **i comunisti / le comuniste**) communist
comunista (*m. pl.* **comunisti**) (16) communist (*adj.*)
la comunità community
comunque (17) however; no matter how
con (1) with
concentrato concentrated
la concentrazione concentration
il concerto (4) concert
il concetto concept
la concezione conception
la conchiglia (sea)shell
concludere (*p.p.* **concluso**) to conclude, finish
il concorso exam; contest; **partecipare a un concorso** (17) to take a civil service exam
il condannato / la condannata condemned person
condividere (*p.p.* **condiviso**) (12) to share (*a residence, ideas*)
il condizionale conditional (*verb mood*)
condizionato: l'aria condizionata air-conditioning
la condizione condition; **a condizione che** (17) on the condition that
il condominio (*pl.* **i condomini**) condominium
condurre (*p.p.* **condotto**) to lead; to carry out; **condurre una prova** to run a test
la conferenza lecture; conference
il confetto sugar candy
confinare to border
il conflitto conflict
conforto: con ogni conforto (10) with all the amenities, conveniences
il confronto comparison
la confusione confusion; **che confusione!** what a mess!
il congiuntivo subjunctive (*verb mood*)
la congiunzione conjunction
la congiura plot, conspiracy
le congratulazioni (*f. pl.*) congratulations
il congresso congress; meeting, conference
il coniglio (*pl.* **i conigli**) rabbit
coniugare to conjugate
la coniugazione conjugation
il connotato feature (*facial*);

description
la conoscenza knowledge; acquaintance; **fare la conoscenza di** (9) to meet, make the acquaintance of
conoscere (*p.p.* **conosciuto**) (6) to know, be acquainted with; to meet (*in past tenses*)
conosciuto well-known, known
conquistare to conquer; to gain
consecutivo consecutive
la conseguenza consequence; **di conseguenza** consequently, as a consequence
conseguito obtained, achieved
consentire to agree, consent
il conservante preservative
conservare to conserve; to save; to preserve
il conservatorio (*pl.* **i conservatori**) conservatory
considerare to consider
consigliare (di + *inf.*) to advise (*to do something*); to recommend
il consiglio (*pl.* **i consigli**) advice
consolare to console
la consonante consonant
il consumismo (18) consumerism
il/la consumista (*pl.* **i consumisti / le consumiste**) consumer
il consumo consumption; waste
il contadino / la contadina (14) farmer
contanti: pagare in contanti (10) to pay cash
contare to count
contattare to contact
il contatto contact; **mettersi in contatto** to contact
il conte count (*nobility*)
contemporaneo contemporary (*adj.*)
contenere to contain
contento (7) glad, happy; satisfied
contenuto contained, restrained
contestare to challenge, dispute
il contestatore / la contestatrice protestor
il continente continent
continuare to continue; **continuare (a** + *inf.*) (8) to continue (*doing something*)
continuato: l'orario continuato uninterrupted schedule/workday
continuo continuous; **di continuo** continual, continuously
il conto check, bill; account; **per conto mio/suo/loro** on my/his/their own; **rendersi** (*p.p.* **reso**) **conto** to realize
il contorno (6) side dish
il contrario (*pl.* **i contrari**) opposite; **al contrario** on the contrary
il contrassegno unique, distinguishing mark
il contrasto contrast, conflict

contrattare to bargain
contrattuale contractual
contro against; *****essere contro** (18) to be against
controllare (13) to check
controllo: fare un controllo (13) to get/do a tune-up (*automotive*); **moto controllo** exercise machine
il contrordine countermand
la convenienza convenience
convenzionale (18) conventional
la conversazione conversation
convincere (a/di + *inf.*) (*p.p.* **convinto**) to convince
convinto convinced (*adj.*)
convocato assembled, called
il coperto cover charge (*in a club*)
la copia copy
la coppa cup
la coppia couple
il coraggio courage; **avere il coraggio (di** + *inf.*) to have the courage (*to do something*)
coraggioso brave
la corda rope
il coreano / la coreana Korean person; **il coreano** Korean language
coreano (2) Korean (*adj.*)
il coro chorus
correggere to correct
correlazione: la correlazione dei tempi sequence of tenses
correre (*p.p.* **corso**) (*with* **essere** *or* **avere**) (4) to run
corretto correct (*adj.*); **il caffè corretto** coffee with liqueur
il corriere messenger; courier
corrispettivo: corrispettivo non pagato balance due; **corrispettivo riscosso** amount paid
corrispondere (*p.p.* **corrisposto**) to correspond
la corsa (9) race; running; ***** tornare di corsa** to come back running
il corso (3) course (*of study*)
la corte court
corto short
così (4) so; thus; **così così** (P) so-so
la cosa thing; **cosa?, che cosa?** (3) what?
cosiddetto so-called
il costo cost, price; **il costo della vita** (17) cost of living
*****costare** (11) to cost; ***** costare un occhio della testa** to cost an arm and a leg; **quanto costa?** how much does it cost?
la costituzione constitution
costoso costly, expensive
costruire (isc) (15) to build
la costruzione construction
il costume (2) costume; **costume da bagno** swimming suit

cotto cooked
la cravatta tie
creare (14) to create
la creazione creation
credere (a) (11) to believe (in)
il credito credit; **carta di credito** credit card
la crema cream; **alla crema** vanilla-flavored
*****crepare** to drop dead
*****crescere** (*p.p.* **cresciuto**) to grow
la crisi (*pl.* **le crisi**) (19) crisis
croccante crunchy; browned
la croce cross (*n.*)
la crociera cruise; **fare una crociera** (10) to go on a cruise
la cronaca report; local news; **cronaca nera** (4) police blotter
la crostata (6) pie
il crostino (6) canapé, crouton
crudo raw, uncooked
il cubano / la cubana Cuban person
il cubo cube
la cuccetta berth, sleeping compartment (*on a train*)
il cucchiaio (*pl.* **i cucchiai**) spoon
la cucina kitchen (5); cooking (6); **libro di cucina** (6) cookbook
cucinare (4) to cook, prepare food
il cuculo cuckoo
il cugino / la cugina (1) cousin
cui whom, that, which (*after prepositions*); *art.* + **cui** whose
culinario (*m. pl.* **culinari**) culinary
culminare to culminate
il culmine culmination
la cultura culture
culturale cultural
cuocere (*p.p.* **cotto**) to cook
il cuoco / la cuoca (*pl.* **i cuochi / le cuoche**) cook
il cuore heart
la cupola dome
la cura care
curare to care for, look after
il curato parish priest
la curiosità popular interest commentary; curiosity
curioso curious
la curva curve
il/la custode custodian

D

da (4) by; from; at; **da solo/sola** (6) alone
il dannato / la dannata damned soul
dappertutto (12) everywhere
dare (3) to give; **dare un bacio** to kiss; **dare del tu/Lei** (9) to address (someone) in the tu/Lei form; **dare**

un esame to take an examination; **dare fastidio** to annoy, bother; **dare un film** to show a movie; **dare una mano** to lend a hand; **dare una multa** to give a ticket; **dare un passaggio** to give a lift, ride; **può darsi** (16) it is possible, maybe
la data (4) date (*calendar*)
dato che since
i dati facts; data
davanti a in front of
davvero (8) really
la dea goddess
decidere (*p.p.* **deciso**) (**di** + *inf.*) to decide (*to do something*)
decimo tenth
decisamente definitely
la decisione decision; **prendere una decisione** to make a decision
dedicare to dedicate
dedicato devoted, dedicated
definire (isc) to define; to determine
definitivo definite, final
la definizione definition
il delfino dolphin
delizioso delicious; delightful
democratico (*m. pl.* **democratici**) democratic
la democrazia (16) democracy; **la Democrazia Cristiana** Christian Democratic political party
il denaro money
la densità density
il dente tooth
il dentifricio (*pl.* **i dentifrici**) toothpaste
il/la dentista (*pl.* **i dentisti / le dentiste**) dentist
dentro inside
depresso (7) depressed
il deputato / la deputata (16) deputy (*of Parliament*), representative
derivare to derive
descrivere (*p.p.* **descritto**) to describe
la descrizione description
deserto deserted
desiderare to wish, want, desire
il desiderio (*pl.* **i desideri**) desire, wish
desideroso desirous, eager
destarsi to wake up
la destinazione destination
la destra right; **a destra** (12) to/on the right
determinativo: l'articolo determinativo definite article
il detersivo detergent
detestare to detest
di (1) of; about; from; **di dove sei/è?** (2) where are you from?; **di fronte a** in front of; **di mezza età** middle-aged; **di moda** fashionable; **di nuovo** again; **di solito** usually; **meno di** less than; **più di** more than; **prima di**

before; **dopo di** (+ *pron.*) after;
un po' di some, a little of
il **dialogo** (*pl.* **i dialoghi**) dialogue
il **diamante** diamond
il **dibattito** debate
dicembre (*m.*) (P) December
dichiarare to declare, state
la **didattica** teaching; didactics;
pedagogy
la **dieta** diet; **a dieta** (5) on a diet
dietetico (*m. pl.* **dietetici**) dietetic
dietro a behind; **dietro di** behind, at
the back of
la **difesa** defense
il **difetto** defect, fault
la **differenza** difference; **a differenza
di** unlike
difficile (2) difficult
la **difficoltà** difficulty
diffondere (*p.p.* **diffuso**) to spread
la **diffusione** diffusion
diffuso diffuse, widespread
digerire (**isc**) to digest
la **digressione** digression
la **dilazione** extension
diligentemente diligently
*dimagrire (**isc**) to lose weight, slim
down
dimenticare (**di** + *inf.*) (3) to forget (*to
do something*)
†**diminuire** (**isc**) (16) to decrease
il **diminutivo** diminutive, with a suffix
that expresses endearment
la **diminuzione** (16) reduction, decrease
dimostrare to demonstrate
dimostrativo demonstrative
la **dimostrazione** (16) demonstration
dinamico (*m. pl.* **dinamici**) dynamic,
energetic
il **dio** (*pl.* **gli dei**) (19) god
il **dipartimento** department
dipendere (*p.p.* **dipeso**) (**da**) to depend
(on); **dipende** (10) it depends
dipingere (*p.p.* **dipinto**) (4) to paint
il **dipinto** (15) painting (*individual work*)
il **diploma** (*pl.* **i diplomi**) diploma
diplomarsi (7) to graduate, obtain a
diploma
dire (*p.p.* **detto**) (4) to say, tell; **come si
dice...?** (P) how do you say ...?
diretto direct; **diretto** (*from* **dirigere**)
da directed by
il **direttore** / la **direttrice** director
il/la **dirigente** (17) manager; **fare il/la
dirigente** to be a manager
dirigere (*p.p.* **diretto**) to manage, direct
il **diritto** right; law
disabitato uninhabited
il **disco** (*pl.* **i dischi**) (4) record
(*phonograph*)
il **discorso** speech
la **discoteca** discothèque

la **discriminazione** discrimination
la **discussione** (16) discussion
discutere (*p.p.* **discusso**) to discuss
disegnare (4) to draw
il **disegno** sketch, drawing
la **disgrazia** misfortune, accident
disoccupato (16) unemployed
la **disoccupazione** (16) unemployment
disordinato untidy, messy, disorderly
*dispiacere (*p.p.* **dispiaciuto**) (6) to be
sorry; to mind; **mi dispiace** (4) I'm
sorry
disponibile available
la **disponibilità** availability
la **disposizione** disposition,
arrangement; **avere a disposizione**
to have at one's disposal, for one's
use
disposto (**a** + *inf.*) willing (*to do
something*)
la **distanza** distance
distinguere (*p.p.* **distinto**) to
distinguish
distratto absentminded, inattentive
distribuire (**isc**) to distribute
distributore: il **distributore di
benzina** (13) gas pump
distruggere (*p.p.* **distrutto**) to destroy
disturbare to disturb, trouble, bother
il **dito** (*pl.* **le dita**) (19) finger; toe
la **ditta** (17) firm, business
la **dittatura** dictatorship
il **divano** davenport, sofa
*diventare to become
diverso (**da**) (15) different (from);
diversi/diverse (18) several
divertente enjoyable, amusing,
entertaining
il **divertimento** amusement, fun; **buon
divertimento!** (1) have fun!
divertire to amuse; **divertirsi** (7) to
enjoy oneself, have a good time
dividere (*p.p.* **diviso**) (12) to split,
divide
divieto: il **divieto di sosta** (13) no-
parking zone; il **divieto di sorpasso**
(13) no-passing zone
divino divine
la **divisione** division
diviso divided; divided by
(*mathematics*)
divorziare to divorce; **divorziarsi** to
get divorced
divorziato (8) divorced
il **dizionario** (*pl.* **i dizionari**)
dictionary
la **dizione** diction, enunciation
la **doccia** shower; **fare la doccia** (7) to
take a shower
il/la **docente** docent, teacher
la **documentazione** documentation
il **documento** document

la **dogana** customs
il **dolce** (3) dessert
dolce sweet (*adj.*)
il **dollaro** dollar (1)
il **dolore** sorrow; pain
la **domanda** (3) question; **fare una
domanda** (3) to ask a question; **fare
domanda** (17) to apply (*for a job*)
domandare (4) to ask
domani (P) tomorrow; **a domani!** (1)
see you tomorrow!
la **domenica** (P) Sunday
domenicale Sunday (*adj.*)
la **domestica** housemaid; **faccende
domestiche** housework, chores
il **domicilio** residence; **a domicilio** at
home, in the home
la **dominazione** domination, rule
il **dominio** rule, power
donare to bestow, give as a gift
donna (2) woman; housemaid
dopo (5) after (*prep.*); afterward (*adv.*);
dopo che (10) after (*conj.*)
doppiare (14) to dub
doppiato dubbed
doppio (*m. pl.* **doppi**) (10) double
dorato gilded, gilt; golden
dormire to sleep; **dormire fino a
tardi** (5) to sleep late
il **dormitorio** (*pl.* **i dormitori**)
dormitory
dotato gifted
la **dote** gift, talent
il **dottorato** doctorate
il **dottore** / la **dottoressa** (*abbr.*
dott./dott.ssa) (4) doctor (Dr.);
university graduate
dove (1) where; **dov'è / dove sono?** (1)
where is/are ...?; **di dove sei/è?** (2)
where are you from?
dovere (4) to have to, must
il **dovere** duty, obligation
dovunque (17) wherever; everywhere
il **dramma** (*pl.* **i drammi**) (14) drama
drammatico (*m. pl.* **drammatici**)
dramatic
la **droga** (18) drug; drugs
dubitare (16) to doubt
il **duca** (*pl.* **i duchi**) / la **duchessa**
duke/duchess
il **duomo** cathedral
durante during
*durare to last
la **durata** duration, length
duraturo lasting
il **duro** / la **dura** tough (person)
duro tough, hard; demanding; **essere*
duro a morire to die hard

E

e, ed (*before vowels*) (1) and

ebbene well then; so
l'ebreo/l'ebrea Hebrew; Jew
eccellente excellent
eccetera (*abbr.* **ecc.**) et cetera (etc.)
eccetto except, with the exception of
ecco (P) here is, here are; there is, there are; here you are
l'economia (3) economics; economy
economico (*m. pl.* **economici**) (10) economic
l'edera ivy
l'edicola newsstand
l'edificio (*pl.* **gli edifici**) building
l'editore (*m.*) / **l'editrice** (*f.*) editor
efficiente efficient
l'egiziano/l'egiziana Egyptian person
elegante (2) elegant
elementare (3) elementary; **la scuola elementare** (**le Elementari**) elementary school(s)
elencato listed
eletto elected
l'elezione (*f.*) (16) election
eliminare (18) to eliminate
emancipato emancipated
* **emigrare** (20) to emigrate
l'enfasi (*f. s.*) emphasis
enorme enormous
entrambi both
* **entrare** (5) to enter, go in, come in
entusiasta (**di**) (*m. pl.* **entusiasti**) (16) enthusiastic (about)
l'Epifania Epiphany (*January 6*)
l'episodio (*pl.* **gli episodi**) episode
l'equitazione (*f.*) (9) horseback riding
l'equivalente (*m.*) equivalent
* **equivalere** to be equivalent to
equo: l'equo canone rent control
l'errore (*m.*) (3) mistake, error
esagerare to exaggerate; **non esageriamo!** let's not go overboard!
l'esame (*m.*) (3) examination; **dare un esame** to take an exam
esaminare to examine, scrutinize
esatto exact
esclamare to exclaim
escludere (*p.p.* **escluso**) to exclude
l'esclusione (*f.*) exclusion
escluso excluding; **non escluso** without excluding
l'escursione (*f.*) excursion; **fare un'escursione** (9) to go on a trip
eseguire (**isc**) (15) to carry out, execute
l'esempio (*pl.* **gli esempi**) (P) example; **ad/per esempio** for example
esercitare to exercise, practice
l'esercizio (*pl.* **gli esercizi**) (3) exercise
esigere (*p.p.* **esatto**) (16) to expect, demand
* **esistere** (*p.p.* **esistito**) to exist
esotico (*m. pl.* **esotici**) exotic
l'esperienza (18) experience

* **esplodere** (*p.p.* **esploso**) to explode
esporsi (*p.p.* **esposto**) to come forward; to reveal oneself
esportare (17) to export
esposto displayed
l'espressione (*f.*) expression
l'espresso espresso coffee
espresso express; **per espresso** express mail; **treno espresso** express train
esprimere (*p.p.* **espresso**) to express
l'essenza essence
essenziale essential
* **essere** (*p.p.* **stato**) (2) to be; ***essere d'accordo** to agree, be in agreement; ***essere contro** (18) to be against; ***essere di** to be from; ***essere a favore di** (18) to be in favor of; ***essere puntuale** to be on time; ***essere in ritardo** to be late, not on time; ***esserci** to be there, be in
l'estate (*f.*) (P) summer
estero foreign; **all'estero** (10) abroad
esteso: per esteso at length
estivo summer (*adj.*)
l'estraneo stranger, outsider
estremamente extremely
estroverso extroverted
l'età (*f.*) age; **l'età media** average age; **di mezz'età** middle-aged
etnico ethnic
l'etto (11) hectogram, 100 grams
l'europeo/l'europea European person
europeo European (*adj.*)
l'evasione (*f.*) escape
l'evento event
evidente evident
evitare to avoid
evocare to evoke
l'extraterrestre (*m.*) extraterrestrial

F

fa (5) ago
fabbricare to manufacture, produce
la faccenda matter, business; **le faccende di casa** household chores
la faccia (*pl.* **le facce**) face
facile (2) easy
la facilitazione (*f.*) facilitation, facility
la facoltà school (*of a university*)
facoltativo optional, elective
il falegname carpenter
falso false
la fame hunger; **avere fame** (1) to be hungry; **avere una fame da lupi** (6) to be ravenous; ***morire di fame** to be starving; to starve to death
la famiglia (2) family
familiare family (*adj.*), familial; familiar
famoso (2) famous
la fanciulla maiden

la fantascienza science fiction
la fantasia fantasy, imagination
il fantasma (*pl.* **i fantasmi**) phantom, ghost
fantastico (*m. pl.* **fantastici**) fantastic
farcito stuffed
fare (*p.p.* **fatto**) (3) to do; to make; **fare** (+ *inf.*) to cause something to be done; **fare il/la** (+ *profession*) (17) to be a (+ *profession*); **fare un affare** (11) to get/make a deal; **fare attenzione** to pay attention; **fare gli auguri** to give greetings, best wishes; **fare l'autostop** (13) to hitchhike; **fare il bagno** (7) to take a bath, bathe; **fare bello/brutto** (P) to be good/bad weather; **fare bella/brutta figura** to make a good/bad impression; **fare bene a** to be good for; **fare benzina** (13) to get gas; **fare caldo** (P) to be hot/warm weather; **fare un campeggio** to go camping; **fare carriera** to be successful, climb the ranks; **fare quattro chiacchiere** to chat; **fare colazione** (5) to have breakfast/lunch; **fare colpo (su)** (17) to make an impression (on), make a splash; **far compere** (17) to go shopping; **fare un complimento** to pay a compliment; **fare la conoscenza di** (9) to meet, make the acquaintance of; **fare una crociera** (10) to take a cruise; **fare un discorso** to make a speech; **fare la doccia** (7) to take a shower; **fare domanda** (17) to apply; **fare una domanda** (3) to ask a question; **fare un'escursione** (9) to go on an excursion; **fare esercizio** to exercise; **fare il footing / il jogging** (9) to jog; **fare una fotografia** (3) to take a picture; **fare freddo** to be cold weather; **fare ginnastica** (9) to exercise; **fare un giro / una gita** (9) to take a tour; **fare un'indagine** to investigate; **fare male (a)** to hurt; **fare da mangiare** to fix something to eat; **fare il pane** to bake bread; **fare parte di** to take part in, be part of; **fare una passeggiata** (9) to take a walk; **fare un piacere** to do a favor; **fare il pieno** (13) to fill up (the tank) with gas; **fare presto** to hurry up; **fare progressi** (19) to make progress; **fare un regalo** (7) to give a gift; **fare alla romana** to go dutch; **fare sciopero** to go on strike; **fare la spesa** (11) to buy groceries; **fare le spese** (11) to go shopping; **fare la valigia** to pack; **fare un viaggio** to take a trip; **fare visita a** to pay a visit to; **farsi la barba** (7) to shave (*men*);

farsi male to hurt oneself; **farsi sentire** (16) to make oneself heard
la farmacia pharmacy
il fascismo fascism
il/la fascista (*pl.* **i fascisti / le fasciste**) fascist
fascista (*m. pl.* **fascisti**) fascist (*adj.*)
la fase phase
il fastidio annoyance; **dare fastidio (a)** to annoy
la fatica effort, work
faticoso (9) tiring, arduous
il fatto fact
la fattoria (14) farm
la fauna fauna
la favola (8) fable; fairy tale
favoloso fabulous
il favore favor; ***essere a favore di** (18) to be in favor of; **per favore!** (P) please!
febbraio (P) February
la fecondità fertility; productiveness
il fegato liver; **i fegatini di pollo** chicken livers
felice happy
la felicità happiness
la felpa sweatsuit
la femmina female
femminile feminine
il/la femminista (*pl.* **i femministi / le femministe**) feminist
femminista (*m. pl.* **femministi**) (16) feminist (*adj.*)
il fenomeno phenomenon
feriale pertaining to the work week; **giorni feriali** working days (*includes Saturday*), weekdays
le ferie (*f. pl.*) (10) vacation, holidays
fermare (7) to stop; **fermarsi** (7) to come to a stop
la fermata stop
fermo still; ***stare fermo** to be still
il Ferragosto August 15 (*national summer holiday in Italy*)
la ferrovia railroad; **Ferrovie dello Stato** state rail system
il fertilizzante fertilizer
la festa (3) holiday
festeggiare (10) to celebrate
il festival (*pl.* **i festival**) festival
festivo holiday (*adj.*); festive, merry
le fettuccine (*f. pl.*) type of pasta
la fiaba fable; fairy tale
il/la ficcanaso (*m. pl.* **i ficcanasi** / *f. pl.* **le ficcanaso**) busybody
fidarsi di (18) to trust
la fiducia trust; **voto di fiducia** vote of confidence
il figlio (*pl.* **i figli**) / **la figlia** (7) son/daughter
il figliolo / la figliola boy/girl, child
figurati! just imagine!; don't mention it!

la fila row
il filetto fillet
il film (*pl.* **i film**) movie, film; **dare un film** to show a movie
il filobus (*pl.* **i filobus**) (5) trolley, trolley car
la filosofia philosophy
finalizzare to finalize
finalmente (4) finally
la finanza finance; **agente della finanza** fiscal agent; tax collector
finanziare to finance
la finanziaria finance agency
finanziariamente financially
la fine (6) end
la finestra (4) window
† **finire (isc)** (4) to finish, end; **finire per** (+ *inf.*) (18) to end up (*doing something*)
fino: fino a (5) till, until; as far as; **fino a un certo punto** up to a certain point; **fino a tardi** till late; **fino da** from; since
il fiocco (*pl.* **i fiocchi**) ribbon, bow
il fiore flower
il fiorentino / la fiorentina person from Florence; **la Fiorentina** *name of Florence's soccer team*
fiorentino Florentine (*adj.*)
la firma signature
fiscale fiscal, monetary, money (*adj.*)
fischiare (14) to whistle; to boo
il fischio (*pl.* **i fischi**) (14) whistle; boo
la fisica (3) physics
fisico (*m. pl.* **fisici**) physical (*adj.*)
fissare to fix; to establish, set; **fissare un appuntamento** to make an appointment; **fissare un colloquio** (17) to set up an interview
fisso (11) set, fixed; **prezzi fissi** firm prices
il foco (fuoco) (*pl.* **i fuochi**) fire
folk, folkloristico (*m. pl.* **folkloristici**) folk, folkloristic
fondamentale fundamental
fondato founded
la fondazione founding
fondente melted
fondo: lo sci di fondo (9) cross-country skiing
la fonetica phonetics
la fontana fountain
la fonte fount, source; origin
il football (9) football, soccer
il footing (9) jogging; **fare il footing** to jog
la forma form; voice
il formaggio (*pl.* **i formaggi**) (11) cheese
formale formal
formare to form
la formazione formation; development

la formula formula
formulare to formulate; to compose
il fornaio (*pl.* **i fornai**) baker
il forno oven; **al forno** (6) baked
forse maybe, perhaps
forte (10) strong; sharp
la fortuna fortune, luck; **avere fortuna** to be lucky; **buona fortuna!** good luck!; **per fortuna** (15) fortunately, luckily
fortunato lucky, fortunate
la forza strength
la fotografia, la foto (*pl.* **le foto**) (1) photograph, photo; **fare una fotografia** (3) to take a picture
fotografico (*m. pl.* **fotografici**) photographic; **macchina fotografica** camera
il fotografo / la fotografa photographer
fra (10) in, within (*referring to future time*); among, between
il/la francese French person; **il francese** (3) French language
francese (2) French (*adj.*)
il francobollo (postal) stamp
la frase phrase; sentence
la fraseologia wording; expression
il frate friar, brother (*religious*)
il fratellastro (8) half brother; stepbrother
il fratello (7) brother
il freddo cold; **avere freddo** (1) to feel cold; **fare freddo** (P) to be cold weather
freddo cold (*adj.*)
frenare to brake; to stop
frequentare (3) to attend (*a school*)
frequentato attended, patronized; popular
frequente frequent
la frequenza frequency
il fresco coolness; **fare fresco** (P) to be cool weather
fresco (*m. pl.* **freschi**) (6) fresh (*adj.*)
la fretta hurry, haste; **avere fretta** (1) to be in a hurry; **in fretta** in a hurry, fast, hastily
il frigorifero, il frigo (*pl.* **i frigo**), (4) refrigerator
fritto fried
la frutta (6) fruit; piece of fruit
il fruttivendolo / la fruttivendola (11) fruit vendor
il frutto piece of fruit; **frutto di fantasia** product/fruit of the imagination
la fuga (18) escape, flight
fumare (6) to smoke
il fumetto comic strip
il funerale funeral
il fungo (*pl.* **i funghi**) mushroom
funzionare to work, function

la funzione function; (religious) service
il fuoco (foco) (*pl.* **i fuochi**) fire
fuori out; out of; outside; **fuori
  esercizio** out of practice; **fuori di me**
  beside myself; **fuori orario** outside
  regular (service) hours
il fusillo *type of pasta*
il futuro future; future tense

G

il gabinetto bathroom
la gala gala
la galleria gallery; tunnel
il gallone gallon
la gamba leg; **in gamba** (6) on the ball;
  sharp, great (*person*)
la gara contest, race
il garage (*inv.*) (12) garage
garantire (isc) to guarantee
garantito guaranteed
il gatto / la gatta (1) cat
il gattopardo leopard
il gelataio / la gelataia ice-cream
  maker or vendor
la gelateria (11) ice-cream parlor
il gelato (1) ice cream
geloso jealous
genealogico (*m. pl.* **genealogici**)
  genealogical
generale general; **in generale** in
  general; **sguardo generale** review,
  scan
la generazione generation
il genere genre; type; **in genere**
  generally
generico (*m. pl.* **generici**) generic
il genero (8) son-in-law
la generosità generosity
generoso generous
la genesi (*pl.* **le genesi**) genesis
il genio (*pl.* **i geni**) genius
i genitori (*m. pl.*) (7) parents
gennaio (P) January
la gente (5) people
gentile kind
la gentilezza kindness
genuino (6) genuine; the real thing
la geografia geography
geografico (*m. pl.* **geografici**)
  geographic
il gerundio gerund
gesticolare to gesture, gesticulate
il ghiaccio (*pl.* **i ghiacci**) (5) ice;
  pattinaggio su ghiaccio (9) ice
  skating
già (5) already
la giacca (17) jacket
giallo yellow; **i romanzi / i film gialli**
  detective novels/films
il/la giapponese Japanese person; **il
  giapponese** (3) Japanese language

giapponese (2) Japanese (*adj.*)
il giardiniere / la giardiniera gardener
il giardino garden
la ginnastica (9) gymnastics; **fare la
  ginnastica** to exercise, do exercises
il ginocchio (*pl.* **le ginocchia**) (19) knee
giocare (**a** + *n.*) to play (*a sport or
  game*) (9); **giocare al pallone** (7) to
  play ball
il giocatore / la giocatrice (9) player
il gioco (*pl.* **i giochi**) game, play
la gioia joy
il giornalaio / la giornalaia newspaper
  vendor
il giornale (4) newspaper
il/la giornalista (*pl.* **i giornalisti / le
  giornaliste**) journalist
la giornata day; the day long; **buona
  giornata!** have a good day!
il giorno day; **buon giorno!** (P) good
  morning!; good afternoon!
il/la giovane (2) young man/woman;
  i giovani young people, the young
il giovanotto young man
il giovedì (P) Thursday
girare to turn; to go around; to shoot
  (*a film*) (14)
girato filmed (*movie*)
il giro (10) tour; **fare un giro** to take a
  tour; **in giro** (17) around; **prendere
  in giro** to make fun of
la gita (9) excursion; **fare una gita** (9)
  to take a short trip
giù down; **buttare giù la pasta** to place
  pasta in boiling water
giudicare (18) to judge
giugno (P) June
* **giungere** (*p.p.* **giunto**) to reach, arrive
la giuntura joint
giurare to swear
la giurisprudenza law
giustificare to justify
la giustizia (18) justice
giusto (8) right; fair, just; correct
glorioso glorious
godere to enjoy
il golf (*pl.* **i golf**) sweater; (*s. only*)
  sport of golf (9)
la gomma (13) tire; rubber
la gondola gondola
la gonna (11) skirt
il gorilla (*pl.* **i gorilla**) gorilla
gotico Gothic
il governo (16) government; rule
la graduatoria classification
la grammatica grammar; grammar
  textbook
grammaticale grammatical; grammar
  (*adj.*)
grande (gran, grand') (2) big, large;
  great; **più grande** bigger; older
il granello grain

la grappa Italian liqueur
grasso (2) fat
gratis free of charge
gratuito free of charge
grave serious, grave
la gravità gravity
la grazia grace
grazie (P) thank you, thanks; **grazie
  tante!** thank you ever so much!
grazioso (10) pretty
il greco / la greca (*pl.* **i greci / le
  greche**) Greek person; **il greco** Greek
  language
greco (*pl.* **greci/greche**) (18) Greek (*adj.*)
il grembiule apron
grezzo crude (*petroleum*)
gridare to shout, scream
il grido scream
grigio (*pl.* **grigi/grige**) gray
la griglia grill; **alla griglia** (6) grilled
la grigliata selection of grilled foods
grosso (8) big, large; stout
il gruppo (10) group
guadagnare to earn; **guadagnarsi da
  vivere** (18) to earn a living
il guaio trouble; **trovarsi/*essere nei
  guai** to be in hot water, trouble
la guancia (*pl.* **le guance**) cheek
guardare (4) to watch, look at
il guardaroba (*pl.* **i guardaroba**)
  wardrobe
la guerra war; **prima/seconda guerra
  mondiale** World War I / World War II
la guida (15) guide; guidebook
guidare (3) to drive
gustare to taste; to savor
il gusto taste; **mangiare di gusto** to eat
  heartily
gustoso tasty

H

l'handicappato/l'handicappata
  handicapped person

I

la ics the letter *x*
l'idea idea; **neanche/nemmeno
  per idea!** not on your life!; **ottima
  idea!** great idea!
l'ideale (*m.*) ideal
identificare to identify
l'identità identity; **carta d'identità** ID
  card
idiomatico idiomatic; **espressione
  idiomatica** idiom
l'idolo idol
ieri (5) yesterday; **ieri sera** (5) last
  night
l'ignorante (*m., f.*) a boor; an ignorant
  person

ignorante ignorant (*adj.*)
ignorare to ignore
illustrare (15) to illustrate
l'illustrazione (*f.*) illustration
imbarazzante embarrassing
immacolato immaculate
immaginare to imagine
l'immaginazione (*f.*) imagination
l'immagine (*f.*) image
immane immense, vast
immediatamente immediately
immenso immense
*****immigrare** (20) to immigrate
imparare (3) to learn; **imparare a**
   (+ *inf.*) (10) to learn how (*to do
   something*); **imparare a memoria** to
   memorize
impegnato busy; committed
l'imperativo imperative
l'imperfetto imperfect (*verb tense*)
l'imperio (**impero**) rule (*of an empire*)
l'impermeabile (*m.*) raincoat
l'impianto installation, system;
   utilities; **impianto di risalita** ski lift
impiccare (19) to hang (*a person*)
l'impiegato/l'impiegata (16) employee,
   white-collar worker
l'impiego (*pl.* **gli impieghi**) job,
   position, employment
importante important
l'importanza importance
importare to import
***** **importare** to matter, be important
importato imported
impossibile impossible
l'imprenditore (*m.*) / **l'imprenditrice**
   (*f.*) entrepreneur; contractor
l'impresa enterprise, undertaking
l'impressione (*f.*) impression
imprestare (6) to lend
in (1) at; in; to
inaccurato inaccurate
inaspettato unexpected
incantevole enchanting
incartare (11) to wrap up (*in paper*)
l'incidente (*m.*) accident; incident
includere (*p.p.* **incluso**) to include
incluso included, including (*adj.*)
†**incominciare** to begin, start;
   incominciare (**a** + *inf.*) to begin (*to
   do something*)
inconfondibile unmistakable
incontrare to meet; **incontrarsi con**
   (19) to meet with
l'incontro meeting; match
incredibile (16) incredible,
   unbelievable
l'incubo nightmare
l'indagine (*f.*) (19) survey; analysis
indefinito indefinite
indeterminativo: l'articolo
   indeterminativo indefinite article

l'indiano/l'indiana Indian person
indiano Indian (*adj.*)
indicare to indicate
l'indicativo indicative
l'indicazione (*f.*) indication; direction
l'indice index; **dito indice** index finger
indietro (*adv.*) back; backward;
   behind
l'indipendenza independence
indiretto indirect
l'indirizzo address
indispensabile indispensable
indispettire (**isc**) to rankle, irritate
individuale separate, individual
indovinare (13) to guess
l'indovinello riddle
l'indumento garment
l'industria (17) industry
industriale industrial
industrializzare to industrialize
industrializzato industrialized
inedito unpublished
l'infarto heart attack; stroke
infatti (14) in fact
inferiore inferior; lower
l'inferno hell
l'infinito infinitive (*verb form*) (*n.*)
infinito infinite (*adj.*)
l'inflazione (*f.*) (17) inflation
l'influenza flu
infondere (*p.p.* **infuso**) to infuse; to
   inspire
informare to inform
l'informatica (3) computer science
l'informazione (*f.*) information
l'ingegnere/l'ingegnera (*rare: m. title
   used for women also*) (18) engineer
l'ingegneria engineering
l'ingiustizia (18) injustice
l'inglese (*m., f.*) English person;
   l'inglese (3) English language
inglese (2) English (*adj.*)
*****ingrassare** (6) to put on weight, get fat
l'ingrediente (*m.*) ingredient
l'ingresso entrance
ingrosso: all'ingrosso wholesale
†**iniziare** to begin
l'iniziativa initiative
l'inizio (*pl.* **gli inizi**) beginning
innamorarsi (**di**) (14) to fall in love (with)
innamorato (**di**) in love (with)
inoltre also; furthermore
l'inquinamento (18) pollution
inquinato polluted
l'insalata (6) salad
l'insegnamento teaching
l'insegnante (*m., f.*) (3) teacher
insegnare (3) to teach
inserire (**isc**) to insert
l'inserzione (*f.*) ad, advertisement
insicuro insecure
insieme (4) together

l'insistenza insistence
insistere (*p.p.* **insistito**) to insist
insoddisfatto dissatisfied
insolito unusual
insomma (12) in short; **ma insomma!**
   good grief!
l'insonnia insomnia
installare to install
intanto in the meantime
l'intellettuale (*m., f.*) intellectual
intelligente (2) intelligent
l'intelligenza intelligence
intendere (*p.p.* **inteso**) to intend; to
   mean; **intendere dire** to mean to say
l'intenzione (*f.*) intention; **avere**
   intenzione di to plan to
interessante interesting
interessare to interest; **interessarsi**
   a/di (9) to be interested in
l'interesse (*m.*) (**per**) interest (in)
interferire (**isc**) (18) to interfere
l'interludio interlude
l'intermezzo intermission
internazionale international
interno internal; national; **all'interno**
   inside
intero entire, whole
interpretare to interpret
l'interprete (*m., f.*) (17) interpreter
interrogare to interrogate, question
interrogativo interrogative
interrompere (*p.p.* **interrotto**) (20) to
   interrupt
l'intervallo interval; intermission
l'intervento intervention
l'intervista (17) interview
intervistare to interview
intervistato interviewed
intesi! understood!
intollerante intolerant
intorno a around
introdurre (*p.p.* **introdotto**) to
   introduce
introverso introverted
inutile useless; hopeless
l'invalidità disability
invariabile invariable
invece (10) instead; on the other hand;
   invece di instead of
inventare to invent
invernale winter; wintry (*adj.*)
l'inverno (P) winter
l'inversione (*f.*) inversion; turnabout;
   inversione a «U» U-turn
investire to run over with a vehicle
inviare to mail; to send
l'invio (*pl.* **gli invii**) mailing
invitare to invite
l'invitato/l'invitata guest
l'invito invitation
ipotetico (*m. pl.* **ipotetici**) hypothetical
la ipsilon the letter *y*

l'irlandese (*m., f.*) Irish person
irlandese (2) Irish (*adj.*)
irregolare irregular
l'iscritto/l'iscritta student; member
iscriversi (*p.p.* **iscritto**) (**a**) (19) to
   enroll (in)
l'isola island
l'isolato (city) block
ispirare to inspire
l'ispirazione (*f.*) inspiration
istituito instituted
l'istituto institute
l'istituzione (*f.*) institution
l'istruzione (*f.*) instruction, education
italianizzato Italianized
l'italiano/l'italiana Italian person;
   l'italiano (3) Italian language
italiano (2) Italian (*adj.*)
italo-americano Italian-American
l' IVA (Imposta sul Valore Aggiunto)
   value-added tax

J

i jeans (*m. pl.*) jeans; **di jeans** made of
   denim
il jogging (*inv.*) (9) jogging; **fare il
   jogging** to jog
il jolly (*inv.*) joker (*card*)
il jumbo jumbo jet

K

il karatè (4) karate

L

là there
il labbro (*pl.* **le labbra**) (19) lip
il laboratorio (*pl.* **i laboratori**)
   laboratory
il ladro thief
il lago (*pl.* **i laghi**) (10) lake
laido filthy
lamentarsi (di) to lament, complain
   (about)
il lampo lightning flash
la lana (17) wool
largo (*m. pl.* **larghi**) wide
le lasagne (*f. pl.*) *type of pasta dish*
lasciare (5) to leave behind; **lasciare in
   pace** (9) to leave alone; **lasciar
   stare** to leave alone; **lasciare** (+ *inf.*)
   to allow (*something to be done*)
lassù up there
il latino Latin language
latino Latin (*adj.*)
il lattaio/la lattaia (11) dairy worker
il latte (1) milk; **al latte** with milk
la latteria (11) dairy; dairy store
il latticinio (*pl.* **i latticini**) dairy
   product

la laurea doctorate (*from an Italian
   university*); degree
laurearsi (7) to graduate from a
   university
laureato with a degree
lavare (6) to wash; **lavarsi** (7) to wash
   up; to wash oneself
lavorare (3) to work
il lavoratore / la lavoratrice (17) worker
il lavoro (1) job, work; **buon lavoro!**
   enjoy your work!; **cercare lavoro**
   (17) to look for a job
leccare to lick; **da leccarsi i baffi**
   delicious (*food*)
legare to tie; **matto da legare** stark
   raving mad
la legge law
leggere (*p.p.* **letto**) (4) to read
leggiadro pretty; graceful; lovely
il lessico lexicon
la lettera (4) letter; **le Lettere** (3)
   Liberal Arts
letterario (*m. pl.* **letterari**) literary
la letteratura (3) literature
il letto (3) bed; **a letto** in bed; **camera
   da letto** bedroom; **letto
   matrimoniale** (10) double bed;
   vagone letto sleeping car (*train*)
il lettore / la lettrice (17) reader
la lettura reading
la lezione (1) lesson; class
lì there
liberale liberal
la liberazione liberation
libero (4) free
la libertà freedom
la libreria bookstore
il libretto libretto (*music*); small
   book; grade card
il libro (3) book; **libro di cucina** (6)
   cookbook
il licenziamento dismissal, firing (*of
   an employee*)
licenziare (17) to fire (*an employee*);
   licenziarsi (17) to quit, resign (*a post*)
il liceo high school
lieto (di) glad (about); happy (to);
   lieto/a di conoscerLa! (9) pleased to
   meet you!
limitare to limit
limitato limited
la limitazione restriction, limitation
il limite limit; **limite di età** age
   restriction; **limite di velocità** (13)
   speed limit
il limone (5) lemon; **al limone** with
   lemon
la linea shape; line
la lingua (3) language
il linguaggio language; programming
   language
la linguistica linguistics

linguistico (*m. pl.* **linguistici**)
   linguistic (*adj.*)
il liquore liqueur
la lira (1) lira (*Italian currency*)
la lista list
litigare to fight, argue
il litro (11) liter
il livello level
il locale public place
locale local (*adj.*)
la località place; spot; locality
lodare to praise
la lode praise
logico logical
la logistica logistics
lontano (da) distant, far (from)
la lotta struggle
la lotteria lottery
la luce (8) light
luglio (P) July
luminoso luminous
la luna moon
il lunedì Monday
la lunghezza length
lungo (*m. pl.* **lunghi**) (6) long; **a lungo**
   (10) at length; a long time
il luogo (*pl.* **i luoghi**) place
il lupo wolf; **avere una fame da lupi** (6)
   to be ravenous; **in bocca al lupo!** (4)
   good luck!
il lusso luxury (*n.*); **di lusso** (10)
   luxury (*adj.*)

M

ma (1) but
i maccheroni (*m. pl.*) type of pasta
la macchia spot, stain
macchiato: il caffè macchiato coffee
   with milk
la macchina (1) automobile, car;
   machine; **in macchina** by car; in the
   car; **macchina fotografica** camera;
   macchina da scrivere typewriter;
   *** andare in macchina** to drive;
   scrivere a macchina to type
la macedonia: la macedonia di frutta
   (6) fruit salad
il macellaio (*pl.* **i macellai**) / **la
   macellaia** (11) butcher
la macelleria (11) butcher shop
la madre (2) mother
la madrelingua native language
il maestro / la maestra elementary
   school teacher
magari! if only . . . !
il magazzino department store
maggio (P) May
la maggioranza majority
maggiore bigger, greater; older; **la
   maggior parte (di)** most; majority
maggiormente more

la **magia** magic
la **maglia** sweater; pullover; jersey;
   lavorare a maglia to knit
la **maglietta** (5) T-shirt, top
il **maglione** pullover
magnifico (*m. pl.* **magnifici**)
   magnificent
magro (2) thin, skinny
mah well
mai (5) ever; never; **non... mai** (3) never,
   not ever; **come mai?** how come?
il **maiale** (6) pork; pig
la **malaria** malaria
il **male** illness, disease; evil; bad
   (thing); **mal di testa** headache
male badly, poorly; **fare male (a)** to
   hurt; to ache; **meno male!** thank
   goodness!; **non c'è male!** (P) not bad!;
   stare male (3) to be ill, not well
la **malinconia** melancholy, depression
la **mamma** (2) mother, mom; **mamma
   mia!** (8) good heavens!
il/la **manager** (*inv.*) manager, boss
*   **mancare** to lack; to be missing
la **mancia** (5) tip (*restaurant*)
mandare (6) to send
mangiare (3) to eat; **fare da mangiare**
   to fix something to eat
la **mania** obsession
il **manicomio** (*pl.* **i manicomi**) insane
   asylum
la **maniera** manner
il **manierismo** mannerism
la **manifestazione** demonstration,
   protest
il **manifesto** poster; leaflet
la **maniglia** handle
la **mano** (*pl.* **le mani**) (7) hand; **dare la
   mano** to shake hands; to reach out
   to; to hold hands; **dare una mano** to
   lend a hand; **fatto a mano**
   handmade; **mano d'opera** (17) labor
il **mantello** / la **mantella** cape
mantenere to maintain; to keep
il **manuale** manual
la **manutenzione** maintenance
il **manzo** (6) beef; **arrosto di manzo** (6)
   roast beef
la **maratona** (9) marathon
il **maratoneta** (*pl.* **i maratoneti**) / la
   maratonina marathon runner,
   marathoner
la **marca** brand, make
il **marciapiede** sidewalk
il **mare** (10) sea; **al mare** at/to the beach
la **marea** (sea) tide
la **margarina** margarine
la **marina** marina
il **marito** (7) husband
il **marmo** marble
il **martedì** (P) Tuesday
marzo (P) March

maschile masculine
il **maschio** (*pl.* **i maschi**) male (*n.*)
il **massimo** maximum (*n.*); **al
   massimo** at the most
massimo maximum (*adj.*)
la **matematica** (3) mathematics
la **materia** (3) subject (*in school*)
il **materialismo** (18) materialism
materno maternal
la **matita** (3) pencil
la **matrigna** (8) stepmother
matrimoniale matrimonial, marriage
   (*adj.*); **camera matrimoniale** (10)
   room with a double bed; **letto
   matrimoniale** double bed
il **matrimonio** (*pl.* **i matrimoni**)
   marriage, matrimony
il **mattino** / la **mattina** (3) morning; **di
   mattina** (3) in the morning
il **matto** / la **matta** lunatic
matto (12) crazy; **matto da legare** (13)
   stark raving mad
il **meccanico** (*pl.* **i meccanici**) (13)
   mechanic
il **meccanismo** mechanism
la **medaglia** medal
mediceo pertaining to the Medici family
la **medicina** medicine
il **medico** (*pl.* **i medici**) (*man or
   woman*) doctor
medico medical; **l'assistenza medica**
   (17) health insurance
medio (*m. pl.* **medi**) intermediate;
   average; middle; medium; **la scuola
   media** (**le Medie**) high school; **in
   media** on the average
il **Medioevo** (15) Middle Ages
mediterraneo Mediterranean (*adj.*)
meglio better (*adv.*)
la **mela** (11) apple
la **melanzana** eggplant
il **melodramma** (*pl.* **i melodrammi**)
   melodrama
il **melone** (6) cantaloupe
le **membra** (*f. pl.*) limbs
il **membro** member
la **memoria** (4) memory; **imparare a
   memoria** to memorize
meno (3) less; fewer; *art.* + **meno** least;
   meno di less than; **a meno che non**
   (17) unless; **meno male!** thank God!
la **mensa** (2) cafeteria
mensile monthly
la **mentalità** outlook; mentality
la **mente** mind
mentre while
il **menu** menu
meraviglioso (12) marvelous
la **mercanzia** goods, merchandise
il **mercato** market
la **merce** merchandise
il **mercoledì** (P) Wednesday

meridionale southern
meritare to deserve
la **mescolanza** mixture
il **mese** (P) month
il **messaggio** (*pl.* **i messaggi**) message
il **messicano** / la **messicana** Mexican
   person
messicano (2) Mexican (*adj.*)
la **meta** goal
la **metà** half
meteorologico (*m. pl.* **meteorologici**)
   meteorological
il **metodo** method
la **metropolitana** subway
mettere (*p.p.* **messo**) (5) to put, place;
   mettere da parte to set aside, keep;
   mettere piede (17) to set foot;
   mettersi (7) to put on (*clothing*);
   mettersi insieme to group, get
   together; **mettersi in mostra** to show
   off; **mettersi in testa** to get into one's
   head; **far mettere** to have installed
mezzanotte midnight
il **mezzo** means; **mezzo di
   comunicazione** means of
   communication; **mezzi pubblici**
   public transportation; **mezzi di
   trasporto** means of transportation
mezzo half (*adj.*); **di mezza età**
   middle-aged; **mezz'ora** half an
   hour
mezzogiorno noon
mica not; **non... mica** not at all
il **microfono** microphone
il **miele** (5) honey
il **miglio** (*pl.* **le miglia**) (19) mile
il **miglioramento** improvement
migliorare to improve
migliore better (*adj.*); *art.* + **migliore**
   best
il **miliardo** billion
il **milione** million
militare military (*adj.*)
mille (*pl.* **mila**) thousand
minerale mineral (*adj.*)
la **minestra** soup
il **minestrone** (6) vegetable soup
minimo minimum, least (*n.*); smallest,
   least (*adj.*); **al minimo** at the least
il **ministro** (16) (*man or woman*)
   minister (*of government*)
la **minoranza** minority
minore lesser; smaller; younger; *art.* +
   minore least; smallest; youngest
il **minuto** (4) minute
miope nearsighted
il **miracolo** miracle
il **miraggio** (*pl.* **i miraggi**) mirage
mischiare to mix
la **missione** mission; expedition
misterioso mysterious
misto (6) mixed; assorted

la misura size; measurement
il mito myth
il mobile piece of furniture; **i mobili** furniture
la moda (14) fashion; **di moda** (14) in fashion, fashionable
il modello (14) type, model; example
moderno modern
modesto (10) modest
modico (*m. pl.* **modici**) moderate, reasonable
la modificazione change, modification
il modo (14) way; manner; mood (*of a verb*); **in tutti i modi** one way or another; in any case
il modulo (blank) form (*to fill out*)
la moglie (*pl.* **le mogli**) (7) wife
la molecola atom
molto (2) much, a lot of (*adj.*); **molto tempo** a long time; **molti/molte** many
molto (*inv.*) (2) very; much, a lot (*adv.*)
il momento moment
la monarchia monarchy
mondiale world (*adj.*); **prima/seconda guerra mondiale** World War I / World War II
mondo: divertirsi un mondo to have a great time
il monolocale studio apartment, single-room residence
il monopolio monopoly
la montagna mountain; **in montagna** (10) in/to the mountains
montuoso hilly, mountainous
il monumento monument
la morfologia morphology
* **morire** (*p.p.* **morto**) (5) to die; ***morire di fame** (6) to starve; to be famished; ***morire d'infarto** to die of a heart attack, a stroke; **essere duro a morire** to die hard
la mortadella Bologna sausage
la morte death
il mosaico (*pl.* **i mosaici**) (15) mosaic
la mostra (15) exhibit; **mettersi in mostra** to show off
mostrare (6) to show
il motivo motive; reason
la motocicletta, la moto (*pl.* **le moto**) (1) motorcycle
la moto controllo exercise machine
il motore motor, engine
il motorino scooter
il movimento movement
la multa (13) fine; ticket; **prendere una multa** (13) to get a ticket
muoversi (*p.p.* **mosso**) to move
il muro wall; **le mura** (*f. pl.*) ancient walls
il muscolo muscle
il museo (1) museum
la musica (3) music

musicale musical
musicare to set to music
il/la musicista (*pl.* **i musicisti / le musiciste**) musician
muto silent
la mutua (17) health insurance
il mutuo loan

N

napoletano Neapolitan
la narrativa fiction, narrative
* **nascere** (*p.p.* **nato**) (5) to be born
la nascita birth; **luogo e data di nascita** place and date of birth
nascondere to hide
il naso (8) nose
il nastro tape
il Natale (6) Christmas; **buon Natale!** merry Christmas!
natio (*m. pl.* **natii**) native
la natura nature
naturale natural
nautico nautical; **lo sci nautico** (9) waterskiing
la nave ship
nazionale national
la nazionalità nationality
la nazione nation
ne some of; about it/them
nè... nè (12) neither . . . nor
neanche not even; **neanche per idea!** (10) not on your life!
necessario (*m. pl.* **necessari**) necessary
la necessità necessity
negativo negative
il/la negoziante (11) merchant, shopkeeper
il negozio (*pl.* **i negozi**) (1) shop, store
il nemico / la nemica (*pl.* **i nemici / le nemiche**) (18) enemy
nemmeno not even
nero black
nervoso nervous
nessuno no one, nobody (*pron.*); no (*adj.*); **nessuna cosa** nothing; **non... nessuno** (12) no one, nobody
la neve snow
nevicare to snow
il/la newyorkese New Yorker
il nido nest
niente nothing; **niente di buono** nothing good; **niente da dire/fare** nothing to say/do; **niente di nuovo** nothing new; **niente di speciale** (8) nothing special; **niente di strano** nothing strange; **non... niente** (12) nothing; **per niente** not at all
il/la nipote (7) nephew/niece; grandchild
no (P) no
la nocciolina (5) peanut

la noia boredom; **che noia!** what a drag!
noioso (8) boring; tedious
noleggiare (10) to rent (*a car, boat, bicycle, etc.*)
nolo: prendere a nolo to rent (*a car, boat, bicycle, etc.*)
il nome (1) name; noun
nominare to nominate
nominato nominated
non (1) not; **non... ancora** (12) not . . . yet; **non c'è male** (P) not bad; **non è vero?** isn't it true?; **non... mai** (3) never; **non... nemmeno** not even; **non... nessuno** (12) no one; **non... niente** (12) nothing; **non... più** no more, no longer
il nonno / la nonna (2) grandfather/grandmother
nono ninth
nonostante in spite of, notwithstanding
il nord north
la norma norm
normale normal; regular
nossignore! not so! no way! (*lit.* no sir!)
la nota note; footnote
notare to notice
la notizia news
il notiziario (*pl.* **i notiziari**) news program
la notte (3) night; **buona notte!** (P) good night! **di notte** (3) at night
il notturno nocturne (*music*)
la novella (19) short story
novembre (*m.*) (P) November
la novità news; **novità?** anything new?
la nozione notion; concept
le nozze (*f. pl.*) wedding; **viaggio di nozze** honeymoon
nubile (8) single (*said of a woman*) (*adj.*)
nucleare nuclear
il/la nudista (*pl.* **i nudisti / le nudiste**) nudist
nulla nothing; **non... nulla** (12) nothing; **hai bisogno di nulla?** do you need anything?
il numerale numeral
numerare to number, enumerate
il numero number; **numero chiuso** limited enrollment
numeroso (8) numerous; large, big
la nuora (8) daughter-in-law
nuotare (4) to swim
il nuoto (9) swimming
nuovo (2) new; **di nuovo** (14) again; **niente di nuovo** nothing new

O

o (1) or; **o... o** either . . . or
obbligare (**a** + *inf.*) (18) to oblige (*to do something*)

obbligatorio (*m. pl.* **obbligatori**) mandatory
l'obbligo (*pl.* **gli obblighi**) obligation
l'occasione (*f.*) occasion; opportunity
gli occhiali (*m. pl.*) (eye)glasses
l'occhiata glance
l'occhio (*pl.* **gli occhi**) (2) eye; * **costare un occhio della testa** to cost an arm and a leg
occupare to occupy
occuparsi (**di**) to devote oneself (to)
occupato busy
l'oceano ocean
odiare (6) to hate
l'odore (*m.*) odor; aroma
offendersi (*p.p.* **offeso**) to take offense
l'offerta (17) offer
offrire (*p.p.* **offerto**) (4) to offer
l'oggetto object
oggi (P) today
ogni (*inv.*) (4) each, every (*adj.*); **ogni volta che** whenever
Ognissanti All Saint's Day (*November 1*)
ognuno (12) everyone, each one
olandese Dutch (*adj.*)
l'oleodotto pipeline
le Olimpiadi (*f. pl.*) Olympics
l'olio (*pl.* **gli oli**) oil
l'oliva (5) olive
oltre more than; **oltre a** in addition to, besides
omaggio: biglietto omaggio complimentary ticket
l'ombra shadow
omogeneizzato homogenized
onesto honest
l'onomastico patron saint's day
onorare to honor
l'onore (*m.*) honor
l'opera opera (14); artwork (15); work
l'operaio (*pl.* **gli operai**) / **l'operaia** (16) blue-collar worker
l'operazione (*f.*) operation
l'opinione (*f.*) opinion
opporsi (*p.p.* **opposto**) to oppose
l'opposizione (*f.*) opposition
oppure or
l'opuscolo brochure
l'ora hour; time; **a che ora?** (5) at what time?; **che ora è / che ore sono?** (3) what time is it?; **è ora (di)** (16) it's time (to); **ora di punta** rush hour; **mezz'ora** half an hour; **all'ora** per hour
ora (3) now; **per ora** for the time being
orale oral
l'orario (*pl.* **gli orari**) schedule; **orario continuato** uninterrupted schedule/workday
l'oratore/l'oratrice orator
l'orchestra orchestra

ordinale ordinal
ordinare (5) to order
ordinato neat
l'ordine (*m.*) order
ordire (**isc**) to plot, plan
l'orecchio (*pl.* **le orecchia**) ear
l'oreficeria goldsmith's shop
l'organista (*m., f.*) (*pl.* **gli organisti / le organiste**) organist
organizzare (16) to organize
l'organizzazione (*f.*) organization
orgoglioso proud
originale (14) original
l'originalità originality
l'origine (*f.*) (20) origin; **città d'origine** hometown
ormai (17) by now
l'oro (17) gold
l'orologio (*pl.* **gli orologi**) (2) watch; clock
l'oroscopo horoscope
orribile horrible
l'orso bear
l'orto vegetable garden
l'ortografia spelling
l'ospedale (*m.*) (1) hospital
l'ospite (*m., f.*) (12) guest
osservare to observe
l'osso (*pl.* **le ossa**) (19) bone
l'ostello (10) hostel
ottavo eighth
ottenere to obtain
l'ottimismo optimism
l'ottimista (*m., f.*) (*pl.* **gli ottimisti / le ottimiste**) optimist
ottimista (*m. pl.* **ottimisti**) (16) optimistic
ottimo (9) excellent
ottobre (*m.*) (P) October
ove (*archaic for* **dove**) where
ovunque everywhere; wherever
ovvio obvious

P

il pacco (*pl.* **i pacchi**) (17) package
la pace peace; **lasciare in pace** (9) to leave alone
il padre (2) father
il padrino godfather
il padrone / la padrona owner; boss; **il padrone / la padrona di casa** landlord/landlady
il paesaggio (*pl.* **i paesaggi**) (15) landscape
il/la paesaggista (*pl.* **i paesaggisti / le paesaggiste**) landscape artist
il paese country; village
pagare (4) to pay (for); **pagare in contanti** (10) to pay cash
pagato paid
la pagina page

il paio (*pl.* **le paia**) (19) pair; couple
il palazzo (12) apartment building; palace
la palestra (7) gym
la pallacanestro (9) basketball
il pallone soccer ball
la pancetta bacon
la panchina bench
il pane (6) bread
la panetteria (11) bakery
il panettiere / la panettiera (11) baker
il panettone (6) Christmas cake
il panino (1) sandwich; roll
la panna (5) cream; **panna (montata)** (whipped) cream
il pannolino diaper
il panorama (*pl.* **i panorami**) (15) panorama, view
i pantaloni (*m. pl.*) pants, trousers, slacks
il papa (*pl.* **i papi**) (16) pope
il papà (2) father, dad
la pappa mush; baby food
il paradiso paradise, heaven
paragonare to compare
il paragone comparison
il paragrafo paragraph
parcheggiare (13) to park
il parcheggio parking, parking spot
il parco (*pl.* **i parchi**) park
il/la parente (1) relative
la parentela relationship; extended family
la parentesi (*pl.* **le parentesi**) parenthesis
* **parere** (*p.p.* **parso**) to seem, appear; **pare che** (16) it seems that
pari even; **giorni pari** even-numbered days
il parigino / la parigina Parisian
la parità equality
il parlamento parliament
parlare (3) to speak
il parmigiano Parmesan cheese
la parola (1) word
la parolaccia bad word; dirty language
il parrucchiere / la parrucchiera hairdresser
la parte part; role; **a parte** separate; aside; **dall'altra parte** in the opposite direction; **la maggior parte** majority; **fare parte di** to participate in, be part of; **mettere da parte** to set aside, keep
partecipare (**a**) to participate (in)
il participio (*pl.* **i participi**) participle
particolare particular
* **partire** (4) to depart, leave; **a partire da** starting from
la partita (9) match, game
il partitivo partitive

il partito (16) (political) party
la partitura musical score
il parto childbirth; **sala parto** hospital delivery room
la Pasqua Easter; **buona Pasqua!** happy Easter!
il passaggio (*pl.* **i passaggi**) (13) ride, lift
il passaporto passport
† **passare** (10) to spend (*time*); to pass; **passare il tempo a** (+ *inf.*) to spend one's time (*doing something*); *passare da** to stop by, come by; to go by; *passare a** (+ *inf.*) to stop by to (*do something*)
il passatempo pastime, hobby
il passato (8) past
passato past (*adj.*)
passeggiare to walk, stroll
la passeggiata (8) walk; **fare una passeggiata** (9) to take a walk
il passeggino stroller
la passione passion
il passivo passive voice
il passo step; **a due passi** close by
la pasta (*s. only*) pasta, pasta products (6); (*s. and pl.*) pastry (5)
la pasticceria (11) pastry shop
il pasticciere / la pasticciera (11) baker (*of pastries*); confectioner
il pasto (5) meal
la patata potato
la patatina (5) potato chip; (*pl.*) fries; chips; **le patatine fritte** french fries
la patente (13) driver's license
paterno (8) paternal
la patria native land, homeland
il patrigno (8) stepfather
il/la patriota (*pl.* **i patrioti / le patriote**) patriot
patrono: santo patrono patron saint
il pattinaggio (9) skating; **pattinaggio su ghiaccio** ice skating
pattinare (9) to skate
i pattini (**da ghiaccio**) (ice) skates (*n.*)
il patto pact; **a patto che** (17) provided that, on the condition that
la paura fear; **avere paura** (**di**) (1) to be afraid (of)
pauroso cowardly
la pausa pause
il pavimento floor
la pazienza patience; **avere pazienza** to be patient
il pazzo / la pazza (13) lunatic
pazzo (13) crazy
peccato! (14) too bad!
peggio worse (*adv.*)
peggiore worse (*adj.*); *art.* + **peggiore** worst
la pelle skin; leather
il pellegrino pilgrim
la pelliccia (*pl.* **le pellicce**) fur coat

la pena penalty; pain
pendente leaning; **la Torre Pendente** the Leaning Tower of Pisa
la penisola peninsula
la penna pen
pensare (**a**) (11) to think (of/about); **pensare di** (+ *inf.*) to plan to (*do something*); **pensare di** + *n. or pron.* to regard, have an opinion of
il pensionato / la pensionata (16) retiree
la pensione (10) inn; pension; **in pensione** retired
il pepe pepper
il peperone bell pepper
per for; through; in order to; **per favore, per piacere** (P) please; **per quanto** (17) although
la pera (11) pear
la percentuale percentage
percepire (**isc**) to receive
la percezione perception
perchè (3) why; because; **perchè** + *subj.* (17) so that
perciò so; therefore
percorrere (*p.p.* **percorso**) to cross
percorribilità: percorribilità strade road conditions
perdere (*p.p.* **perduto** *or* **perso**) (4) to lose; to miss (*a bus, train*)
il perdono forgiveness, pardon
perfetto perfect
il/la perfezionista (*pl.* **i perfezionisti / le perfezioniste**) perfectionist
perfino even
il pericolo danger
pericoloso (9) dangerous
il periodo period; sentence
il permesso permission
permettere (*p.p.* **permesso**) **di** (+ *inf.*) to permit (*to do something*)
permettersi (**di**) to permit oneself; to afford
permissivo permissive
però however
persino even
la persona (5) person
il personaggio (*pl.* **personaggi**) (14) character; famous person
il personale personnel
personale personal (*adj.*)
la personalità personality; VIP
perugino pertaining to the city of Perugia; **alla perugina** in the style of the city of Perugia
pesante heavy
il pesce (6) fish
la pescheria (11) fish market
il pescivendolo / la pescivendola (11) fish vendor
il peso weight; **dare troppo peso** (**a**) to give too much importance (to)

il/la pessimista (*pl.* **i pessimisti / le pessimiste**) pessimist
pessimista (*m. pl.* **pessimisti**) (16) pessimistic
pessimo terrible; very bad
il pesto (6) basil sauce; **al pesto** with basil sauce
la petroliera oil tanker
il pettegolezzo (14) gossip
pettinarsi to comb one's hair
il pezzo piece
* **piacere** (*p.p.* **piaciuto**) (6) to like; to be pleasing
il piacere pleasure; **piacere!** (P) pleased to meet you!; **avere il piacere di** (+ *inf.*) (9) to be delighted to (*do something*); **per piacere** (P) please
piacevole pleasing
il pianeta (*pl.* **i pianeti**) planet
piangere (*p.p.* **pianto**) (19) to cry, weep
il/la pianista (*pl.* **i pianisti / le pianiste**) pianist
il piano floor (12); piano
piano softly; slowly (*adv.*)
il pianoforte piano
la pianta plant
il pianterreno (12) ground floor, first floor
il piatto dish; plate; **primo/secondo piatto** (6) first/second course
la piazza (1) square
il piazzale plaza
piccante spicy
piccolo (2) small, little; **il piccolo schermo** television
il piede (8) foot; **a piedi** on foot; *andare a piedi** (3) to walk; **mettere piede** (17) to set foot
piegare to bend; to fold
piemontese from the region of Piedmont
pieno full; **fare il pieno** (13) to fill up (the tank) with gas
la pietra stone
pigliare to catch
il pignolo / la pignola nitpicker
la pigrizia laziness
pigro (7) lazy
il pigrone / la pigrona lazybones
la pillola pill
il pinguino penguin
la pioggia (*pl.* **le piogge**) (18) rain
il piolo rung of a ladder
piovere (8) to rain
la piramide pyramid
la piscina (8) swimming pool; *andare in piscina** to go swimming
la pista track; ski run; rink
il pittore / la pittrice (15) painter
pittoresco (*m. pl.* **pittoreschi**) picturesque

la **pittura** (15) painting (*art form*)
più more; plus; **più di** more than; **di
più** more; *art.* + **più** the most; **non…
più** (6) no longer, not any more;
sempre più (+ *adj.*) (9) more and
more (+ *adj.*)
il **piumino** down jacket
piuttosto (2) rather
la **pizzeria** pizza parlor
il **plurale** plural
po': un **po'** (11) a little bit
pochi/poche (11) few
poco (11) little (*adj./adv.*); not very;
a **poco a poco** little by little; **poco
dopo** soon after; un **po'** (**di**) a bit (of)
la **poesia** (4) poetry; poem
il **poeta** (*pl.* i **poeti**) / la **poetessa** (16)
poet
poi (3) then, afterward
il **polacco** / la **polacca** (*pl.* i **polacchi** /
le **polacche**) Polish person; il
polacco Polish language
polacco (*m.pl.* **polacchi**) (2) Polish (*adj.*)
la **polenta** cornmeal mush
la **politica** (16) politics
politico (*m. pl.* **politici**) (16) political
la **polizia** police
poliziesco (*m. pl.* **polizieschi**) police,
detective (*adj.*)
il **poliziotto** policeman
il **pollame** poultry
il **pollo** (6) chicken
la **polpetta** meatball
la **polvere** dust
il **pomeriggio** (*pl.* i **pomeriggi**) (3)
afternoon; **nel pomeriggio** (3) in the
afternoon
il **pomodoro** (5) tomato
il **pompelmo** (5) grapefruit
il **poncino** mulled alcoholic drink
il **ponte** bridge
popolare popular
la **popolazione** population
il **popolo** people
la **porchetta** roast piglet
il **porco** pig; pork
porre (*p.p.* **posto**; *p.r.* **io posi**) to put; to
place; to set
la **porta** (4) door
il **portafoglio** (*pl.* i **portafogli**) (5) wallet
portare to bring; to take; to carry (6);
to wear (8)
portata: a **portata di mano** within
reach
il/la **portavoce** (*inv.*) spokesperson
il **porto** port
il **portone** main door; main entrance
la **porzione** portion
la **posizione** position
il **possessivo** possessive
possibile possible
la **possibilità** (17) possibility;

opportunity
la **posta** (17) mail
postale mail; **casella postale** post
office box; **ufficio postale** post
office
il **postino,** la **postina** mail carrier
il **posto** (10) seat; place
potere (+ *inf.*) (4) to be able, can, may
(*do something*); **può darsi** (16)
maybe, it's possible
il **potere** power
povero (1) poor; **poverino/poverina!**
poor thing!
la **povertà** (18) poverty
pranzare to dine, have dinner
il **pranzo** (5) dinner; la **sala da pranzo**
(5) dining room
la **pratica** practice
praticare (9) to practice; to engage in;
to play (*a sport*)
la **praticità** convenience; practicality
pratico (*m. pl.* **pratici**) practical;
convenient; experienced (*person*)
il **prato** meadow; lawn
precedente preceding; previous
(*adj.*)
precedere to precede
preciso precise
la **preferenza** preference
preferire (**isc**) (4) to prefer
preferito (3) preferred, favorite
il **pregiudizio** (*pl.* **pregiudizi**) (20)
prejudice
prego (P) you're welcome; come in,
make yourself at home; **ti prego!** I
beg you!
preliminare preliminary
il **premio** (*pl.* i **premi**) prize
prendere (*p.p.* **preso**) (4) to take; to
have (*food*); **prendere una decisione**
(18) to make a decision; **prendere in
giro** (19) to make fun of; **prendere
una multa** (13) to get a ticket;
prendere il sole to sunbathe; to get
tanned; *andare/*venire a
prendere (13) to pick up
prenotare (10) to reserve; to book
la **prenotazione** reservation
preoccuparsi (**di**) to worry (about)
preoccupato (5) worried; **avere l'aria
preoccupata** to look worried
la **preoccupazione** worry
preparare (6) to prepare
il **preparativo** plan; preparation
la **preparazione** preparation
la **preposizione** preposition
presentare to present
il **presentatore** / la **presentatrice**
announcer
la **presentazione** introduction;
presentation
presente present (*adj.*)

la **presenza** presence
il **presidente** (16) president
presidenziale presidential; with a
president
presso at; in care of
la **pressione** pressure
prestare (6) to lend
il **prestigio** (*pl.* i **prestigi**) prestige
presto (3) early; quickly; a **presto!** (P)
see you soon!
presuntuoso presumptuous
il **preventivo** estimate
la **previsione** forecast; **previsione del
tempo** weather forecast
il **prezzo** (11) price; **prezzi fissi** firm
prices
la **prigione** (5) prison
prima before (*adv.*); **prima che**
(+ *subj.*) (17) before (*conj.*); **prima
di** (5) before (*prep.*)
la **primavera** (P) spring
primo first; front; **prima colazione**
breakfast; **primo piatto** first course;
anche prima (8) even before
la **primula** primrose (*flower*)
principale principal, main
il **principe** (*pl.* i **principi**) / la
principessa prince/princess
il **principio** (*pl.* i **principi**) principle
la **priorità** priority
privato private
privilegiare to favor
probabile probable
la **probabilità** probability
il **problema** (*pl.* i **problemi**) (12)
problem
la **processione** procession
il **prodotto** product
produrre (*p.p.* **prodotto**) (14) to
produce
il **produttore** / la **produttrice** (14)
producer
la **produzione** production
professionale professional (*adj.*)
la **professione** profession
il/la **professionista** (*pl.* i **professionisti**
/ le **professioniste**) professional (*n.*)
professionista (*m. pl.* **professionisti**)
pertaining to professional sports
(*adj.*)
il **professore** (*abbr.* **prof.**) / la
professoressa (*abbr.* **prof.ssa**) (P)
professor
profondo deep; profound
il **profumo** perfume
il **progetto** (10) project; plan
il **programma** (*pl.* i **programmi**) (16)
program
progressivo progressive
il **progresso** progress; **fare progressi**
(19) to make progress
prolifico (*m. pl.* **prolifici**) prolific

prolungato prolonged; extended
promettere (*p.p.* **promesso**) (**di** + *inf.*)
  (17) to promise (*to do something*)
il pronome pronoun
pronto (3) ready; **pronto!** hello! (*over
  the phone*); **pronto in tavola!** the
  meal is ready!
la pronuncia pronunciation
pronunciare to pronounce
proporre (*p.p.* **proposto**) to propose
proposito: a proposito by the way
la proposizione clause; **proposizione
  subordinata** dependent clause
proposto proposed
il proprietario (*pl.* **i proprietari**) / **la
  proprietaria** owner, proprietor
proprio (*m. pl.* **propri**) (one's) own
  (*adj.*)
proprio (9) just; really; exactly (*adv.*)
il prosciutto (6) ham
prossimo next
il/la protagonista (*pl.* **i protagonisti /
  le protagoniste**) (14) protagonist
proteggere (*p.p.* **protetto**) (18) to
  protect
protetto protected
la protesta protest
la protezione protection; **protezione
  dell'ambiente** (18)
  environmentalism
la prova test
provare (11) to try; to test; to try on
  (*clothes*)
* **provenire** (*p.p.* **provenuto**) to derive
  from; to originate from
il proverbio (*pl.* **i proverbi**) (19)
  proverb
la provincia (*pl.* **le province**) (1)
  province
prudente prudent; careful
la psicologia (3) psychology
psicologico (*m. pl.* **psicologici**)
  psychological
pubblicare to publish
la pubblicità publicity;
  advertisement; advertising (*n.*)
pubblicitario publicity; advertising
  (*adj.*)
il pubblico (*pl.* **i pubblici**) public (*n.*)
pubblico (*m. pl.* **pubblici**) public (*adj.*)
il pugilato boxing
pulire (**isc**) (4) to clean
pulito clean (*adj.*)
la pulizia cleanliness
il pullman long-distance bus
punta: ora di punta rush hour
la puntata installment; episode; issue
il punto point; period; **in punto** on the
  dot
puntuale (9) punctual, on time
può darsi (16) maybe, perhaps; it's
  possible

purchè (17) provided that
pure also, too, as well
puro (17) pure
purtroppo (3) unfortunately

Q

il quaderno notebook
il quadro (15) painting (*individual
  work*)
qualche (+ *s. n.*) (12) some; **qualche
  volta** (12) sometimes
qualcosa, qualche cosa (12) something
qualcuno (12) someone; anyone
quale? (3) which?; (4) which one?
la qualifica qualification
qualsiasi any
qualunque (12) any, any sort of;
  whichever
qualunque cosa (17) whatever
quando (1) when; **da quando** since
quanti/quante (2) how many; **quanti ne
  abbiamo oggi?** (11) what's today's date?
la quantità quantity
quanto (2) how much; how many; **per
  quanto** (17) although; in as much as;
  quanto costa? (11) how much does it
  cost?; **quanto tempo?** (10) how
  long?; **(tanto)... quanto** as much as
quantunque (17) although
il quartiere section, neighborhood (*of
  a city*)
il quarto quarter; **un quarto d'ora** a
  quarter of an hour
quarto fourth (*adj.*)
quasi (6) almost
i quattrini (*m. pl.*) (17) money
il Quattrocento fifteenth century
quello that; **quello che** that which
il questionario (*pl.* **i questionari**)
  questionnaire
la questione issue
questo (2) this
qui (7) here; **qui vicino** (1) nearby,
  close by
quindi then, afterward (*adv.*);
  therefore (*conj.*)
quinto fifth (*adj.*)
il quotidiano daily (paper); everyday
  things
quotidiano daily (*adj.*)

R

la raccolta collection
raccomandarsi to implore, request
  earnestly; **mi raccomando!** (13) I
  entreat (you)!
raccontare (8) to tell, narrate
il racconto (4) story, tale
il radiatore radiator
radicale radical

la radice (20) root
la radio (*pl.* **le radio**) radio
la radioattività radioactivity
il raffreddore (3) cold, flu
il ragazzo / la ragazza (2) boy/girl;
  young man / young woman;
  boyfriend/girlfriend (2)
raggiungere (*p.p.* **raggiunto**) to reach,
  catch up with
la ragione reason; **avere ragione** to be
  right (*about something*)
il ragno spider
il ragù meat and tomato sauce
rallegrare to cheer up
il rapido express train
rapido quick, fast
il rapporto relationship; interaction
il/la rappresentante representative;
  agent
rappresentare to represent
**la rappresentazione: la
  rappresentazione teatrale** (14) play
raro rare
i ravioli (*m. pl.*) type of filled pasta
razionare to ration
la razza race (*nationality*); **che razza
  di... ?** what sort of ... ?
il razzismo (18) racism
il re (*pl.* **i re**) king
il realismo realism
realizzare to bring to fruition; to
  achieve
la realtà reality
la reazione reaction
la recensione (19) review
recensire (**isc**) (19) to review
recente recent
reciproco (*m. pl.* **reciproci**) reciprocal
il reclamo complaint
regalare (6) to give a gift
il regalo present, gift; **fare un regalo
  (a)** to give a gift (to)
reggere (*p.p.* **retto**) to hold up, support
la regia direction (*of movies*)
la regina queen
regionale regional
la regione (1) region; area
il/la regista (*pl.* **i registi / le registe**)
  (14) movie director
il regno kingdom
la regola rule
regolamentare prescribed by law (*adj.*)
regolare regular (*adj.*)
relativo relative
la relazione paper, report (19);
  relationship
la religione religion
religioso religious
remoto remote; **passato remoto** past
  absolute (*verb tense*)
rendere (*p.p.* **reso**) (6) to return, give
  back; to make, cause to be; **rendersi**

conto (di) to realize
repressivo repressive; conservative
la repubblica (16) republic
repubblicano republican
la residenza residence; city
residenziale residential
la resistenza resistance; endurance
responsabile responsible
la responsabilità responsibility
* **restare** (10) to stay, remain
restaurare to restore
restituire (isc) to return, give back
il resto change (*money*); rest, remainder
il retaggio (*pl.* **i retaggi**) (20) heritage
la rete TV channel
la retribuzione compensation
il rettore / la rettrice president (*of a school*)
il reumatismo rheumatism
la revisione revision; overhaul
riaprire to reopen
riassumere (*p.p.* **riassunto**) (19) to summarize
il riassunto (19) summary, synopsis
ribattezzare to rename
la ribellione rebellion
ricamare to embroider
ricambiare to reciprocate; to return
ricapitolare to summarize
la ricchezza (18) wealth
ricco (*m. pl.* **ricchi**) rich
la ricerca (19) research; pursuit; **alla ricerca di** in search of
la ricetta (1) recipe
ricevere (4) to receive
il ricevimento reception
la ricevuta receipt; bill
richiamare to call back
richiedere (*p.p.* **richiesto**) to require, demand
la richiesta (17) request
la riconoscenza gratitude
riconoscere (*p.p.* **riconosciuto**) to recognize
ricordare (3) to remember; **ricordarsi di** to remember
il ricordo recollection, memory; souvenir
* **ricorrere** (*p.p.* **ricorso**) to have recourse to; to fall back on (*option*)
la ricreazione recreation
ridere (*p.p.* **riso**) (15) to laugh
ridicolo ridiculous, absurd
ridurre (*p.p.* **ridotto**) to reduce, cut down
la riduzione (16) reduction
riempire: riempire un modulo (17) to fill out a form
* **rientrare** to return; to come back into
riferire (isc) to refer
rifinito finished; detailed
il riflessivo reflexive (*verb form*)

riflettere (*p.p.* **riflettuto** *or* **riflesso**) to reflect
il riflusso ebbing, settling back
la riforma (16) reform
riguardare to concern; to look over
il riguardo care; respect
rilassante relaxing
rilassare, rilassarsi to relax
rilevante noteworthy
la rima rhyme
* **rimanere** (*p.p.* **rimasto**) (13) to remain, stay; * **rimanere senza benzina** (13) to run out of gas
rimettere (*p.p.* **rimesso**) to put back; **rimettere a posto** to fix up; to tidy up
il rimpianto lament; regret
* **rinascere** (*p.p.* **rinato**) to be born again
rinascimentale pertaining to the period of the Renaissance
il Rinascimento (15) Renaissance
il ringraziamento thanks; **biglietto di ringraziamento** thank-you note
ringraziare to thank
riparare (19) to repair, fix
la riparazione repair, repairing
il ripasso review
ripetere to repeat
la ripetizione repetition; private lesson
ripieno stuffed (*food*)
riportare (6) to bring/take back
riposante restful
riposarsi (18) to rest, take a rest
riprendere (*p.p.* **ripreso**) (16) to resume
il riscaldamento heating
riscrivere to rewrite
riscuotere (*p.p.* **riscosso**) to cash
riservato reserved
il riso rice
risolvere (*p.p.* **risolto**) (18) to resolve
il risorgimento revival, resurgence; **il Risorgimento** period of Italian history (nineteenth century)
il risotto (6) *creamy rice dish*
risparmiare to save
i risparmi (*m. pl.*) (18) savings
rispettare (13) to respect; to abide by
il rispetto respect
rispondere (*p.p.* **risposto**) (4) to answer, reply
la risposta answer
il ristorante (1) restaurant
il ristoro refreshment
ristretto: il caffè ristretto condensed espresso coffee
ristrutturare to restore, rebuild
il risultato result
risuonare to resound
il ritardo delay; **in ritardo** late, not on time

ritirare to withdraw; to get, draw
il ritmo (14) rhythm
il rito ritual
* **ritornare** (5) to return, go back
il ritorno return; **di ritorno** having returned; just returned; **andata e ritorno** round trip
il ritratto (15) portrait
il/la ritrattista (*pl.* **i ritrattisti / le ritrattiste**) portrait artist
ritrovare to locate again, find again
riunificare to unite; to reunite
la riunione meeting
* **riuscire** (**a** + *inf.*) (17) to succeed (*in doing something*), to manage (*to do something*)
riuscito successful
rivedere (*p.p.* **riveduto** *or* **rivisto**) to see again
la riviera riviera, coast
la rivista (4) magazine
rivolgersi (*p.p.* **rivolto**) to turn to; to address
rivolto aimed at; turned toward
rivoluzionario revolutionary
la roba stuff
la robustezza sturdiness
robusto stout; strong
romano Roman; **fare alla romana** to go dutch
romantico (*m. pl.* **romantici**) (8) romantic
il romanziere / la romanziera novelist
il romanzo (19) novel
rompere (*p.p.* **rotto**) to break
la rosa rose
rosso (5) red
rotto broken
rovinare to ruin
le rovine (*f. pl.*) (15) ruins; archeological site
rubare to steal
la rubrica title; heading
rude rude; harsh
i ruderi (*m. pl.*) (15) ruins; archeological site
il rumore (12) noise
rumoroso noisy
il ruolo role
il russo / la russa Russian person; **il russo** (3) Russian language
russo (2) Russian (*adj.*)

S

il sabato (P) Saturday
il sacco (*pl.* **i sacchi**) sack; **un sacco di** tons of, a heap of
il saggio (*pl.* **i saggi**) essay
la saggistica essay writing; essay as a genre
la sala room; **sala parto** hospital

delivery room; **sala da pranzo** (5) dining room
il salame salami
il salario (*pl.* **i salari**) (16) wage
il salatino (5) snack
il saldo clearance sale
il sale salt
saliente distinguishing, unique; pertinent
† **salire** to climb; to go up (15); to get in
il salmone salmon
il saloncino small reception room
il salotto living room
la salsa sauce
la salsiccia (6) sausage
la salumeria (11) delicatessen
i salumi (*m. pl.*) (6) cured meats; cold cuts
il salumiere / la salumiera (11) deli clerk
salutare (7) to greet, say hello
la salute health; **avere buona salute** to be in good health
il saluto greeting
salve! hi!
il sangue blood
il santo / la santa (9) saint
santo (san, sant', santa) holy; blessed; **santo cielo!** (9) good heavens!
sapere (6) to know; to find out; **sapere + inf.** to know how to; **buono a sapersi** worth knowing
il sapone soap
il sapore taste
saporito tasty
la sardina sardine
sbadigliare to yawn
lo sbadiglio yawn (*n.*)
sbagliare, sbagliarsi to mistake, make a mistake; **sbagliato!** wrong!
lo sbaglio (*pl.* **gli sbagli**) mistake; **per sbaglio** by mistake
la scala (12) ladder; staircase
scaldare to warm, warm up
lo scalino (12) step
scaltro sly, cunning
scambiare to exchange; **scambiare quattro chiacchiere** (10) to have a chat
lo scambio exchange
lo scampo prawn
lo scapolo (8) bachelor (*n.*)
scapolo (8) unmarried (*men only*) (*adj.*)
* **scappare** to run away; to rush off
la scarpa (11) shoe
scarso scarce
la scatola can; box; **in scatola** canned
scavare (10) to dig
lo scavo (15) (archeological) dig, site
scegliere (*p.p.* **scelto**) (11) to choose
la scelta (17) choice

scemo (8) stupid, silly; **avere l'aria scema** (8) to look silly
sceneggiato TV miniseries
lo schermo (14) screen; **il grande schermo** cinema; **il piccolo schermo** TV
scherzare (19) to joke
lo scherzo joke
la schiavitù slavery; subjection
schiera: a schiera shoulder-to-shoulder; **villette a schiera** townhouses
la schiuma foam
lo sci (*pl.* **gli sci**) (9) ski; (*s.*) skiing; **lo sci di fondo** (9) cross-country skiing; **lo sci nautico** (9) waterskiing
lo scialle shawl
sciare (4) to ski
lo sciatore / la sciatrice (17) skier
scientifico (*m. pl.* **scientifici**) scientific
la scienza (3) science; **scienze naturali** (3) natural sciences; **scienze politiche** (3) political science
lo scienziato / la scienziata (18) scientist
la sciocchezza rubbish, nonsense
scioperare (16) to strike
lo sciopero (16) strike (*n.*); * **essere in sciopero** (16) to be on strike; **fare sciopero** (16) to strike, go on strike
scocciare (9) to bother, annoy
la scocciatura nuisance, bother
scolastico (*m. pl.* **scolastici**) scholastic
scolpire (**isc**) (15) to sculpt
scommettere (*p.p.* **scommesso**) to bet
scomodarsi to inconvenience oneself
scontato: prezzi scontati discount prices
lo sconto (11) discount; **prezzi a sconto** discount prices
scontrarsi con (17) to bump into
lo scontrino ticket, receipt
lo scooter (*pl.* **gli scooter**) scooter
scoprire (*p.p.* **scoperto**) to discover
scorso (5) last
la scorta escort, guard; supply
lo scotch (*pl.* **gli scotch**) scotch
scritto written
lo scrittore / la scrittrice writer
la scrivania desk
scrivere (*p.p.* **scritto**) (4) to write; **scrivere a macchina** to type; **scrivere a mano** to write by hand
lo scultore / la scultrice (15) sculptor/sculptress
la scultura (15) sculpture
la scuola (1) school
la scusa excuse
scusare to excuse; **scusi!** (P) excuse me!
sdraiarsi to lie down
sdraiato stretched out (*person*)
se (10) if; **come se** (18) as if

sebbene (17) although
il seccatore / la seccatrice (17) bore; boor; nuisance (*person*)
secco: lavare a secco to dry-clean
il secolo century
secondario (*m. pl.* **secondari**) secondary; **scuola secondaria** secondary school
secondo second; according to; **secondo me** in my opinion; **secondo piatto** second course
la sede seat; center; location
sedersi (10) to sit down
seduto (5) seated, sitting
la segnalazione signal; **segnalazione acustica** honking; **segnalazione stradale** traffic signal
il segnale (13) signal; sign
il segno sign; **segni particolari** unique identifying marks
il segretario / la segretaria secretary
il segreto secret
il/la seguace follower
seguente following (*adj.*)
seguire to follow; to take (*a course*)
seguito watched; followed
il Seicento seventeenth century
selezionare to select
la selva wood, forest
selvaggio (*m. pl.* **selvaggi**) primitive
la semantica semantics
* **sembrare** to seem
il semestre semester
il semifreddo refrigerated dessert
il seminario (*pl.* **i seminari**) seminar
la semiotica semiotics
semplice (6) simple
sempre (3) always, all the time; **sempre più** (+ *adj.*) (9) more and more (+ *adj.*)
il Senato (16) Senate (*upper house of Parliament*)
il senatore / la senatrice (16) senator
il/la senese person from Siena
la sensazione sensation, feeling
sensibile sensitive
il senso sense; meaning
sentimentale sentimental
sentire (4) to hear; **sentire parlare di** (9) to hear about; **sentirsi** (7) to feel; **sentirsi bene/male** to feel well/ill; **farsi sentire** (16) to make oneself heard; * **stare a sentire** (19) to listen to
senza (9) without (*prep.*); **senz'altro** of course, definitely; **senza che** (+ *subj.*) (17) without (*conj.*)
separare to separate, divide
separato (8) separated
la sera (3) evening; **buona sera!** (P) good evening!; **di sera** (3) in the evening; **ieri sera** (5) last night

la serata (4) evening, the evening long
sereno serene; clear
la serie (*pl.* **le serie**) series
serio (19) serious; **sul serio** (17) seriously
il serpente serpent, snake; **serpente a sonagli** rattlesnake
servire (4) to serve
il servizio (*pl.* **i servizi**) service; **i servizi** (12) facilities; appliances
il sesso sex; **l'altro sesso** opposite sex
sessuale sexual
la seta (17) silk
la sete thirst; **avere sete** (1) to be thirsty
settembre (*m.*) (P) September
settentrionale northern
la settimana (P) week; **volte alla settimana** times per week
settimanale weekly
settimo seventh
il settore sector
settoriale belonging to a sector
severo strict
la sfilata di moda (17) fashion show
lo sfogo release; **dare sfogo** to vent
la sfortuna bad luck, misfortune
sfortunato unlucky
lo sguardo glance, look
sì (P) yes
siccome since
siciliano Sicilian
la sicurezza security; **cintura di sicurezza** seat belt
sicuro sure; safe; *essere sicuro/a to be certain, sure; **sicuro!** of course!
la sigaretta (6) cigarette
significare to mean
il significato meaning
la signora (*abbr.* **sig.ra**) (P) lady; Mrs.
il signore (*abbr.* **sig.**) (P) gentleman; Mr.; **il Signore** God, Lord
signorile elegant
la signorina (*abbr.* **sig.na**) (P) young lady; Miss
il silenzio (*pl.* **i silenzi**) silence
il simbolo symbol
simile similar
simpatico (*m. pl.* **simpatici**) (2) likable, nice, personable
sincero sincere
sindacale union, labor (*adj.*)
il sindacato (17) trade union
la sinfonia symphony
singolare singular (*adj.*)
singolo (10) single, individual (*adj.*); **camera singola** room with a twin bed, room for one
la sinistra left; **a sinistra** (12) to/on the left
la sintassi (*inv.*) syntax

il sistema (*pl.* **i sistemi**) system
sistemare (12) to arrange; to place; to settle
la sistemazione accommodation; place; settlement
la situazione situation
smemorato forgetful
smettere (*p.p.* **smesso**) (**di** + *inf.*) (17) to stop, quit (*doing something*)
smodato excessive
snello (2) slender, slim
snob snobbish
sociale (16) social
il socialismo socialism
il/la socialista (*pl.* **i socialisti / le socialiste**) socialist
la società society
la sociolinguistica sociolinguistics
la sociologia sociology
soddisfatto satisfied
sodo hard
soffice soft
il soffitto (15) ceiling
soffrire (*p.p.* **sofferto**) (**di**) (18) to suffer (from)
il soggetto (19) subject
il soggiorno (8) living room; family room
sognare (**di** + *inf.*) (8) to dream (*of/about doing something*)
il sognatore / la sognatrice dreamer
il sogno dream
solamente (9) only
il soldato soldier
il soldo cent; **i soldi** (1) money; **non avere un soldo** to be broke
il sole (8) sun
solito usual; typical; **di solito** (8) usually
solo (1) alone (*adj.*); only (*adv.*); **da solo/a** (6) alone
soltanto only (*adv.*)
la soluzione solution
la somiglianza resemblance
sonaglio: serpente a sonagli rattlesnake
il sondaggio (*pl.* **i sondaggi**) poll
sonnacchioso sleepy
il sonno sleep; **avere sonno** (1) to be sleepy
sonoro: colonna sonora sound track
sopra on; above
la soprano (*pl.* **le soprano**) (14) soprano singer
soprattutto (14) above all
la sopravvivenza survival
il soqquadro confusion; chaos
sordo deaf
la sorella (7) sister
la sorellastra (8) half sister; stepsister
il sorpasso passing; **divieto di sorpasso** (13) no-passing zone
sorprendere (*p.p.* **sorpreso**) to surprise

la sorpresa surprise
sorridente smiling
sorridere (*p.p.* **sorriso**) (15) to smile
il sorriso smile
sospettare to suspect
la sosta pause; stop; **divieto di sosta** (13) no-parking zone
sostanzialmente substantially
sostituire (**isc**) to substitute
sotto (8) under
il sottoscritto / la sottoscritta undersigned
il sottotitolo (14) subtitle
sottovoce in a low voice
lo spacciatore dealer (*in illicit trade*)
la spaghettata spaghetti bash
gli spaghetti (*m. pl.*) type of pasta
lo spagnolo / la spagnola Spaniard; **lo spagnolo** (3) Spanish language
spagnolo (2) Spanish (*adj.*)
spaventare to frighten
spaziale space (*adj.*)
lo spazio (*pl.* **gli spazi**) (12) space
speciale special; **niente di speciale** (8) nothing special
specialistico (*m. pl.* **specialistici**) specialty (*adj.*)
la specialità specialty
specializzarsi (7) to specialize
la specializzazione specialization
la specie (*pl.* **le specie**) (19) kind, sort; species
specificare to specify
spedire (**isc**) (17) to ship, send
la spedizione shipment
spendere (*p.p.* **speso**) to spend
la speranza hope
sperare (**di** + *inf.*) (14) to hope (*to do something*)
la spesa expense; **fare la spesa** (11) to buy groceries; **fare le spese** (11) to go shopping
spesso (3) often
lo spettacolo (14) show
spettare to be one's right
lo spettatore / la spettatrice spectator
la spezia spice
la spiaggia (*pl.* **le spiagge**) beach
spiegare (3) to explain
la spiegazione explanation
gli spinaci (*m. pl.*) spinach
lo spirito ghost
spiritoso (19) witty
spirituale spiritual
splendere to shine
splendido splendid
lo splendore splendor
sporadico (*m. pl.* **sporadici**) sporadic
lo sport (*pl.* **gli sport**) sport
sportivo (9) sport, sporty (*adj.*)
sposarsi (7) to marry, get married
sposato married

lo sposo / la sposa spouse; groom/bride
spostarsi to move; to get around
spronare to spur; to urge; to encourage
lo spumante sparkling wine
*__spuntare__ to come up, break through
la squadra (9) team
squisito exquisite
stabile stable (adj.)
stabilire (isc) to establish
lo stadio (pl. **gli stadi**) (1) stadium
la stagione (P) season
stamani, stamattina (4) this morning
la stampa press
stanco (m. pl. **stanchi**) (2) tired
stanotte tonight, last night
la stanza (12) room
stappare to uncork
*__stare__ (p.p. **stato**) (3) to stay; *__stare
attento/a__ (3) to pay attention; to be
careful; *__stare bene/male__ (3) to be
well/ill; *__stare a dieta__ to be on a
diet; *__stare fermo/a__ to be still;
*__stare a letto__ to stay in bed; *__stare
per__ (+ inf.) to be about to (do
something); *__stare a sentire__ (19) to
listen to; *__stare solo/a__ to be alone;
*__stare tranquillo/a__ to relax; to not
worry; *__stare zitto/a__ (3) to be quiet;
come stai/sta? (P) how are you?
stasera (3) this evening, tonight
statale state-run, state-owned; state
(adj.)
lo stato state; (capitalized) government;
stato civile marital status
la statua (15) statue
la statura height
stavolta (questa volta) this time
la stazione (1) station
la stella star
lo stereo stereo
lo stereotipo (20) stereotype
steso spread out; stretched out
stesso (2) same; **lo stesso** just the same
lo stile style
la stilistica stylistics
la stima estimate; esteem
lo stipendio (pl. **gli stipendi**) (1, 15)
salary
stirare to iron
lo stivale (17) boot
lo stop stop; stop sign; stoplight
la storia story; history (3); **storia
dell'arte** (3) art history
storico (m. pl. **storici**) historic;
historical; history (adj.)
la strada (5) street, road
stradale road (adj.); **incidente
stradale** traffic accident
lo straniero / la straniera (5) foreigner
straniero (3) foreign; **lingua straniera**
foreign language
strano (12) strange; **niente di strano**

nothing unusual
straordinario (m. pl. **straordinari**) (18)
extraordinary
stravagante extravagant (14);
eccentric
la strega witch
strepitoso clamorous
stressare to stress, place under pressure
stretto (11) narrow; tight; close
lo studente / la studentessa (1) student
studiare (3) to study
lo studio (pl. **gli studi**) study (room)
(12); studies, academic endeavor (3)
lo studioso / la studiosa scholar
studioso studious (adj.)
stufo: *__essere stufo/a__ (**di**) to be fed up
(with)
stupendo (15) stupendous
stupido (2) stupid; **che stupido/a!** (5)
how stupid of me!
su (5) on, upon; above
subire (isc) to undergo
subito (4) immediately; quickly; **ecco
subito!** right away!
*__succedere__ (p.p. **successo**) (8) to
happen
il successo success
il succo (pl. **i succhi**) (5) juice
il sud (10) south
il sudore sweat
il suffisso suffix
suggerire (isc) to suggest
il sugo (pl. **i sughi**) sauce; **al sugo** (6)
with tomato sauce
sul: sul serio seriously
il suocero / la suocera (8) father/
mother-in-law
suonare to play (an instrument) (3); to
ring (doorbell, alarm) (9); **suonano
alla porta** someone's at the door
il suono sound
il superalcolico hard liquor
superare to pass; to surpass
superficiale superficial
superiore upper; higher; **scuola
secondaria superiore** junior high
school
il superlativo superlative
il supermercato (1) supermarket
il supplì stuffed rice croquette
supremo supreme
il surgelato frozen food
suscitare to arouse, excite
lo/la svedese Swede; **lo svedese**
Swedish language
svedese Swedish (adj.)
la sveglia alarm clock
svegliare to wake up (someone);
svegliarsi (7) to awaken
la svendita (11) sale
lo svizzero / la svizzera Swiss person
svizzero Swiss (adj.)

T

la tabaccheria tobacco store, smoke shop
il taccheggiatore / la taccheggiatrice
shoplifter
la taglia size (clothing)
tagliare to cut
le tagliatelle (f. pl.) (20) type of pasta
i tagliolini (**taglierini**) (m. pl.) type of
pasta
tamburellare to drum, tap
il tango tango
tanto (adv.); so much, so many
(adj.); **di tanto in tanto** from time to
time, every so often
tardi (5) late; **fino a tardi** (5) till late;
più tardi later, later on; **il più tardi
possibile** as late as possible
la targa (13) license plate
targato with license plate
la tariffa rate (price)
la tassa (16) tax; **tassa di circolazione**
toll
il tassì (pl. **i tassì**) taxi
la tavola dinner table; **pronto in
tavola!** the meal is ready!; **portare in
tavola** to serve; **apparecchiare la
tavola** to set the table
il tavolino (5) small table; coffee table
il tavolo (5) table; desk
la tazza cup
il tè (1) tea; **tè freddo** (5) iced tea
teatrale theatrical; theater; drama (adj.)
il teatro (4) theater; **a teatro** at/to the
theater
la tecnica technique; technology
tecnico (m. pl. **tecnici**) technical
il tedesco / la tedesca (pl. **i tedeschi / le
tedesche**) German person; **il
tedesco** (3) German language
tedesco (m. pl. **tedeschi**) (2) German
(adj.)
il telefilm movie made for TV
telefonare (a) to phone, call
la telefonata telephone call
il telefono telephone
il telegiornale television news program
il telegramma (pl. **i telegrammi**)
telegram
il telespettatore / la telespettatrice
television viewer
la televisione (4) television; **alla
televisione** on television
televisivo television (adj.); **serie
televisive** television programs
il televisore (10) television set
il tema (pl. **i temi**) (19) theme; subject
il tempaccio bad/stormy weather
la temperatura temperature
tempestare to storm
il tempio (pl. **i templi**) temple
il tempo (2) time; (P) weather; tense;

che tempo fa? (P) how's the weather?; **molto tempo** (4) a long time; **da quanto tempo?** how long?
la tenda tent; drape
la tendenza tendency
tendere a to be inclined to, have the tendency to
tenere to keep; to hold; **tenere/tenerci alle apparenze** to care about appearances; **tener presente** to keep in mind
il tennis (4) tennis; **giocare a tennis** (4) to play tennis
il tenore (14) tenor
il tentativo attempt
la teoria theory
terminare to complete; to terminate, end
il termine term
la terra earth; **per terra** on the ground, floor
il terrazzino balcony
il terrazzo terrace
il terremoto earthquake
il terreno terrain; soil
terribile terrible
il terrorismo terrorism
il/la terrorista (*pl.* **i terroristi / le terroriste**) terrorist
la terzina tercet, triplet (*in poetry or music*)
terzo third
la tesi (*pl.* **le tesi**) thesis
il tesoro treasure
la tessera pass (*for entry or boarding*)
la testa (18) head; **avere un mal di testa** to have a headache; *costare un occhio della testa* to cost an arm and a leg; **pagare a testa** to pay for each person
testare to test
la testimonianza testimony
il testo text; **libro di testo** textbook; **testo teatrale** script (*of a play*)
il tetto roof
il texano / la texana Texan
texano Texan (*adj.*)
il tifoso fan, follower
timido shy, timid
tipico (*m. pl.* **tipici**) typical
il tipo type, kind, sort; guy; **che tipo?** what kind?
il tiramisù layered sponge cake
la tirannia tyranny
il/la titolare owner
il titolo title; **titolo di studio** degree
ti va? is that OK?; does that suit you?
la tivì, tivù TV
toccare to touch; **tocca a te** it's your turn
il tocco touch
la tolleranza tolerance

la tonaca tunic, monk's habit
tonico (*m. pl.* **tonici**) having stress; **accento tonico** stress accent
il topo (12) mouse
Topolino Mickey Mouse; **la topolino** small Italian car
*tornare to return; **ben tornato!** (14) welcome back!
la torre tower; **la Torre Pendente** the Leaning Tower of Pisa
la torta cake; torte
i tortellini (*m. pl.*) type of pasta
il torto fault; wrong; **avere torto** to be wrong
toscano pertaining to the region of Tuscany
totale total
la tovaglia (20) tablecloth
il tovagliolo (20) napkin
tra (10) in, within (*referring to future time*); among, between
tradizionale traditional
la tradizione (20) tradition
tradurre (*p.p.* **tradotto**; *present:* **io traduco, tu traduci,** *etc.*) (19) to translate
il traduttore / la traduttrice translator
la traduzione translation
il traffico (*pl.* **i traffici**) (12) traffic
la tragedia (14) tragedy
tragico tragic
il traghetto ferry
il tram tram
la trama (14) plot
tranquillo calm, serene; *stare tranquillo/a to stay, be calm
il trapassato pluperfect (*verb tense*)
trascorrere (*p.p.* **trascorso**) to pass; to spend (*time*)
trascurare to neglect
trasferirsi (**isc**) (12) to move
la trasferta travel assignment
trasformare to transform, change
trasgredire (**isc**) to transgress; to break a law
la trasgressione transgression
trasmettere (*p.p.* **trasmesso**) to broadcast
la trasmissione transmission; broadcast
trasportare to transport
il trasporto transport; **mezzi di trasporto** means of transportation
trattare to treat; to deal with
tratto taken, extracted
la trattoria informal restaurant
la treccia (*pl.* **le trecce**) braid
tremendo terrible, disastrous
il treno (1) train; **in treno** (1) by train
il trimestre trimester, quarter
triste (2) sad
il trombone trombone

troppo (11) too much, too many (*adj.*); (5) too (*adv.*)
trovare to find (6); *andare a trovare (6) to visit; **trovarsi bene/male** (9) to get along well/poorly
il turismo tourism
il/la turista (*pl.* **i turisti / le turiste**) (16) tourist
turistico (*m. pl.* **turistici**) (10) tourist (*adj.*)
la tuta jumpsuit
tutt'e due both
tutti/tutte (3) everybody, everyone (*pron.*)
tutto (12) all; everything (*inv.*); **tutto/a/i/e** + *definite art.* + *n.* (3) all, every, the whole of; **tutt'altro** on the contrary

U

ubbidire (**isc**) (18) to obey
ubriacarsi (19) to get drunk
l'uccello bird
uccidere (*p.p.* **ucciso**) (19) to kill
ufficiale official (*adj.*)
l'ufficio (*pl.* **gli uffici**) (5) office
l'uguaglianza (18) equality
uguale equal; same
ultimo last
l'ultra-sinistra (*f.*) far left (*politics*)
umanistico humanistic; **studi umanistici** liberal arts studies, humanities
l'umanità (*f.*) humanity
umano human
umbro pertaining to the region of Umbria
l'umidità (*f.*) humidity
umile humble, modest
l'umore (*m.*) mood; **di cattivo/buon umore** (8) in a bad/good mood
l'umorismo humor; **il senso dell'umorismo** sense of humor
l'una one o'clock
unico (*m. pl.* **unici**) only
unificato unified
unito united
l'università (*f.*) (1) university
universitario (*m. pl.* **universitari**) university (*adj.*)
uno (**un, una, un'**) one; a
l'uomo (*pl.* **gli uomini**) (2) man; **uomo/donna d'affari** businessman/businesswoman
l'uovo (*pl.* **le uova**) (19) egg
urbano urban, city (*adj.*)
urgente urgent
urlare to scream, shout
le urne (*f. pl.*) voting booths; elections; *andare alle urne to vote
l'usanza usage; custom; habit

usare to use
usato used
* **uscire** (4) to go out; to leave; * **uscire di casa** to leave the house
l'uscita exit
l'uso use; **con uso di cucina** with kitchen privileges
utile useful
utilizzare to utilize
le uva (*f. pl.*) (11) grapes

V

va bene (P) OK
la vacanza (10) vacation, holiday; * **andare in vacanza** (10) to go on vacation
il vagone railcar; **vagone letto** sleeping car (*on a train*)
valere to be valid
la valigia (*pl.* **le valige**) suitcase
la valle valley
il valore (20) value
valutare to assess
il valzer (*pl.* **i valzer**) waltz
vantaggioso advantageous; profitable
vantare to boast
vaporizzato vaporized
la variazione variation
la varietà variety
vario (*m. pl.* **vari**) various
la vasca tub
il vassoio (*pl.* **i vassoi**) tray
vasto vast
il vecchietto / la vecchietta little old man/woman
vecchio (*m. pl.* **vecchi**) (2) old
vedere (*p.p.* **veduto** *or* **visto**) (4) to see
il vedovo / la vedova (8) widower, widow
vedovo (8) bereft of spouse (*adj.*)
vegetariano vegetarian
il veleno poison
veloce fast, swift, speedy
la velocità speed, velocity; **limite di velocità** (13) speed limit
vendere (11) to sell
la vendetta vengeance, revenge
vendicare to avenge
la vendita sale
il venditore/la venditrice seller, vendor
il venerdì (P) Friday

venire (*p.p.* **venuto**) (4) to come
il vento wind; **tira vento** the wind is blowing
veramente (6) truly, really
il verbo verb
verde green
la verdura (6) vegetables
la vergogna shame
la verità truth
vero true; **vero?** isn't it so?
la versione version
il verso verse
verso toward
il vertice apex, top
il vescovo bishop
vestire to dress; **vestirsi** (7) to get dressed; **vestito da** dressed as
il vestito (11) dress; suit; **il vestitino** cute little dress
la vetrina (11) shop window
la via (1) street
via (*adv.*) away; **via!** away! * **andare via** (5) to go away; to leave; **e così via** and so forth
viaggiare (4) to travel
il viaggio (*pl.* **i viaggi**) trip; **buon viaggio!** (1) have a nice trip!; **fare un viaggio** to take a trip; **agenzia di viaggi** travel agency
il viale (1) avenue
vicino close, near; **vicino a** near to
il vicino / la vicina (di casa) neighbor
il videoregistratore VCR
vietare (13) to prohibit
vietato (13) prohibited
il/la vigile (13) traffic officer
la villa (12) luxury home; country house
il villaggio (*pl.* **i villaggi**) village
la villeggiatura holiday, vacation
la villetta (12) single-family dwelling; **villette a schiera** townhouses
vincere (*p.p.* **vinto**) (9) to win
il vino (1) wine
la violenza (18) violence
la virtù virtue
virtuoso virtuous
visibile visible
la visita visit; **fare visita (a)** to visit
visitare (8) to visit
la vista (12) view; **punto di vista** point of view
la vita life; **bella vita!** great life!

la vitamina vitamin
il vitello (6) veal
la vittima victim
la vittoria victory; success
vivace vivacious, lively
vivente living
* **vivere** (*p.p.* **vissuto**) (8) to live
vivo live, living, alive; **viva...!** long live . . . !
viziare to spoil, indulge
il vocabolario (*pl.* **i vocabolari**) vocabulary
il vocabolo word
la voce voice
la voglia wish, desire; **avere voglia di** (+ *inf.*) (1) to feel like (*doing something*)
volare (*humans, planes:* **avere**; *time, birds:* **essere**) (17) to fly
volentieri (3) gladly
* **volerci** to take, require
volere (4) to want; **voler bene** to be close; **voler dire** (P) to mean
il volo flight
la volta time; occurrence; vault; **a (mia, tua, sua) volta** in turn; **una volta** (8) once; **c'era una volta** (8) once upon a time there was
votare (16) to vote
il voto grade; vote (16)

Y

lo yoga (*inv.*) (4) yoga
lo yogurt (11) yogurt

Z

la zanzara mosquito
lo zero zero
la zeta the letter *z*
lo zio (*pl.* **gli zii**) / **la zia** (1) uncle/aunt
zitto silent; * **stare zitto/a** (3) to keep quiet
lo zodiaco (*pl.* **gli zodiaci**) zodiac
la zona (10) zone, area
lo zoo (1) zoo
lo zucchero (5) sugar
lo zucchino squash
la zuppa inglese (6) English trifle

ENGLISH–ITALIAN VOCABULARY

A

to abide by (*rules*) rispettare (13)
able bravo (2); **to be able** (*to do something*) potere (+ *inf.*) (4)
about (*approximately*) circa (10)
above su (5); **above all** soprattutto (14)
abroad all'estero (10)
accident l'incidente (*m.*)
to accompany accompagnare
to ache fare male (a)
acquaintance: to make the acquaintance of fare la conoscenza di (9)
active: to be active in praticare (9)
actor l'attore/l'attrice (14)
ad l'annuncio (*pl.* gli annunci) (17)
to address a person in the *tu/Lei* **form** dare del tu/Lei a + *person* (9)
address l'indirizzo
to admire ammirare (15)
aerobics l'aerobica; **to do aerobics** fare l'aerobica (4)
afraid: to be afraid avere paura (1)
after dopo (*prep.*) (5); dopo che (*conj.*) (10)
afternoon il pomeriggio (*pl.* i pomeriggi); **good afternoon** buon giorno (P); buona sera (P)
again di nuovo (14)
against contro; **to be against** *essere contro (18)
age l'età (5)
ago fa (5)
air l'aria; **air-conditioning** l'aria condizionata (10)
airplane l'aeroplano, l'aereo (*pl.* gli aerei) (1)
airport l'aeroporto (1)
alcoholism l'alcolismo (18)
all tutti/tutte (+ *definite art.* + *n.*) (3); **all the time** sempre (3)
almost quasi (6)
alone solo; da solo/a (6)
along: to get along (well/poorly) trovarsi (bene/male) (9)
already già (5)
also anche (2)
although benchè, per quanto, quantunque, sebbene (17)
always sempre (3)
American l'americano/l'americana
American americano (*adj.*) (2)
ancestor l'antenato (20)
and e, ed (*before vowels*) (1)
angry: arrabbiato; **to get angry** arrabbiarsi (10)

to answer rispondere (*p.p.* risposto) (4)
any (sort of) qualunque (12)
anyone qualcuno (12)
anything qualche cosa, qualcosa (12)
apartment l'appartamento (1)
apartment building il palazzo (12)
aperitif l'aperitivo (5)
appearance l'aria; **to look worried/romantic/silly** avere l'aria preoccupata/romantica/scema (8)
to applaud applaudire (14)
applause l'applauso (14)
apple la mela (11)
appliances i servizi (*m. pl.*) (12)
to apply (*to enforce*) applicare (16); **to submit an application** fare domanda (17)
appointment l'appuntamento (4)
to appreciate apprezzare (18)
to approach avvicinarsi (18)
appropriate adatto (17)
approximately circa
April aprile (*m.*) (P)
archeological archeologico (*m. pl.* archeologici) (15)
archeologist l'archeologo/l'archeologa (*pl.* gli archeologi / le archeologhe) (15)
archeology l'archeologia (15)
architect l'architetto/l'architetta (15)
architecture l'architettura (15)
area la zona (10)
aria l'aria (14)
arm il braccio (*pl.* le braccia) (19)
around in giro (17); intorno a
to arrange sistemare (12)
to arrive *arrivare (3)
artist l'artista (*m., f.*) (*pl.* gli artisti / le artiste) (15)
artwork l'opera (15)
as come; **as if** come se (18); **as soon as** appena
ask (*to question*) domandare (4); (*to request*) chiedere (*p. p.* chiesto) (5); **to ask a question** fare una domanda (3)
assignment il compito (3)
at a (1); in
athletic sportivo (9)
to attempt (*to do something*) cercare (di + *inf.*) (14)
attention l'attenzione (*f.*) (P); **to pay attention** *stare attento/a (3), fare attenzione
to attract attirare (14)
August agosto (P)
aunt la zia (1)

author l'autore/l'autrice (14)
authoritarian autoritario (*m. pl.* autoritari) (18)
automobile l'automobile (*f.*), l'auto (*pl.* le auto), la macchina (1)
autumn autunno (P)
avenue il viale (1)

B

bachelor lo scapolo (*n.*); scapolo (*adj.*) (8)
bad cattivo (2); **not bad** non c'è male (P); **too bad (what a pity!)** peccato! (14); **very bad** pessimo (15); **it's bad weather** fa brutto (P)
baked al forno (*lit.* in the oven) (6)
baker il panettiere/la panettiera (11)
bakery la panetteria (11)
ball la palla; **soccer ball** il pallone; **to play ball** giocare al pallone (7)
ball: on the ball in gamba (6)
ballet il balletto (14)
bank la banca (1)
baritone il baritono (14)
baseball il baseball (9)
basement la cantina (12)
basil il basilico; **with basil sauce** al pesto (6)
basketball la pallacanestro, il basket (9)
bass (*vocal tone*) il basso (14)
bath, bathroom il bagno (4); **to take a bath** fare il bagno (7)
to be *essere (*p.p.* stato) (2); **to be a +** *profession* fare il/la + *profession* (17); **to be well / not well** *stare bene/male (3); **to be quiet** *stare zitto/a (3)
beautiful bello (2)
because perchè (3)
to become *diventare
bed letto (3); **in/to bed** a letto (3)
bedroom la camera da letto (12)
beef il manzo (6); **roast beef** l'arrosto di manzo (6)
beer la birra (1)
before prima che (*conj.*) (17); prima di (*prep.*) (5); **even before** anche prima (8)
to begin † cominciare (3), † incominciare; **to begin** (*to do something*) (in)cominciare (a + *inf.*) (9)
behind dietro a
to believe (in) credere (a) (11)
belt la cintura; **seat belt** la cintura di

sicurezza (13)
better meglio (*adv.*) (9); migliore (*adj.*)
  (9)
beverage la bibita (5)
bicycle la bicicletta, la bici (*pl.* le bici)
  (1); **to ride a bicycle** *andare in
  bicicletta (3)
big grande (2); grosso (8); **bigger**
  maggiore (9); **biggest, very big**
  massimo (9)
bike la bici (*pl.* le bici) (1)
bill il conto
biology la biologia (3)
birthday il compleanno; **happy
  birthday!** buon compleanno!
bit: a bit (of) un po' (di) (11)
blond biondo (2)
blouse la camicetta (11)
bone l'osso (*pl.* le ossa) (19)
to boo fischiare (*lit.* **to whistle**) (14)
boo il fischio (*lit.* **whistle**) (14)
to book prenotare (10)
book il libro (3)
bookstore la libreria
boot lo stivale (17)
bore il seccatore / la seccatrice (17)
bored: to get bored annoiarsi (7)
boring noioso (8)
born: to be born *nascere (*p.p.* nato)
  (5)
to bother scocciare (9)
boy il ragazzo (1)
boyfriend il ragazzo (di) (2)
bread il pane (6)
breakfast la colazione; **to have
  breakfast** fare colazione (5)
brief breve
to bring portare (6); **to bring back**
  riportare (6)
brother il fratello (7); **half brother** il
  fratellastro (8)
brother-in-law il cognato (8)
to buckle allacciare (13)
to build costruire (isc) (15)
to bump (into) scontrarsi (con) (17)
bus l'autobus (*pl.* gli autobus) (1)
business l'affare (*m.*); il commercio
  (17); **business, store** il negozio (*pl.* i
  negozi) (1); **business card** il biglietto
  da visita; **on business** per affari
businessman l'uomo (*pl.* gli uomini)
  d'affari
but ma (1)
butcher il macellaio / la macellaia (11)
butcher's shop la macelleria (11)
butter il burro (11)
to buy comprare (3)
bye! ciao! (P)

C

café il bar (*pl.* i bar), il caffè (1)

cafeteria la mensa (2)
cake il dolce (3); **Christmas cake** il
  panettone (6)
to call (*someone*) chiamare (7); **to call
  back** richiamare; **to be called**
  (*named*) chiamarsi (7)
camping il campeggio (*pl.* i campeggi);
  to go camping fare un campeggio
can, may (*do something*) potere (+
  inf.) (4)
Canadian il/la canadese
Canadian canadese (*adj.*) (2)
canapé il crostino (6)
cantaloupe il melone (6)
car la macchina; l'automobile, l'auto
  (*pl.* le auto) (1); **car keys** le chiavi
  della macchina (13)
card: credit card la carta di credito
  (10); **business card** il biglietto da
  visita
careful attento; **careful!** attenzione!
  (P)
carrot la carota (5)
cash: in cash in contanti (10)
cat il gatto / la gatta (1)
ceiling il soffitto (15)
to celebrate celebrare, festeggiare (10)
cellar la cantina (12)
center il centro; **in the center** al centro
  (12)
chain la catena (17)
Chamber (of Deputies) la Camera (dei
  Deputati) (*lower house of
  Parliament*) (16)
to change (*become different*)
  *cambiare (9); **to change**
  (*something*) cambiare (9)
character il personaggio (*pl.* i
  personaggi) (14)
chat la chiacchiera; **to have a chat**
  scambiare quattro chiacchiere (10)
to check controllare (13)
check l'assegno (10)
cheerful allegro (2)
cheese il formaggio (*pl.* i formaggi)
  (11)
chemistry la chimica (3)
chicken il pollo (6)
child il bambino / la bambina (2); il
  figlio / la figlia (7)
children i figli (*m. pl.*)
Chinese il/la cinese; **Chinese language**
  il cinese (3)
Chinese cinese (*adj.*) (2)
chocolate la cioccolata (5); **hot
  chocolate** la cioccolata calda (5)
choice la scelta (17)
to choose scegliere (*p.p.* scelto) (11)
Christmas Natale (6); **merry
  Christmas!** buon Natale!
church la chiesa (1)
cigarette la sigaretta (6)

city la città (1)
class la lezione (1); la classe
to clean pulire (isc) (4)
clear chiaro
clerk il commesso / la commessa (11)
to climb *salire (15)
clock l'orologio (*pl.* gli orologi) (2)
to close chiudere (*p.p.* chiuso) (18)
close (to) vicino (a); **close by** qui vicino
  (1); **to get close, draw near**
  avvicinarsi (18)
closed chiuso (16)
clothing l'abbigliamento (17)
coat il cappotto (17); **fur coat** la
  pelliccia
coffee il caffè (1); **coffee shop** il caffè,
  il bar (*pl.* i bar) (1)
cold il freddo (*n.*) (1); freddo (*adj.*) (3);
  (head) cold il raffreddore (3); **to be
  cold** avere freddo (1); **it's cold** fa
  freddo (P)
cold cuts i salumi (6)
colleague il/la collega (*pl.* i colleghi / le
  colleghe) (17)
to come *venire (*p.p.* venuto) (4); **to
  come back** *ritornare (5); **to come in**
  accomodarsi; *entrare (5); **to come
  out** *uscire (4)
comedy la commedia (14)
comfortable comodo; **to make oneself
  comfortable** accomodarsi
communist il/la comunista (*pl.* i
  comunisti / le comuniste)
communist comunista (*m. pl.*
  comunisti) (*adj.*) (16)
company la compagnia; **in the
  company of** in compagnia di
to complain (about) lamentarsi (di)
complicated complicato
compliment il complimento (10)
computer science l'informatica (3)
concert il concerto (4)
confectioner il pasticciere / la
  pasticciera (11)
consumerism il consumismo (18)
to continue (*doing something*)
  continuare (a + *inf.*) (8)
**convenience: with all the
  conveniences** con ogni conforto (10)
conventional convenzionale (18)
to cook cucinare (4)
cookbook il libro di cucina (6)
cooking la cucina (6)
cool il fresco; **it's cool weather** fa
  fresco (P)
correct giusto (P)
to cost *costare (11); **how much does
  it cost?** quanto costa? (11)
cost il costo; **cost of living** il costo
  della vita (17)
counter il banco (*pl.* i banchi) (11)
country la campagna (10); **in/to the**

country in campagna (10)
course (*of study*) il corso (3); **of course!** certo!; **first/second course** (*of a meal*) il primo/secondo piatto (6)
cousin il cugino / la cugina (1)
co-worker il/la collega (*pl.* i colleghi / le colleghe) (17)
crazy matto (12); pazzo (13)
cream la panna (5)
to create creare (14)
credit card la carta di credito
crisis la crisi (*pl.* le crisi) (19)
to cross attraversare (15)
crowded affollato (5)
cruise la crociera; **to take a cruise** fare una crociera (10)
to cry piangere (*p.p.* pianto) (19)
customer il/la cliente (11)
cute carino (2)
cycling il ciclismo (9)

D

dad, daddy il babbo (*in Tuscany*); il papà (2)
dairy la latteria (11)
dairy worker il lattaio / la lattaia (11)
to dance ballare (3)
dancing il ballo (4)
dangerous pericoloso (9)
dark (*person*) bruno (2)
date l'appuntamento (4); (*calendar*) **date** la data (4); **what's today's date?** quanti ne abbiamo oggi? (11)
daughter la figlia (7)
daughter-in-law la nuora (8)
day il giorno (P); **day long** la giornata
deal l'affare (*m.*); **to get/make a deal** fare un affare (11); **a great deal of** molto
dear caro (2)
December dicembre (*m.*) (P)
to decide (*to do something*) decidere (di + *inf.*) (*p.p.* deciso)
decision la decisione; **to make a decision** prendere una decisione (18)
to decrease † diminuire (isc) (16)
delicatessen, deli la salumeria (11)
deli clerk il salumiere / la salumiera (11)
delighted: to be delighted (*to do something*) avere il piacere (di + *inf.*) (9)
to demand esigere (*p.p.* esatto) (16)
demand la richiesta (17)
democracy la democrazia (16)
demonstration la dimostrazione (16)
to depart *partire (4)
to depend (on) dipendere (da) (*p.p.* dipeso); **it depends** dipende (10)
depressed depresso (7)

desire la voglia (1); **to desire** desiderare; **to want / feel like** avere voglia di (1)
dessert il dolce (3)
to die *morire (*p.p.* morto) (5)
diet la dieta (5); **to be on a diet** *stare a dieta
different (from) diverso (da) (15)
difficult difficile (2)
to dig scavare (10)
dig lo scavo (15); **archeological dig** scavo archeologico
dining room la sala da pranzo (5)
dinner il pranzo (5); **to have dinner** pranzare, cenare
director (*movie*) il/la regista (*pl.* i registi / le registe) (14)
disagreeable antipatico (*m. pl.* antipatici) (2)
discount lo sconto (11)
discussion la discussione (16)
dish il piatto; **side dish** il contorno (6)
distant lontano
to divide dividere (*p.p.* diviso) (12)
divorced divorziato (8)
to do fare (*p.p.* fatto) (3); eseguire (isc) (15)
doctor il dottore / la dottoressa (4)
dog il cane (1)
dollar il dollaro (1)
door la porta (4)
double doppio (*m. pl.* doppi); **room with a double bed** camera matrimoniale (10)
to doubt dubitare (16)
downtown in centro (5)
drama il dramma (*pl.* i drammi) (14)
to draw disegnare (4)
to dream (*of doing something*) sognare (di + *inf.*) (8)
to dress (oneself), get dressed vestirsi (7)
dress il vestito (11)
to drink bere (*p.p.* bevuto) (4)
drink, soft drink la bibita (5)
to drive *andare in automobile / in macchina (3); guidare (3)
driver l'automobilista (*m., f.*) (*pl.* gli automobilisti / le automobiliste) (13)
drugs la droga (18)
drunk: to get drunk ubriacarsi (19)
to dub doppiare (14)

E

each ogni (*inv. adj.*) (4)
early presto (3)
to earn guadagnare; **to earn a living** guadagnarsi da vivere (18)
easy facile (2)
to eat mangiare (3)
eccentric stravagante (14)

economics, economy l'economia (3)
egg l'uovo (*pl.* le uova) (19)
election l'elezione (*f.*) (16)
elegant elegante (2)
elementary elementare (3)
elevator l'ascensore (*m.*) (12)
to eliminate eliminare (18)
else altro (2); **anything/something else?** altro?; **what else?** che altro?
embarrassing imbarazzante
to embrace abbracciare (6)
to emigrate *emigrare (20)
end la fine (6)
to end * finire (isc) (4); **to end up** (*doing something*) finire per (+ *inf.*) (18)
enemy il nemico / la nemica (*pl.* i nemici / le nemiche) (18)
to enforce applicare (16)
engineer l'ingegnere (3)
English inglese (*adj.*) (2); **English language** l'inglese (3)
English trifle la zuppa inglese (6)
Englishman, Englishwoman l'inglese (*m., f.*)
to enjoy oneself divertirsi (7)
enough abbastanza (*inv.*) (11)
to enroll (in) iscriversi (a) (*p.p.* iscritto) (19)
to ensure assicurare (18)
to enter *entrare (5)
enthusiastic (about) entusiasta (di) (16)
environment l'ambiente (*m.*) (18)
environmentalism la protezione dell'ambiente (18)
equality l'uguaglianza (18)
escape la fuga (18)
to establish oneself affermarsi (15)
even anche (2); **even before** anche prima (8); **even if** anche se
evening la sera (P); **evening long** la serata (4); **good evening** buona sera (P); **in the evening** la sera, di sera (3); **this evening** stasera (3)
ever mai (5)
every ogni (*inv. adj.*) (4)
everybody ognuno (12); tutti (3)
everything tutto (*inv.*) (12)
everyone ognuno (12); tutti (3)
exam(ination) l'esame (*m.*) (3); **to take an exam** dare un esame; **to take a civil service exam** partecipare a un concorso (17)
example l'esempio (*pl.* gli esempi) (P)
excellent ottimo (9)
to exchange cambiare (9)
excursion l'escursione (*f.*), la gita (9); **to take an excursion** fare un'escursione / una gita (9)
excuse me scusa/scusi (P)
to execute (*accomplish*) eseguire (isc) (15)
executive il/la dirigente
to exercise fare la ginnastica (9)

exercise l'esercizio (*pl.* gli esercizi) (3)
exhibit la mostra (15)
to expect esigere (*p.p.* esatto) (16)
expensive caro (2)
experience l'esperienza (18)
to explain spiegare (3)
to export esportare (17)
extract il brano (19)
extraordinary straordinario (*m. pl.* straordinari) (18)
extravagant stravagante (14)
eye l'occhio (*pl.* gli occhi) (2)

F

fable la favola (8)
facilities i servizi (*m. pl.*) (12)
fact il fatto; **in fact** infatti (14)
fairy tale la favola (8)
faith la fede; la fiducia; **to have faith** (*in someone*) fidarsi (di) (18)
to fall cadere; **to fall in love with** innamorarsi di (14)
fall (*autumn*) l'autunno (P)
family la famiglia (2); **family room** il soggiorno (8)
famished: to be famished *morire di fame (6)
famous famoso (2)
far lontano
farm la fattoria (14)
farmer il contadino / la contadina (14)
fashion la moda (14); **fashion show** la sfilata di moda (17); **in fashion** di moda (17)
fashionable di moda (14)
to fasten allacciare (13)
fat grasso (2)
father il padre, il papà (2), il babbo (*in Tuscany*)
father-in-law il suocero (8)
favor il favore; **to be in favor of** *essere a favore di (18)
favorite preferito (3)
fear la paura (1); **to be afraid (of)** avere paura (di) (1)
February febbraio (P)
fed up with stufo/a (di)
to feel sentirsi (7); **to feel like** avere voglia (di + *n. or inf.*) (1)
feminist il/la femminista (*pl.* i femministi / le femministe)
feminist femminista (*m. pl.* femministi) (*adj.*) (16)
few, a few alcuni/alcune, qualche (+ *s. n.*) (12); pochi/poche (11)
fib la bugia (18)
to fill riempire; **to fill out a form** riempire un modulo (17); **to fill it up with gas** fare il pieno (13)
film il film (*pl.* i film)
finally finalmente (4)

to find trovare (6); **to find oneself** trovarsi (9)
fine (*n.*) la multa (13)
fine bene (P); **it's fine** va bene
finger il dito (*pl.* le dita) (19)
to finish finire (isc) (14)
to fire (*an employee*) licenziare (17)
firm (*business*) la ditta, l'azienda (17); (*price*) fisso (*adj.*)
fish il pesce (6)
fish market la pescheria (11)
fish vendor il pescivendolo / la pescivendola (11)
to fix riparare (19); **to fix** (*food*) preparare
floor (*of a building*) piano (12); **first floor** il pianterreno; **second (third, etc.) floor** primo (secondo, ecc.) piano; **on the floor** per terra
flu il raffreddore (3)
to fly *andare in aereo (3); volare (17)
foot il piede (8); **on foot** a piedi; **to set foot** mettere piede (17)
football il calcio, il football (9)
for per
to forbid vietare (13)
forbidden vietato (13)
to force (*to do something*) obbligare (a + *inf.*) (18)
foreign straniero (*adj.*) (3)
foreigner lo straniero / la straniera (5)
to forget dimenticare (3)
form il modulo; **to fill out a form** riempire un modulo (17)
fortunate fortunato
free libero (4)
French francese (*adj.*) (2); **French language** il francese (3)
Frenchman, Frenchwoman il/la francese
to fresco (*paint in fresco*) affrescare (15)
fresco l'affresco (*pl.* gli affreschi) (15)
fresh fresco (*m. pl.* freschi) (6)
Friday il venerdì (P)
friend l'amico/l'amica (*pl.* gli amici / le amiche) (1)
friendship l'amicizia (18)
fries le patatine
from da (4); **where are you from?** di dove sei/è? (2)
fruit la frutta (6); **fruit salad** la macedonia di frutta (6)
fruit vendor il fruttivendolo / la fruttivendola (11)
fun il divertimento; **to have fun** divertirsi (6); **to make fun of** prendere in giro (19)
funny buffo (2)
furnishings l'arredamento (17)

G

to gain guadagnare

game (*sport*) la partita (9)
garage il garage (*inv.*) (12)
gas(oline) (regular/super/unleaded) la benzina (normale/super/verde) (13); **to get gas** fare benzina (13); **to run out of gas** *rimanere senza benzina (13)
gas pump il distributore di benzina (13)
gaudy chiassoso (17)
gentleman il signore (P)
genuine genuino (6)
German il tedesco / la tedesca; **German language** il tedesco (3) **German** tedesco (*adj.*)
to get along (well/poorly) trovarsi (bene/male) (9)
to get off *scendere (*p.p.* sceso)
to get up alzarsi (7)
to get used to (*something*) abituarsi a (+ *n. or inf.*) (17)
gift il regalo; **to give a gift** fare un regalo (7)
girl la ragazza (1)
girlfriend la ragazza (di) (2)
to give dare (3); **to give** (*as a gift*) regalare (6); **to give back** rendere (*p.p.* reso) (6)
glad (about) lieto (di) (9); **pleased to meet you** lieto/a di conoscerLa (9)
gladly volentieri (3)
glass (*drinking*) il bicchiere (1)
to go *andare (3); **to go** (*to do something*) *andare (a + *inf.*) (3); **to go away** *andare via (5); **to go back** *ritornare (5); **to go (stop) by** *passare (da); **to go by car/plane/train** *andare in macchina/aereo/treno; **to go in** *entrare (5); **to go out** *uscire (4); **to go up** †salire (15)
god il dio (*pl.* gli dei) (19)
gold l'oro (17)
golf il golf (*sport, s. only*) (9)
good bravo (2); buono (1); **good (at)** bravo (in) (3); **good afternoon** buon giorno (P); buona sera (P); **good evening** buona sera (P); **good heavens!** mamma mia! (8), santo cielo! (9), caspita! (10); **good luck!** in bocca al lupo! (4); **good morning** buon giorno (P); **good night** buona notte (P); **very good** molto bene, benissimo (P)
goodbye! arrivederci!, arrivederLa! (P)
gossip il pettegolezzo (14)
government il governo (14); lo Stato
to graduate (*from high school*) diplomarsi (7); (*from college*) laurearsi (7)
grandchild il/la nipote (7)

grandfather il nonno (2)
grandmother la nonna (2)
grapefruit il pompelmo (5)
grapes l'uva (11)
great grande (2); in gamba (*person*) (6)
Greek il greco / la greca (*pl.* i greci / le greche); **Greek language** il greco
Greek greco (*m. pl.* greci) (*adj.*) (18)
to greet salutare (7)
groceries gli alimentari (*m. pl.*); **grocery store** negozio di alimentari (11)
ground floor il pianterreno (12); **on the ground, on the floor** per terra
group il gruppo (10)
to guess indovinare (13)
guest l'ospite (*m., f.*) (12)
guide la guida (15)
guidebook la guida (15)
guitar la chitarra (3)
gym la palestra (7); **in/to the gym** in palestra (7)
gymnastics la ginnastica (9)

H

habit l'abitudine (19)
hair i capelli (*m. pl.*) (2)
half mezzo (*adj.*); **half an hour** mezz'ora
half brother il fratellastro (8)
half sister la sorellastra (8)
ham il prosciutto (6)
hand la mano (*pl.* le mani) (7); **on the other hand** invece (10)
handsome bello (2)
to hang (*a person*) impiccare (19)
to happen *succedere (*p.p.* successo) (8)
happy allegro (2), contento (7), felice (2)
haste la fretta (1)
to hate odiare (6)
to have avere (1); **to have to** (*do something*) dovere (+ *inf.*) (4); **to have a good time** divertirsi (7)
head la testa (18)
health la salute; **health insurance** l'assistenza medica, la mutua (17); **to be in good health** avere buona salute
to hear sentire (4); **to hear about** sentire parlare di (9)
heard: to make oneself heard farsi sentire (16)
heat il caldo (1); **to feel hot** avere caldo (1); **it's hot** fa caldo (P)
heavens: good heavens! mamma mia! (8), santo cielo! (9), caspita! (10)
hectogram l'etto (11)
hello! buon giorno! (P); buona sera! (P); ciao! (P); pronto! (*on the phone*) (P)
to help aiutare (7)

here qui (7); **here is/are, here you are** ecco (P)
heritage il retaggio (*pl.* i retaggi) (20)
hi! ciao! (P), salve!
high alto (2)
highway l'autostrada (13)
to hire assumere (*p.p.* assunto) (17)
history la storia (3); **art history** storia dell'arte (3)
to hitchhike fare l'autostop (13)
holiday la festa (3); la vacanza (10); **holidays** le ferie (*f. pl.*) (10); le vacanze (10)
holy santo
home la casa (3); **at home** a casa (3)
homework il compito (13)
honey il miele (5)
to hope (*to do something*) sperare (di + *inf.*) (14)
hors d'oeuvre l'antipasto (6)
horse il cavallo; **to go horseback riding** *andare a cavallo (9), l'equitazione (9)
hospital l'ospedale (*m.*) (1)
hostel l'ostello (10)
hot caldo; **to be hot** avere caldo (1); **it's hot** fa caldo (P)
hotel l'albergo (*pl.* gli alberghi) (1)
hour l'ora; **half an hour** mezz'ora; **rush hour** l'ora di punta
house la casa (3); **luxury home, country house** la villa (12); **single-family dwelling** la villetta (12); **lower house of Parliament** la Camera (dei Deputati) (16)
how come (P); **how are you?** come stai/sta? (P); **how come?** come mai?; **how is it going?** come va? (1); **how long?** quanto tempo?; **how much/many?** quanto/quanti? (2); **how much does it cost?** quanto costa? (11)
hunger la fame
hungry: to be hungry avere fame (1); **to be very hungry** avere una fame da lupi (6)
hurry la fretta (1); **in a hurry** in fretta; **to be in a hurry** avere fretta (1)

I

ice il ghiaccio (*pl.* i ghiacci) (5)
ice cream il gelato (1); **ice-cream maker/vendor** il gelataio / la gelataia (11); **ice-cream parlor** la gelateria (11)
if se (10); **if only** magari
ill ammalato (5)
to illustrate illustrare (15)
immediately subito (4)
to immigrate *immigrare (20)
to impress (*someone*) fare colpo (su) (17)

in a; in (1); (*referring to future time*) fra, tra (10); **in fact** infatti (14)
to increase † aumentare (16)
incredible incredibile (16)
industry l'industria (17)
inexpensive economico (*m. pl.* economici) (10)
inflation l'inflazione (*f.*) (17)
injustice l'ingiustizia (18)
inn la pensione (10)
instead invece
to insure assicurare (18)
intelligent intelligente (2)
to intend to (*do something*) pensare di (+ *inf.*)
to interest interessare; **to be interested in** interessarsi a/di (9)
to interfere interferire (isc) (18)
interpreter l'interprete (*m., f.*) (17)
to interrupt interrompere (*p.p.* interrotto) (20)
interview il colloquio (*pl.* i colloqui) (17), l'intervista (17); **to have / set up an interview** avere/fissare un colloquio / un'intervista (17)
invitation l'invito (17)
to invite invitare
Irish l'irlandese (*m., f.*)
Irish irlandese (*adj.*)
Italian l'italiano/l'italiana; **Italian language** l'italiano (3)
Italian italiano (*adj.*)

J

jacket la giacca (17)
January gennaio (P)
Japanese il/la giapponese; **Japanese language** il giapponese (3)
Japanese giapponese (*adj.*)
job il lavoro (1); l'impiego (*pl.* gli impieghi); **to look for a job** cercare lavoro (17)
to jog fare il footing / il jogging (9)
to joke scherzare (19)
to judge giudicare (18)
juice il succo (5); **orange/grapefruit juice** succo d'arancia / di pompelmo
July luglio (P)
June giugno (P)
just proprio (*adv.*) (9)
justice la giustizia (18)

K

karate il karatè (4)
to keep quiet *stare zitto/a (3)
key la chiave (4); **car keys** le chiavi della macchina (13)
to kill uccidere (*p.p.* ucciso) (19)
kilogram il chilo (11)
kind (*n.*) il tipo; la specie (*pl.* le specie)

(19); **what kind of?** che razza di?, che tipo di?; **any kind of** qualunque (12)
kind (*adj.*) gentile (2)
to kiss baciare (7)
kitchen la cucina (5)
to know conoscere (*p.p.* conosciuto) (6); sapere (6); **to know how** (*to do something*) sapere (+ *inf.*)
Korean il coreano / la coreana; **Korean language** il coreano
Korean coreano (*adj.*)

L

labor la mano d'opera (17); **labor union** il sindacato (17)
laborer l'operaio/l'operaia
lady la signora (P)
lake il lago (*pl.* i laghi) (10)
landscape il paesaggio (*pl.* i paesaggi) (15)
language la lingua (3); **foreign language** lingua straniera
large grande (2); numeroso (8)
last scorso (5); ultimo (8); **last name** il cognome (1); **last night** ieri sera (5)
late tardi (5); in ritardo; **to sleep late** dormire fino a tardi (5)
to laugh ridere (*p.p.* riso) (15)
lazy pigro (7)
to learn imparare (3); **to learn how** (*to do something*) imparare (a + *inf.*) (10)
to leave *andare via (5); lasciare (5); *partire (4); *uscire (4); **to leave behind** lasciare (5); **to leave alone** lasciare in pace (9)
left (*hand*) la sinistra (16); **on/to the left** a sinistra (12)
lemon il limone (5); **with lemon** al limone
to lend imprestare (6), prestare
less meno (3)
lesson la lezione (1)
letter la lettera (4)
Liberal Arts le Lettere (3)
library la biblioteca (3); **at/in/to the library** in biblioteca (4)
license: (driver's license) la patente (di guida) (13)
license plate la targa (13)
lie la bugia (18); **to tell a lie** dire una bugia
life la vita; **not on your life!** neanche per idea! (10)
lift: to give a lift dare un passaggio (13)
light la luce (8)
to like *piacere (*p.p.* piaciuto) (6)
likeable simpatico (*m. pl.* simpatici) (2)
lip il labbro (*pl.* le labbra) (19)
lira (*Italian currency*) la lira (1)
to listen (to) ascoltare (4); *stare a

sentire (19)
liter il litro (11)
literature la letteratura (3)
little (*size*) piccolo (2) (*adj.*); (*quantity*) poco/poca (*adj.*); (*not very*) poco (*adv.*); **a little** un po' (di) (11)
to live abitare (3); *vivere (*p.p.* vissuto) (8)
living: to earn a living guadagnarsi da vivere (18)
long lungo (*m. pl.* lunghi) (6); **a long time** molto tempo (4); a lungo (10); **how long?** da quanto tempo? (10)
longer: no longer, not . . . any longer non... più (6)
to look (at) guardare (4); **to look for** cercare (6); **to look romantic/silly** avere l'aria romantica/scema (8)
to lose perdere (*p.p.* perduto *or* perso) (4); **to lose weight** *dimagrire (isc)
lot: a lot (of) molto (2)
loud chiassoso (17)
to love amare
love l'amore (*m.*); **to be in love (with)** *essere innamorato (di); **to fall in love (with)** innamorarsi (di) (14)
luck la fortuna; **good luck!** in bocca al lupo! (4)
luckily per fortuna (15)
lucky fortunato
lunatic matto da legare (13)
lunch la colazione; **to have lunch** fare colazione (5)
luxurious di lusso (10)

M

mad arrabbiato; **to get mad** arrabbiarsi (10)
magazine la rivista (4)
mail la posta (17)
to major (in) specializzarsi (in) (7)
to make fare (*p.p.* fatto) (3); **to make fun of** prendere in giro (19)
man l'uomo (*pl.* gli uomini) (2); **young man** il ragazzo (1)
manager il/la dirigente (17)
manner il modo (14)
many molti/molte (2); **not many** pochi/poche (11)
marathon la maratona (9)
married sposato; **to get married** sposarsi (7)
to marry sposare (7)
marvelous meraviglioso (12)
masterpiece il capolavoro (15)
match (*sporting*) la partita (9)
materialism il materialismo (18)
mathematics la matematica (3)
matter: no matter how comunque (17)
May maggio (P)
maybe può darsi (16)

meal il pasto (5)
to mean voler dire; **what does . . . mean?** cosa vuol dire... ? (P)
meat la carne (3); **cured meats** i salumi (*m. pl.*) (6)
mechanic il meccanico (*pl.* i meccanici) (13)
to meet (*in past tenses*) conoscere (*p.p.* conosciuto) (6); fare la conoscenza di (9); incontrare (7); **to meet with** incontrarsi con (19); **glad to meet you!** lieto/a di conoscerLa! (9)
memory la memoria (4)
Mexican il messicano / la messicana
Mexican messicano (2) (*adj.*)
Middle Ages il Medioevo (15)
mile il miglio (*pl.* le miglia) (19)
milk il latte (1)
milkman (*dairy worker*) il lattaio / la lattaia (11)
minister (*of government*) il ministro (*man or woman*) (16)
minute il minuto (4)
to miss (*a bus, train*) perdere (*p.p.* perso *or* perduto) (4)
Miss signorina (*abbr.* sig.na) (P)
mistake l'errore (*m.*) (3)
mixed misto (6)
model il modello (14)
modest modesto (10)
mom la mamma (2)
Monday il lunedì (P)
money i quattrini (*m. pl.*) (17), i soldi (*m. pl.*) (1)
month il mese (P)
mood l'umore (*m.*); **to be in a bad/good mood** *essere di cattivo/buon umore (8)
more più; **more than** più di; **more and more** + *adj.* sempre più + *adj.* (9); **once more!** ancora una volta! (P)
morning la mattina (3); **in the morning** la mattina / di mattina (3); **this morning** stamattina (4); **good morning!** buon giorno! (P)
mosaic il mosaico (15)
mother la madre, la mamma (2)
mother-in-law la suocera (8)
motor il motore (13)
motorcycle la motocicletta, la moto (*pl.* le moto) (1)
motorist l'automobilista (*m., f.*) (*pl.* gli automobilisti / le automobiliste) (13)
motor vehicle l'autoveicolo (13)
mouse il topo (12)
to move cambiare casa (12); trasferirsi (isc) (12)
movie il film (*pl.* i film); **movie director** il/la regista (*pl.* i registi / le registe) (14); **movie theater** il cinematografo, il cinema (*pl.* i cinema) (1)

Mr. signore (*abbr.* sig.) (P)
Mrs. signora (*abbr.* sig.ra) (P)
much molto (2); **how much?** quanto?
  (2); **not much** poco (11); **so much**
  tanto; **too much** troppo (11)
museum il museo (1)
music la musica (3)
must (*do something*) dovere (+ *inf.*) (4)

N

name il nome (1); **brand name** la
  marca; **last name** il cognome (1)
napkin il tovagliolo (20)
to narrate raccontare (8)
naturally naturalmente
naughty cattivo (2)
near vicino a; **to get near** avvicinarsi
  (18)
nearby qui vicino (1)
necessary: it is necessary bisogna (14)
to need, have need of avere bisogno di
  (1)
neither . . . nor nè... nè (12)
nephew il nipote (7)
never non... mai (3)
new nuovo (2)
newspaper il giornale (4)
next poi (3); **next to** accanto a
nice simpatico (*m. pl.* simpatici) (2);
  carino (2); **it's nice weather** fa bello
  (P)
niece la nipote (7)
night la notte (P); **at night** la notte / di
  notte (3); **good night!** buona notte!;
  last night ieri sera (5)
no no (P); **no one** nessuno (12), non...
  nessuno (12)
nobody nessuno (12), non... nessuno (12)
noise il rumore (12)
noodles le tagliatelle (*f. pl.*) (19)
normal normale
north il nord
nose il naso (8)
not non (1); **not bad** non c'è male (P);
  not . . . yet non... ancora (12)
nothing niente (12), nulla (12); non...
  niente (12), non... nulla (12);
  nothing special niente di speciale (8)
novel il romanzo (19)
November novembre (*m.*) (P)
now ora (3); adesso (12); **by now** ormai
  (17)
nuisance (*person*) il seccatore / la
  seccatrice (17)
number il numero
numerous numeroso (8)

O

to obey ubbidire (isc) (18); rispettare
  (*regulations*) (13)

to oblige (*to do something*) obbligare (a
  + *inf.*) (18)
to obtain ottenere
October ottobre (*m.*) (P)
of di (1)
to offer offrire (*p.p.* offerto) (4)
offer l'offerta (17)
often spesso (3)
OK va bene (P)
old vecchio (*m. pl.* vecchi) (2)
old-fashioned all'antica (18)
olive l'oliva (5)
on su (5)
once una volta; **once upon a time** c'era
  una volta (8)
oneself: by oneself da solo/a (6)
only solamente (9); solo (1); **if only**
  magari
to open aprire (*p.p.* aperto) (4)
open aperto (5)
opera l'opera (14)
opinion: in my (your) opinion secondo
  me (te)
optimism l'ottimismo
optimist il/la ottimista (*pl.* gli
  ottimisti / le ottimiste)
optimistic ottimista (*m. pl.* ottimisti)
  (*adj.*) (16)
or o (1)
orange l'arancia (5); **orange juice**
  succo d'arancia (1)
orangeade aranciata (1)
orange soda aranciata (1)
to order ordinare (5)
to organize organizzare (16)
origin l'origine (20)
original originale (14)
other altro (2)
outfit (*clothes*) l'abito

P

package il pacco (*pl.* i pacchi) (17)
to paint dipingere (*p.p.* dipinto) (4)
painter il pittore / la pittrice (15)
painting la pittura (*art form*); il
  dipinto, il quadro (*individual work*)
  (15)
pair il paio (*pl.* le paia) (19)
panorama il panorama (*pl.* i
  panorami) (15)
paper (*report*) la relazione (19)
parade la sfilata (17)
parents i genitori (*m. pl.*) (7)
to park parcheggiare (13)
parking il parcheggio; **no-parking
  zone** divieto di sosta (13)
party la festa (3); (**political**) **party**
  partito (politico) (16)
past il passato (8)
pasta la pasta (*s. only*)
pastry la pasta (5)

pastry cook il pasticciere / la
  pasticciera (11)
pastry shop la pasticceria (11)
paternal paterno (8)
to pay pagare (4); **to pay attention**
  *stare attento/a (3)
peace la pace; **to leave alone** lasciare
  in pace (9)
peanut la nocciolina (5)
pear la pera (11)
pencil la matita (3)
people la gente (*s.*) (5)
perfume il profumo
person la persona; **famous person** il
  personaggio (*pl.* i personaggi) (14)
personable simpatico (*m. pl.*
  simpatici) (3)
pessimist il/la pessimista (*pl.* i
  pessimisti / le pessimiste)
pessimistic pessimista (*m. pl.*
  pessimisti) (*adj.*) (16)
to phone telefonare (a)
photo(graph) la fotografia, la foto (*pl.*
  le foto) (1)
physics la fisica (3)
to pick up *andare/*venire a prendere (13)
picture la fotografia, la foto (*pl.* le
  foto); **to take a picture** fare una
  fotografia (3)
pie la crostata (6)
to place mettere (*p.p.* messo) (5)
place il posto (10)
plain brutto (2)
plan il progetto (10)
plate il piatto (6); **license plate** la
  targa (13)
to play (*a musical instrument*) suonare
  (3); **to play** (*a sport or game*) giocare
  (a) (9); **to play ball** giocare al
  pallone (7)
play la rappresentazione teatrale (14);
  la commedia (14)
player il giocatore / la giocatrice (9)
pleasant piacevole
to please, be pleasing to *piacere a
  (*p.p.* piaciuto) (6)
please per favore, per piacere (P)
pleasure il piacere; **a pleasure to meet
  you!** piacere! (P)
plot la trama (14)
plus più
poem la poesia (4)
poet il poeta / la poetessa (16)
poetry la poesia (4)
Pole il polacco / la polacca (*pl.* i
  polacchi / le polacche)
police la polizia; **police officer** agente
  di polizia; **traffic cop** il/la vigile (13)
Polish polacco (*m. pl.* polacchi) (2)
  (*adj.*); **Polish language** il polacco
political politico (*m. pl.* politici) (16)
politics la politica (16)

pollution l'inquinamento (18)
pope il papa (*pl.* i papi) (16)
pork il maiale (6)
portrait il ritratto (15)
possibility la possibilità (17)
possible possibile; **it's possible** può darsi (16)
post office l'ufficio postale (17)
potato la patata; **potato chip** la patatina (5)
poverty la povertà (18)
to practice praticare (9)
to prefer (*to do something*) preferire (isc) (+ *inf.*) (4)
prejudice il pregiudizio (*pl.* i pregiudizi) (20)
to prepare preparare (6)
present il regalo; **to give a present** fare un regalo (7), regalare (6)
president il presidente / la presidentessa (*rare: m. title used for women also*) (16)
pretty carino (2); grazioso (10)
price il prezzo (11); **discount prices** prezzi a sconto; **firm prices** prezzi fissi
prison la prigione (5)
problem il problema (*pl.* i problemi) (12)
to produce produrre (*p.p.* prodotto) (14)
producer il produttore / la produttrice (14)
professor il professore / la professoressa (P)
program il programma (*pl.* i programmi) (16)
progress il progresso; **to make progress** fare progressi (19)
to prohibit vietare (13)
prohibited vietato (13)
project il progetto (10)
to promise (*to do something*) promettere (*p.p.* promesso) (di + *inf.*) (17)
to pronounce pronunciare; **how do you pronounce . . . ?** come si pronuncia...? (P)
protagonist il/la protagonista (*pl.* i protagonisti / le protagoniste) (14)
to protect proteggere (*p.p.* protetto) (18)
proverb il proverbio (*pl.* i proverbi) (19)
provided that a condizione che; a patto che, purchè (17)
psychology la psicologia (3)
pump (**gas**) il distributore (di benzina) (13)
punctual puntuale (9)
purchase l'acquisto (18)
pure puro (17)
to put mettere (*p.p.* messo) (5); **to put on** (*clothes*) mettersi (7); **to put on weight** *ingrassare (6)

Q

question la domanda (3); **to ask a question** fare una domanda (3)
quickly subito (4)
quiet: to keep quiet *stare zitto/a (3)
to quit (*a position*) licenziarsi (17); **to quit** (*doing something*) smettere (*p.p.* smesso) (di + *inf.*) (17)
quotation la citazione (19)
to quote citare (19)

R

race (*nationality*) la razza (19)
race, racing la corsa (9)
racism il razzismo (18)
to rain piovere (8)
rain la pioggia (18)
to raise aumentare (16); alzare
raise l'aumento
rather piuttosto (2)
ravenous: to be ravenous avere una fame da lupi (6)
to read leggere (*p.p.* letto) (4)
reader il lettore / la lettrice (17)
ready pronto
to realize rendersi conto (*p.p.* reso)
really davvero (8), proprio (9), veramente
to receive ricevere (4)
recipe la ricetta (1)
record il disco (*pl.* i dischi) (4)
red rosso (5)
to reduce diminuire (isc) (16)
reduction la diminuzione (16), la riduzione (16)
reform la riforma (16)
refrigerator il frigorifero, il frigo (*pl.* i frigo) (4)
regular regolare
relative il/la parente (1)
to remain *rimanere (*p.p.* rimasto) (13)
to remember ricordare (3); ricordarsi (di)
to rent (*a residence*) affittare (10); **to rent** (*a car, bike, boat, etc.*) noleggiare, prendere a nolo (10)
rent: for rent affittasi (*in ads*); in affitto (12)
rented in affitto (12)
to repair riparare (19)
to repeat ripetere
to reply rispondere (*p.p.* risposto) (4)
report la relazione (19)
representative (*to Parliament*) il deputato / la deputata (16)
republic la repubblica (16)

request la richiesta (17)
research la ricerca (19)
reservation la prenotazione; **to make reservations** prenotare (10)
to reserve prenotare (10)
to resolve risolvere (*p.p.* risolto) (18)
to respect rispettare (13)
to rest riposarsi (18)
restaurant il ristorante (1)
to resume riprendere (*p.p.* ripreso) (16)
retiree il pensionato / la pensionata (16)
to return (*something*) rendere (*p.p.* reso) (6); **to return** (*go back*) *ritornare (5)
return il ritorno
to review recensire (isc) (19)
review la recensione (19)
rhythm il ritmo (14)
rice il riso; **creamy rice dish** il risotto (6)
to ride a bicycle/motorcycle *andare in bicicletta/motocicletta (3); **to ride a horse** *andare a cavallo (9)
ride il passaggio (*pl.* i passaggi) (13); **to ask for/give a ride** chiedere/dare un passaggio
riding (*a horse*) l'equitazione (9)
right (*hand*) la destra; **on/to the right** a destra (12)
right (*correct*) giusto (*adj.*) (P); **to be right** (*about something*) avere ragione (*f.*)
to ring (**the doorbell**) suonare (il campanello) (9); **to be ringing** (*bell, phone, alarm*) suonare
road la strada (5)
roast l'arrosto (6)
roasted arrosto (*inv. adj.*)
roll il panino (1)
romantic romantico (*m. pl.* romantici) (8)
room la stanza (12); la camera (4); **family room** il soggiorno (8)
root la radice (20)
ruins le rovine (*f. pl.*), i ruderi (*m. pl.*)
rule la regola
run correre (*p.p.* corso) (4); **to run into** scontrarsi con (17); **to run out of gas** *rimanere senza benzina (13)
rush hour l'ora di punta
Russian il russo / la russa; **Russian language** il russo (3)
Russian russo (2) (*adj.*)

S

sad triste (2)
saint il santo / la santa (9)
saint santo (san, sant', santa) (*adj.*)
salad l'insalata (6)

salary lo stipendio (*pl.* gli stipendi) (1)
sale la svendita (11)
saltine il salatino (5)
same stesso (2)
sandwich il panino (1)
satisfied contento (7)
Saturday il sabato (P)
sauce il sugo; **with tomato sauce** al sugo (6)
sausage la salsiccia (6)
savings i risparmi (*m. pl.*) (18)
to say dire (*p.p.* detto) (4); **to say hi to** salutare (7); **how do you say . . . ?** come si dice...? (P); **you don't say!** caspita! (10)
school la scuola (1); **school** (*of a university*) la facoltà (3)
science la scienza (3); **natural sciences** scienze naturali (3); **political science** scienze politiche (3)
scientist lo scienziato / la scienziata (18)
to sculpt scolpire (isc) (15)
sculpture la scultura (15)
sea il mare (10)
season la stagione (P)
seat il posto (10)
seat belt la cintura di sicurezza (13)
seated seduto (5)
second secondo
to see vedere (*p.p.* visto *or* veduto) (4); **to see again** rivedere; **see you soon!** a presto! (P); **see you tomorrow!** a domani! (1)
to seem *sembrare; **it seems that** pare che (16)
to select scegliere (*p.p.* scelto) (11)
selection (*choice*) la scelta (17); (*extract*) il brano (19)
to sell vendere (11)
Senate il Senato (*upper house of Parliament*) (16)
senator il senatore / la senatrice (19)
to send inviare, mandare (6), spedire (isc) (17)
separated separato (8)
September settembre (*m.*) (P)
serious serio (*m. pl.* seri) (19)
seriously sul serio (17)
to serve servire (4)
to set foot mettere piede (17)
several diversi/diverse (18)
to share (*a residence*) condividere (*p.p.* condiviso) (12)
to shave farsi la barba (*of men only*) (7)
to ship spedire (isc) (17)
shipment la spedizione, l'invio (17)
shoe la scarpa (11)
to shoot (*a film*) girare (14)
to shop fare compere, fare le spese (11)
shop il negozio (*pl.* i negozi) (1)
shopkeeper il/la negoziante (11)
shop window la vetrina (11)

shopping: to go shopping fare compere, fare le spese (11); **to buy groceries** fare la spesa (11)
short (*height*) basso (2); (*length*) breve; **in short** insomma (12); **short story** la novella (19), il racconto (4)
to show mostrare (6)
show lo spettacolo (14); **fashion show** la sfilata di moda (17)
shower la doccia; **to take a shower** fare la doccia (7)
sick ammalato
side dish il contorno (6)
sign (road) il cartello (stradale)
signal il segnale (13)
silk la seta (17)
silly scemo (8); **to look silly** avere l'aria scema (8)
similar simile
simple semplice (6)
to sing cantare (3)
singer il/la cantante (14)
singer-songwriter il cantautore / la cantautrice (14)
singing il canto (4)
single (*person*) lo scapolo (*n. m.*); **celibe** (*adj. m.*); **nubile** (*adj. f.*) (8); **single** (*hotel room*) singolo (10) (adj.)
sir signore (*m.*) (P)
sister la sorella (7); **half sister** la sorellastra (8)
sister-in-law la cognata (8)
to sit down sedersi (10)
sitting seduto (5)
to skate pattinare (9)
skating il pattinaggio (9)
to ski sciare (4)
skier lo sciatore / la sciatrice (17)
skiing lo sci (9); **cross-country skiing** lo sci di fondo (9); **waterskiing** lo sci nautico (9)
skirt la gonna (11)
to sleep dormire (4); **to sleep late** dormire fino a tardi (9)
sleepy: to be sleepy avere sonno (1)
slender snello (2)
slight leggero (17)
slowly adagio
small piccolo (2)
to smile sorridere (*p.p.* sorriso) (15)
to smoke fumare (6)
snack il salatino (5)
to snow nevicare
so così; **so-so** così così (P); **so that** affinchè (17), perchè (+ *subj.*) (17)
soccer il calcio (9)
social sociale (16)
some alcuni/alcune, qualche (+ *s. n.*) (12)
someone qualcuno (12)
something qualche cosa, qualcosa (12)
sometimes qualche volta (12)

son il figlio (*pl.* i figli) (7)
son-in-law il genero (8)
song la canzone (14); **popular song** la canzonetta (14)
soon presto; **as soon as** appena
soprano (*singer*) la soprano (14)
sorry: to be sorry *dispiacere (*p.p.* dispiaciuto) (6); **I'm sorry** mi dispiace (4)
sort la specie (*pl.* le specie) (19), il tipo; **what sort of?** che razza di?, che tipo di?; **any sort of** qualunque (12)
sound track la colonna sonora (14)
soup la minestra; **vegetable soup** il minestrone (6)
south il sud (10)
space lo spazio (*pl.* gli spazi) (12)
Spaniard lo spagnolo / la spagnola
Spanish spagnolo (*adj.*); **Spanish language** lo spagnolo (3)
to speak parlare (3)
to specialize specializzarsi (7)
speed la velocità; **speed limit** il limite di velocità (13)
to spend (*time*) passare (10)
to split dividere (*p.p.* diviso) (12)
spring la primavera (P)
square (*in a city*) la piazza (1)
stadium lo stadio (*pl.* gli stadi) (1)
staircase la scala (12)
to start † cominciare (3), incominciare; **to start** (*to do something*) (in)cominciare (a + *inf.*) (9)
station la stazione (1)
stato lo stato
statue la statua (15)
to stay *restare (10), *rimanere (*p.p.* rimasto) (13); *stare (3)
steak la bistecca (6)
step lo scalino (12)
stepbrother il fratellastro (8)
stepfather il patrigno
stepmother la matrigna (8)
stepsister la sorellastra (8)
stereotype stereotipo (20)
still, yet ancora
to stop (*doing something*) smettere (di + *inf.*) (*p.p.* smesso) (17); **to stop** (*someone or something*) fermare (7); **to come to a stop** fermarsi (7); **to stop/come by** *passare (da) (10)
stop la fermata
to starve *morire di fame (16)
store (*business*) il negozio (*pl.* i negozi) (1)
story la storia; **short story** la novella (19), il racconto (4)
strange strano (12)
street la strada (5), la via (1)
strict autoritario (*m. pl.* autoritari) (18)

to strike scioperare (16)
strike lo sciopero (16); **to be on strike** *essere in sciopero (16); **to go on strike** fare sciopero (16)
strong forte (10)
student lo studente / la studentessa (1)
to study studiare (3)
study lo studio (*pl.* gli studi) (3); **study** (*office*) lo studio (12)
stupendous stupendo (15)
stupid stupido (2); **how stupid (of me)!** che stupido! (5)
subject la materia (3); l'argomento (19), il soggetto (19), il tema (*pl.* i temi) (19)
subtitle il sottotitolo (14)
to succeed (*in doing something*) *riuscire (a + *inf.*) (17)
to suffer (from) soffrire (di) (*p.p.* sofferto) (18)
sugar lo zucchero (5)
suit l'abito
suitable adatto (17)
to summarize riassumere (*p.p.* riassunto) (19)
summary il riassunto (19)
summer l'estate (*f.*) (P)
sun il sole (8)
Sunday la domenica (P)
supermarket il supermercato (1)
supper la cena (5)
surname il cognome (1)
survey l'indagine (19)
to swim nuotare (4)
swimming il nuoto (9)
swimming pool la piscina (8)

T

table il tavolo (5); **dining table** la tavola; **small/coffee table** il tavolino (5)
tablecloth la tovaglia (20)
to take prendere (*p.p.* preso) (4); **to take a picture** fare una fotografia (3); **to take back, return** riportare (6)
tale il racconto (4)
to talk (about) parlare (di) (3)
tall alto (2)
tax la tassa (16)
tea il tè (1); **iced tea** il tè freddo (5)
to teach insegnare (3)
teacher l'insegnante (*m., f.*) (3)
team la squadra (9)
to telephone telefonare (a)
television, TV la televisione, la TV (*pronounced* tivì *or* tivù) (4)
television set il televisore (10)
to tell dire (*p.p.* detto) (4); raccontare (8); **to tell about** parlare di
tennis il tennis (4); **to play tennis** giocare a tennis (4)

tenor il tenore (14)
thank you, thanks grazie (P)
that che; ciò; quello
theater il teatro (2); **at/to the theater** a teatro; **movie theater** il cinema (*pl.* i cinema) (1)
theme il tema (*pl.* i temi) (19)
then allora (1); poi (3)
there is/are ecco (9)
these questi/queste (2)
thin magro (2)
to think (about) pensare (a) (11)
thirst la sete (1)
thirsty: to be thirsty avere sete (1)
this ciò; questo/questa (2)
those quelli/quelle
through per
Thursday il giovedì (P)
thus così (4)
ticket il biglietto (13); **traffic ticket** la multa (13); **to give/get a (traffic) ticket** dare/prendere una multa (13)
tight stretto (11)
till fino a (5)
time l'ora (3); il tempo (2); **one time** una volta (8); **times per week (per month, per year)** volte alla settimana (al mese, all'anno); **a long time** molto tempo (4); a lungo (10); **all the time** sempre (3); **at what time?** a che ora? (5); **it's time (to)** è ora (di) (16); **on time** puntuale; **once upon a time** (c'era) una volta (8); **to have a good time** divertirsi (7); **what time is it?** che ora è? / che ore sono? (3)
tip (*to a serviceperson*) la mancia (5)
tire la gomma (13)
tired stanco (*m. pl.* stanchi) (2)
tiring faticoso (9)
to a (1); in (1)
today oggi (P)
toe il dito (*pl.* le dita) (19)
together insieme (4)
tomato il pomodoro (5); **with tomato sauce** al sugo (6)
tomorrow domani (P); **see you tomorrow** a domani (1)
tonight stasera (3)
too anche (2); troppo (*adv.*) (5); **too much, too many** troppo (*adj.*) (11); **too bad** peccato (14)
topic l'argomento (19)
tour giro (10)
tourist il/la turista (*pl.* i turisti / le turiste) (16)
tourist turistico (*m. pl.* turistici) (*adj.*) (10)
toward verso
town la città (1)
tradition la tradizione (20)
traffic il traffico (12); **traffic cop** il/la

vigile (13); **traffic sign** il segnale stradale (13)
tragedy la tragedia (14)
train il treno (1); **by train** in treno (1)
to translate tradurre (*p.p.* tradotto) (19)
to travel viaggiare (4)
trifle: English trifle la zuppa inglese (6)
trip il viaggio (*pl.* i viaggi); **to take a trip** fare un viaggio (9)
trolley il filobus (5)
true vero
truly veramente (6)
to trust (*someone*) fidarsi (di) (18)
to try (*to do something*) cercare di (+ *inf.*) (14); **to try on** provare (11)
T-shirt la maglietta (5)
Tuesday il martedì (P)
tune-up (*automotive*) il controllo
TV la televisione, la TV (*pronounced* tivì *or* tivù)
TV set il televisore
to type scrivere (*p.p.* scritto) a macchina
type (*kind*) la specie (*pl.* le specie) (19); il tipo

U

ugly brutto (2)
uncle lo zio (*pl.* gli zii) (1)
under sotto (8)
to understand capire (isc) (4)
unemployed disoccupato (16)
unemployment la disoccupazione (16)
unfortunately purtroppo (3)
union il sindacato (17)
university l'università (1)
unless a meno che... non (17)
unmarried (*man*) celibe (*adj.*) (8), scapolo (*n., adj.*) (8); (*woman*) nubile (*adj.*) (8)
unpleasant antipatico (*m. pl.* antipatici) (2)
until fino a (5)
upon su (5)
to use usare
used: to get used to (*something*) abituarsi a (+ *n. or inf.*) (17)
usually di solito (8)

V

vacation le ferie (*f. pl.*) (10); la vacanza (10)
value il valore (20)
veal il vitello (6)
vegetables la verdura (6)
very molto (*adv.*) (2)
view la vista (12)

violence la violenza (18)
to visit *andare a trovare (6); visitare (8)
to vote votare (16)
vote il voto (16)

W

wage il salario (*pl.* i salari) (16)
to wait (for) aspettare
waiter/waitress il cameriere / la cameriera (1)
to wake up svegliarsi (7); **to wake** (*someone*) **up** svegliare
to walk *andare a piedi (3), camminare (9); **to walk away** allontanarsi (10)
walk la passeggiata (8); **to take a walk** fare una passeggiata (9)
wallet il portafoglio (*pl.* i portafogli) (5)
to want (*to do something*) volere (+ *inf.*) (4)
warm caldo (1); **to be warm** avere caldo (1); **it's warm** fa caldo (P)
to wash lavare (6); **to wash up** lavarsi (7)
to watch guardare (4)
watch l'orologio (*pl.* gli orologi) (2)
water l'acqua (5); **mineral water** acqua minerale (5)
way il modo (14)
wealth la ricchezza (18)
to wear portare (8)
weather il tempo; **how's the weather?** che tempo fa?; **it's hot/cold** fa caldo/freddo; **it's cool** fa fresco; **it's nice/bad weather** fa bello/brutto (P)
Wednesday il mercoledì (P)
week la settimana (P)
to weep piangere (*p.p.* pianto) (19)

weight: to gain weight *ingrassare (6); **to lose weight** *dimagrire (isc)
welcome: **you're welcome!** prego! (P); **welcome back!** ben tornato! (14)
well bene (P); **to be well / not well** *stare bene/male (3); **pretty well** abbastanza bene (P); **very well** benissimo
what? che?, che cosa?, cosa?, (3); **what kind of?** che? (4); **what?** (**how's that?**) come? (P)
whatever qualunque cosa (17)
when quando (3)
where dove (1); **where are you from?** di dove sei/è? (1)
wherever dovunque (17)
which che; **which one/ones?** quale/quali? (4); **that which** ciò che, quello che
while mentre
white bianco (*m. pl.* bianchi) (5)
who, whom che; **who? whom?** chi? (1); **he who** chi
whoever, whomever chiunque (17)
whole tutto/a (+ *definite art.* + *n.*) (3)
why perchè (3)
widow la vedova (8)
widowed, being a widower vedova/o (*adj.*) (8)
widower il vedovo (8)
wife la moglie (7)
willingly volentieri (3)
to win vincere (9)
window la finestra (4)
wine il vino (1)
winter l'inverno (P)
with con (1)
within (*referring to future time*) fra, tra (10); dentro
without senza (*prep.*) (9); senza che

(*conj.*) (17)
witty spiritoso (19)
woman la donna (2); **young woman** la ragazza (1)
woods il bosco (*pl.* i boschi) (8)
wool la lana (17)
word la parola (1)
to work lavorare (3)
work il lavoro (1); l'impiego (*pl.* gli impieghi); **work of art** opera d'arte (15)
worker il lavoratore / la lavoratrice (17); **blue-collar worker** l'operaio/l'operaia (16); **white-collar worker** l'impiegato/l'impiegata (16)
worried preoccupato (5)
worse peggio (*adv.*) (9); peggiore (*adj.*) (9)
to wrap (*in paper*) incartare (11)
to write scrivere (*p.p.* scritto) (4); **how do you write . . . ?** come si scrive...? (P)
writer lo scrittore / la scrittrice
wrong sbagliato (P); **to be wrong** sbagliarsi; avere torto

Y

year l'anno (P)
yes sì (P)
yesterday ieri (5)
yet però; **not . . . yet** non... ancora (12)
yogurt lo yogurt (11)
young giovane (2); **young man** il ragazzo (1); **young woman** la ragazza (1)

Z

zone la zona (10)
zoo lo zoo (1)

INDEX

ABOUT THE AUTHORS

Graziana Lazzarino is Professor of Italian at the University of Colorado, Boulder. She is a native of Genoa, received her *Laurea* from the University of Genoa, and has taught at various European schools and American colleges and universities. She is also the author of *Da capo: A Review Grammar.*

Antonella Pease is Associate Professor of Italian at the University of Texas, Austin. Born and raised in Florence, she received her *Laurea* from the University of Florence. She is a co-author of the first-year Italian text *Italiano in diretta* and the main author of the intermediate cultural reader *Vivere all'italiana.*

Giovanna Bellesia is Assistant Professor of Italian at Smith College in Northampton, Massachusetts. A native of Milan, she received her *Laurea* from the Istituto Universitario di Lingue Moderne. She also holds a Ph.D. from the University of North Carolina, Chapel Hill.

Grateful acknowledgment is made for use of the following materials: *Page 7,* © *Corriere della Sera; 82,* © Università degli Studi, Corso Estivo per Stranieri; *104,* © TV Sorrisi e Canzoni; *108,* © Cutolo Rionero; *156,* McDonald's; *168,* © *Europeo; 176,* © Lee Jeans; *223,* Skipass/ Azienda Autonoma di Soggiorno; *245,* © Touring Club Italiano; *386,* © Professional Data-Bank/*La Repubblica; 388,* © *L'Espresso; 408,* © Nipiol; *431, above left, below left:* © Rusconi Libri/*Gioia; 431, above right:* © De Agostini Editore/*Gioia; 431, below center, below right:* © Società Editrice Internazionale/*La Stampa; 448,* © SIP.

All cartoons in the book appear by permission of Disegnatori Riuniti, Milan, with the exception of the following: *Page 128, from* Quino, *Alle buone tavole,* © Bompiani, Milan.

All photographs in the book are copyright © Nicola Pisani, with the exception of the following: *Page 58, left:* Caravaggio: *Ragazzo morso da un ramarro,* 1589–1596. Private Collection, London. Photo: Nimatallah/Art Resource, New York; *58, right:* Amedeo Modigliani: *La Fanciulla bruna,* 1917. Private Collection, Milan. Photo: Scala/Art Resource, New York; *219,* © John G. Ross/Photo Researchers; *239,* © Peter Menzel/Stock, Boston; *246,* © S. Chester/Comstock; *284,* © Cathy de Heer; *285,* © Fay Torres/Stock, Boston; *325,* Sandro Botticelli: *La Nascita di Venere,* c. 1480. Uffizi Gallery, Florence. Photo: Scala/Art Resource, New York; *327,* Michelangelo: *Sibilla Libica,* c. 1510. Sistine Chapel, Vatican, Rome. Photo: Scala/Art Resource, New York; *337,* Leonardo da Vinci, *Self-Portrait in Red Chalk,* c. 1514. Royal Library, Turin. Photo: Scala/Art Resource, New York; *338,* La Jolla Museum of Contemporary Art. Photo: San Francisco Museum of Modern Art; *341,* Bernini: *Apollo and Daphne,* 1622–1624. Borghese Gallery, Rome. Photo: Scala/Art Resource, New York; *342,* © Cathy de Heer; *401,* © Stuart Cohen/Comstock; *410,* Henry Holiday: *Dante and Beatrice,* 1883. National Museums and Galleries on Merseyside, Walker Art Gallery, Liverpool; *426, Petrarch,* 14th-century Latin manuscript illumination. Photo: The Granger Collection; *432,* © Bamberger/Gamma Liaison; *445,* © Hugh Rogers/Monkmeyer.

The dialogue on page 291 was adapted from an article in *Domenica del Corriere,* May 25, 1989.

The painting on the cover (1958) was an illustration for the entry **maschera** in the *Dizionario Enciclopedico Italiano,* published by the Istituto della Enciclopedia Italiana, Rome, founded by Giovanni Treccani.

Le città d'Italia

AUSTRIA

SVIZZERA

FRANCIA

Aosta
Torino
Asti

Bergamo
Como
Brescia
Milano
Verona

Bolzano
Trento
Riva
Vicenza

Cortina
Pieve di Cadore

Udine
Gorizia
Trieste

Padova
Venezia

Parma
Modena
Reggio
Bologna
Rimini
Genova
Savona
La Spezia
Pisa Firenze

Ravenna

REPUBBLICA DI
SAN MARINO

IUGOSLAVIA

MARE LIGURE

Livorno
Arezzo
Siena
Grosseto

Pesaro
Urbino
Perugia
Assisi
Spoleto

Ancona
Recanati

CORSICA (FRANCIA)

MARE ADRIATICO

Viterbo
Roma
Tivoli
Ostia

Chieti
Pescara

ITALIA

Sassari
SARDEGNA
Nuoro
Cagliari

Frosinone
Campobasso
Napoli
Foggia
Bari
Salerno
Potenza
Matera
Sorrento
Metaponto
Taranto
Brindisi
Lecce
Paestum

MARE TIRRENO

Cosenza

USTICA
ISOLE LIPARI

Crotone
Catanzaro

ISOLE EGADI
Marsala
Trapani
Palermo
Messina
Taormina
Reggio Calabria

MARE IONIO

MARE MEDITERRANEO

SICILIA
Agrigento
Gela

Catania
Siracusa

AFRICA

Scala di chilometri
0   50   100   150   200
Scala di miglia
0   50   100   150   200

MARE DEL NORD

NORVEGIA

FINLANDIA

SVEZIA

SCOZIA

DANIMARCA

MARE BALTICO

IRLANDA

U.R.S.S.

GRAN BRETAGNA

PAESI BASSI

GERMANIA

POLONIA

OCEANO ATLANTICO

BELGIO

LUSSEMBURGO

CECOSLOVACCHIA

LIECHTENSTEIN

FRANCIA

SVIZZERA

AUSTRIA

UNGHERIA

ROMANIA

ITALIA

ELBA

IUGOSLAVIA

MARE ADRIATICO

SPAGNA

MARE LIGURE

CORSICA
(FRANCIA)

BULGARIA

SARDEGNA

MARE TIRRENO

ALBANIA

MARE MEDITERRANEO

GRECIA

SICILIA

MARE IONIO

MAROCCO

ALGERIA

TUNISIA